铁路工程施工技术

铁路桥涵工程施工技术

（上　册）

张发祥　主　编
董光辉　副主编

中国铁道出版社

2018年·北　京

内容简介

为适应铁路桥涵工程施工的需要，组织编写了《铁路桥涵工程施工技术》（上册、中册、下册）。本书纳入了现行铁路桥涵工程施工规范、规程等相关内容，选用了成熟的施工技术，内容上力求与时俱进。

本书为上册，共7章，主要内容包括：桥涵施工准备；常备式结构和常用机具设备；基本施工技术；敞坑基础施工；桩基础施工；沉井基础与组合基础施工；桥墩与桥台施工。

本书可作为铁路工程技术人员及管理人员的专业参考书，也可供高等院校铁道工程、工程管理等专业师生学习与使用。

图书在版编目(CIP)数据

铁路桥涵工程施工技术．上册/张发祥主编．—北京：中国铁道出版社，2014．7（2018.11重印）

铁路工程施工技术）

ISBN 978-7-113-18892-4

Ⅰ．①铁… Ⅱ．①张… Ⅲ．①铁路桥—桥涵工程—工程施工 Ⅳ．①U448．13

中国版本图书馆CIP数据核字(2014)第146681

书　　名：铁路工程施工技术
铁路桥涵工程施工技术（上册）

作　　者：张发祥　董光辉

策　　划：江新锡　曹艳芳

责任编辑：冯海燕　　编辑部电话：010-51873371

封面设计：崔　欣

责任校对：龚长江

责任印制：郭向伟

出版发行：中国铁道出版社（100054，北京市西城区右安门西街8号）

网　　址：http://www.tdpress.com

印　　刷：三河市燕山印刷有限公司

版　　次：2014年7月第1版　2018年11月第2次印刷

开　　本：787 mm×1 092 mm　1/16　印张：16.5　字数：413千

书　　号：ISBN 978-7-113-18892-4

定　　价：50.00元

前　言

为适应铁路桥涵工程施工的需要和工程技术人员的便利，在各铁路工程业主单位和施工单位的大力支持下，我们组织一批有丰富现场施工经验的技术人员编写了《铁路桥涵工程施工技术》(上册、中册、下册)。上册主要介绍桥涵施工准备、常备结构和常用机具设备、钢筋混凝土等基本技术以及墩台与基础工程施工技术；中册主要介绍混凝土桥梁上部结构施工技术；下册主要介绍特殊结构桥梁、支座、桥面系、附属工程以及涵洞、倒虹吸、渡槽等小型构筑物的施工技术。各分册均纳入了现行铁路桥涵工程施工规范、规程、指南，选用了成熟的施工技术，内容上力求与时俱进。

本书为上册，主要内容包括：第1章桥涵施工准备；第2章常备式结构和常用机具设备；第3章基本施工技术；第4章敞坑基础施工；第5章桩基础施工；第6章沉井基础与组合基础施工；第7章桥墩与桥台施工。

撰写分工如下：中交第一航务工程局铁路分公司董光辉负责撰写第1章、第2章；石家庄铁道大学马增数负责撰写第3章3.1节；中铁十七局集团第三工程有限公司薛国虎负责撰写第3章3.2～3.4节；中铁十七局集团第三工程有限公司袁俊青负责撰写第4章4.1～4.3节；中铁十七局集团第三工程有限公司曹会芹负责撰写第4章4.4～4.6节；中铁十八局集团第二工程有限公司王维新负责撰写第4章4.7节；中铁二十一局集团第二工程有限公司张发祥负责撰写第5章、第6章、第7章。本书由张发祥负责统稿整理，董光辉协助整理。

在编写过程中，石家庄铁道大学黄守刚、李向国、康拥政、吴景龙、周亮、张力霆、王建西、张慧丽、温少芳、孙海龙、吕希奎、王晨、孙明磊，河北交通职业技术学院李永华、郝士华以及中国铁道出版社石家庄铁道大学发行分部赵春虎、于超、杨晓燕对本书的撰写提出了宝贵的意见。在此表示感谢！

限于编者水平有限，书中谬误之处敬请读者批评指正。

编者

2014年3月

目　录

第1章　桥涵施工准备

1.1　施工调查

施工单位中标后，必须组织有关人员对设计文件进行全面核对和研究，并经设计单位进行设计交底，据以进行施工调查。施工调查前应编制施工调查提纲，编制施工调查提纲时应明确施工调查的依据、施工调查的主要内容、参加调查的人员及各自的分工。施工调查的依据有：工程招、投标文件；施工承发包合同；施工设计文件。

(1)施工调查应包括如下主要内容：

1)跨越河流的最高洪水位、最低水位、浪高、常年水位及相应水位的流速，河道通航条件及标准，河流洪水期和枯水期，当地降雨、降雪量，冰冻期，风向和风速，全年的天气温度及气候状况。

2)桥涵附近地形地貌、河床地质构造、地下水位、当地最大冻结深度等。

3)可供利用的山坡荒地、需要占用的耕地和拆迁的建筑物、施工期内对当地水利排灌和交通设施的影响。

4)当地劳力和生产物资供应、工业加工、通信设施和水陆交通运输、水源和电源等供应能力、砂石料源、可供利用的房屋数量、生活物资等供应情况，当地计量、检验机构情况。

5)当地有无地区性的病疫和卫生防疫状况、风俗习惯以及施工队伍应注意的事项等。

6)修建各项临时工程、施工机械运输组装场地、施工防排水措施的资料。

7)桥梁所在的位置、地形、交通运输及跨线工程情况，并提出可行性施工方案(现场桥位制梁或预制后架设)。

8)采用现场桥位制梁时应调查地基承载力、排水条件、桥下通行和通航条件等。

9)当采用桥梁预制和运架施工方案时，尚应调查以下内容：

①施工便道、路基、桥梁墩台等有关运架梁的设计承载力、施工情况及施工资料能否满足运梁要求。

②对运梁车及组装后的架桥机运行地段的高压线、通信线、广播线、立交桥、隧道、渡槽及一切影响架桥机走行净空和工作净空的障碍物进行调查测量，提出解决办法并要求在运架梁前完成整治工作。

③特殊困难架梁地段的地形、各桥电力供应情况及道路运输情况。

④材料及梁运输路径和架桥机架设顺序。

⑤桥梁预制厂址及地质地貌、附近水电供应、道路交通情况。

现场施工调查应采用现场勘察和沿线走访的方法进行，施工调查时，还应携带必要的文件、设计资料等，现场对图纸资料进行核对。现场调查工作完毕，应编写施工调查报告。

(2)施工调查报告的内容：

1)工程概况：如线路的经由，工程、水文地质情况，工程分布，重点桥梁工程情况，施工的特点和难易程度,工程数量等。

2)施工条件:工程场地情况,沿线交通和供水、供电、供油情况,主要材料和地方材料的供应条件和供应方式,砂石料源情况,临时房屋和临时通信的解决条件等。

3)提出以下施工建议方案:

①施工区段划分,施工队伍驻地、大型临时工程的布置。

②施工便道的布局及现有道路的改扩建方案。

③施工供水、供电线路和工地发变电站的设置。

④砂石料场选定和场地布置、开采规模、运输方法及供应范围。

⑤主要材料供应基地、制梁场等的位置和规模。

⑥重点桥梁工程施工方法及措施。

⑦施工机具设备和利用地方机械设备的意见。

⑧影响施工的障碍物的拆迁方案。

⑨梁的运输路径和架设顺序。

⑩施工调查过程中发现的主要问题和优化设计的意见。

⑪计量、检验、试验方案。

施工单位在施工调查的过程中,应详细调查当地水资源及电力供应情况,做好水电供应方案。充分利用地方通信设备,必要时也可架设临时通信线路。

(3)开工前,施工单位必须组织有关人员对设计文件进行全面核对,应核对以下主要内容:

1)地形、地貌、水文和地质资料。

2)桥涵的结构、孔径、跨度及与其他建筑物的协调。

3)桥涵的平面位置、设计高程和主要结构尺寸。

4)施工方案和技术措施。

5)主要工程数量、物资与设备的品种规格。

6)采用的新技术、新工艺和新材料。

7)征用土地界限及构筑物拆迁补偿的数量。

8)排水系统及导流设备。

1.2 实施性施工组织设计的编制

1.2.1 施工组织设计的概念

施工组织设计是用来指导拟建工程施工全过程中各项活动的技术、经济和组织的综合性文件。它是以整个工程项目、单项工程或单位工程、分部分项工程为对象进行编制的。施工组织设计的主要内容:规划、安排施工准备工作,编制施工进度计划和劳动力、机具、材料等资源供应计划,做好人力、物力的综合平衡。同时,对施工场地,包括材料堆放、仓库、临时房屋、施工道路、水电设施及场内外运输方式等,进行合理的规划与设计。编制施工组织设计的目的在于全面合理、有计划地组织施工。在保证质量的前提下,尽可能地缩短工程工期、降低工程成本。

施工组织设计除安排和指导施工外,又是体现设计意图,编制概预算的依据,是对施工实行科学管理的重要手段，是施工单位管理水平和信誉的体现。

实践证明，在桥梁工程项目施工前编制科学、合理、可靠的施工组织设计，并能在施工过程中认真贯彻执行，施工过程就能顺利地进行，否则就会出现盲目施工的混乱局面，导致工程质量事故和其他安全事故，造成经济损失。

施工组织设计必须实事求是，既要符合当前施工队伍的技术水平和设备能力，又要具有一定的先进水平。同时，编制的原则和依据也不是一成不变的。经常调整和修改计划，以适应变化的客观情况。

桥梁工程的工程量大，施工难度高，工期较长，往往是整个建设项目中的施工控制工程。要使桥梁的施工全过程有条不紊地顺利进行，就必须用科学的方法加强施工管理，精心组织施工。桥梁施工组织是桥梁施工管理的重要组成部分，是在工程施工前就对整个施工过程如何进行而做出全面的计划安排。桥梁施工组织设计是桥梁施工前准备工作的核心内容，是组织桥梁施工，指导施工活动，保证桥梁工程正常施工的重要技术、经济文件，也是对施工过程实行科学管理的重要手段。

不同类型施工组织设计的编制内容基本上是一致的。施工组织设计主要内容包括：制订和选择分部、分期工程施工方案，确定施工方法、施工机构；编制施工进度计划；编制劳动力、材料（构配件、半成品构件）、机械设备等需求量计划；合理规划施工现场，布置施工场地；编制工程技术、质量保证措施和施工监控措施；编制工地业务的组织规划等。

编制桥梁施工组织设计要坚持统筹规划，科学地确定施工顺序、选择施工方法和施工机械，科学地组织人力和调配物资，充分利用空间、缩短时间，推广、采用先进的施工技术，以最小的消耗、最快的速度，取得最好的效果。

1.2.2　施工组织设计的分类

施工组织设计按工程项目实施阶段、编制时间、编制对象范围等划分，通常有以下几种类型。

1. 按工程项目实施阶段分类

桥梁工程在不同阶段编制的施工组织设计有 3 种类型。在设计阶段编制的，称初步施工组织设计；在施工开始前编制的称指导性施工组织设计；在施工过程中编制的，称实施性施工组织设计。

(1)初步施工组织设计。初步施工组织设计，是由设计单位进行编制。其主要内容是结合桥梁结构设计，制订桥梁施工的轮廓计划，初步拟定施工方法、施工程序和施工时间。结构设计总是与施工方法密切相关的。在设计过程中，必须拟定施工方法和施工程序。不同的施工方法和程序，甚至会影响到结构的设计内力和细部构造。此外，初步施工组织设计还是编制工程总概算的依据。

虽然初步施工组织设计不可能编制得很详细、具体，但对控制工程的总工期和总投资是非常重要的。因此，初步施工组织设计的编制应力求符合实际情况。

(2)指导性施工组织设计。指导性施工组织设计，是由施工单位（或业主、设计单位）在工程施工投标和中标开工前所编制的施工组织设计，其主要任务是：

1)确定最合适的施工方法和施工程序及相应的具体措施，以保证在承包合同议定的工期内，顺利完成施工任务。

2)适时周密地安排好各项准备工作。

3)采用科学合理的劳动组织形式和先进的管理方法组织施工,提高劳动生产效率,充分发挥机械效益。

4)编制施工进度计划和劳动力、机具、材料的供应计划,做到人力、物力综合平衡调配,力争全年连续、均衡地进行施工。

5)有效合理地布置施工场地,以方便生产、运输和生活,并尽可能节约临时用地,减少临时工程。

指导性施工组织设计,是组织桥梁施工的总计划,是开展工程施工和各部门工作的依据,也是编制施工预算的主要依据。而预算又是编制施工财务计划的依据,并且是施工过程中进行成本分析的依据。

编制指导性施工组织设计,应当尽可能符合客观实际。因此,投标时施工单位应根据投标文件的要求,认真研究设计文件,复核现场资料,调查研究工地环境条件,再根据自身的施工条件,编制施工组织设计。中标后,在工程开工前,还应进一步审查、修订,必要时甚至重新编制施工组织设计,以求其更加合理。

(3)实施性施工组织设计。桥梁初步施工组织设计和指导性施工组织设计,都是以某项桥梁工程为对象编制的,其作用是用来指导施工的全局,属于施工组织总设计的类型。

桥梁实施性施工组织设计,是以指导性施工组织设计为依据,以某个单位工程或分部工程,如基础工程、上部结构工程为对象编制而成。它的作用是按指导性施工组织设计所规定的施工方法、施工程序、施工工期及物资供应指标等,分期、分部付诸实施。因此,其内容较指导性施工组织设计更为详细具体。

实施性施工组织设计的内容和要求是:

1)制订按工作日程的施工进度计划。它是用来直接指挥施工的计划。因此,计划要订得具体、详细、形象,同时应留有余地,能及时调整计划。

2)根据施工进度计划,计算劳动力、机具、材料等的日程需要量。

3)在施工进度计划表上,规定出工作班组及机械的作业日程安排和移动路线,以及与此相应的材料、机具供应计划。

4)结合工程结构和环境条件,提出具体施工细节,如基坑围堰的修筑,模板安装,混凝土灌注等采用的施工方法。

5)施工工序的划分,劳动力组织及机具配备,既要适应施工方法的需要,也要能有效发挥施工班组的工作效率,保证工程质量和施工安全,还要适应实现分项承包和结算的需要。

2. 按编制时间不同分类

施工组织设计按编制时间不同可分为投标前编制的施工组织设计(简称标前设计)和签订工程承包合同后编制的施工组织设计(简称标后设计)两种。

3. 按编制对象不同分类

施工组织设计按编制对象范围的不同可分为施工组织总设计、单位工程施工组织设计和分部分项工程施工组织设计三种。

(1)施工组织总设计。施工组织总设计是以整个建设项目为对象,用以指导整个建设项目施工全过程的各项施工活动的技术、经济和组织的综合性文件。施工组织总设计一般在初步设计或扩大初步设计批准之后,在总承包企业的总工程师领导下进行编制。施工组织总设计一般按照建设项目实施的总目标进行控制，所以，它是一个项目轮廓性、粗线条的施工计划安排，可作为各单位工程施工组织设计及年度施工计划编制的依据。

(2)单位工程施工组织设计。单位工程施工组织设计是以一个单位工程或单项工程(如一座桥梁或建筑物)为编制对象，用作指导其施工全过程的各项施工活动的技术、经济和组织的综合性文件。单位工程施工组织设计一般在施工图设计完成后，以施工图设计为基础、以施工组织总设计为依据，在拟建工程开工之前，在施工单位工程处的技术负责人领导下进行编制。

(3)分部分项工程施工组织设计。对于在单位工程中，某些特别重要、复杂、技术难度大而又缺乏施工经验的分部、分项工程的施工不可能在单位工程施工组织设计的施工方案中提得很具体、详尽，而且这部分工程的施工带有一定程度的科研性或试验性。因此，把这样的分部、分项工程单列出来，为其制订出施工方案或具体施工措施。例如，深水基础、特大构件安装等。

分部分项工程施工组织设计是以分部分项工程为编制对象，用以具体实施施工全过程的各项施工活动的技术、经济和组织的综合性文件。分部分项工程施工组织设计一般由单位工程的技术人员负责编制。

施工组织总设计、单位工程施工组织设计和分部分项工程施工组织设计之间存在着以下关系：施工组织总设计是对整个建设项目的全局性施工总指导文件，其内容和范围比较概括；单位工程施工组织设计是以施工组织总设计和企业施工总计划为依据编制的，是针对具体的单位工程，把施工组织总设计的内容具体化；分部分项施工组织设计是以施工组织总设计、单位工程施工组织设计和企业施工计划为依据编制的，针对具体的分部分项工程，把单位工程施工组织设计进一步具体化，它是专业工程具体的组织施工的设计。

1.2.3　施工组织设计的编制依据

施工组织设计是根据不同的施工对象、现场条件、施工条件等因素，在充分调查分析的基础上编制的。不同类型桥梁的施工组织设计其编制依据有共同的地方，也存在着差异。桥梁工程施工组织设计共同编制依据的内容主要有：

(1)设计资料。包括已批准的设计任务书、初步设计(或扩大初步设计)、施工图纸和设计说明书等。

(2)自然条件资料。包括地形资料、工程地质资料、水文地质资料和气象资料等。

(3)建设地区的技术经济条件资料。包括地方建材工业及其产品、交通运输、资源、供水、供电、生产、生活基础设施等资料。

(4)施工企业及相关协作单位可配备的人力、机械、设备和技术，以及施工经验等资料。

(5)施工合同规定的有关指标。包括工程项目投入使用日期，施工中要求采取的新结构、新技术和有关的先进技术指标等。

(6)国家和地方有关现行规范、规程和定额标准等资料。

1.2.4　施工组织设计的编制程序

一座桥梁工程一般属于一个单位工程。单位工程施工组织设计的编制程序是指单位工程施工组织设计中各个组成部分之间的先后顺序和相互制约关系。根据工程实践经验，较合理的单位工程施工组织设计编制程序如图1-1所示。

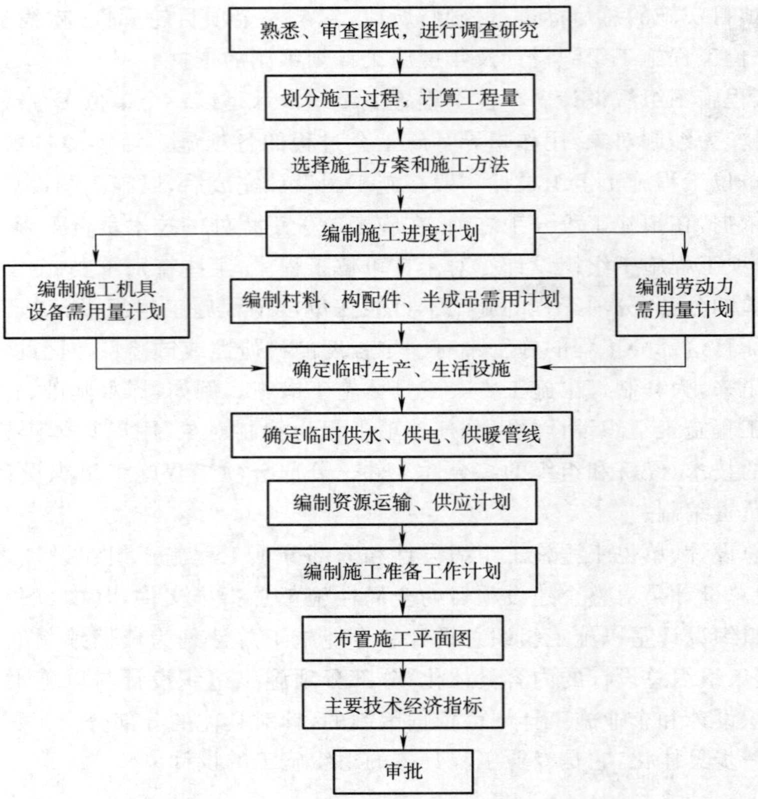

图 1-1 单位工程施工组织设计编制程序

1.2.5 实施性施工组织设计的主要内容

开工前,应根据设计文件、施工调查报告和合同要求编制实施性施工组织设计。实施性施工组织设计的主要内容包括:

(1)编制依据、工程概况、工期要求、工程特点。

(2)组织管理机构、施工总体部署、施工场地布置、材料运供方法、临时用地计划、临时工程修建计划、机械使用计划和劳动力使用计划,制架梁辅助工程和水、电供应方案等。

(3)主要施工方法、技术措施和施工进度计划。

(4)计划采用的保证施工安全、质量措施,创优规划和措施,保证工期、进度措施,环保、水保、节能、节料、节约用地、降低工程成本等措施。

1.2.6 实施性施工组织设计的编制

1. 桥梁工程施工方案的选择

编制施工组织设计首先遇到的问题是选择和制定合理的施工方案,它是工程项目施工组织设计的核心。施工方案的优劣是决定工程全局成败的关键。

施工方案的主要内容包括:施工流向和施工顺序的确定,施工方法的确定,施工机械的选择等。

(1)施工流向和施工顺序的确定。

1)施工流向确定。施工流向是解决桥梁构件在空间上采取合理的施工顺序问题。合理的施工流向不仅涉及到最佳排序问题,还涉及到工程所处的地形、地质、水文、气候等因素以及工程的经济效益问题。例如,根据工程规模大小和工期要求,是否需要两岸工程同时进行;考虑雨期和洪水影响,水中基础安排在什么时间施工;混凝土工程能否尽可能避开冬季施工;如何减少工人和施工机械的停歇时间,加快施工速度等。在城市立交工程中,不仅存在平面上的施工流向,而且还涉及到立面上的施工流向。

2)施工顺序确定。施工顺序是指工程施工的先后次序。安排施工顺序的重点,是从整个桥梁工程全局出发,根据现场施工条件、水文气象资料、施工机构作业,安排不受固定顺序限制的施工顺序,以求工程顺利开展,保证工程质量和施工安全,缩短工期。

对于桥梁工程而言,桥梁工程主要包括基础工程、桥墩与桥台(下部结构)和桥跨结构(上部结构)等分部工程。这此分部工程中的各分期工程的施工顺序由桥梁结构本身或施工工艺所决定。如,钻孔灌注桩施工必须按筑岛或设钻孔平台、安装钻机钻孔、下放钢筋笼、灌注水下混凝土等施工顺序进行。但有些分期工程的施工顺序则可根据实际情况确定。如整个工程施工从一岸向另一岸推进,或由两岸向中间推进;先施工水中基础还是岸边基础或两者同时进行;上部结构预制与下部结构施工如果配合,均可根据工程的具体情况,并考虑桥梁结构特征、技术经济条件、自然条件、施工组织与管理水平、工程的工期、质量、安全等要求,综合来确定合理的施工顺序。

安排施工顺序时,需要考虑以下因素:

①遵循施工程序。施工顺序应在不违背施工程序的前提下确定。例如,在全面施工阶段,施工顺序的安排要遵循先地下、后地上,先主体、后附属的施工程序要求。

②符合施工工艺。施工顺序应与施工工艺顺序相一致。

③施工方法和施工机械的要求。施工顺序应与采用的施工方法和施工机械协调一致。如连续梁顶推和先简支后连续两种施工方法的施工顺序就有很大的差异。

④考虑工期和施工组织的要求。有时施工顺序可能有多种方案,应从工期和施工组织的角度进行考虑,选择经济合理、有利于缩短工期和施工组织的方案。

⑤考虑施工质量和安全要求。在安排施工顺序时,一定要确保工程的施工质量和现场安全生产的需要。

⑥考虑当地气候影响。如桥梁基础的施工顺序要考虑当地的气候影响,在雨期和旱季,河中基础施工顺序差异很大,进而影响到桥墩施工顺序的改变,有时甚至影响到梁体安装的顺序。

(2)施工方法的确定。施工方法是施工方案的核心内容,直接影响施工进度、质量安全和工程成本。选择桥梁施工方法的原则,应当是切实可行、安全有效。首先根据桥梁结构的类型、跨度大小、墩身高低、基础深浅、施工条件以及总体规模情况和工期要求,有针对性地提出若干可行的施工方法。然后,充分考虑施工场地的自然环境、地形、地理条件、地质水文条件及交通运输条件,人力、材料和设备供应情况,结合施工单位的经验,权衡各种施工方法的适用性,进行筛选。例如,基坑施工采用何种围堰,是人工开开挖还是械开挖;钻孔桩采用哪种成孔方式;墩台模板采用哪种形式;就地灌注混凝土梁的脚手架,是采用排架式,还是墩架式等。

确定施工方法应突出重点,对于施工技术复杂和对工程质量起关键作用的项目,以及工人不够熟悉的项目,应详细而具体。而对于一般施工方法和工人熟悉的项目,则可适当从简,只提出本项目的特殊要求即可。

确定施工方法时,还应考虑采用的施工方法对结构受力的影响,不仅要拟定出操作过程和方法,更要提出质量要求和技术措施。另外,应注意吸收同类工程的先进经验,以达到施工快速、经济和优质的目的。

选择确定桥梁的施工方法,需要充分考虑桥位的地形、地质、环境、安装方法的安全性、经济性、施工速度等因素。对不同结构形式的桥梁结构所采取的施工方法可以不同,对同一种结构形式也可采用不同的施工方法。桥梁施工方法的选定,可综合考虑以下条件:

1)使用条件:桥梁的类型、使用跨径、墩高、梁下空间的限制、平面场地的限制、桥墩的形式等。

2)施工条件:工期要求、超重能力和机具设备要求,架设时是否需要封闭交通,架设时所需的临时设施、材料供应情况,架设施工的经济性等。

3)自然环境条件:山区或平原,地质条件及软弱层状况,对河道的影响,运输线路的限制等。

4)社会环境影响:对施工现场环境的影响,包括公害、污染、架设孔下的障碍、道路交通的阻碍、公共道路的使用以及建筑限界等。

(3)施工机械的选择。具有一定规模的桥梁工程施工中,一般都会配备一定数量的超重运输和材料加工等施工机械,以代替繁重的体力劳动,提高生产效率。施工机械的选择,总是以满足施工方法的需要为基本依据。但有时施工方法的确定,又取决于施工机械。所以,两者常常需要同时考虑综合确定。

1)选择施工机械的方法。选择施工机械时,应在满足施工需要的前提下,首先考虑选择施工单位现有的机械设备能力。必要时可考虑租赁或购买。在购买机械设备时,既应考虑本工程使用,也要考虑能在今后工程中多次重复使用的可能。

在考虑主导工程施工机械的选择时,要结合工程特点和其他条件确定其最合适的类型。

主导机械的选择要考虑以下几个方面因素:

①主导机械的施工单价。主导机械的施工单价可按式(1-1)计算:

$$C_M=\frac{R+PX}{qX} \tag{1-1}$$

式中 C_M——主导机械施工单价;

R——使用本单位机械时,为损耗费;施工租赁机械时,为租金;

X——机械实际作业时间;

P——单位时间内机械运行费;

q——单位时间内机械施工量。

②工程规模的大小。规模小的工程,选择大型施工机械不一定符合经济性要求,反而会相应增加运输、安装和支承基座支架等的费用,提高施工单介。

③机械运行的可靠性。如果机械的可靠性差,即使施工单价比较低,也不宜选用。

④其他因素。在机械选择时,还要考虑其他一些因素。例如,安装场地能否满足所需要的空间;从车站或码头到工地的运输道路能否满足需要;机械的噪声、振动是否超出施工现场环境的限制等。

选择与主导机械配套的各种辅助机械或运输工具时，应注意使它们的生产能力互相协调一致，使主导机械的生产能力得到充分发挥。

为避免在一个桥梁工地上，由于机械种类较多，而导致的机械修理工作复杂化。在工程量较大，适宜专业化大生产的情况下，应采用专业机械；在工程量小而分散的情况下，尽量采用多用途的机械，使一种机械能适应不同分部分期工程的施工需要。

2)选择施工机械的原则。对于一项工程，可能多种施工机械都能承担并完成，而每种机械都有相应的施工方案，这时应从这几种备选的方案中，通过技术经济比较，提出推荐方案。方案比较的原则是：组织上可行、机械获得上可能、技术上先进、经济上合理。

2．施工进度计划的编制

(1)施工进度计划的概念和作用。施工进度计划是施工组织设计中主要的组成部分。它是在已确定的施工方案和施工顺序基础上编制的，以图表的形式表明工程从施工准备工作开始，直到工程竣工为止的全部施工过程，在时间和空间上的安排，以及各工序间的衔接关系。

施工进度计划的主要作用是：统筹全局，合理部署人力、物力；正确指导全部施工活动，控制工程施工进度；为编制季度、月度生产作业计划，确定劳动力和各种物资需要量计划提供依据。

(2)施工进度计划的编制方法。桥梁工程在多数情况下是整个铁路工程的控制性工程，作为新线的施工中，桥梁工程必须在中期工程完工前半个月到一个半月内完工，以便有充分时间进行桥头、锥体护坡填土等工作。此外，影响桥梁施工进度计划的因素较多，如气候条件、水文地质条件和河流情况、基础类型及结构的复杂程度等。所以，编制施工进度计划，应按以下步骤进行：

1)熟悉和审查施工图纸、设计文件及有关技术经济资料，进行施工调查。

2)分析工程内容，划分施工项目。施工项目的划分一般可按临时工程、墩梁工程和其他附属工程进行。对于规模较大的桥梁工程，施工项目划分应尽量详细、具体，以利组织施工。

3)计算工程数量。根据设计图纸，计算各施工项目的主要数量。各施工项目的工程量计算单位应与现行定额手册中所规定的单位一致，以避免计算劳动力、材料和机械数量时进行换算。

4)查定额，确定各施工项目的工作持续时间以及所需要的劳动量(用工天数)，各种主要材料用量，机械台班需要量等。

5)确定施工程序和施工顺序。

6)设计并绘制施工进度计划图。施工进度计划图应反映各分部、分项工程的工程数量、施工时间、劳动力数量和劳动力动态曲线。

施工进度计划的绘制是一个较复杂的过程。一般先编制工程初步施工进度计划，检查其工期是否满足要求，施工顺序是否合理，劳动力和机械的使用是否均衡等。否则，应对进度计划进行优化、调整，直到符合要求为止。

(3)劳动量和机械台班需要量的确定。根据施工项目的工程量、施工方法和现行的劳动定额，并结合施工单位的实际情况，计算各施工项目的劳动量。人工作业时，计算所需的工日数量；机械作业时，计算所需的台班数量。

1)劳动量的计算。据现行劳动定额确定劳动工日,可按式(1-2)计算:

$$P=Q\cdot H \text{ 或 } P=Q/S \tag{1-2}$$

式中 P——完成该工项目所需要劳动量(工日);

Q——施工项目的工程量(m^3、m^2、m、…);

H——施工项目的时间定额(工日/m^3、工日/m^2、工日/ m、…);

S——施工项目的产量定额[m^3(m^2、m、…)/工日]。

2)机械台班数的计算。对以施工机械为主完成的施工项目,计算该种机械需要的台班数,应根据该施工机械的时间定额进行计算:

$$D=Q\cdot H \text{ 或 } D=Q/S \tag{1-3}$$

式中 D——施工项目需要施工机械台班数;

Q——施工项目的工程量(m^3、m^2、m、…);

H——施工机械的时间定额(台班/ m^3、台班/ m^2、台班/m…);

S——施工机械的产量定额[m^3(m^2、m、…)/台班]。

3)各施工项目持续时间的计算。计算各施工项目持续时间的方法有两种:

①根据配备人数或机械台数计算天数。根据施工单位用于施工的人力、材料、机械数量以及考虑现场工作面大小等因素,计算施工过程持续天数:

人力施工 $$T=P/(R\cdot b) \tag{1-4}$$

机械施工 $$T=D/(G\cdot b) \tag{1-5}$$

式中 T——工程项目施工过程持续天数;

R——每天平均出勤的施工人数;

G——每天出勤的施工机械台班数;

b——每天采用的工作班次;

P、D——工程项目需要劳动工日和施工机械台班数。

②根据工期要求倒排进度。根据总工期要求和施工经验,确定各施工项目的施工持续时间,然后按劳动量和班次,计算每天应出勤的工人人数和机械台班数,可按下式计算。

人力施工 $$R=P/(T\cdot b) \tag{1-6}$$

机械施工 $$G=D/(T\cdot b) \tag{1-7}$$

式中符号意义同前。

3. 资源需要量计划的编制

各种资源(劳动力、主要材料、构配件、施工机械)需要量计划可用来确定工地的临时设施,并按计划供应资源需要量,以保证施工顺利进行。在桥梁施工进度计划编制完成后,可根据施工顺序和各工序持续时间,编制出劳动力、材料、构件及半成品、施工机械调配及供应等的计划,作为有关职能部门按计划调配的依据,以保证工程施工顺利进行。

(1)劳动力需要量计划。将各施工过程中所需的劳动力数量,按月进行叠加,即可得到全桥劳动力使用数量动态曲线。该曲线图通常与施工进度计划图绘制在一起。劳动力调配要求均衡,一般在开始阶段需要少量工人做准备工作。以后随着工程的进展,工人人数陆续增加,达到高峰,并保持一段时间。然后分批减少,最后只有少量工人进行收尾工作。应避免工人数量骤增骤减的情况,以免增加劳动力调遣费、施工工具设备和施工管理费。

在施工中，不仅要求劳动力调配均衡，对于其他资源（材料、机具等）消耗也力求不发生过大的变化。某资源消耗的均衡性指标可以采用资源不均衡系数（K）来评价。

$$K=N_{max}/N \tag{1-8}$$

式中　N_{max}——某资源最大消耗量；

N——某资源日平均消耗量。

最理想的情况是资源不均衡系数 K 接近于 1，但实际上很难做到。在桥梁工程施工中，常采用流水施工组织方式，不均衡系数可以大大降低并趋近于 1。图 1-2 给出几种劳动力调配示例。显然图 1-2(b)、(c)都是不合理的。遇到这种情况，应该重新修改施工进度计划，以求得比较合理的方案。

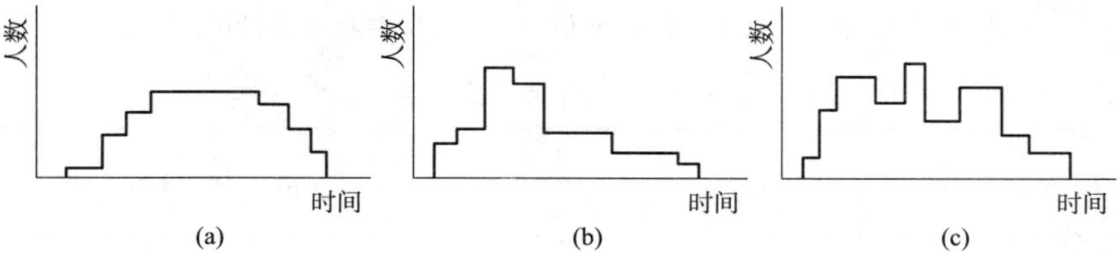

图 1-2　劳动力调配示例

根据施工进度计划的安排，将各施工过程每天出勤施工的人员，分工种（技工、普工等）进行统计，得出每天所需工种及人数。一般可按月或旬编制，采用表格的形式见表 1-1。

表 1-1　劳动力需要量计划表

序号	工种名称	人数	×月			×月			×月		
			上	中	下	上	中	下	上	中	下

(2)主要材料需要量计划。材料需要量计划作为备料、供材和确定仓库、堆场面积及组织运输的依据，其编制方法是：根据预算定额中工料分析表、施工进度计划表，材料的储备和消耗定额，将施工中所需的材料，主要包括材料名称、品种、规格、数量、使用时间等计算汇总，填入主要材料需要计划表。

全桥材料需要量计划，应编制出水泥、钢筋和木材等分月用量表和钢材分月、分类用量表，采用表格的形式列出（表 1-2）。

表 1-2　材料需要量计划

序号	材料名称	规格	需要量		供应时间	备注
			单位	数量		

材料供应工作除应有需要量计划外，还要有材料储运（供应）计划，作为采购、运输、仓储和场地布置的依据。储运计划表格见表 1-3。

表 1-3　主要材料储运计划

序号	材料名称	规格	单位	数量	进场日期	备注

材料需要量计划和供应计划，是保证工程施工顺利进行，降低工程成本的关键，应认真编制。不可因材料供应不及时而窝工，甚至延误工期，因此要提前储运，留有余地。特别是稀缺材料，更应早日落实。

(3)构件、配件等需要量计划。对于桥梁施工中需要的一些构件、配件等，常采用外单位加工、制作。构件、配件等需要量计划主要用于落实加工订货单位，根据施工图和施工进度计划，按照所需规格、数量、时间来组织加工、运输和确定仓库或堆场。构件需要量计划见表 1-4。

表 1-4　构件需要量计划

序号	构件名称	规格	图号、型号	需求量		使用单位	加工单位	供应时间	备注
				单位	数量				

(4)施工机械供应计划。主要用于确定施工机具类型、数量、进场时间，据此落实施工机械来源，组织进场。一般是按施工进度计划中施工顺序的每天需要机械类型、数量和施工日期统计汇总，从而得到施工机械需要量计划，见表 1-5。

表 1-5　施工机械需要量计划

序号	机械名称	类型、型号	需要量		货源	使用起止时间	备注
			单位	数量			

4. 桥梁施工场地平面布置图

桥梁施工场地平面布置图是桥梁工程施工组织设计的重要内容之一。它是对施工现场的规划，以解决施工期间各种临时设施、仓库、料场、水电线路、施工道路等与桥梁施工工程的位置关系。

施工场地布置是在充分了解当地条件基础上，结合施工组织、施工方法和进度计划的要求合理布置，并用施工平面图表示出来。编制和贯彻合理的施工平面图，对于实现科学管理，顺利执行施工进度计划，进行文明施工具有十分重要作用。施工平面布置图的绘制比例一般为(1∶500)～(1∶2 000)。

(1)施工场地布置图应包括以下主要内容。

1)在施工用地范围内的布置图上，绘出所有已建房屋、道路和地上、地下通信、水电管线等的位置和尺寸。

2)测量放线控制点的标桩位置。

3)拟建桥梁的走向和墩台位置。

4)各种生产、生活性临时设施的布置。

5)各种材料、设备、机具的仓库或堆场，预制场地的位置、规模。

6)施工道路和主要施工机械的位置等。

7)一切安全及防火设施的布置。

(2)施工场地布置的基本要求。

1)在保证施工顺利进行的前提下，现场布置应尽量紧凑，以节约施工用地。

2)各类附属企业、仓库、机械设备等位置以及施工现场运输道路应布置合理，尽量使内部运距最短，减少或避免二次运输。

3)尽量减少临时设施的数量，降低临时设施费用；临时设施的布置，应尽量有利于工人的生产和生活。

4)符合环境保护、卫生、安全和防洪的要求。

5)施工区域的划分和场地的确定，应符合施工工艺流程的要求，以利于生产的连续性。

(3)施工场地布置设计步骤。

1)首先进行施工调查，分析当地自然条件和技术、经济条件，掌握施工现场的地形、原有道路、水源、电源及交通运输条件等。

2)确定主要机械设备的布置。主要机械设备的位置直接影响到仓库、料场和半成品等位置及道路和水、电线路的布置，因此，它是施工现场布置的核心，必须首先确定。如混凝土搅拌站和起重运输机械是桥梁施工工地的主要设备，应首先予以考虑。

3)考虑仓库、料场和半成品堆放位置。仓库、料场和半成品堆放位置应尽量靠近使用地点并安排在主要机械服务范围以内，使运输和装卸方便。

4)场外交通的引入和现场运输道路的布置。

5)各种生产、生活临时设施的布置。

6)供水、供电设施的布置。

7)安全、消防设施的布置。

施工场地布置设计时，要充分利用施工场地现有条件，全面规划，合理布设。对外注意与原有公路、铁路的联络；对内尽量减少施工作业之间相互干扰。

5. 临时工程

临时工程又称暂设工程，是为了保证施工期间的工程运输、居住、通信、水电供应等临时修建的工程。这类工程在基本工程完工后大多数都需要进行拆除，但在施工准备阶段必须进行修建。

(1)工地临时房屋。工地临时房屋包括生产用房和生活用房两大类。生产用房主要包括机械电力房、生产车间、材料加工房(棚)、机械、车辆用房等；生活用房包括办公用房、职工宿舍、文化福利设施和医疗卫生用房等。

1)临时房屋布置的基本要求。

①应尽量利用施工现场及其附近现有房屋，或提前修建能够利用的永久性房屋。不足的部分可修建临时房屋，临时房屋修建时，应遵循经济、适用、装拆方便的原则。

②根据当地的气候条件，房屋应建在地势平坦、干燥、施工期间不被水淹的地方。

③直接用于生产的指挥所和调度室，应设在工地的中心地区。而施工管理办公室和职工生活区，最好设置在与工地有一定距离，不受施工噪声等干扰的地方，但也不能远离工地。

④按房屋的不同使用条件和防火卫生的要求,各栋房屋之间的最小距离,在城区为 5 m,郊区为 7 m;锅炉房、发电机房、变电室、工房与临时生活用房间的距离不应小于 25 m;油料库距铁路线间距离不小于 50 m,距焊接场地至少 25 m。

⑤临时房屋的高度一般为 2.5～2.8 m,车间、库房等散热及最大限度利用空间,可增至 3.5～4.0 m。每栋房屋均应配备灭火器。

2)生产用房面积的确定。施工现场的生产用房面积可参考表 1-6 计算确定。

表 1-6 机房和作业棚房屋面积参考表

序号	名称	单位	面积定额	备注
1	木工作业棚	m^2/人	2	占地面积为 6～8 m^2
2	钢筋作业棚	m^2/人	3	占地面积为 9～12 m^2
3	混凝土搅拌棚	m^2/台	10～18	400 L
4	立式锅炉房	m^2/台	5～10	
5	发电机房	m^2/kw	0.2～0.3	
6	水泵房	m^2/台	3～8	
7	汽车或拖拉机	m^2/辆	20～25	
8	混凝土搅拌机	m^2/台	10	
9	移动式空压机	m^2/台	18	以 6 m^2/min 或 9 m^2/min 为例
10	固定式空压机	m^2/台	9	以 10 m^2/min 或 20 m^2/min 为例
11	卷扬机	m^2/台	6～12	

3)生活用房面积的确定。各种生活、办公临时房屋的面积,可按施工单位实际参加人数和表 1-7 工地临时房屋建筑面积指标,计算确定。其中,人数包括直接参加施工生产的工人,辅助施工生产的工人,行政及技术管理人员,为工地生活服务的人员和上述人员中随现场迁移的家属等。

上述人员的比例,可按国家有关规定或工程实际情况计算。现场施工企业家属人数可按职工的一定比例计算,通常占职工人数的 10%～30%。

表 1-7 工地生活、办公用房面积参考表

序号	临时房屋名称	单位	面积定额	序号	临时房屋名称	单位	面积定额
一	办公室	m^2/人	3～4	3	理发店	m^2/人	0.01～0.03
二	宿舍	m^2/人		4	浴室兼理发	m^2/人	0.08～0.1
1	单层通铺	m^2/人	2.5～3.0	5	俱乐部	m^2/人	0.1
2	双层床	m^2/人	2.0～2.5	6	小卖部	m^2/人	0.03
3	单层床	m^2/人	3.5～4.0	7	招待所	m^2/人	0.06
三	家属宿舍	m^2/户	16～25	8	托儿所	m^2/人	0.03～0.06
四	食堂	m^2/人	0.5～0.8	9	子弟学校	m^2/人	0.06～0.08
五	其他合计	m^2/人	0.5～0.8	10	其他公用	m^2/人	0.05～0.10
1	医务室	m^2/人	0.05～0.07	11	开水房	m^2/人	10～40
2	浴室	m^2/人	0.07～0.1	12	厕所	m^2/人	0.02～0.07

(2)工地材料仓库。

1)工地材料仓库类型。工地材料仓库是工地用以临时储存各种建筑材料的地方,按保管材料的方法不同,一般可分为以下几类:

①堆械:露天仓库,用于堆放不因自然条件而影响其性能、质量且较为笨重的材料。如砖瓦、石料、原木和混凝土构件等。

②车棚:用于堆放因防止阳光雨雪直接腐蚀而变质且较为笨重的材料。例如油毛毡、陶瓷砖、沥青等。

③仓库:封闭式仓库用于储存贵重材料和容易散失的构件。例如,五金零件、贵重设备、施工工具和劳动保护用品等。在多雨期,水泥、石膏也常存于仓库内。

工地材料仓库应布置在进料比较方便和靠近用料比较繁重的地方,以减少运距、方便运输。

2)工地材料仓库面积的确定。

①确定工地物资储备量。仓库、料场的材料储备量,应能确保工程施工顺利进行,不至于中断,同时也要避免储备量过大而造成积压,或仓库面积过大,而增加临时投资。通常储备量根据现场条件、供应条件和运输条件来确定。

对于经常或连续使用的材料,如砂、石、水泥、钢材等,可按储备期进行计算。

$$P=T_0Q_iR_i/t \tag{1-9}$$

式中　P——材料的储备量(t 或 m^3)

T_0——材料储备期定额(d);

Q_i——材料的总需要量(t 或 m^3)

t——有关项目的施工工作日(d);

R_i——材料使用的不均衡系数(R_i=最高峰日需要量/日平均需要量)。

对于用量少、不经常使用或储备期较长的材料,可按储备量计算或以年度需要量的百分比储备。

②确定仓库面积。仓库面积应根据施工进度计划的用料计划,按式(1-10)计算确定。

$$F=\frac{1}{K}\cdot\frac{P}{q} \tag{1-10}$$

式中　F——仓库总面积(m^2);

P——仓库、料场的材料储备量(m^3,t)

q——仓库、料场每平方米的材料储存量(m^3/m^2,t/m^2),见表1-8;

K——仓库、料场堆放材料的面积利用系数,见表1-9。

表1-8　每平方米材料储存量

序号	材料名称	单位	单位面积存放数量	堆放高度(m)	放置方法	储存方法
1	水泥(袋)	t	1.5	2	堆垛	仓库
2	水泥(散)	t	2.0～2.8	1.5～2.0	堆积	罐装
3	各种型钢	t	1.0～4.5	0.6～1.0	堆垛	仓库
4	钢筋	t	3.7～4.5	1.2	堆垛	仓库
5	盘条	t	1.5～2.0	1.0	堆垛	敞棚

续上表

序号	材料名称	单位	单位面积存放数量	堆放高度(m)	放置方法	储存方法
6	钢管	t	0.5～0.6	1.0	堆垛	敞棚
7	钢丝绳	t	1.2～1.3	1.0	堆垛	敞棚
8	圆木	m^3	1.3～2.0	1.5～2.0	堆垛	露天
9	方木、板材	m^3	1.2～1.8	2.0～2.5	堆垛	敞棚

表 1-9　仓库、料场堆放材料的面积利用系数

序号	仓库类型	K
1	储存工具、机械配件、电工、水暖器材等(货架存放)	0.35～0.4
2	散装水泥	0.6～0.9
3	桶装、袋装材料	0.45～0.6
4	木材、钢材料棚	0.4～0.5
5	露天堆放的成材(木材、钢材等)	0.5～0.6
6	露天堆放的散财(砂、石料)	0.6～0.7

6．工地临时供水设计

工地临时供水包括生产用水、生活用水和消防用水三种。工地临时供水设计，一般应确定需水量，选择水源和设计配水管网。

(1)工地临时供水量计算。生产用水包括工程施工用水；施工机械用水；生活用水包括施工现场生活用水和生活区生活用水。

1)工程施工用水量。

$$Q_1 = k_1 \sum \frac{AN_1}{T_1 t} \cdot \frac{K_2}{8 \times 3\ 600} \tag{1-11}$$

式中　Q_1——工程施工用水量(含附属生产企业用水)(L/s)；

A——年(季)度工程量(以实物计量单位表示)；

N_1——施工用水定额(表 1-10)；

T_1——年(季)度有效作业日(d)；

t——每天工作班次数；

k_1——未预计到的施工用水系数(一般取 1.05～1.15)；

K_2——用水不均衡系数(表 1-11)。

2)施工机械用水量。

$$Q_2 = k_1 \sum MN_2 \cdot \frac{K_3}{8 \times 3\ 600} \tag{1-12}$$

式中　Q_2——施工械机设备用水量(L/s)；

M——同一种机械设备台数；

N_2——某种机械设备台班用水定额(表 1-10)；

k_1——未预计到用水量修正系数(一般取 1.05～1.15)；

K_3——施工机械用水不均衡系数(表 1-11)。

表 1-10　生产及生活用水定额

用途	单位	耗水量(L)	用途	单位	耗水量(L)
灌注混凝土全部用水	m^3	1 700～2 400	空气压缩机	m^3/min·台班	40～80
搅拌普通混凝土	m^3	200～300	锅炉	m^3/h	15～30
混凝土养护(自然养护)	m^3	200～400	食堂	每人	80～100
混凝土养护(蒸汽养护)	m^3	500～700	浴室	每人	40～60
人工冲洗石子	m^3	1 000	医院	每床	100～250
机械冲洗石子	m^3	600	工人生活用水	每人每班	10～15
洗砂	m^3	1 000	生活区无下水道	每人每日	25～30
内燃挖土机	m^3·台班	200～300	生活区有下水道	每人每日	60～80
内燃起重机	t·台班	15～18	蒸汽打桩机	t·台班	1 000～1 200
汽车	台·昼夜	400～700			

表 1-11　用水不均衡系数

用水名称	不均衡系数			
	K_2	K_3	K_4	K_5
现场施工用水	1.5			
附属生产企业用水	1.25			
施工机械、运输机械用水		2.00		
动力设备用水		1.05～1.10		
施工现场生活用水			1.30～1.50	
生活区生活用水				2.00～2.50

3)施工现场生活用水量。

$$Q_{3\text{-}1}=\frac{P_1N_3K_4}{t\times 8\times 3\ 600} \tag{1-13}$$

式中　$Q_{3\text{-}1}$——现场施工用水量(L/s)；

P_1——施工现场高峰人数；

N_3——施工现场生活用水定额(一般为 20～60 L/人，视气候而定)；

t——每天工作班数；

K_4——施工现场用水不均衡系数(表 1-11)。

4)生活区生活用水量。

$$Q_{3\text{-}2}=\frac{P_2N_4K_5}{24\times 3\ 600} \tag{1-14}$$

式中　$Q_{3\text{-}2}$——生活区生活用水量(L/s)；

P_2——生活区居民人数；

N_4——生活用水定额(表 1-10)；

K_5——生活区用水不均衡系数(表 1-11)。

5)消防用水量 Q_4。消防用水量可按居住区消防用水和施工现场消防用水分别计算。居民在 25 000 人以内时按 10～20 L/s 计算；施工场地在 0.25 km^2 以内时按 5～10 L/s 计算。

每增加 0.25 km^2,用水量增加 5.0 L/s。

6)总用水量 Q 的计算。考虑到生产、生活及消防用水并不同时发生,因此在确定工地总用水量时,一般应区别不同情况进行组合,取其较大值作为计算依据。

当$(Q_1+Q_2+Q_{3\text{-}1}+Q_{3\text{-}2})\leqslant Q_4$时,则

$$Q=(Q_1+Q_2+Q_{3\text{-}1}+Q_{3\text{-}2})/2+Q_4 \tag{1-15}$$

当$(Q_1+Q_2+Q_{3\text{-}1}+Q_{3\text{-}2})>Q_4$时,则

$$Q=Q_1+Q_2+Q_{3\text{-}1}+Q_{3\text{-}2} \tag{1-16}$$

最后,总的用水量还应乘以 1.1 左右的系数,以考虑不可避免管网漏水损失。

(2)取水、储水设计。

1)选择水源。临时供水的水源,有供水管道水源和天然水源两种。应尽量利用现有的自来水管道或地面水(江、河、湖、池),在有条件时,应尽量利用地下水。选择水源不仅要注意水量充足,满足最大用水量的需要,同时也应注意满足水质的要求。

对于饮用水,应符合卫生要求。对于施工用水,侵蚀性物质的含量应受到限制,pH 值需大于 4,含盐量不得超过 5 000 mg/L,且不含油脂等其他杂质。

2)泵站。在用水量小或需昼夜供水时,可用水泵直接取水、供水。一般情况下,则由水泵站抽水到水塔或储水池,然后用输水管分送到用水点。

用水泵直接供水时水泵的抽水能力应大于计算用水量的 50%~100%,其扬程的确定,应考虑沿程水头损失和局部水头损失。单位管长的水头损失,可由一般给水手册查得。局部水头损失一般不作详细计算,可取沿程水头损失的 15%~20%确定。

3)储水设计。工地临时储水设施,多设于靠近水源工地周围地势较高处的简易水箱、水池或水塔。其容积不宜小于 2 h 最大平均用水量。水塔的高度(H_T)按下式决定。

$$H_T=H+H_0+H_e \tag{1-17}$$

式中 H——水塔出地面与最不利用水点的高差;

H_0——最不利用水处的自由水头;

He——水头损失。

(3)配水管网设计。

1)配水管网的布置。供水管可根据水压大小及使用期长短,采用钢管、铸铁管或橡胶皮等。配水管网布置的原则是管道越短越好。水管应尽可能铺设成暗管埋在地下,在无交通干扰的情况下也可采用明管。管道应注意防压、防冻。在严寒地区应埋在冰冻线以下。

2)管径选择。配水管的直径可按式(1-18)计算:

$$d\geqslant\sqrt{4Q/1\ 000\pi v} \tag{1-18}$$

式中 d——配水管内径(m);

Q——最大设计流量(L/s);

v——临时水管设计流速(m/s),一般采用 2.0~2.5 m/s,个别情况可采用 2.5~3.0 m/s。

7. 工地临时供电设计

工地临时供电设计一般包括:用电总量计算,电源选择,变压器确定,导线截面面积计算和配电线路布置。

(1)工地用电总量计算。施工现场用电量主要包括施工用电和照明用电两类。

1)施工用电。施工用电量包括机械设备用电和直接用于施工的用电量两部分,可按式

(1-19)计算。

$$P_{施} = k_1 \sum p_{机} + \sum p_{直} \tag{1-19}$$

式中　$P_{施}$——施工用电量(kW)；

k_1——机械设备综合用电系数(包括设备效率、同时工作率、设备负荷)，随电动机台数增多而减少，当电动机在10台以下时，$k_1=0.75$；10～30台时，$k_1=0.7$；30台以上时，取$k_1=0.6$；

$p_{机}$——各种机械设备的额定功率(kW)，以整个施工阶段内的最大负荷为准，见表1-12；

$p_{直}$——直接用于施工的用电量(kW)。

表1-12　部分施工机械的额定功率

机械名称	型号	额定功率(kW)	机械名称	型号	额定功率(kW)
单斗挖土机	W—4	250	插入式振动器	HZ—30	1.7
塔式起重机	QT1—2	19.5	插入式振动器	HZ6—20	5.5
强制式搅拌机	J4/375A	13	外部振动器	HZ2—5	1.1

2)照明用电。照明用电是指施工现场及生活区的室内外照明用电，其用电量可按式(1-20)计算。

$$P = 0.001(k_2 \sum p_{内} + k_3 \sum p_{外}) \tag{1-20}$$

式中　P——照明用电量(kW)；

$p_{内}$，$p_{外}$——室内与室外照明用电量(W)，见表1-13；

k_2，k_3——综合用电系数，分别取0.8和1.0。

表1-13　工地室内外照明用电量参考表

用电场所		用电量指标(W/m²)	用电场所		用电量指标(W/m²)
室内照明	居民及生活用房屋	6.0	室内照明	人工挖土	0.6～0.75
	食堂、厨房及办公室	10.0		机械化土方工程、打桩、混凝土工程	2～2.5
	仓库	3～6		钢结构制造及安装	3～3.5
	木工场	3～5		手工操作露天堆栈	0.6～1.0
	锯木场	6～8		机械操作露天堆栈	1.5～2.5
	铁工场	6.0		通路照明	0.1～2.5
	机械工场	10.0		全场照明	0.05
	车库	6.0			

最大电力负荷按施工用电量和照明用电量之和计算。当单班制工作时，可不考虑照明用电；非单班制工作时，一般施工用电量约占最大电力负荷的80%～90%。

(2)电源的选择。选择临时供电电源，通常有以下几种方案可供选择。

1)利用施工现场附近的电力系统供电，在开工之前将永久性供电外线工程做好，设置变电站，这样可免去临时供电的设施和管理费用。

2)利用附近的高压电网,申请设临时变电站和变压器。

3)如附近无电网,或供电不足以及规模不大的工地上,可自备临时供电装置。

确定供电方式时,必须考虑电源的可靠性,以保证施工质量。例如对于水下基础的排水、灌注工作,一般应考虑采用两个来源不同的电站供电。

工地自行发电,一般采用移动式内燃式电机,其输出功率为 15～250 kW。

(3)变压器的确定。变压器的功率可由式(1-21)确定。

$$P = k\sum P_{\max}/\cos\theta \tag{1-21}$$

式中 P——变压器输出功率(kVA)

k——功率损失系数,对于变电所取 $k=1.05$,对于变电站取 $k=1.10$;

$\sum P_{\max}$——各施工区的最大计算负荷(kW);

$\cos\theta$——功率因数,一般取 0.75。

(4)导线截面面积计算。配电导线要正常工作,必须满足有足够的强度、耐受电流通过时所产生的温度上升并且使得电压损失在允许范围内。当电杆间距为 25～40 m 时,低压铝质导线截面尺寸不应小于 16 mm²,高压铝质导线截面尺寸不应小于 25 mm²。

按耐受电流选择时,导线所需的金属截面积,按式(1-22)、式(1-23)计算。

双线制线路
$$A=k\frac{WL}{e} \tag{1-22}$$

三相四线制线路
$$A=c\frac{WL}{e} \tag{1-23}$$

式中 A——导线截面积(mm²);

W——输送的电能(kVA);

L——导电线路长度(m);

e——从变电站到用电地点的电压损失百分数,高压线为 10%,220～380 V 时为 5%;

k,c——系数,见表 1-14。

表 1-14 k、c 系数值

电线种类	k	c	
	电压 220 V	电压	
		380 V	220 V
钢线	0.072	0.012	0.036
铝线	0.120	0.02	0.06

(5)配电线路布置。布置工地配电线路时,应注意以下原则:

1)工地内部应采用 380/220 V 低压线路;380 V 的供电半径不应大于 700 m;工地上一般采用架高线路。

2)对 3～10 kV 的高压线路,采用环状布置,对于 380/220 V 低压线路,采用枝式布置。

3)线路宜设于道路一侧,并尽量保持线路水平;380/220 V 线路的电杆间距一般为 25～40 m,离地面高度不小于 6 m,离铁路钢轨不小于 7.5 m。

4)分支线及引入线,均应在电杆处连接,不得在两杆之间接出。

5)电压为 380/220 V 时,应用三线的三相电流线路。双线线路仅用于照明负荷不大及其他生活用电。

8. 施工运输

在桥梁施工中，需将大量物资包括各种材料、机具和生活资料等运入工地，以及将这些材料、机具等运至使用地点。因此，在施工组织设计场地布置时，应充分考虑施工运输。

施工运输组织设计内容主要包括：运输量确定、运输方式确定、运输工具数量确定以及运输道路确定。

(1)运输量确定。按工程的实际需要量来确定，同时还应综合考虑每日的最大运输量及各种运输工具的最大运输密度。

(2)运输方式确定。施工运输可分为场外运输和场内运输两类。将各种物资从原地或交货地点运至施工现场，称场外运输。场外运输的方式，一般采用公路、铁路或水路。场内运输是工地内部材料、机具的运送，一般采用汽车或装载机运输。场内外运输紧密衔接，即由场外运来的材料，直接运送至使用或倒运地点，这是最经济合理的运输方式。不过这对计划组织工作要求很高，实现起来比较困难。一般只能通过合理布设堆栈、料场和仓库的位置，以尽量减少场地内运输工作量。

铁路运输具有运量大、运距长、不受自然条件限制等优点。但投资大，适用于大型工地。工程材料用量大，且铁路方便引入时，可考虑采用铁路运输方式。

水路运输是一种经济的运输方式，在通航河流上，应尽量利用水运修筑临时码头，装卸材料和物资。采用水路运输时须考虑与内部运输相配合，同时考虑到洪水期、枯水期和正常通航期对运输的影响。

汽车运输是目前应用最广泛的一种运输方式。特别适用于货运量不大，货源分散或地形复杂地区的运输。

索道运输兼有水平运输和垂直运输双重功能，不受河流及地形限制，能在索道跨度内，将材料运送到任何平面和高度位置，使用相当方便。特别在峡谷中建桥，利用两岸陡峻地形设置索塔索道运输常被采用。

在用料地点比较分散，运输线路不固定的情况下，特别对于场地范围内地形不太平坦，坡大急弯的场地，可采用装载机运送砂、石、混凝土、灰浆等。对于小型工地或一般工地的零星运输工作，可采用手推车运输，即使在机械化程度很高的工地，这种简单的运输工具也是不可缺少的。

工地运输中的垂直运输可采用井架式起重架、塔式起重机、门式起重机等完成。

运输方式的选择，必须考虑到各种因素的影响，如材料的性质、运输量的大小、超重、超高、超宽设备及构件的形状尺寸、运距和期限等。在确定运输方式时，还应进行全面的技术经济分析比较，以选择最合适的运输方式。

(3)运输工具数量确定。确定运输方式后，就可以计算每一工作班内所需运输工具的数量。

(4)运输道路确定。运输道路应尽可能利用永久性道路，或先修永久性道路路基并铺设简易路面。运输道路布置时，应遵守以下基本原则：

1)当采用铁路时，要考虑其转变半径和坡度的限制，慎重选择确定专用线的起点和进场位置。

2)道路应满足一定的技术标准要求，力求平顺短捷，工程简易，并尽量利用既有道路。

9. 施工场地布置示例

图1-3为某铁路桥梁施工场地布置图。桥梁上部结构为12孔跨度32 m混凝土简支梁和4孔80 m钢桁梁。下部结构为混凝土墩台，基础为大型钢筋混凝土管柱。简支梁用架桥机架设。钢桁梁用悬臂法拼装。管柱在工地制造。墩台混凝土共约37 000 m^3，分别利用混凝土工厂、吊船及移动式搅拌机供应灌注。

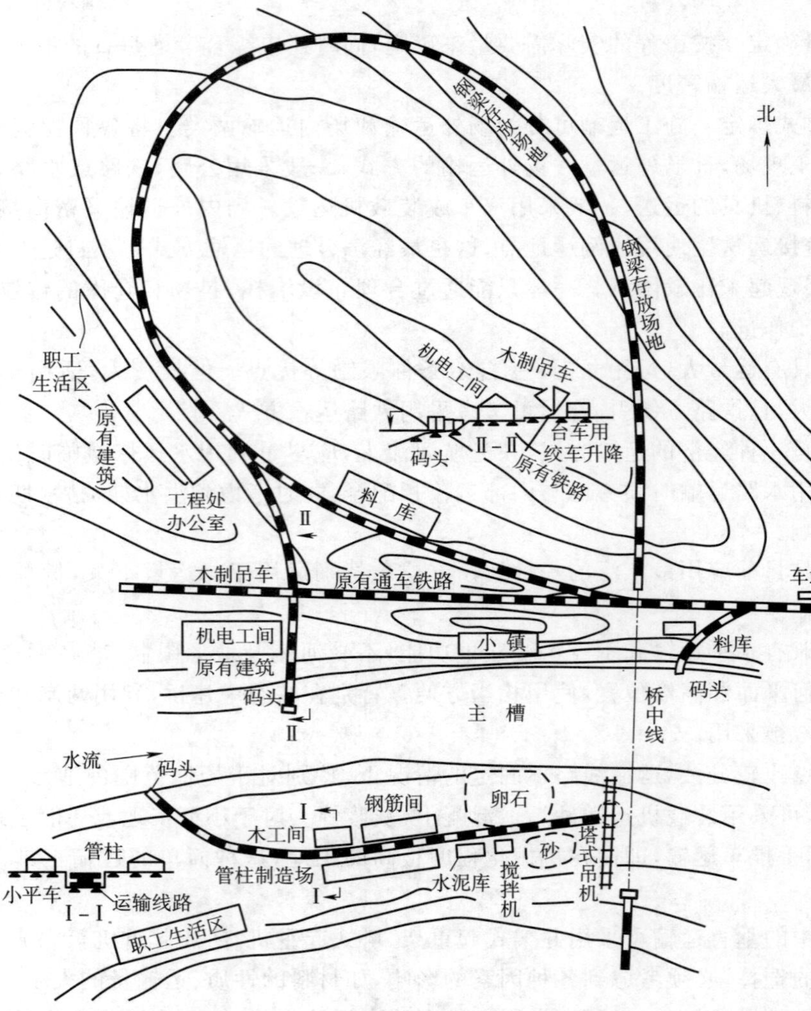

图1-3 某铁路桥梁施工场地布置图

本桥梁施工工程量大，而桥址附近山多平地少，场地狭窄，唯北岸有铁路通过，除砂石可就地开采外，其他料具均由铁路运至桥址北岸。北岸自车站设岔线到桥址附近下游码头。再由铁路另设岔线至傍山，延伸成螺旋线升高到桥头(桥面高出既有铁路17 m)，供运送钢梁和运引架桥机用。钢梁存放和预拼，均利用螺旋线两侧的平地，场地比较分散。

机电车间利用原有建筑，低于供料岔线和原有铁路，料具运到原有铁路靠山一侧后，用木制吊车起吊，跨过原有铁路，放置在坡道的特制小车上，再用绞车控制台车在坡道上升降，将料具送到机电车间的地坪上。机电车间附近设有码头，供运送成品。

北岸两处码头均用吊船装卸料具。南岸管柱制造厂顺河方向铺设临时线路，其上游端在河边设码头供小件上下河，下游端布置在桥中线上游侧的塔式吊车下面。塔式吊车可沿桥中线方向移动。所有管柱及笨重料具下河均用塔式吊车起吊，此外还用其灌注部分墩台的混凝土。南岸职工生活用房傍山建筑。

整个场地铺设临时线路 4 km 多，可以认为已经达到最小限度。充分利用一切可以利用的平地和现有房屋。几个主要工程自成体系又相互联系，因此场地的布置是比较合理的。

1.3　主要施工机械设备的选择

桥涵工程主要施工设备有以下几种：

(1)基础施工设备：锤击沉桩机、振动沉桩机、冲击钻机、旋转钻机、旋挖钻机、套管钻机、双(单)壁钢围堰、钢套箱、钢沉井和必要的土石方施工设备等。

(2)墩台主要施工设备：钢筋设备、混凝土设备、模板提升设备。

(3)桥位制梁设备：膺架、移动支架、移动模架、挂篮、张拉设备、混凝土设备、钢筋设备、试验和检测设备，其他辅助施工设备。

(4)预制梁设备：台座、模板、张拉设备、混凝土设备、钢筋设备、吊装及滑移设备、试验和检测设备；采用蒸汽养生时还有蒸汽养生设备；其他一些辅助施工设备。

(5)运架梁设备：吊装、运输和架设设备。

(6)混凝土施工设备：混凝土拌和机(站)、混凝土运输车、混凝土输送泵等。

(7)钢筋施工设备：钢筋调直机、钢筋切断机、钢筋弯曲机、电焊机、对焊机等。

(8)桥涵顶进及线路加固设备。

施工单位应根据桥梁及涵洞的结构、尺寸、重量、形状和施工条件等，并结合本单位实际情况合理选择配备施工所需机械设备，确定其参数，提前做好准备，以保证工程安全、质量和工期。

1.4　其他准备

1. 辅助工程的修建

铁路桥涵工程施工辅助工程主要包括：临时便道(桥)、临时码头、混凝土拌和站、预制场、存梁场、场内运梁线、大型龙门吊机走行线、砂石料场、修建临时承托结构、钢构件、架桥机的运梁道路等。开工前，应考虑辅助工程特点及施工工期，做到统筹规划、合理布局，提出设计文件，经相关单位批准后，修建辅助工程。

当桥梁工程施工采用预制架施工方案时，运梁便线及桥上临时轨道应满足不同运梁车的要求，具有足够的承载能力并要平整、顺直，以便预制梁的顺利移运。施工前应制定相应标准，经相关单位批准后实施。施工便道应直通工地并与国家公路网连接，应满足各种设备运输进场的需要。

实施性施工组织设计中规划的临时设施，应包括生产房屋、生活房屋、施工便桥、工程现场内外交通道路、工地供电和供水设备及其他小型临时设施等，宜在正式开工前完成。起重设备、施工便桥在使用前应予以验收并做好记录，使用过程中应有相应的安全防护措施。

2. 所需材料机具的准备

开工前应做好所需材料机具的准备工作，包括：材料供应渠道、材料的储存、机具配备方案、机具购置和调配、砂石料供应等。

3. 开工条件

开工前应对施工方案、技术措施和工程质量、施工安全保证措施等进行认真研究和深入细致的讨论，要做好各项施工准备工作和施工图(资料)核对优化工作，经审查合格后，才能申请开工。施工单位在施工过程中应严格执行开工报告审批制度，未经批准的工程不得开工。

工程开工必须具备以下条件：

(1)经批准的设计文件、施工图或施工资料能满足施工需要。

(2)征地、拆迁能满足施工需要。

(3)中线、水准复测及工点放线已完成，施工桩橛完备。

(4)实施性施工组织设计已经编制完成并已按规定的程序审核批准。

(5)地质复核工作已经完成。

(6)施工图(资料)核对优化设计工作已经完成。

(7)机械、设备、材料和劳动力准备能满足开工需要。

(8)质量、安全、环保保证体系和措施已建立和健全。

(9)工地试验室已经建立并通过认证，各种原材料检测、试验设备取得认证并经验收合格；与开工有关的材料试验已完成。砂石料源选定后应立即进行碱一骨料试验。

(10)工地布置，施工用水、用电和临时房屋、便道能满足开工要求。

(11)对有关施工人员的技术培训和技术交底已完成；特殊工种的作业人员必须持证上岗。

(12)已核实地下管线的位置和分布。

第 2 章　常备式结构和常用机具设备

2.1　概　　述

现代桥梁机械化施工要求广泛地使用各类型的工程机械和机具，以确保工程施工质量，加快施工速度，降低工程成本，最大限度地减轻工人劳动强度。施工设备和机具的优劣往往决定了桥梁施工技术的先进与否；反过来，桥梁施工技术的发展，也要求各种施工设备和机具不断进行改造、更新，以适应施工技术的发展。

现代大型桥梁施工设备和机具主要有：

(1)各种常备式结构(例如万能杆件、贝雷梁、六四式军用梁等)。

(2)各种起重机具设备(例如千斤顶、起重机、塔式起重机、缆索吊等)。

(3)混凝土施工设备(例如拌和机、输送泵、振捣设备等)。

(4)预应力施工设备(锚具、张拉千斤顶)。

桥梁施工用的设备和机具门类品种繁多，故在进行施工组织和规划时，常常要根据具体的施工对象、工期、劳动力分布等情况，合理地选用和安排各种机具设备，以使其发挥最大的功效和经济效益，确保整个工程能够高质量和高效率地如期完成。此外，桥梁的施工实践证明，施工设备选用的正确与否，也是保证桥梁施工能否安全进行的一个重要条件。许多重大事故的发生，常常同施工设备陈旧或使用不当有关。

2.2　常备式结构

1. 钢板桩

在开挖深基坑和在水中进行桥梁墩台的基础施工时，为了抵御坑壁的土压力和水压力，常采用钢板桩，有时需做成钢板桩围堰。

钢板桩的常用规格、型号以及使用情况请参阅相关手册。

2. 脚手架及支架

对于现场浇筑桥梁结构，需要模板支撑。对于预制安装法架设的桥梁，也经常需要操作架、操作台、运输马道等辅助结构。这些结构沿袭建筑施工中的叫法，都可以称作脚手架，在现代桥梁施工中，它们的作用已不仅仅局限于作为施工人员的操作平台，而是作为各种承重支架。桥梁施工中常用脚手架的主要构件是钢管。根据钢管的连接、组合方式不同而产生了多种不同类型的脚手架，主要有扣件式、碗扣式、门式脚手架等。

(1)扣件式脚手架。扣件式钢管脚手架是木制脚手架金属化的发展结果，以钢管代替杉篙，扣件代替铅丝及扎巴绳，其主要作用是将钢管连结成结构的“扣件”。连结扣件主要有三种如图 2-1 所示。

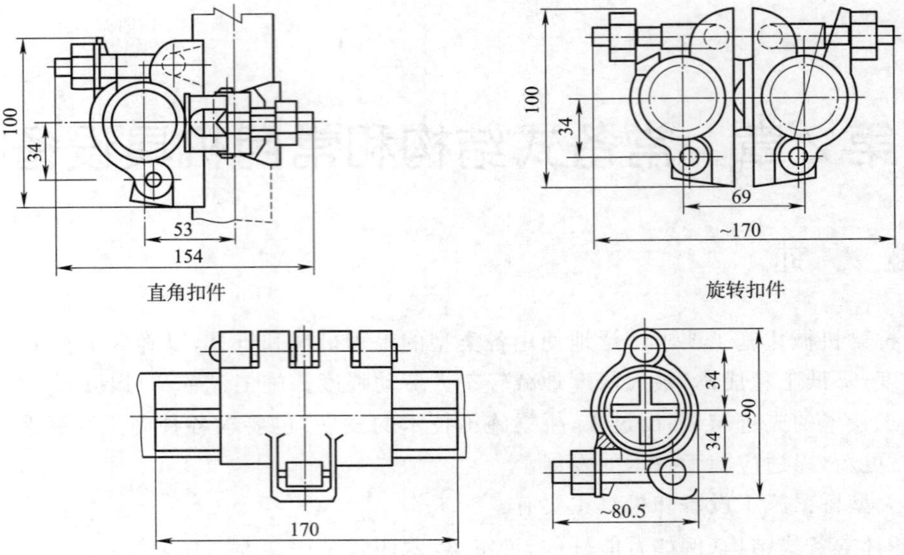

直角扣件　　旋转扣件

对接扣件

图 2-1　扣件式钢管脚手架的扣件(单位:mm)

钢管架应用的初期采用了两种管径:ϕ51 mm 和 ϕ48 mm 两种。经过多年来的发展,逐渐统一为 $\phi48\times3.5$ mm 钢管。脚手架立杆、横杆、斜杆的连结由扣件完成。其连接点的传力依靠拧紧螺栓之后的摩擦作用。影响其承载力的主要因素有:立杆的长细比和扣件的抗滑力。

扣件式钢管脚手架的优点是不用加工(ϕ48 mm 钢管截成所需长度即可),可任意搭设,具有较大通用性。其缺点是横、立、斜杆之间有偏心,对结构有不利影响;其次是节点处的连接力,受螺丝拧紧程度的影响,因而其搭设质量受人为因素影响。

钢管架除了上述主要连接件之外,其根部必须采用底座以保证立杆不会插入土中。为了微调支架高度,底座一般做成可调节高度的。对于模板支撑架,钢管顶部需设置顶托。为了方便拆模板,顶托一般也采用可调节高度的。有时,竖向钢管的接长也用微调螺杆。图 2-2 是扣件式脚手架的一些配件。

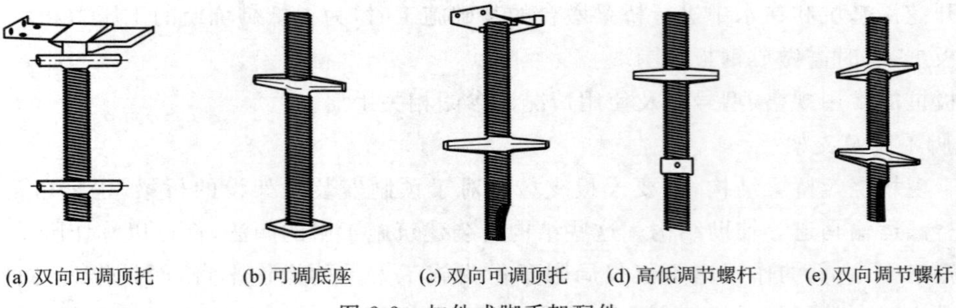

(a) 双向可调顶托　(b) 可调底座　(c) 双向可调顶托　(d) 高低调节螺杆　(e) 双向调节螺杆

图 2-2　扣件式脚手架配件

钢管架可以搭设单排、双排、满堂脚手架,也可以搭设斜坡马道、梯架、桥架等。不仅如此,它还可以组合成专用的脚手架,甚至爬架的架体,也可以用作门式架、碗扣架等的辅助构件。

要特别说明一点,由于扣件式钢管脚手架在用作模板支撑体系时,作为周转材料的扣件抗滑性能难以得到可靠保证,从而难以保证模板支架结构的几何不变性。因此,铁路模板脚手架应采用碗扣式钢管脚手架或门式钢管脚手架，不得采用扣件式钢管脚手架作为模板支承体系。但是在施工中可将扣件式钢管脚手架用在不承担现浇桥梁荷载的临时脚手架等位置。

(2)碗扣式脚手架。碗扣式脚手架是对扣件式脚手架的重大改进。该脚手架主要杆件仍然是 ϕ48 mm 钢管。但是，钢管的连接点采用“碗扣”。碗扣由上、下碗扣构成，如图 2-3 所示。下碗扣焊接在立管上，上碗扣套在立管上。水平杆两端焊有“插头”，该插头下插入下碗，上插入上碗。上碗扣利用上端之螺旋形与立柱上焊的“锁销”别住楔紧而连接。

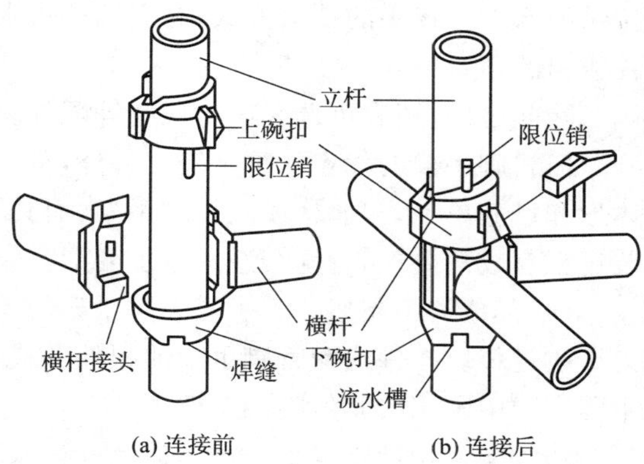

图 2-3　碗扣式脚手架结点

碗扣式脚手架由于采用了中心线连接，因而大大提高了承载能力。此外承受横杆垂直力的下碗扣与立柱采用焊接，因而改善了结点的受力性能，提高了安全性。

碗扣式不同于扣件式的构造区别是脚手架全部需要加工；横杆两端全部要焊接插头；立杆上需焊接下碗扣及锁销并套入上碗扣。这样带来的结果是，横杆与立柱的距离变成固定的，没有扣件式脚手架的灵活性好，同时也提高了成本。

从安装操作上讲，较扣件式脚手架方便，只需用小锤楔紧上碗扣即可。同时在保管上减少了扣件丢失的可能性。另外，还可通过对现有的扣件式钢管脚手架进行改造而制成。

(3)门式脚手架(钢管装配框架式脚手架)。门式脚手架是由美国 Beatty 脚手架公司首创，于 20 世纪 80 年代初引入我国。这种脚手架打破了单根杆件组合脚手架的模式，而以单个式刚架作为主要结构构件。门式脚手架的主要结构构件有门架、十字撑、平行架或专用钢脚手板；辅助件有连接销、锁臂等，如图 2-4 所示。

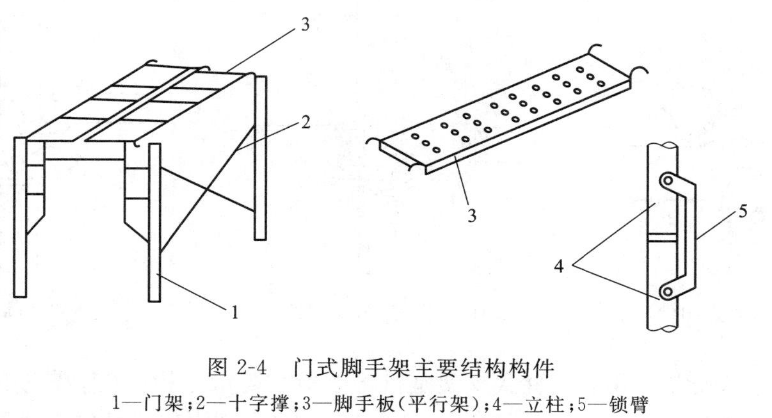

图 2-4　门式脚手架主要结构构件

1—门架；2—十字撑；3—脚手板(平行架)；4—立柱；5—锁臂

门式脚手架的主立杆采用 $\phi42.7\times2.4$ mm 薄壁钢管，横梁及辅助立杆等采用 $\phi27.2\times1.9$ mm 薄壁钢管。充分发挥了薄壁构件的特性，使其重量达到最轻(相对于其他脚手架)。

门架是垂直架设所用的框架，作为支撑的立柱。另外，门架按其用途不同。可分为门架型(开字形)、梯形、简易型(八字形)及特殊型四种，但除了门架型之外的门架因其抗剪刚度不足等原因，最好不要作为模板支撑使用。

十字撑(剪刀撑)是为了联结水平方向(与门架垂直的方向)的门架而使用X形杆件。

立柱接头主要为在上方设门架(接长立柱)所用的连接件,是插入立柱中使立杆之间相互接长的部件。接头的锁紧方式,有立柱接头本身具有防拔性能的销锁方式及用锁臂而不使立柱拔出的锁臂方式。

除此之外,还有可调底座与托座等配件。

门式脚手架的优点是重量轻。另外,每一组脚手架自身可形成稳定的结构体系。缺点是体形和尺寸单一,只能构成双排脚手架,而其平面尺寸是固定的。薄壁构件坚固性较差,对拆装过程有较高要求,否则会造成过度变形。

(4)其他类型支架。为了提高脚手架的承载能力和组装、拆卸的方便性,工程技术人员致力于改进传统扣件式钢管脚手架的扣件形式。另外,组架主要构件也可不采用钢管。以下为工程实践中采用的其他类型支架。

1)套装式扣件脚手架。其主体构件仍然是$\phi48\times3.5$ mm钢管,但其下托扣件焊接在立柱上,上部的扣件套装于立柱上。接头的扣件有上下两对,每对扣件为半圆形咬合形式夹紧横管。上下两组扣件可扣接互相垂直的横管。扣紧的装置与碗扣架的上碗扣相同,为斜形环扣。当楔紧环扣时,由上限位销将下部两个扣件挤紧抱住横管。与碗扣式脚手架相比,其元件加工量大大减少,只加工立杆而不用加工横杆,可降低成本。脚手架的排距和柱距可任意选择,具有扣件式钢管脚手架的优点。由于横杆变成连通杆,其整体性较碗扣式脚手架更强。但与碗扣式脚手架相比,达不到杆件中心受力的条件。此外没有解决斜杆的装设问题,仍然要依靠旋转扣件来设置斜杆,其受力性能受到一定影响。套装式扣件如图2-5所示。

2)轮口式脚手架。它的特点是将横杆与立杆的连接变为承插式。每隔一定间距在立杆上焊接一个轮扣,轮扣上有楔形插孔,横杆上有楔形插头,如图2-6所示。与之类似的还有圆盘式扣件,如图2-7所示。

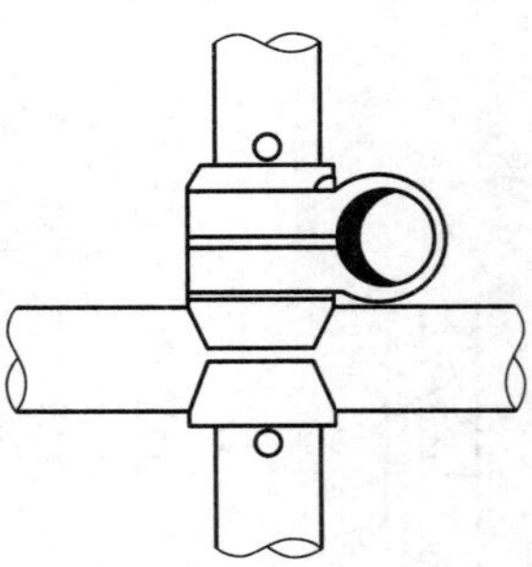

图2-5 套装式扣件

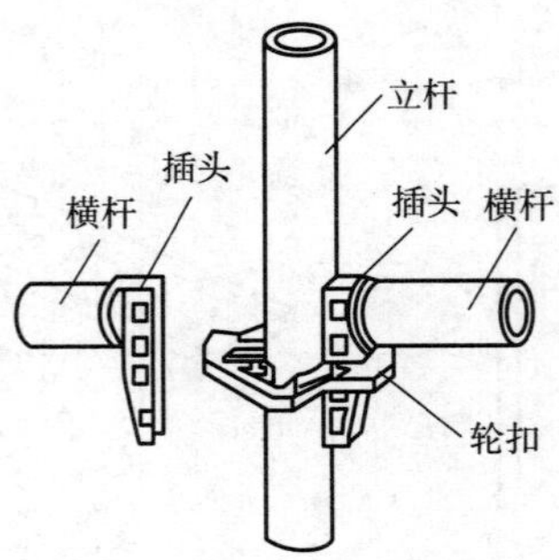

图2-6 轮扣式扣件

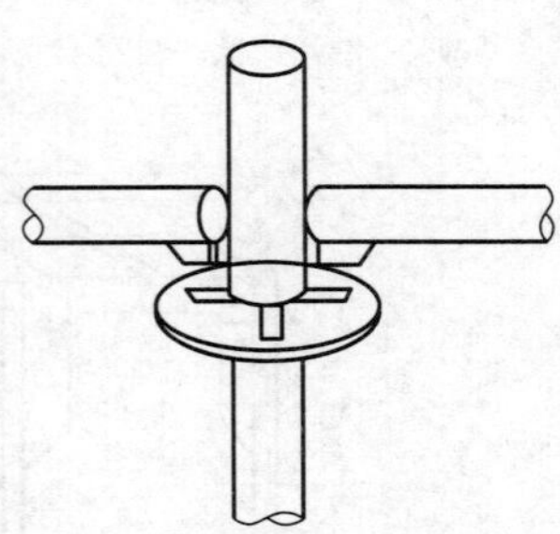

图2-7 圆盘式扣件

3)组合钢柱式支架。组合钢柱式支架是指将数根主要承力构件(钢管或角钢等),采用腹杆等焊接组装成单位长度的支柱,再按使用高度接长支柱,其中使用最广泛的是四管支柱。

4)三角形承插式支架。它是指用直角三角形的钢管框组装成的矩形截面或三角形截面的塔式结构体。该支撑的基本形状为三角形,是相当稳定的结构,但需接长垂直杆件,其特点是拆装迅速简单。

3. 拼装式模板

常备拼装式模板主要为钢模板。按照模板块件的大小又可分为小钢模和整体式钢模。小钢模主要用在对表面质量要求不高的情况下，它的主要优点是造价低。整体式模板常用于桥梁预制工厂的一些标准定型构件的生产中，它是预制工厂的常备式结构。目前，为了提高混凝土的表面质量，墩台结构中也大量采用整体式钢模板。

4. 万能杆件

万能杆件是由角钢和连接板组成，用螺栓连接的桁架杆件。它通用性强，弦杆、腹杆及连接板等均为标准件，具有装拆方便、运输方便、利用率高等特点，可以拼装成桁架、墩架、塔架、龙门架等。还可以用作墩台、索塔施工脚手架等。

万能杆件的构件一般分为三大类：

(1)杆件：杆件在拼装时组成桁架的弦杆、腹杆、斜撑。

(2)连接板：各种规格的连接板，可将弦杆、腹杆、斜撑等连接成需要的各种形状。

(3)缀板：缀板可在由四肢或两肢角钢组成的各种弦杆、腹杆等的节间中点做一个加强连接点，使组合断面的整体性更好。

万能杆件的类型有铁路部门生产的甲型(又称 M 型)、乙型(又称 N 型)和原西安筑路机械厂生产的乙型(称为西乙型)。三者在结构、拼装形式上基本相同，仅弦杆角铁尺寸、部分缀板的大小和螺栓直径稍有差异。

用万能杆件组拼桁架时，其高度可为 2 m、4 m、6 m 及以上。当高度为 2 m 时，腹杆为三角形。当高度为 4 m 时，腹杆为菱形。当高度超过 6 m 时，腹杆可做成多斜杆形。工程实践中，所组拼桁架往往做成双排。图 2-8 为万能杆件拼装成的塔架，图 2-9 为万能杆件拼装成的浮式吊架。

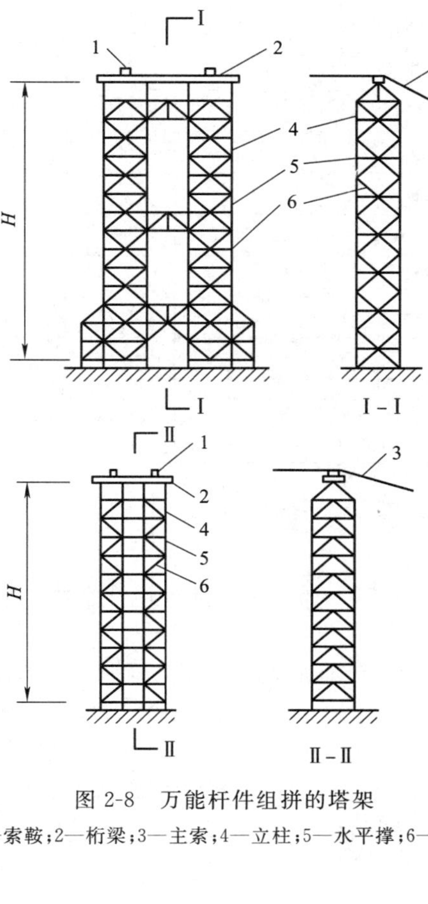

图 2-8　万能杆件组拼的塔架

1—索鞍；2—桁梁；3—主索；4—立柱；5—水平撑；6—斜撑

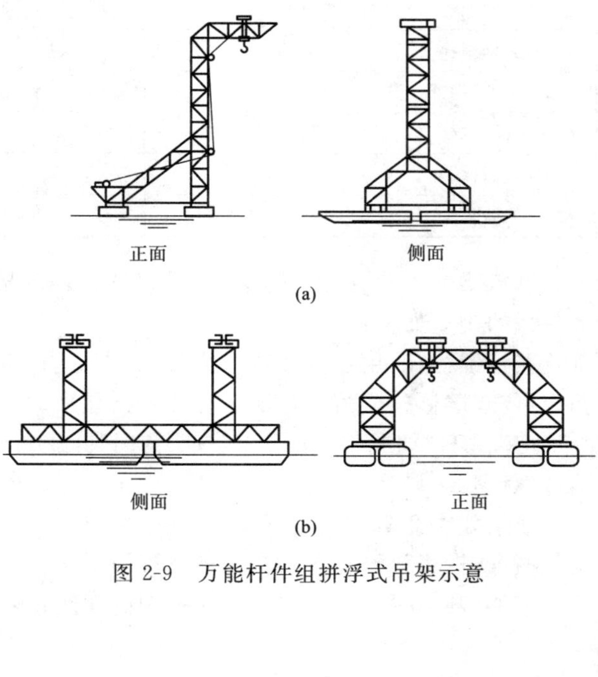

图 2-9　万能杆件组拼浮式吊架示意

5. 贝雷梁

贝雷梁是一种由桁架拼装而成的钢桁架结构。贝雷架常被拼成导梁作为承载移动支架，再配置部分起重设备与移动机具来实现架梁。

贝雷梁现有进口与国产两种规格。国产贝雷梁其桁节用16锰钢，桁架销用铬锰钛钢，插销用弹簧钢制造，焊条用T505X型，桥面板和护轮木用松木或杉木。材料的容许应力，按基本应力提高30%取值。个别钢质杆件超出上述规定时，容许应力不得超过其屈服点的85%。

设计时采用的容许应力如下：

木料：顺木纹弯应力、压应力及承压力为16.2 MPa；受弯时顺木纹剪应力为2.7 MPa。

钢料：16锰钢拉、压应力及弯曲应力为1.3×210＝273(MPa)；剪应力为1.3×160＝208(MPa)。

30铬锰钛拉、压应力及弯曲应力为0.85×130＝110.5(MPa)；剪应力为0.45×1 300＝585(MPa)。

现有大多数进口贝雷梁的材料屈服点强度为351 MPa，其容许应力可按0.7×351＝245(MPa)考虑，销子容许应力可考虑与国产销子一样。

贝雷梁组成构件的质量见表2-1。

表2-1 贝雷梁构件质量 (单位:kg)

构件名称	单位	国产	进口	构件名称	单位	国产	进口
桁架节	片	270	259	支承架	副	21	18
加强弦杆	支	80		阴、阳头端柱	根	69.70	59
桁架销	个	3	2.7	桥座	个	38	32
横梁	根	245	202	座板	块	184	181
有扣纵梁	组	107	86	桥头搭板	副	142	
无扣纵梁	组	105	83	搭板支座	副	46	
桁架螺栓	个	3	3.6	桥面板	副	40	
弦杆螺栓	个	2		护轮木	根	44	
横梁夹具	副	3	2.7	摇滚	副	102	92
抗风拉杆	套	33	29	平滚	副	60	48
斜撑	根	11	8	下弦接头	个	6	5.4
联板	根	4	1.4	阴、阳斜面弦杆	个	27.31	

贝雷梁的主要构件有桁架、加强弦杆、横梁、桁架销、螺栓、支撑构件等。图2-10为桁架，其各孔的用途如下：

弦杆螺栓孔：用在拼装双层或加强梁上。在拼装时，将桁架螺栓或弦杆螺栓插入弦杆螺栓孔内，使双层桁架或桁架与加强弦杆连接起来。

加强弦杆，如图2-11所示，其一头为阳头，另一头为阴头。在加强弦杆的中间，设有支撑架孔和弦杆螺栓孔。设置加强弦杆的目的，在于提高梁的抗弯能力，充分发挥桁架腹杆的抗剪作用。

横梁如图2-12所示。横梁中间有4个卡子用来固定纵梁位置，两端短柱用来连接斜撑。安装横梁时，将栓钉孔套入桁架下弦杆横梁垫板上的栓钉，使横梁在桁架上就位。栓钉孔的间距与桁架间距相同。横梁就位后，桁架的间距也就固定下来了。

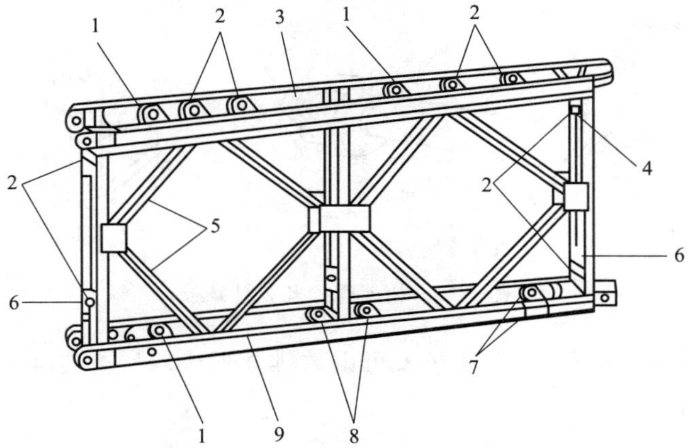

图 2-10　桁架

1—弦杆螺栓孔;2—支撑架孔;3—上弦杆;4—竖杆;5—斜撑;6—横梁夹具孔;7—风构孔;8—横梁垫板;9—下弦杆

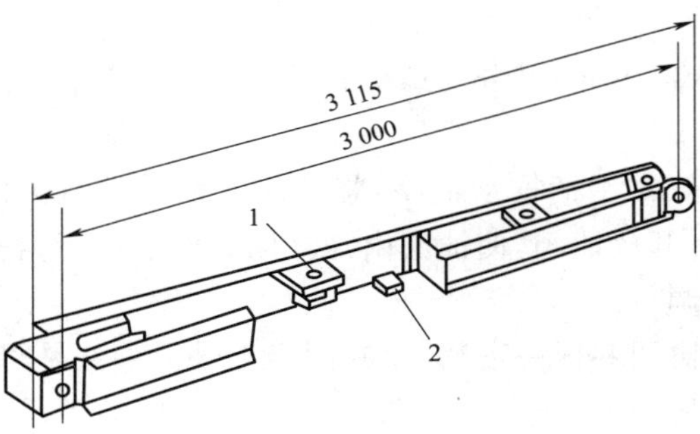

图 2-11　加强弦杆(单位:mm)

1—支撑架孔;2—弦杆螺栓孔

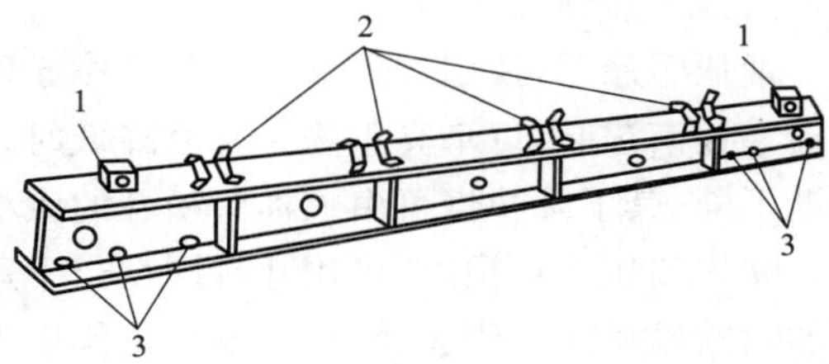

图 2-12　横梁

1—短柱;2—卡子;3—栓钉孔

支撑架孔:用来安装支撑架,以加固上、下节桁架。

风构孔:用来连接抗拉杆。竖杆上的支撑架孔用来安装支撑架、斜撑和联板。

横梁夹具孔:用来安装横梁夹具。在下弦杆上设有一块横梁垫板,垫板上有栓钉,用来固定横梁位置。

桁架销用于连接桁架。在销子的一端有一个圆孔,安装时插入保险插销,防止销子脱落。桁架销和保险插销如图 2-13 所示。

支撑架如图 2-14 所示。支撑架用撑架螺栓连接于第一排与第二排桁架之间,使之连成整体。

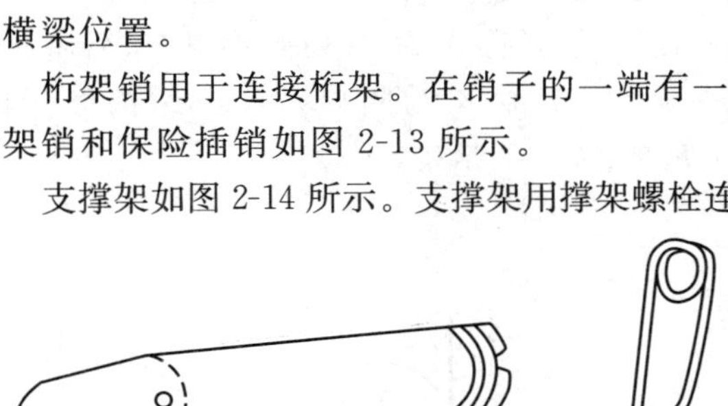

图 2-13　桁架销和保险插销

图 2-14　支撑架

桁架螺栓用来连接上、下层桁架,使用时将螺栓自下而上插入双屋桁架的螺栓孔内,然后用螺帽拧紧;弦杆螺栓用来连接桁架和加强弦杆,其形状与桁架螺栓完全相同,仅长度短

7 cm,如图 2-15 所示。

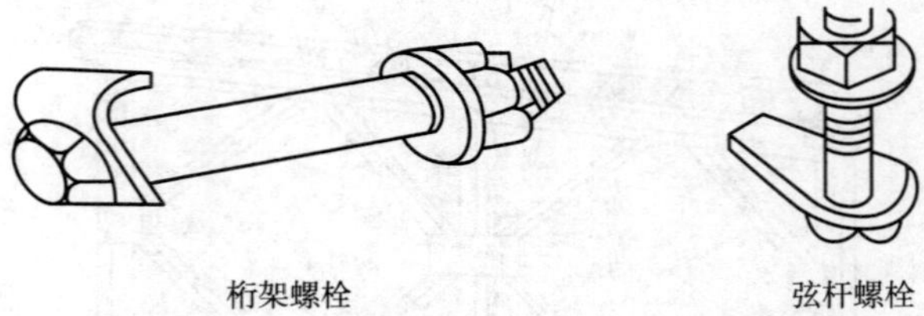

图 2-15　桁架螺栓和弦杆螺栓

为了加强单片贝雷桁架的强度,主桁架可由数排并列或双层叠置而成。桥梁工程中习惯于先“排”后“层”称呼。

2.3　常用的起重机具设备

1. 千斤顶

千斤顶适用于起落高度不大的重物。按其构造不同,可分为螺旋式千斤顶、油压式千斤顶和齿条式千斤顶三大类。

油压千斤顶,使用方便省力。其工作原理是依靠手柄推动油泵,将油压入活塞的汽缸内,将活塞逐渐顶起,以举高重物。如欲降低时,可打开放油阀,使油液由油缸回到储油箱,重物就逐渐下降,其下降快慢可由放油阀松开的大小来调节。

使用油压千斤顶时,可用几台同型号千斤顶协同共顶一重物,使其同步上升。办法是将各顶的油路以耐高压管连通,使其各自工作压力相同,均分起重量。按上述方法使用的千斤顶,称为分离式油压千斤顶,并需用电动油泵压油。

2. 滑车

滑车又称滑轮或葫芦。滑车种类很多,按使用方式可分为定滑车、动滑车和导向滑车,如图 2-16 所示。按滑轮的多少可分为单轮(单门)、双轮(双门)及多轮(多门)。按滑车的护板能否打开,分为开口滑车和闭口滑车(前者套入钢丝绳较方便)。开口形式又分为桃形开口、销形开口两种。一般双轮以上均为闭口滑车,根据滑车的拴挂构造形式分为吊钩、链环、吊环、吊梁四种。按滑车的使用性质,分为起重滑车和导向滑车,前者称为 H 系列起重滑车,后者称为 DH 系列导向滑车。滑车代号说明如下:K——开口(不加 K 为闭口);K_A——销形开口;K_B——桃形开口;G——吊钩;L——链环;D——吊环;W——吊梁。

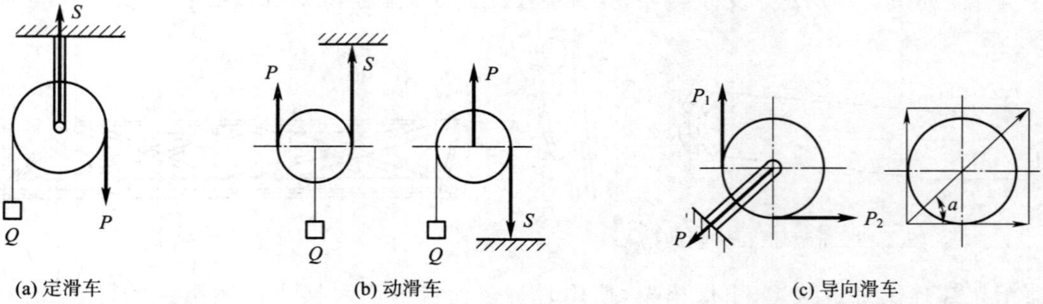

图 2-16　滑车

例如：H3×1K_BG——额定负荷 30 kN 单轮桃形开口吊钩型起重滑车。

H50×5W——额定负荷 500 kN 五轮吊梁型起重滑车。

DH3×1K_BG——额定负荷 30 kN 单轮桃形开口吊钩型导向滑车。

起重滑车形式基本参数见表 2-2。

表 2-2　起重滑车形式基本参数

滑车吨位(t)			0.5	1	2	3	5	8	10
滑车形式			滑车代号						
单轮	桃形开口	吊钩	H0.5×1K_BG	H1×1K_BG	H2×1K_BG	H3×1K_BG	H5×1K_BG	H8×1K_BG	H10×1K_BG
		链环	H0.5×1K_BL	H1×1K_BL	H2×1K_BL	H3×1K_BL	H5×1K_BL	H8×1K_BL	H10×1K_BL
	闭口	吊钩	H0.5×1G	H1×1G	H2×1K_BG	H3×1G	H5×1G	H8×1G	H10×1G
		链环	H0.5×1L	H1×1L	H2×1K_BL	H3×1L	H5×1L	H8×1L	H10×1L
双轮	闭口	吊钩		H1×2G	H2×2G	H3×2G	H5×2G	H8×2G	H10×2G
		链环		H1×2L	H2×2L	H3×2L	H5×2L	H8×2L	H10×2L
		吊环		H1×2D	H2×2D	H3×2D	H5×2D	H8×2D	H10×2D
三轮	闭口	吊环				H3×3G	H5×3G	H8×3G	H10×3G
		链环				H3×3L	H5×3L	H8×3L	H10×3L
		吊环				H3×3D	H5×3D	H8×3D	H10×3D
四轮	闭口	吊环						H8×4D	H10×4D
滑车吨位(t)			16	20	32	50	80	100	140
滑车形式			滑车代号						
单轮	闭口	吊钩	H16×1G	H20×1G					
		链环	H16×1L	H20×1L					
双轮	闭口	吊钩	H16×2G	H20×2G					
		链环	H16×2L	H20×2L					
		吊钩	H16×2D	H20×2D	H32×2D				
三轮	闭口	吊钩	H16×3G	H20×3G					
		链环	H16×3L	H20×3L					
		吊环	H16×3D	H20×3D	H32×3D	H50×3D			
四轮	闭口	吊环	H16×4D	H20×4D	H32×4D	H50×4D			
五轮	闭口	吊梁			H32×5W	H50×5W	H80×5W		
		吊环		H20×5D	H32×5D	H50×5D	H80×5D		
六轮	闭口	吊环			H32×6D	H50×6D	H80×6D	H100×6D	
七轮	闭口	吊环					H80×7D		
八轮	闭口	吊梁						H100×8W	H140×8W
		吊环						H100×8D	H140×8D

一般滑车外壳上均标有起重能力。对无标志滑车，可检算轮轴的剪应力及支承应力来决定其安全起重能力。

3. 滑车组

滑车组由定滑车和动滑车组成。它既能省力又可改变力的方向。定滑车与动滑车的数目可以相同,也可以相差一个。绳的死头可以固定在定滑车上,也可固定在动滑车上;绳的单头(又称跑头)可以由定滑车引出,也可以由动滑车上引出。一般用于吊重时,跑头均由定滑车引出。有时跑头还穿过导向滑车。为了减小拉力,有时采用双联滑车组。滑车组种类如图 2-17 所示。

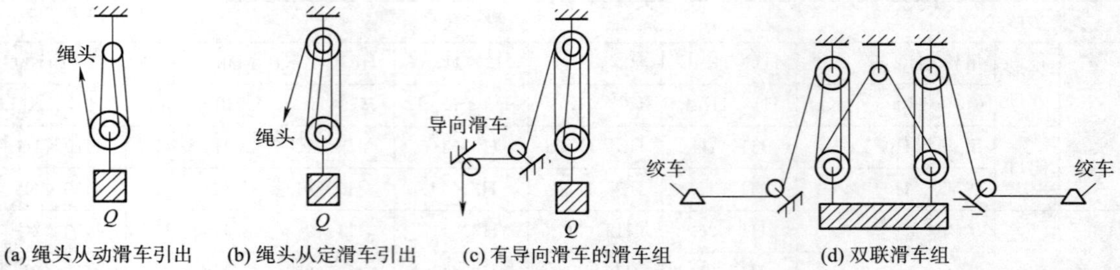

(a) 绳头从动滑车引出 (b) 绳头从定滑车引出 (c) 有导向滑车的滑车组 (d) 双联滑车组

图 2-17 滑车组

4. 链滑车

链滑车也是一种施工现场经常使用的轻小起重设备。常用链滑车分蜗轮传动与齿轮传动两种,如图 2-18 所示。前者效率较低,工作速度也不如后者。链滑车可在垂直、水平和倾斜方向的短距离内起吊和移动重物,或绞紧构件以控制方向。

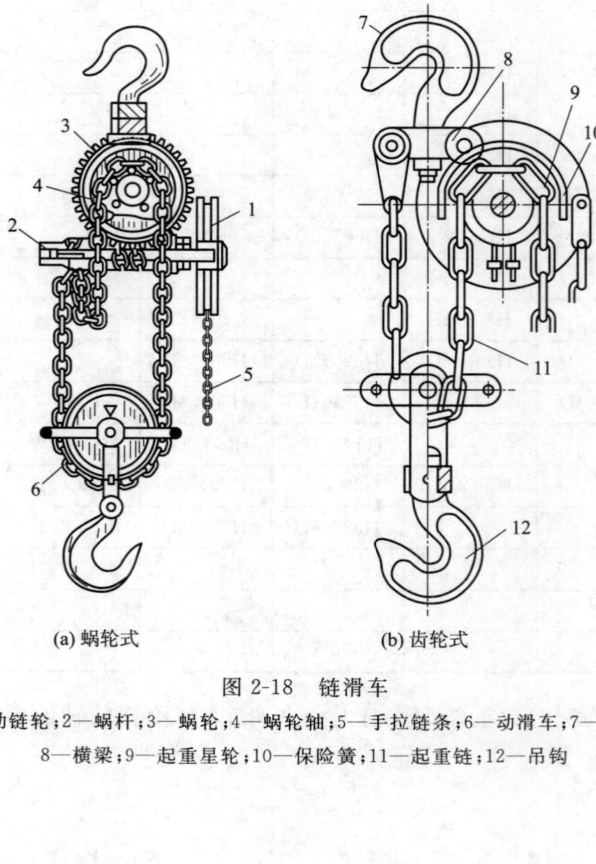

(a) 蜗轮式 (b) 齿轮式

图 2-18 链滑车

1—动链轮;2—蜗杆;3—蜗轮;4—蜗轮轴;5—手拉链条;6—动滑车;7—挂钩;
8—横梁;9—起重星轮;10—保险簧;11—起重链;12—吊钩

5. 卷扬机

卷扬机亦称绞车，是最常用、最简单的起重设备之一，广泛用于桥梁施工中。卷扬机的种类很多。按动力装置分为电动式、内燃式和手动式。按工作速度分为快速、慢速和调速三种，以慢速应用居多。按卷筒的数量分为单筒、双筒和多筒。

手摇绞车又叫手动卷扬机，如图 2-19 所示。它是由一个配设了几对齿轮的卷筒及其他配件组成的简单机械。工作时，用手柄转动齿轮，带动滚筒转动，绞紧筒上的钢索使之带起物体。

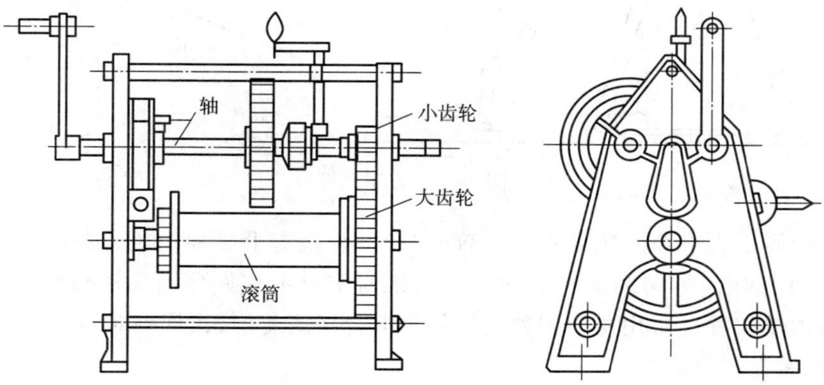

图 2-19　手摇绞车

电动绞车按照操作方式可分电动可逆式绞车和电动摩擦式绞车两种。电动可逆式绞车的电动机与卷筒有固定联系。卷筒可强制作正转和反转，只需要转换电路就可进行起吊和下降重物。电动摩擦式绞车的电动机与卷筒没有固定联系，而是通过摩擦离合器带动卷筒旋转，只有起吊时才使用。重物下降时靠自身重力，其速度快慢用制动器控制。

6. 扒杆

扒杆是一种简单的起重吊装工具，一般都由施工单位根据工程的需要自行设计和加工制作。扒杆可以用来升降重物，移动和架设简支梁等。常用的扒杆种类有，独脚扒杆、人字扒杆、摇臂扒杆和悬臂扒杆，与一些简易机械配套，可组成各种轻型起吊机。图 2-20 为用独脚扒杆吊装木排，图 2-21 为人字扒杆。

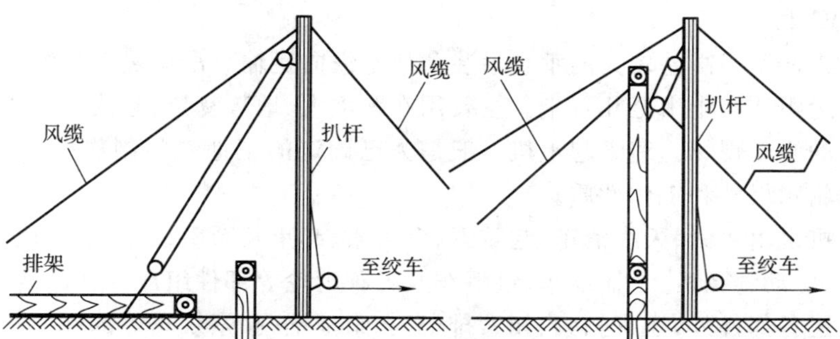

图 2-20　扒杆吊木排

7. 龙门架

龙门架是一种最常用的垂直起吊设备。在龙门架顶横梁上设行车时，可横向运输重物、构

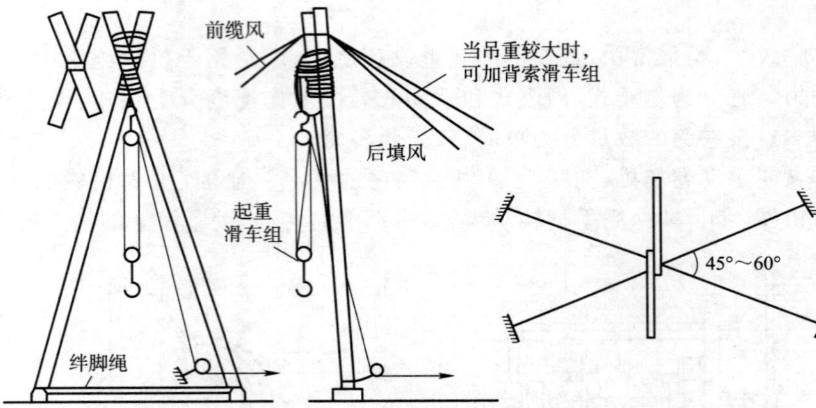

图 2-21 人字扒杆

件;在龙门架两脚下设有缘滚轮并置于铁轨上时,可在轨道上纵向运输;如在两脚下设能转向的滚轮时,可进行任何方向的水平运输。龙门架通常设于构件预制场吊移构件,或设在桥墩顶、墩旁安装大梁构件。常用龙门架种类有钢木混合构造龙门架、拐脚龙门架和装配式钢桥桁架(贝雷架)拼装龙门架。

除了利用贝雷架、军用梁或万能杆件拼装而成的装配式龙门架以外,还有专用龙门吊。这种龙门吊一般采用三角桁架或箱梁作主要承载受力构件(如主横梁)。构件间采用销轴和螺栓副连接,也易于拆装、运输,便于转移。

8. 浮吊

在通航河流上建桥,浮吊是重要的工作船。常用的浮吊有铁驳轮船浮吊和用木船、型钢及人字扒杆等拼成的简易浮吊。

通常简易浮吊可以利用两只民用木船组拼成门船。用木料加固底舱,舱面上安装型钢组成的底板构架,上铺木板,其上安装人字扒杆。起重动力可使用双筒电动卷扬机一台,安装在门船后部中线上。作人字扒杆的材料可用钢管或圆木,并用钢丝绳分别固定在民船尾端两舷旁钢构件上。吊物平面位置变动由门船移动来调节,另外还须配备电动卷场机、钢丝绳、锚链、铁锚作移动及固定船位用。

9. 缆索起重机

缆索起重机适用于高差较大的垂直吊装和架空纵向运输。吊运量在几吨至几十吨的范围内变化。纵向运距从几十米至几百米。主要用在跨度大、地势复杂、起伏不平或其他起重机具设备不易到达的施工现场。缆索起重机一般是为已确定的工地专门制作的,它的结构取决于所服务的工地轮廓尺寸和工作性质。

缆索起重机是由主索、天线滑车、起重索、牵引索、起重及牵引绞车、主索地锚、塔架、风缆、主索平衡滑轮、电动卷扬机、手摇绞车、链滑车及各种滑轮等部件组成。在吊装拱桥时,缆索吊装系统除了上述各部件外,还有扣索、扣索排架、扣索地锚、扣索绞车等部件。

主索亦称为轨索、承重索或运输天线。它横跨塔架,支承在两侧塔架的索鞍上,两端锚固于地锚。吊运构件的行车支承于主索上。主索的断面要根据吊运的构件重量、垂度、计算跨度等因素进行计算。

起重索主要用于控制吊物的升降(即垂直运输),一端与卷扬机滚筒相连,另一端固定于对岸的地锚上。这样，当行车在主索上沿桥跨往复运行时，可保证行车与吊钩间的起重索长度不随行车的移动而改变，如图 2-22 所示。

牵引索用于拉动行车沿桥路方向在主索上移动(即纵向运输)，故一般需一对牵引索，这样既可分别连接在两台卷扬机上，也可合拴在一台双滚筒卷扬机上，便于操作。

结索用于悬挂分索器，使主索、起重索、牵引索不致相互干扰。

塔架是用来提高主索的临空高度及支承各种受力钢索的结构物。塔架的形式是多种多样的，按材料可分为木塔架和钢塔架两类。木塔架的构造简单，制作、架设均很方便，但用木料数量较多，一般高度在 20m 以下时可以采用，现在已很少采用了。当塔架高度在 20 m 以上时多采用钢塔架。钢塔架可采用龙门架式、独脚扒杆式或万能杆件拼装式等各种形式。

塔架顶上设置索鞍，如图 2-23 所示，为放置主索、起重索、扣索等用，可减少索与塔架的摩阻力，使塔架承受较小的水平力，并减小索的磨损。

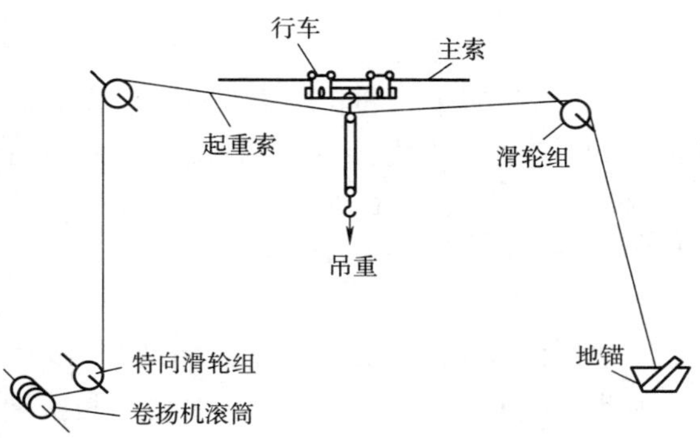

图 2-22　起重索构造

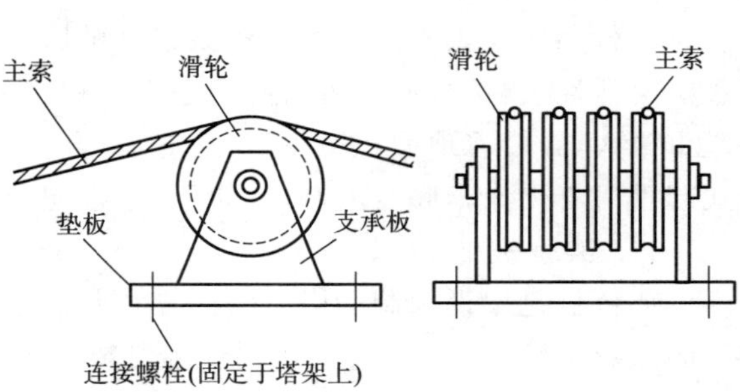

图 2-23　索鞍构造

当拱箱(肋)分段吊装时，为暂时固定分段拱箱(肋)所用的钢丝索称为扣索。扣索的一端系在拱箱(肋)接头附近的扣环上，另一端通过扣索排架或过河缆索固定于地锚上。

缆风索亦称浪风索，用来保证塔架的纵横向稳定及拱肋安装就位后的横向稳定。

地锚亦称地垄或锚碇，用于锚固主索、扣索、起重索及绞车等。地锚的可靠性对缆索吊装的安全性有决定性影响，设计与施工时，对其都必须高度重视。按照承载能力的大小及地形、地质条件的不同，地锚的形式和构造多种多样。也可以利用桥梁墩、台作锚碇，这样能节约材料，否则，需设置专门的地锚。

地垄的特点是将锚固装置埋在土或石内，一般埋在地面以下，利用土或石的抗力来抵抗钢丝绳拉力。地垄分以下几种：立垄、桩垄、卧垄、混凝土地垄。

立垄适用于土质地层。地垄柱以枕木、圆木或方木制作，挖坑埋入土中，如图 2-24 所示。当荷载较大时，常在立垄的后方加设一个或两个立垄，以绳缆相连，共同受力，称为双立垄或三立垄。

桩式地垄是以打入土中一定深度的木桩来作地垄，也分单、双和三桩垄几种。

卧垄亦称困垄，是埋入土中的横置木料。缆索或千斤绳系木料上的一点或数点。埋好后填土夯实(或压片石、混凝土预制块等重物)。卧垄能承受较大的拉力，一般可达 30～500 kN。卧垄根据在地垄前侧有无挡墙等装置，可分有挡卧垄和无挡卧垄两种。卧式地垄抗拔力较大，因此，在拴拉缆绳之处，必须用铁板硬木等加以保护。卧垄设置地点必须有较好的地质，以便

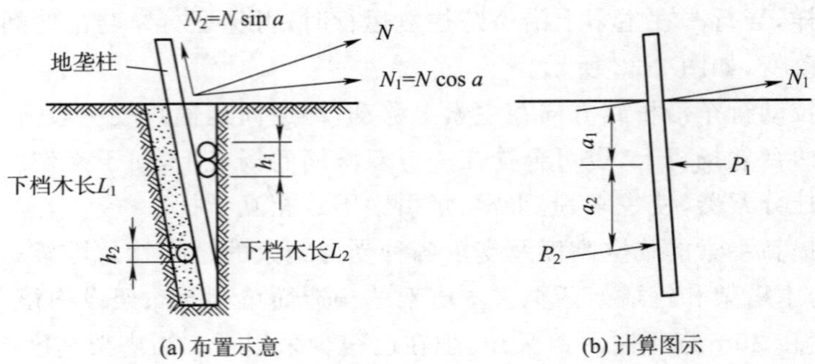

图 2-24 单立垄

挖土坑及挖出缆绳槽时不致坍塌。

混凝土地垄依靠其自重来平衡拉力作用,一般不考虑土压力。

10. 运行回转起重机

运行回转起重机是常用的重型起重机械,主要有汽车式、履带式和轮胎式三种。汽车式起重机灵活性大,运行速度可与同类型汽车相比,便于远距离工作点之间的调动;履带式起重机起重量大,履带着地面积宽,稳定性好,适合于在崎岖不平和松散泥土地区行驶与工作。轮胎式起重机不受汽车底盘限制,其轮距、轴距配合适当,稳定性好,转弯半径小。

11. 架桥机

架桥机是架设预制梁(构件)的专用设备。铁路常用的 32 m 以下及公路常用的 50 m 以下的混凝土简支 T 梁,通常采用预制安装法施工,为此需要专用架桥机。如今,大型预制箱梁也经常采用架桥机架设。不同型号的架桥机结构特点、功能及架梁工序有所不同。

目前,新型的可架设多片简支 T 梁的公路架桥机,在架梁方面一般都具有如下的特点:自行过孔;可实现一次落边梁到位,全幅机械化横移梁片;采用微调控制,动作平稳精确;采用可编程序控制器,系统安全性高;结构简单、重量轻、运输组装方便;摆头灵活,可方便地在复杂工况如直桥、斜桥、小曲线桥下工作。

2.4 混凝土设备

混凝土工程是桥梁结构工程的一个重要组成部分,其质量好坏直接关系到桥梁结构的承载能力和使用寿命,而混凝土施工设备对混凝土质量好坏起着重要的作用。混凝土机械设备主要包括:混凝土搅拌机、混凝土搅拌站(楼)、混凝土搅拌输送车、混凝土输送泵及泵车和振动机械等。

1. 混凝土搅拌机

混凝土搅拌机按照搅拌原理,可分为自落式和强制式两类。

自落式搅拌机搅拌叶片和拌筒之间无相对运动。自落式按形状和出料方式,又可分为鼓筒式、锥形反转出料式、锥形倾翻出料式。自落式多用于搅拌塑性混凝土和低流动性混凝土,具有机件磨损小,易于清理,移动方便等优点,但动力消耗大,效率低,适用于施工现场。

强制式搅拌机搅拌叶片和拌筒之间有相对运动。强制式搅拌机主要用于搅拌干硬性混凝土和轻骨料混凝土,也可搅拌低流动性混凝土,具有搅拌质量好、生产率高、操作简便、安全等优点。但机件磨损大，适用于预制厂使用。

2. 混凝土搅拌站(楼)

搅拌站(楼)使制备混凝土的全过程实现了机械化或自动化，其特点是生产量大、搅拌效率高、质量稳定、成本低、劳动强度轻。搅拌站与搅拌楼的区别是：搅拌站的生产能力较小，结构容易拆装，能组成集装箱转移地点，适用于施工现场；搅拌楼体积大，生产效率高，只能作为固定式的搅拌装置，适用于产量大的商品混凝土供应。

搅拌站(楼)主要由物料供给系统、称量系统、搅拌主机和控制系统四大部分组成。

物料供给系统，指用于对组合成混凝土的砂、石、水泥、水等几种物料的堆积和提升的系统。对于砂石料的提升，一般是以悬臂拉铲为主，另有少部分采用装载机上料，配以皮带输送机输送的方式。水泥则以压缩空气吹入散装的水泥筒仓，辅之以螺旋机和水泥秤供料。搅拌用水一般用水泵实现压力供水。

称量系统对砂石一般采用累积计量，水泥单独称量，搅拌用水一般采用定量水表计量。

控制系统一般有两种方式：一是开关电路，继电器程序控制；另一种是采用运算放大器电路，增加了配比设定，落实调整容量变换等功能。近几年，微机控制技术开始应用于搅拌站(楼)控制系统，从而提高了控制系统的可靠性。

搅拌主机的选择，决定了搅拌站(楼)的生产率。自落式和强制式搅拌机均可作为搅拌站(楼)的搅拌机。图 2-25 为混凝土搅拌站工艺流程图。

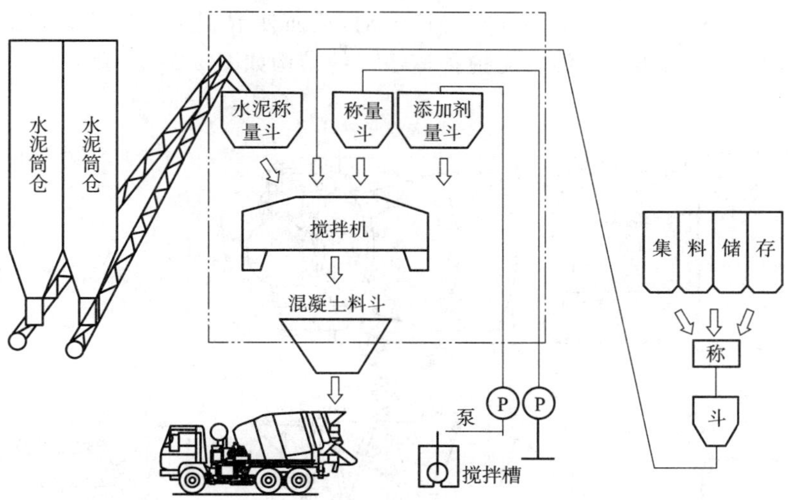

图 2-25　混凝土搅拌站工艺流程

大型混凝土搅拌站有单阶式和双阶式两种。单阶式是指在生产工艺流程中集料经一次提升而完成全部生产过程；双阶式是指在生产工艺流程中集料经两次或两次以上提升而完成全部生产过程。如图 2-26 所示。单阶式搅拌站具有工作效率高、自动化程度高、占地面积小等优点，但一次投资大。双阶式搅拌站的建筑物总高度较小，运输设备较简单，和单阶式相比投资相对要少，但产生效率和自动化程度较低，占地面积较大。

3. 混凝土搅拌运输车

混凝土运输机具设备的选择，应根据结构物特点、混凝土浇灌量、运距、现场道路情况以及现有机具设备等条件确定。

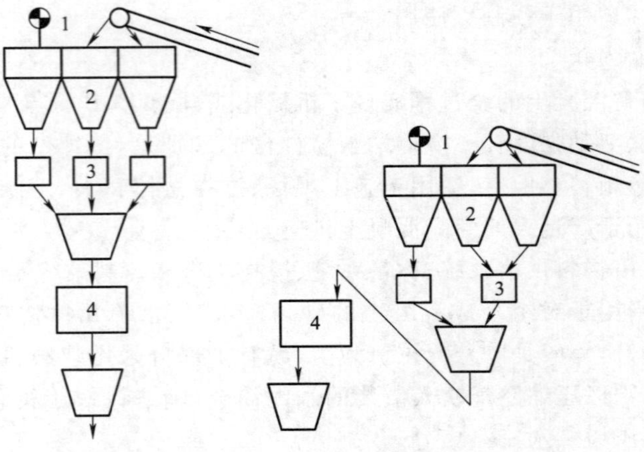

图 2-26 混凝土搅拌站集料方式

混凝土的水平运输,短距离多用双轮手推车、机动翻斗车、轻轨翻斗车;长距离则采用自卸汽车、混凝土搅拌运输车等。

混凝土搅拌运输车是一种用于长距离运输混凝土的运输机械。它是将运输的搅拌筒安装在汽车底盘上,把在预拌混凝土搅拌站生产的混凝土成品装入拌筒内,然后运至施工现场,在整个运输过程中,混凝土的搅拌筒始终在慢速转动,从而使混凝土在长途运输后,不会出现离析现象,以保证混凝土的质量。混凝土搅拌运输车的结构如图 2-27 所示。

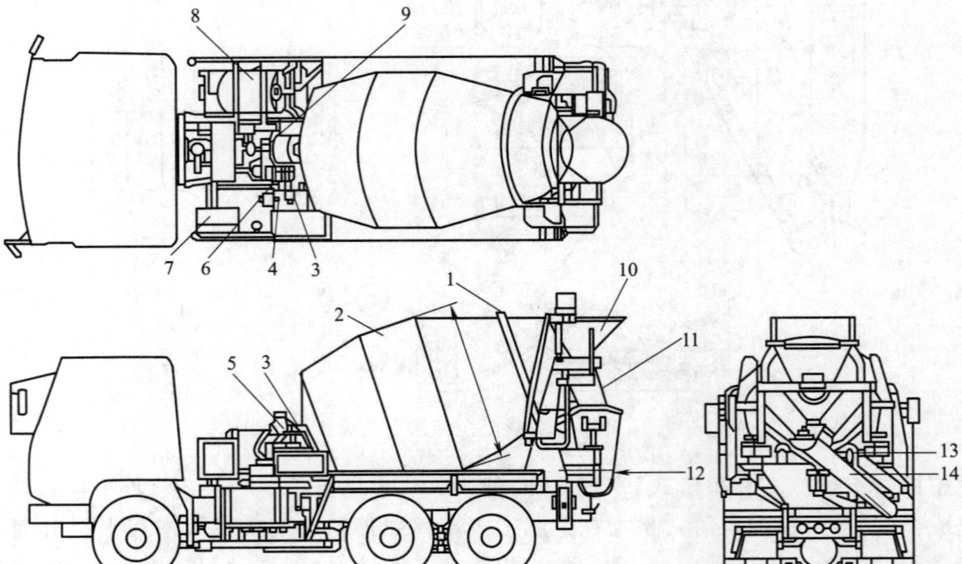

图 2-27 混凝土搅拌运输车

1—滚道;2—搅拌筒;3—轴承座;4—油箱;5—减速器;6—液压马达;7—散热器;8—水箱;9—油泵;10—进料斗;11—卸料槽;12—支架;13—托滚;14—滑槽

4. 混凝土输送泵和混凝土泵车

混凝土输送泵是利用水平或垂直管道，连续输送混凝土到浇筑点的机械。能同时完成水平和垂直输送混凝土，工作可靠。混凝土输送泵适用于混凝土用量大、作业周期长及泵送距离和高度较大的场合。拖挂式混凝土泵主要由机架、机罩、动力系统、泵送机构、分配机构、搅拌机构、电气系统、液压系统、润滑系统及其他辅助系统等组成。图 2-28 为拖挂式混凝土泵的基本构造。

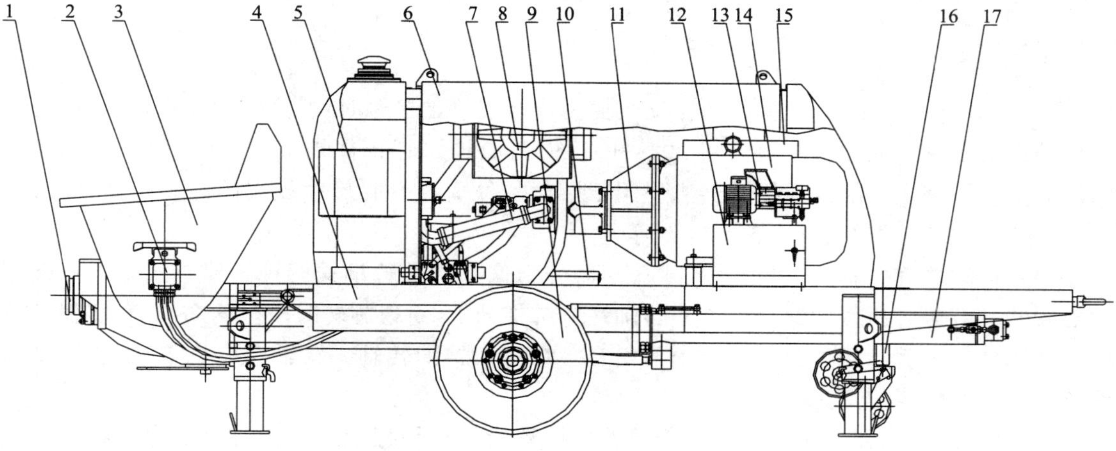

图 2-28　拖挂式混凝土泵的基本构造

1—分配机构；2—搅拌机构；3—料斗；4—机架；5—液压油箱；6—机罩；7—液压系统；8—冷却系统；9—拖运桥；10—润滑系统；11—动力系统；12—工具箱；13—清洗系统(选配)；14—电动机；15—电控箱；16—支地轮；17—泵送机构

混凝土泵车属于自行式混凝土泵，是把混凝土泵和布料装置直接安装在汽车的底盘上的混凝土输送设备。它的机动性好，布料灵活，工作时不需另外铺设混凝土管道，使用方便，适合于大型基础工程和零星分散工程的混凝土输送。它的缺点是布料杆的长度受汽车底盘限制，泵送的高度和距离较小。

混凝土泵车根据驱动方式主要分两类：挤压泵和柱塞泵(活塞泵)。后者又可分为机械传动和液压(水压或油压)传动两种。我国主要发展柱塞泵(活塞泵)，此种泵自动化程度高，水平输送距离可达 200～500 m，垂直运距通常在 50～100 m，排出量为 30～60 m^3/h。挤压式泵的输送距离较柱塞式泵小，其水平运距在 200 m 内，垂直运距在 50 m 内。新型混凝土泵仍在不断问世，水平和垂直运距都有新的突破。

5. 混凝土振动器

混凝土振动设备——混凝土振动器，是一种借助动力通过一定装置作为振源产生频繁的振动，并将这种振动传给混凝土，以振动捣固混凝土的设备。合理选择和正确使用混凝土振动器，不但可以提高混凝土浇筑速度和质量，而且可以降低工程成本，改善劳动条件，达到人工振捣无法达到的效果。

目前，经常使用的振动设备按振动传递方式分类，有插入式振动器、附着式振动器、平板式振动器和振动台等，如图 2-29 所示。

(1)插入式振动器。插入式振动器又叫内部振动器，主要由振捣棒、转轴和电动机三部分组成。振捣棒工作部分长约 500 mm，直径 35～50 mm，内部装有振动子，电机开动后，振动子

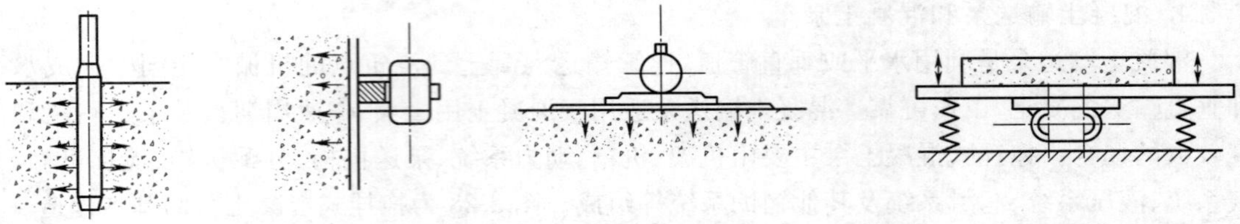
(a) 插入式振动器 (b) 附着式振动器 (c) 平板式振动器 (d) 振动台

图 2-29 混凝土振动器示意

的振动使整个棒体产生高频微幅的振动。振捣棒和混凝土接触时,便将振动能量传给混凝土,很快使混凝土密实成型。一般只需 20～30 s 的时间,即可把棒体周围 10 倍于棒体直径范围的混凝土振捣密实。插入式振动器主要用于振动各种垂直方向尺寸较大的混凝土体,如桥梁墩台、基础、柱、梁、坝体、桩及预制构件等。

根据振动原理的不同,可把插入式振动器分为偏心式和行星式两种。偏心式是在振捣棒中心安装具有偏心质量的转轴。偏心转轴在电机带动下,高速旋转时产生的离心力,将振动传给振捣棒外壳。而行星式是振捣棒内部安有一带有滚锥的转轴。转轴在电机带动下,滚锥沿滚道公转从而使棒体产生振动。

(2)平板式振动器。平板式振动器属外部振动器。它是直接放在混凝土表面上移动进行振捣工作,适用于坍落度不太大的塑性、半塑性、干硬性、半干硬性的混凝土,或浇筑层不厚表面较宽敞的混凝土捣固,如水泥混凝土路面、平板、基础、拱面等。在水平混凝土表面振捣时,平板式振动器是利用电动机振子所产生的惯性水平力,为自行移动式,操作者只需控制移动的方向即可。平板与混凝土接触,振波有效地传给混凝土,使混凝土振实至表面出浆,不再下沉。

(3)附着式振动器。附着式振动器也属于外部振动器,其振动构造同平板振动器的工作部分。由于振动作业方式的不同,附着式振动器靠底部的螺栓或其他锁紧装置固定安装在模板外部(或滑槽料斗等)。振动器的能量是通过模板传给混凝土,从而使混凝土振捣密实。附着式振动器的振动作用半径不大,仅适用于振捣钢筋较密、厚度较小等不宜使用插入式振捣器的结构。

(4)振动台。振动台是一个在弹性支座上的工作平台,平台下设有振动机构。混凝土振动台由电动机、同步器、振动平台、固定框架、支承弹簧及偏振子等组成。工作时,振动机构作上下方面的定向振动。振动台具有生产效率高、振捣效果好的优点,主要用于混凝土制品厂预制件的振捣。

混凝土振动台,需承受强力振动而使混凝土振实成型,故应安装在牢固的基础上。混凝土构件厚度小于 200 mm 时,可随浇随振。

2.5 预应力张拉设备

1. 锚具类型

预应力锚具是预应力工程中的核心部件,这种部件永久埋设在混凝土中,承受着长期的荷载。预应力筋用夹具,是先张法预应力混凝土构件施工时为保持预应力筋拉力,将其固定在张拉台座(设备)上的临时装置。

锚具按锚固原理不同可分为支承锚固、握裹锚固和组合锚固等体系。支承式锚(夹)具主要有螺杆锚具、镦头锚具。这种锚具在张拉后,依靠螺纹和垫板的支撑作用而达到锚固的目的。楔紧式锚(夹)具主要有锥销锚具、夹片锚具等。握裹锚固是将预应力筋直接埋入或加工后(如把钢铰线压花、钢筋镦头)埋入混凝土中,或在预应力筋端头用挤压的办法固定一个钢套筒,利用混凝土和钢套筒的握裹锚固。

锚(夹)具应具有可靠的锚固能力,其材料的优劣、热处理工艺的好坏,直接影响锚具的可靠性,影响操作人员及结构的安全。

锚(夹)具是建立预应力值和保证结构安全的关键,要求锚具的尺寸开关准确,有足够的强度和刚度,受力后变形小,锚固可靠,不致产生预应力筋的滑移和断裂现象。对锚具的技术要求有静载锚固性能、动载锚固性能、疲劳荷载性能等几方面。

2. 几种常用锚具

(1)镦头锚具。镦头锚具是利用钢丝(或热轧粗钢筋)两端的镦粗来锚固预应力钢丝的一种锚具。镦头锚具加工简单,张拉方便,锚固可靠,成本低,还可以节约两端伸出的预应力钢丝。这种锚具可根据张拉力大小和使用条件,设计成多种形式和规格,能锚固多根数的钢丝。常用的DM 型锚具如图 2-30、图 2-31 所示,DMA 型用于张拉端或固定端,DMB 型用于固定端。

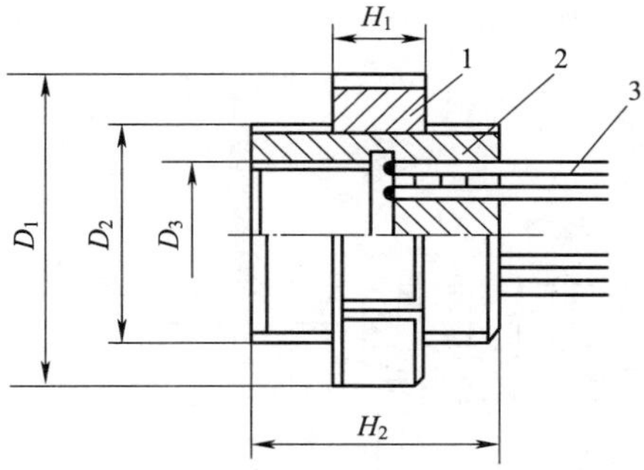

图 2-30　DMA 型张拉端锚具

1—螺母;2—锚杯;3—钢丝

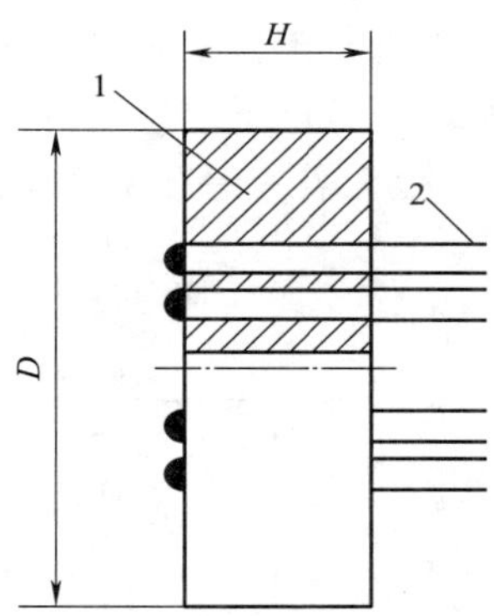

图 2-31　DMB 型固定端锚具

1—锚板;2—钢丝

(2)JM 锚具。JM 锚具如图 2-32 所示。不仅可以锚固直径 12 mm 光圆冷拉热轧钢筋束,还能锚固直径 12 mm 的螺纹冷拉热轧钢筋束和钢丝线束及直径 15 mm 钢绞线束。它是利用双重的楔紧锚固作用原理来制造锚具的,其夹具和锚具相同。张拉千斤顶为兼张拉和顶紧夹片双重作用的千斤顶。这种锚具的优点是,预应力筋(钢绞线)相互靠近,结构尺寸小,混凝土构件不需扩孔。缺点是,如果一个楔块损坏,会导致整束预应力筋失效;没有锚固单根或大于6 根预应力筋的能力;不能锚固钢丝。

(3)扁锚。20 世纪 80 年代末,根据桥梁施工的需要,开发了一种新型的夹片式扁形锚具,简称扁锚,如图 2-33 所示。

扁锚是由扁锚头、垫板、扁形喇叭管及扁形管道等组成。扁锚的优点:张拉槽口扁小,可减少混凝土板厚,可以单根分束张拉,施工方便。因此,这种锚具特别适用于后张预应力简支梁、空心板、城市低高度箱梁等薄壁结构以及桥面板施加横向预应力等位置狭窄的部位。

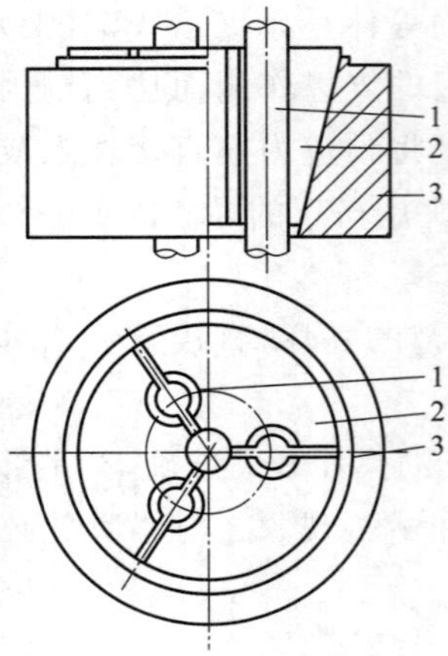

图 2-32　JM 锚具

1—预应力筋;2—夹片;3—锚具

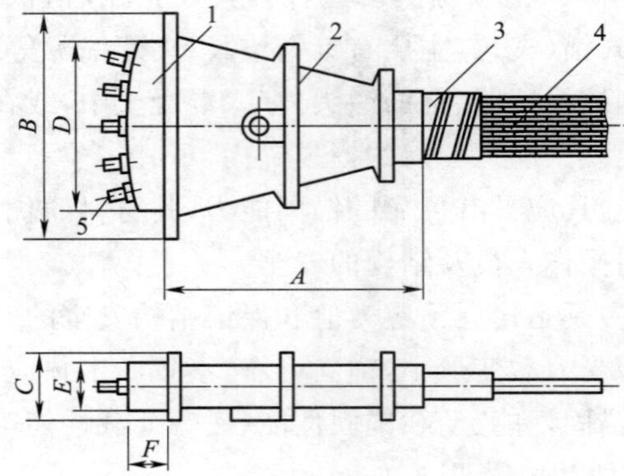

图 2-33　扁锚

1—锚板;2—扁形垫板和喇叭管;3—扁形波纹管;4—钢铰线;5—楔片

(4)夹片式锚具。这类锚具有 XM、QM、YM、OVM 等品牌,一般也称这种类型锚具为群锚,由多孔锚板与夹片组成。在每个锥形孔内装一副(二片或三片)夹片,夹持一根钢绞线。这种锚具的优点是每束钢绞线的根数不受限制;任何一根钢绞线锚固失效,都不会引起整束锚固失效。这种锚具可广泛应用于斜拉索以外的预应力结构和构件,在动载和低频疲劳荷载条件下都可使用,也无需考虑有无粘结、有无地震力。图 2-34 为 OVM 锚具的构造示意。

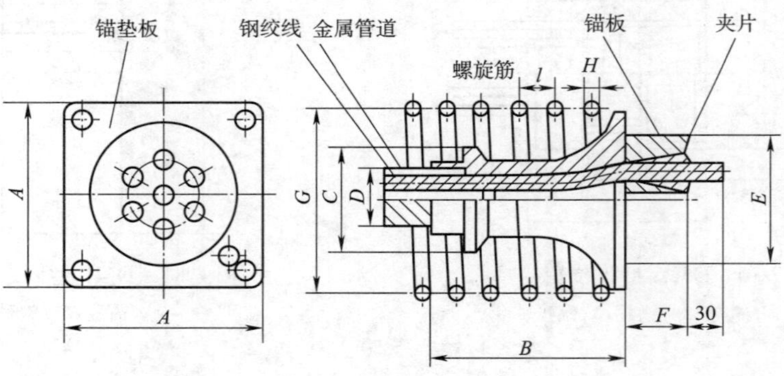

图 2-34　OVM 锚具构造示意

(5)锥形锚具。锥形锚具如图 2-35 所示,是用于锚固直径 5 mm 钢丝的一种楔紧式锚具。它由钢锚环(圈)和锥形锚塞组成,因其构造简单、价格低廉,目前仍应用于张拉吨位较小的预应力结构中。

锥形锚具是靠锚塞的楔紧作用,对受拉钢丝进行楔紧锚固。张拉后必须顶压锚塞。顶压锚塞的国为最大控制张拉力的 40%～60%。钢丝束张拉后,放松千斤顶时,锚塞随同受拉钢丝一起向锚孔小端回缩,直到锚具内阻碍钢丝滑动的阻力增大到与钢丝的拉力相平衡为止。

3. 预应力用液压千斤顶

预应力张拉机构由预应力用液压千斤顶和供油的高压油泵组成。液压千斤顶常用的有:拉杆式千斤顶、台座式千斤顶、穿心式千斤顶和锥锚式千斤顶四类。选用千斤顶型号与吨位

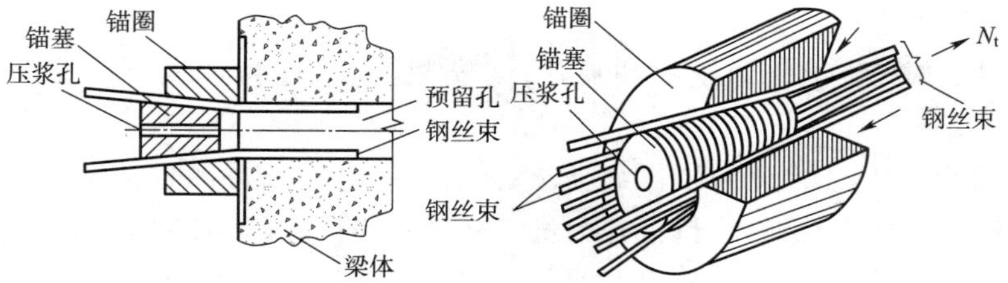

图 2-35　锥形锚具

时，应根据预应力筋的张拉力和所用的锚具形式确定。

现在比较常用的是穿心式千斤顶和锥锚式千斤顶，下面对这两种作简单介绍。

(1)穿心式千斤顶。穿心式千斤顶中轴线上有通长的穿心孔，可以穿入预应力筋或拉杆。此类千斤顶主要用于群锚及 JM 锚预应力张拉，还可配套拉杆、撑脚，用于镦头锚具及冷铸锚预应力张拉。穿心式千斤顶是适应性较强的一种千斤顶，能张拉钢铰线、钢丝束、螺纹钢、圆钢筋，还能配套卡具等附件，用作顶推、超重、提升等用。目前国内厂家生产的牌号 YCQ 系列千斤顶、YC 系列千斤顶，YCD 及 YCW、YDN 等系列千斤顶均属于穿心式液压千斤顶。还有 YCQ20 型前卡式千斤顶，多用于单根钢铰线张拉及事故处理。需要说明的是这些千斤顶的代号没有严格执行行业标准的规定，本书在介绍时为方便与现场应用的相对应，仍沿用了厂家的代号。

图 2-36 为 YCQ 型千斤顶构造示意，QM 锚具与配套。它是一种单作用千斤顶，结构简单，拆装维修方便。配装适当的顶压器可组成带顶压张拉系统。

图 2-37 为 YCQ 千斤顶操作示意图。

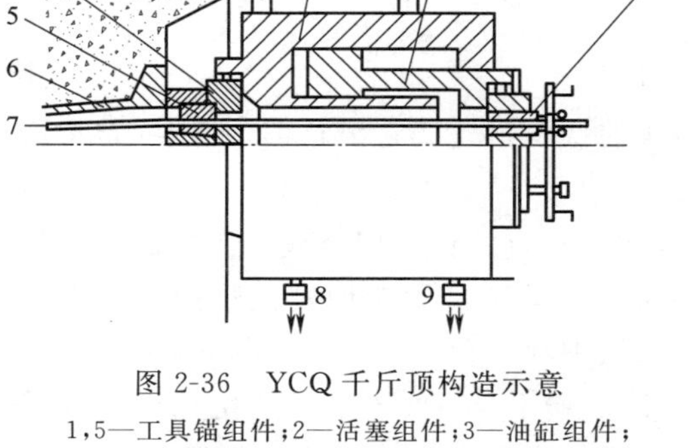

图 2-36　YCQ 千斤顶构造示意

1,5—工具锚组件；2—活塞组件；3—油缸组件；4—限位板；6—垫板；7—预应力筋；8,9—油嘴

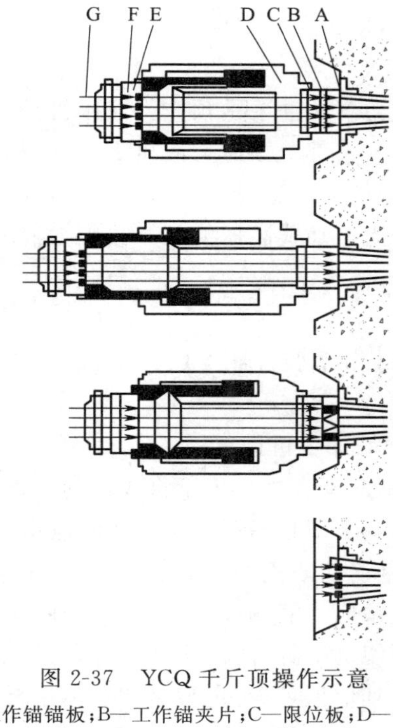

图 2-37　YCQ 千斤顶操作示意

A—工作锚锚板；B—工作锚夹片；C—限位板；D—千斤顶；E—工具锚锚板；F—工具锚夹片；G—钢绞线

具体操作过程如下：

1)顺序安装：①安装工作锚锚板和夹片；②安装限位板；③安装千斤顶；④安装工具锚组件。

2)张拉、测量、记录：①向张拉缸供油至初始张拉油压，持荷并测量油缸初始伸长值；②继续向张拉缸供油至设计张拉油压，持荷并测量油缸最终伸长值；③记录伸长值。

3)锚固：①将张拉缸油压缓缓放出至油压回到零；②向回程缸供油至活塞完全回程。

4)卸下工具锚组件、千斤顶、限位板。

5)切除多余钢绞线。

6)封住工作锚并灌浆。

7)浇捣封端混凝土。

(2)锥锚式千斤顶。后张法预制梁，尤其是跨度较小时，大量采用的是高强钢丝束、钢制锥形锚并配合锥锚式千斤顶的张拉工艺。TD60型锥锚式千斤顶是一种具有张拉、顶压与退楔的三作用千斤顶，如图 2-38 所示。由楔块夹住预应力钢丝，当向张拉缸供油时，分丝头顶住锚圈，张拉缸、楔块与预应力钢丝一起向后移动。张拉工序完成后，顶压缸进油顶紧锚塞。顶锚完毕后，张拉缸回油，退楔缸进油，张拉缸前移直至夹丝楔块顶住退楔翼板，至楔块顶松而退出楔块为止。当两个油缸均回油时，在弹簧力的作用下，使顶压活塞杆后移复位。

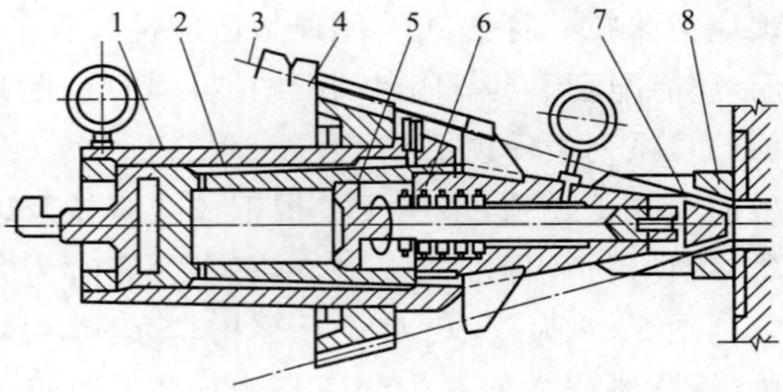

图 2-38　TD60 型千斤顶构造示意

1—张拉缸；2—顶压缸；3—钢丝；4—楔块；5—活塞杆；6—弹簧；7—锚塞；8—锚环(圈)

4. 高压油泵

预应力高压油泵是预应力液压机具的动力源。油泵的额定油压和流量，必须满足配套机具的要求。大部分预应力液压千斤顶，都需要油压在 50 MPa 以上。高压油泵流量较小，能够连续供油，供油稳定，操作方便。高压油泵按驱动方式分为手动和电动两种。目前，国内生产的大部分为电动式高压油泵。预应力混凝土行业应用最广的是 ZB3/630 型和 2ZB4—50 型电动油泵。

2.6　其他常用机具及设备

1. 钢筋加工机械

(1)钢筋调直机。用于将成盘的细钢筋和经冷拔的低碳钢丝调直。目前，常用的定型调直机，有 GT4/8 型和 GT4/14 型及数控钢筋调直机。

(2)钢筋切断机。钢筋切断机，是把钢筋原材料和已校直的钢筋切断成所需要的长度的专用机械。预应力筋切断，大部分采用圆盘砂轮切割机。电动圆盘砂轮切割机是当前工作中常用的一种切割机具，能用于切割各种预应力筋，钢绞线、钢丝、小直径圆钢、螺纹钢，还可用于切割管材及其他黑色、有色型材和塑料型材。具有速度快、操作方便、效率高及切割面整齐等特点。圆盘砂轮切割机分为台式和手提式。此外，切断机还有机械式和液压传动两种，多以电动机驱动。目前普遍使用的机械式有 GQ40 型钢筋切断机，主要用于切断直径 6～40 mm 的普通钢筋(A3),每分钟可切断 32 次。常用液压式型号有 DYJ—32 型钢筋切断机。

(3)钢筋弯曲机。钢筋经过调直、切断后,需加工成构件或构件中所需要配置的形状,如端部弯钩、梁内箍筋、起弯钢筋等。钢筋弯曲机又称冷弯机,常用型号有 GW40 型。

(4)钢筋焊接机。钢筋焊接机有对焊机:对焊是将两根钢筋的端部加热到近于熔化的高温状态,利用其高塑性施行顶锻,而达到连接的一种工艺操作。对焊不仅可以提高工效、节约钢材,而且能确保焊接质量,大量利用短料钢筋。常用对焊机是 UN1 型系列。

(5)电弧焊机。电弧焊适用于各种形状钢材的焊接,是金属焊接中使用较广的工艺。电弧焊的主要设备是电弧焊机,它分交流弧焊机和直流弧焊机。工地上常用的交流弧焊机型号有 BX3－1、BX3－300－2、BX3－500－2 和 BX2－1 000 等几种。

2. 水泵

在桥涵施工中,水泵主要用以排除基坑中的积水。水泵的类型很多,根据其对转变能量的方法分,主要有叶轮式(旋转式)和活塞(往复)式两大类。

在叶轮式水泵中,又分为离心式与轴流式两种基本类型。前者是利用叶轮旋转时所产生的离心力吸水和压水;后者是利用叶轮旋转时的轴向推力吸水与压水。

在工程施工中,使用最为广泛的多属离心式水泵,一般通称离心泵。离心泵的种类很多,根据叶轮的数目分为单级、双级与多级几种。双级与多级是在一根泵轴上同时并列地装有两个或多个叶轮。水泵在工作时,水从一个个叶轮的进水口顺序转过,经最后一个叶轮才排入出水管。因此,单级的大多数为低压(扬程在 20 m 以下),双级(也有单级)的为中压(扬程在 20～60 m 之间),多级的则均为高压(扬程在 60 m 以上)。工程中普遍使用的单级单吸式 BA 型悬臂式离心泵,其特点是扬程较高,流量较少,结构简单,泵的出水口可根据需要进行上下、左右调整。

3. 空气压缩机

空气压缩机是一种将空气压缩,使其压力增高,从而具有一定能量的动力机械。在公路、桥隧等工程施工中,整个开挖所使用的凿岩机、破碎机、潜孔钻机等都是以压缩空气驱动的。此外,混凝土凿毛工作面的吹洗等,也离不开压缩空气。金属结构的铆接、喷涂、轮胎充气以及机械操作和制动控制等,都需要压缩空气作为动力。由于风动机具有安全可靠、使用方便的优点,因此,得到了广泛应用。

4. 土石方工程常备机械

土石方工程机械的作业内容主要是土方、石方和散粒物料的采挖、铲装、运输及平整等。

土方工程施工的主要作业有铲、挖、运、卸、填、压等。根据施工作业的要求,土方工程机械按工作性质和用途的不同,可分为挖掘机械(如单斗挖掘机、多斗挖掘机等),铲运机械(如装载机、推土机、铲运机等),压实机械(如冲击式、振动式和碾压式压实机等)。此外,尚有一些辅助性土方机械,如松土机、拔根机、平地机等。

石方工程机械应用于石料的采挖、装填、堆砌及运输等工作。如上面介绍的土方工程施工应用的单斗挖掘机、装卸机、推土机等在石方工程施工中也被广泛应用。另外还有在岩石上钻凿炮孔的凿岩机,用来破碎既有路面的风镐,以及对大块岩石进行破碎,为混凝土制备骨料的破碎机等。

第3章 基本施工技术

混凝土工程在桥梁工程施工中占主导地位，它对工程的人力、物力消耗和对工期均有很大的影响。混凝土工程按施工方法分为现浇混凝土工程和装配式预制混凝土工程；按有无施加预应力分为普通混凝土工程和预应力混凝土工程。

现浇混凝土工程是在施工现场，在结构构件的设计位置处架设模板，绑扎模板，绑扎钢筋，浇灌混凝土，振捣成型，经过养护混凝土达到其拆模强度时，拆除模板，制成结构构件。现浇混凝土结构整体性好，抗震能力强，钢材消耗少；但现场施工的模板材料消耗多，劳动强度高，工期也相对较长，施工受气候条件影响大。

装配式混凝土工程是在预制构件厂或施工现场预先制作好结构构件，在施工现场用起重设备把预制构件安装到设计位置。装配式混凝土工程实现了建筑产品的工厂化、定型化、机械化生产，大量节约模板材料，且生产的构件质量较好，对桥梁的施工而言，可以减少对交通的影响。但装配式构件耗钢材量大，而且施工一般需要较大型的起重设备。

近年来，随着预应力混凝土工艺技术的不断发展，预应力混凝土结构在桥梁工程领域中得到了广泛应用。它具有截面小、刚度大、抗裂性和耐久性好等特点。

混凝土结构工程是由模板工程、钢筋工程和混凝土工程组成，在施工中三个工种应密切配合、统筹安排，合理组织施工，才能达到保证工程质量、加速施工和降低造价的目的。

3.1 模板工程

模板是使混凝土构件按设计的几何尺寸浇筑成型的模型。模板系统包括模板和支架（拱架）两部分。模板不仅控制着结构尺寸的精度，直接影响施工进度和混凝土的灌注质量，而且还关系到施工安全。此外，模板工程量大，材料和劳动力消耗多，所以模板材料、形式的选择，构造的合理性，以及模板的设计、制作和安装，都直接影响混凝土构件的质量、成本和进度。

1. 一般规定

(1)模板及支(拱)架应根据设计文件、施工技术方案和施工工艺等要求进行施工设计。

(2)模板及支(拱)架应优先采用钢材制作，也可因地制宜，选用其他材料制作。模板及支(拱)架应符合下列规定：

1)应保证混凝土结构和构件各部分设计形状、尺寸和相互间位置正确。

2)应具有足够的强度、刚度和稳定性，连接牢固，能承受新浇筑混凝土的重力、侧压力及施工中可能产生的各项荷载。

3)接缝不漏浆，制作简单，安装方便，便于拆卸和多次使用。

4)能与混凝土结构和构件的特征、施工条件和浇筑方法相适应。

(3)模板及支(拱)架的钢材应按国家现行标准《钢结构设 计规范》(GB 50017—2003)的规定选用，宜优先采用 Q235 钢。

(4)焊接用电焊条应与钢材强度相适应，焊条质量应符合国家现行标准的规定。

(5)模板与脚手架之间不应互相连接。

(6)模板与混凝土相接触的表面应涂刷隔离剂。模板使用后应按规定修整保存。

(7)在浇筑混凝土前，应对模板及支(拱)架进行验收。

(8)施工过程中应对模板及支(拱)架进行检查和维护，发生异常情况时应及时处理。

(9)模板及支(拱)架安装与拆除的顺序及安全措施应符合施工技术方案的规定。

2. 模板的基本要求、分类和构造

(1)模板的基本要求。模板虽然是施工中的临时性结构，但对于构件的制作十分重要。因此，模板除应满足上述一般规定中的要求外，其结构还要便于钢筋的布置和混凝土灌注，必要时应在适当位置安设活动挡板或窗口，对于重要结构的模板均应进行模板设计。支撑模板的支柱和其他构件，也应便于安装和拆卸，并能多次重复使用。

(2)模板的分类。按其所用的材料不同，可分为木模板、钢模板和其他材料模板[如胶合板模板、钢木(竹)组合模板、塑料模板、玻璃钢模板、铝合金模板等]。桥梁施工常用的模板有木模板、钢模板和钢木(竹)组合模板。塑料模板、玻璃钢模板、铝合金模板具有重量轻、刚度大、拼装方便、周转率高的特点，但由于造价较高，在施工中尚未普遍使用。

按施工方法，模板分为拆移式模板和活动式模板。拆移式模板由现场组装，拆模后稍加清理和修理再周转使用。常用的木模板和组合钢模板以及大型的工具式定型模板如台模、墩模等属拆移式模板。活动式模板是指按结构的形状制作成工具式模板，组装后随工程的进展而进行垂直或水平移动，直至工程结束才拆除，如滑升模板、提升模板、爬升模板等。

就地浇筑桥梁的模板，常用木板模和钢模板。对预制安装构件，除钢、木模板外，也可采用钢木结合模板、土模、砖模和钢筋混凝土模板等。桥梁墩台的模板类型有固定式模板、拼装式模板、组合钢模板、整体吊装模板及滑升模板等。模板形式的选择，主要取决于同类桥跨结构的数量和模板材料的供应。

(3)模板的构造。

1)木模板。木模板的基本构造包括：紧贴混凝土表面的壳板(又称面板)、支承壳板的肋木和立柱或横挡。壳板可以竖直拼装[图 3-1(a)]或水平拼装[图 3-1(b)]。

壳板的接缝可做成平缝、搭接缝或企口缝[图 3-1(c)]。当采用平缝拼接时，尖在拼缝处衬压塑料薄膜或水泥袋纸以防漏浆。为了增加木模板的周转材料并方便脱模，往往在壳板面上加钉一层薄铁皮。

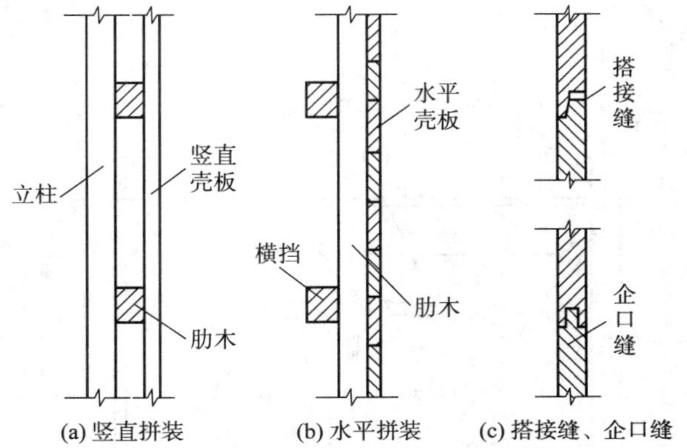

图 3-1　木模板的基本构造

为防止板在施工过程中变形，壳板不能过宽、过薄，厚度一般为 2～5 cm，宽 15～18 cm，不宜超过 20 cm。肋木、立柱或横挡的尺寸，可根据经验或计算确定。肋木的间距一般为 0.7～1.5 cm。

常用 T 形梁的分片装拆式木模板结构如图 3-2 所示。相邻横隔板之间的模板，形成一个柜箱。在柜箱内的横挡上，可安装附着式振捣器。梁体两侧的一对柜箱，用顶部横木和穿通梁肋的螺栓拉杆来固定。可借柱底的木楔进行装、拆调整。

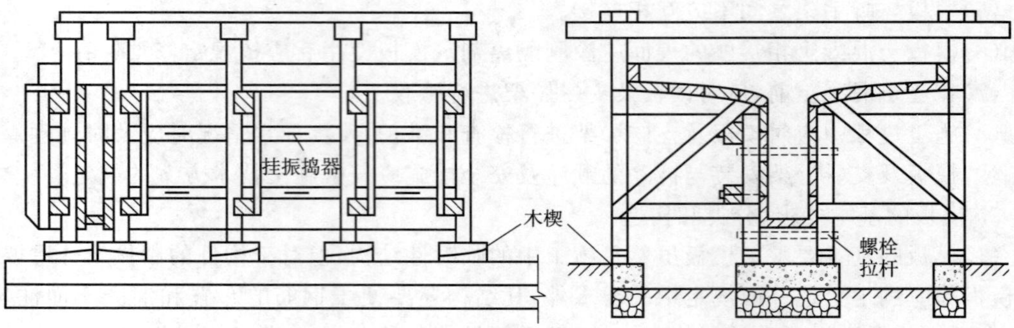

图 3-2 T形梁木模板构造

图 3-3 是常用于公路空心板梁的木制芯模构造。芯模是形成空心所必需的特殊模板。其结构形式直接影响到制作是否简便经济，装拆是否方便，周转率是否高的问题。为了便于搬运装拆，每根梁的模板分成两节。木壳板的侧面装置铰链，使壳板可以转动。芯模的骨架和活动撑板，每隔约 70 cm 设一道。撑板下端的半边朝梁端一侧，用铰链与壳板连接。安装时借榫头顶紧壳板纵面的上下斜缝，并在撑板上部设置 ϕ20 mm 的拉杆。撑板将壳板撑实后，在模壳外用铅丝捆扎，以防散开或变形。拆模时只需用拉杆将撑板从顶部拉脱，并借铰链先松左半模板，取出后脱右半模板。

上述芯模亦可改用特制的充气橡胶管完成。在国外，还可采用混凝土管、纸管等做成不抽拔的芯模。

2)钢模板。桥梁用钢模板一般做成大型块件，长 3～8 m。图 3-4 为一种分片装拆式 T 梁钢模板的结构组成，侧模由厚度一般为 4～8 mm 的钢壳板、角钢做成的水平肋和竖向肋、支托竖向肋的直撑、斜撑、固定侧模用的顶横杆和底部拉杆，以及安装在壳板上的振捣架等构成。

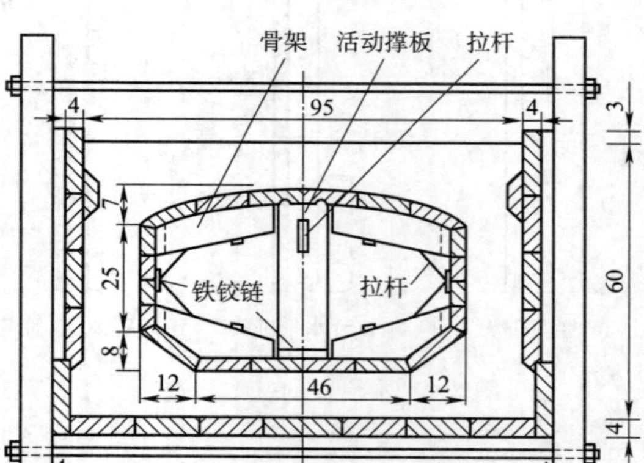

图 3-3 空心板梁的木制芯模构造(单位:mm)

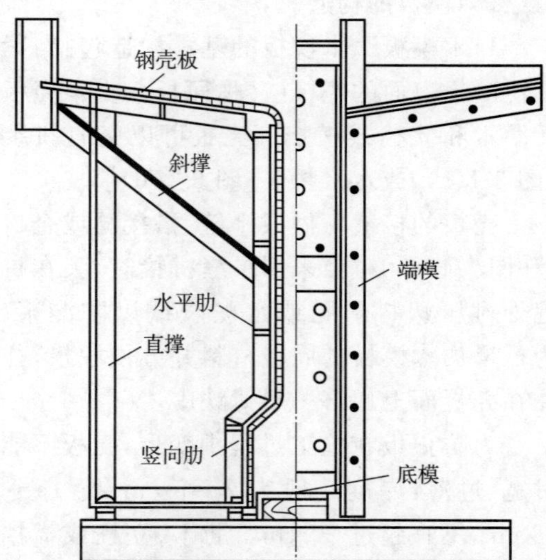

图 3-4 T 梁钢模板

底模通常用厚 6～12 mm 的钢板制成，它通过垫木支承在底部钢横梁上。在拼装钢模板时，所有紧贴混凝土的接缝内部，都用止浆垫使接缝密闭不漏浆。止浆垫一般采用柔软、耐用和弹性大的厚 5～8 mm 橡胶板或厚 10 mm 左右的泡沫塑料。

如图 3-5(a)所示为一种箱形截面钢模板的结构组成。为便于内模脱模，内模在竖向分为上、下两部分，上下两部分在横向又分成左右两半，中线处上下部都用铰连接。上下部在竖向连接处做成斜面，便于脱模。拆除内模时，将可伸缩撑杆缩短，上部两侧内模绕上部绞转动即行脱模，利用设在内模下部顶面轨道上的小车可将内模上部模板运出梁体外。然后将可伸缩撑杆，换装到内模下部两侧的连接角钢上，缩短撑杆，使内模下部两侧，绕下部绞转动即行脱模，再滑移托出梁。

图 3-5(b)是一种采用液压收缩的箱梁内模结构图。该模板施工方便、省时省力，已应用于东海大桥、京沪高速等工程中。

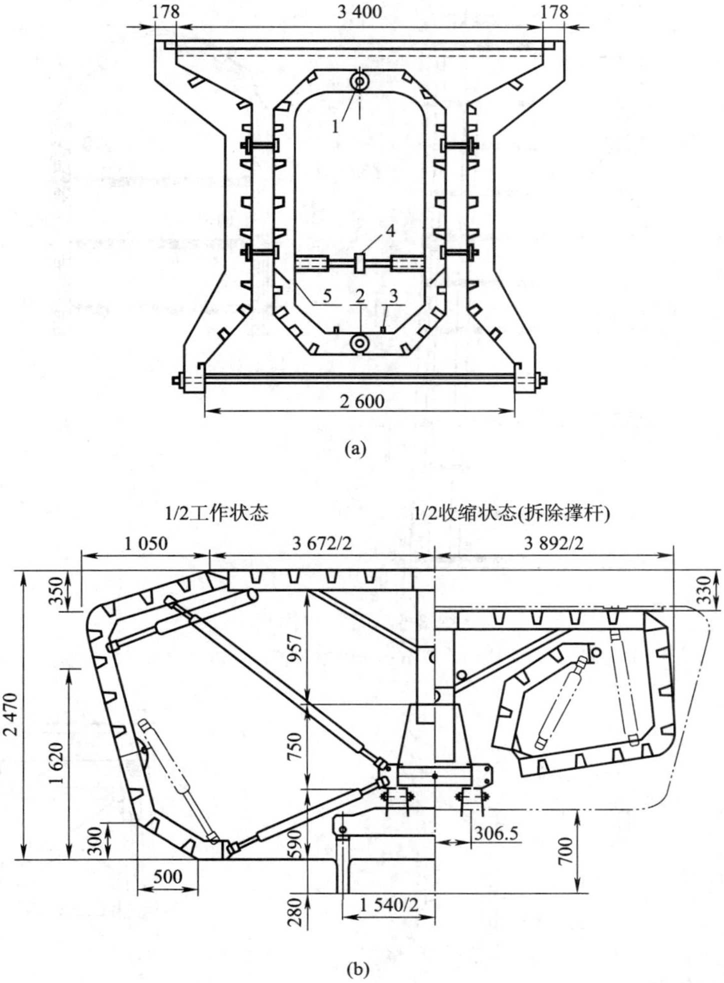

图 3-5　箱梁钢模板(单位：mm)

1—上铰；2—下铰；3—轨道；4—伸缩杆；5—接缝

如果将钢模板中的钢制壳板换成水平拼装的木壳板，用埋头螺栓连接在角钢竖肋上，在木壳板上再钉一层薄铁皮，这样就可做成钢木结合模板。这种模板不反节约木材，成本低，而且有较大的刚度和紧密稳固性，也是一种较好的模板。

不论何种模板，为了避免壳板与混凝土粘连，利于脱模，通常均需在壳板面上涂以防腐剂，如专用脱模剂、石灰乳浆、肥皂水、润滑油或废机油等。

3)固定式模板。固定式模板也称零拼模板，它是采用预先在木工场制备好的模板构件，在工地上就地安装成型。

模板由紧贴混凝土的面板(壳板)、支承面板的肋木、立柱、拉条(或钢箍)、铁件等组成，如图 3-6 所示。固定式模板安装时，先拼骨架，如图 3-7 所示，后钉壳板，具体做法是先将立柱安装在承台顶部的枕梁(底肋木)上，肋木固定在立柱上，在立柱两端用钢拉条拉紧并加强连结(可临时加横撑和斜撑)，形成骨架，若桥墩较高，应回设斜撑、横撑和抗风拉索等，如图 3-8 所示。

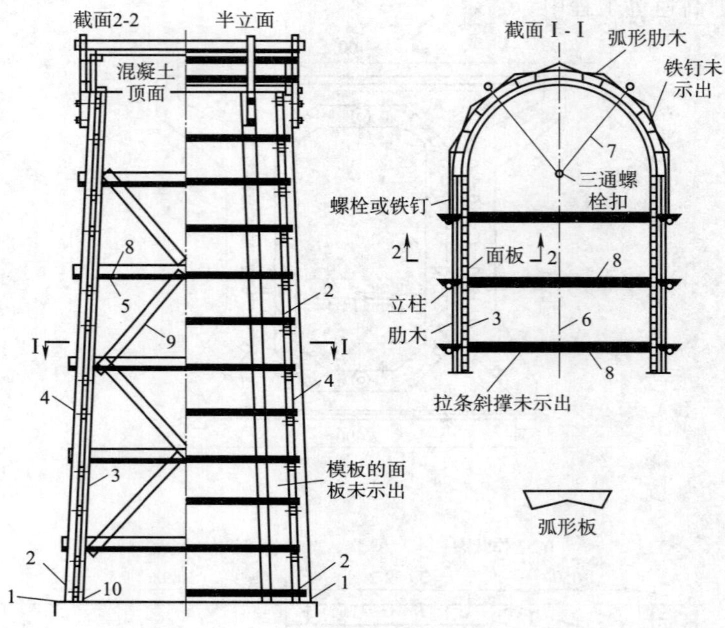

图 3-6　固定式模板

1—肋木;2—弧形肋木;3—面板;4—立柱;5—拉条;6—纵轴拉条;7—辐向拉条;8—横撑;9—斜撑;10—短木块

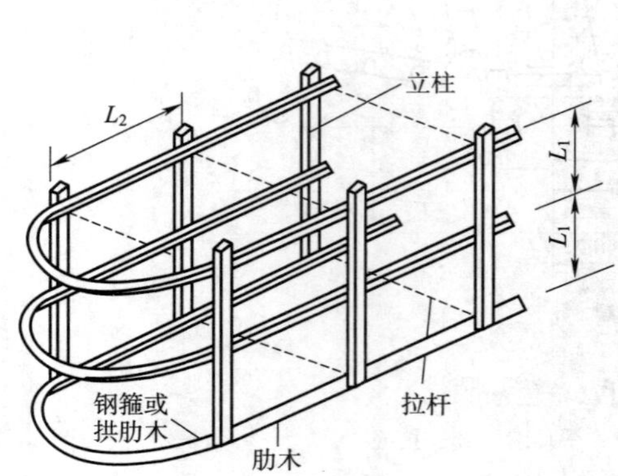

图 3-7　模板骨架

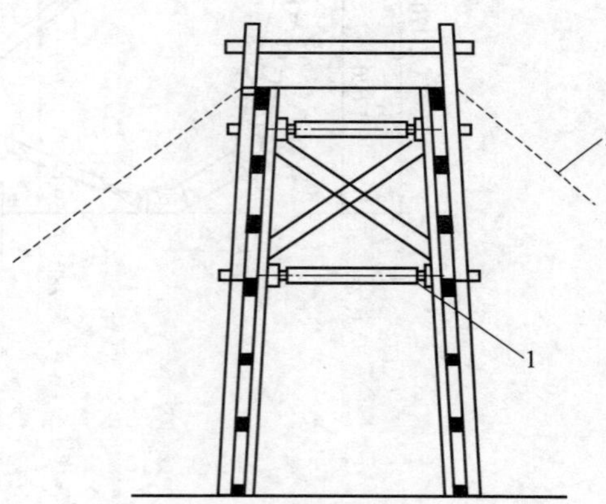

图 3-8　稳定桥墩模板示意

1—撑杆;2—拉索

模板骨架拼成后，即可将面板钉在肋木上。为防止面板翘曲，每块面板宽度最好不超过200 mm，厚度为30～50 mm。在桥墩曲面处，应根据曲度采用较窄木板。圆锥形模板的面板则应做成梯形。与混凝土接触的面板，一般应刨光，拼缝应严密不漏浆，以前常用油灰、木条等嵌塞缝隙，或用搭口缝、企口缝等。现在则多在模板表面铺塑料薄膜，钉胶合板或薄铁皮等。

肋木与面板垂直，其作用是把面板连成整体，并承受面板传来的荷载。肋木可为方木或两面削平的圆木。曲面面板的肋木作成弧形，它由2～3层交错重叠的弧形板用钉或螺栓连接而成，如图3-9所示。弧形肋木应根据准确的样板或在样台上按1∶1放线加工制作，形状复杂的更宜先制成模型套制。

拉杆采用ϕ12 mm～ϕ20 mm钢筋制成。在混凝土外露的表面，宜使用可拆卸的连接螺栓固定拉杆，如图3-10所示，拆模后将表面上的孔穴用砂浆填实。

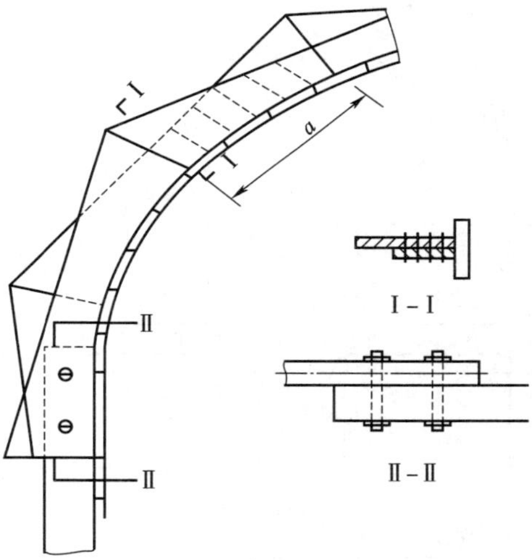

图3-9　弧形肋木和水平肋木连接

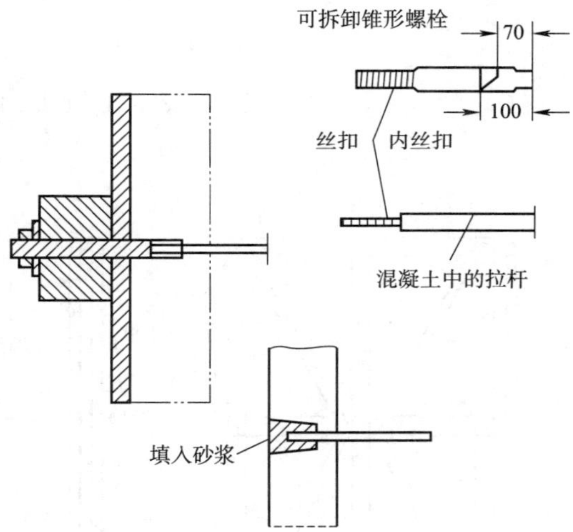

图3-10　可拆卸的连接螺栓紧固拉杆(单位：mm)

弧形肋木与水平肋木间除用铁钉或螺栓连接外，还应加设立柱和辐向拉条。圆形桥墩可在立柱外侧安装钢箍，以保证模板的形状和尺寸正确，钢箍常用ϕ12 mm～ϕ22 mm钢筋制作。

4)拼装式模板。拼装式模板又称盾状模板，它是将墩台表面划分成若干尺寸相同的板块，按板块尺寸预先将模板制成板扇，然后用板扇拼成所要求的模板。拼装模板适用于高大桥墩或在同类型墩台较多时使用，其特点是当混凝土达到拆模强度后，可整块拆下，直接或略加修整后重复周转使用。

在划分板块时，应尽量使板扇尺寸相同，以减少板扇类型(图3-11)。板扇高度可与墩台分节灌注的高度相同，约3～6 m，宽为1～2 m，可依墩台尺寸与起吊条件而定，务必使立模方便、施工安全。单块板扇可用木材、钢材或钢木结合加工制作。木质板扇加工制作简便，制作方法基本与固定式模板相同。图3-12(a)为具有代表性的一种木质拼装板扇。模板组装时可用连接螺栓连接，如图3-12(b)所示，两侧两相对应的立柱间，用穿过模板的拉条拉紧，圆端部分则常要配置固定式模板的弧形模板。

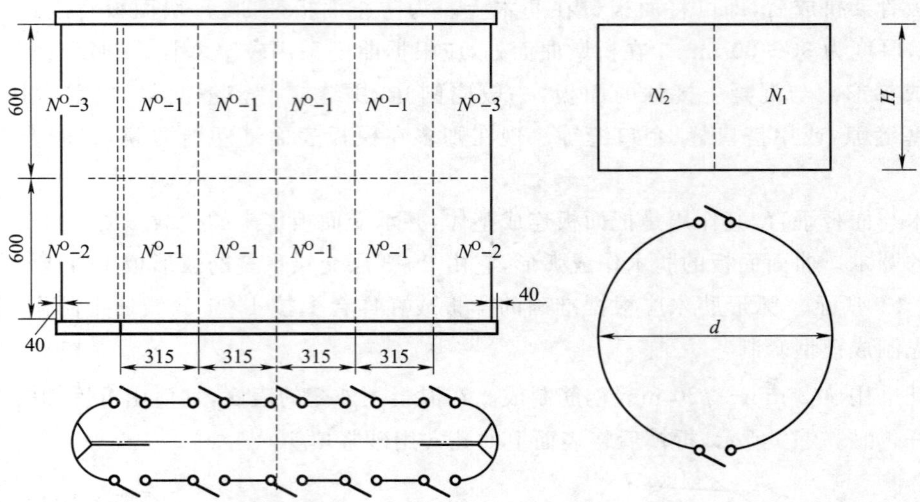

(a) 圆端形桥墩　　(b) 圆开桥墩

图 3-11　板扇划分示意(单位:mm)

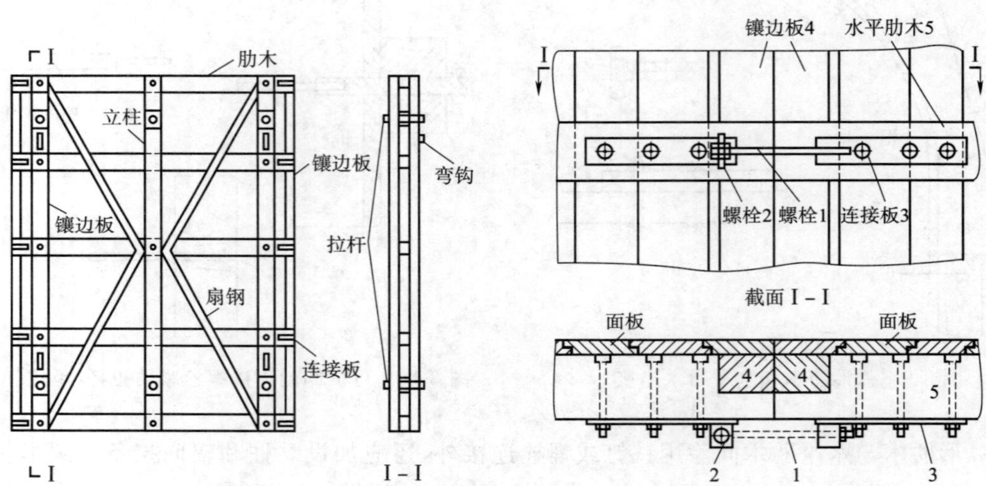

(a) 木质拼装板扇　　(b) 木质拼装模板的螺栓连接

图 3-12　模板拼装

钢模是用钢材加工制作而成的,需用 3～4 mm 厚钢板及型钢骨架,成本较高,加工制作困难。因此,只有在组合钢模、滑模、爬模等类型模板中采用。

5)常备式组合钢模板。常备式组合钢模板是桥梁施工中常用的模板之一。铁路、公路施工部门均颁布过有关的组合钢模板技术规则,为桥梁墩台的施工中应用组合钢模提供了技术依据。目前,铁路桥墩一般采用组合大钢模,板厚一般在 6～10 mm。还可以按照常见的墩台形式按一定模数设计制造组合钢模板,它的优点是可以进行常规尺寸的拼装,以达到节省材料、重复利用的目的。公路工程中常用的组合式定型钢模板组成部件见表 3-1。

表 3-1　钢模板组成部件表

序号	部件名称	所用材料	规格尺寸	使用部位
1	平面模板	A3 钢板	面板厚 2.3 mm 或 2.5 mm；宽 100～300 mm，按 50 mm 进级；长 1 500 mm、1 200 mm、900 mm、750 mm、600 mm、450 mm 六种；肋条高 55 mm、厚 2.3 mm、2.5 mm、2.8 mm 三种	涵边墙、台平面位置
2	转角模板		阴角模板：横断面（高×宽）150 mm×150 mm、100 mm×100 mm；长度同平面模板；阳角模板：横断面（高×宽）：100 mm×100 mm、50 mm×50 mm，长度同平面模板；连接角模：横断面（高×宽）：50 mm×50 mm，长度同平面模板	涵边墙、台转角部位
3	倒棱模板		角棱模板：宽 17 mm 及 45 mm 两种； 圆棱模板：半径 20 mm 及 35 mm 两种；长度同平面模板	涵边墙、台倒棱部位
4	加掖模板		横断面（高×宽）50 mm×150 mm、50 mm×100 mm，长度同平面模板	墩、台有加腋部位
5	柔性模板		宽度 100 mm，长度同平面模板	墩、台圆形曲面部位
6	可调模板		宽度 80 mm，长度同平面模板，断面形状为 L 形，仅一边设肋条	用手拼装模板面小于 50 mm 宽的补齐部位
7	嵌补模板		长：300 mm、200 mm、150 mm、100 mm 四种；宽：平面嵌板有 200 mm、150 mm、100 mm 三种；阴角嵌板：100 mm×150 mm 阳角嵌板：150 mm×100 mm 连接角模：50 mm×50 mm	用于墩、台的接头部位，形状同平面模板及转角模板

注：表中各种模板的肋条高度均为 55 mm。

组合模板由面板及支承面板的加劲肋组成，在四周边的加劲肋上设有连接螺栓孔，以便于板的连接。图 3-13 为平面模板，图 3-14 为阴角模板，图 3-15 为阳角模板。为防止漏浆，模板接缝处应夹橡胶条或塑料条。

组合钢模板具有强度高、刚度大、拆装方便、使用性强、周转资料多、能大量节约材料等优点。在实际使用中，组合钢模板可预拼成大的板块后安装使用，这样可提高安装模板的速度。

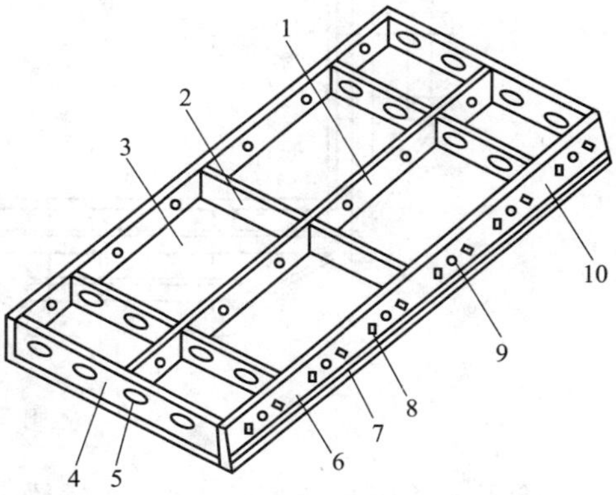

图 3-13　平面模板

1—中纵肋；2—中横肋；3—面板；4—横肋；5—插销孔；6—纵肋；7—凸棱；8—凸鼓；9—U 形卡孔；10—钉孔

6）整体吊装模板。整体吊装模板是将墩台模板沿高度水平分成若干节，每一节的模板预先组装成一个整体，在地面拼装后吊装就位。节段高度可视墩台尺寸、模板数量、起吊能力及灌注混凝土的能力而定，一般为 3～5 m。使用这种模板可大大缩短工期，灌注完下节混凝土后，即可将已拼好的上节模板整体吊装到位，继续灌注而不留工作缝。模板安装完后在灌注第一层混凝土时，应在墩、台身内预埋支承螺栓，以支承第二层模板和安装脚手架。

整体吊装模板的优点：模板拼装可在地面进行，有利于施工安全；利用模板外框架作简易脚手架，不需另搭施工脚手架；模板刚性大，可少设或不设拉杆；结构简单、装拆方便。缺点是起吊重量较大。

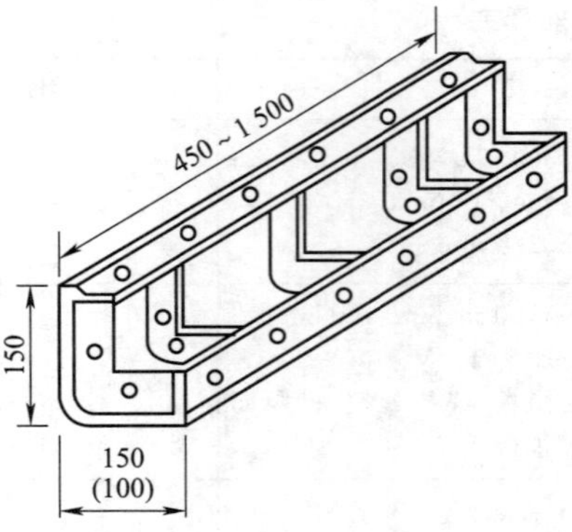

图 3-14 阴角模板(单位:mm)

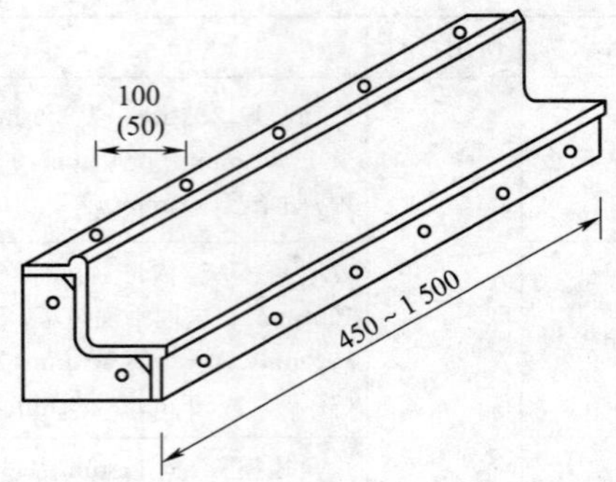

图 3-15 阳角模板(单位:mm)

整体吊装模板如图 3-16 所示,钢框架由型钢或万能杆件组成,间距 0.8～1.0 m,上下节模板可利用型钢上的孔眼用螺栓连接。圆形模板在外侧用铁箍扣牢,内部则应增加临时撑杆加固,以防止模板变形。

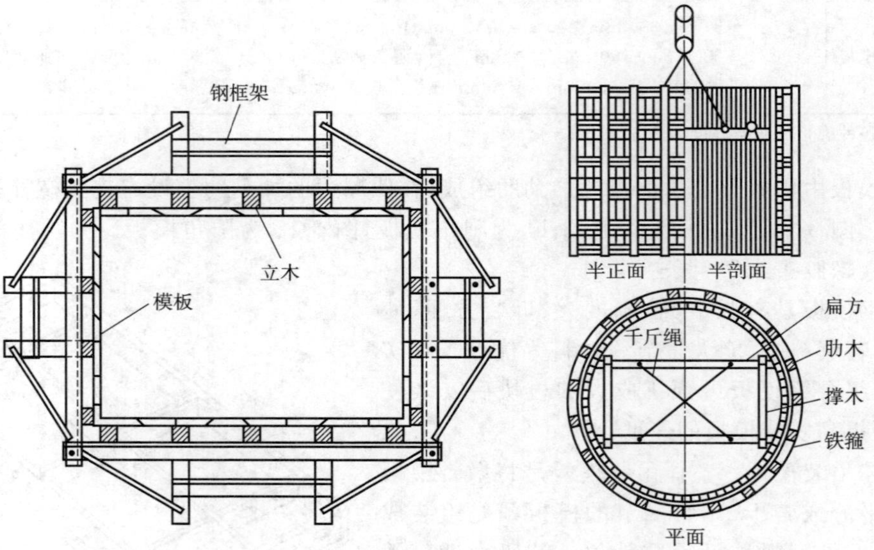

图 3-16 整体吊装模板

除了上述模板类型外,常用在桥梁上的模板还有滑升模板、滑升翻模、爬升模板及提升翻模等类型。

3. 模板设计

模板系统的设计,包括选型、配板、荷载计算、结构计算、拟定制作安装和拆除方案及绘制模板图。模板及其支架系统的设计应根据结构形式、设计路径、施工组织设计、荷载大小、地基土类别、施工设备及有关的设计、施工规范进行。

4. 模板施工

(1)模板安装。模板安装应与钢筋安装配合进行,模板安装过程如妨碍钢筋的绑扎,则待钢筋安装完毕后进行。

地面以下的基础侧模板安装时，要先检查土壁是否稳定，支撑是否牢固等。模板材料等堆放应距基坑、井边缘 1 m 以外，以免造成坍塌。深、长基础侧模宜采用分层支模方法，边组装模板边安设支撑件，下层模板支撑牢固后，再安装上层模板。离地面较低且平面尺寸较大的基础侧模板安装时，在模板外侧设置斜支撑固定模板位置即可。

地面以上的墩台、梁、板的模板安装时，应根据灌注混凝土量分段分层自下而上安装，在下层模板支撑稳固，并加设支撑后，再安装上一层模板。如构件模板离地面较高，除支撑外，宜在两侧模板间设置拉杆，拉杆可设置多层，位置应设在模板的肋条处。在混凝土外露的表面上，一般宜用可拆卸的连接螺栓紧固拉杆，外围设混凝土套或塑料管套，拆模后，拉杆拔出时，用水泥浆填堵孔眼。

方形、圆形、多角形、椭圆形等墩柱模板高度大于 4 m 时，宜采用定型钢模板。先绑扎墩柱钢筋后支模板，钢模板底部应与基础预埋件连接牢固，根据墩高，上部可用多层拉杆固定以确保柱模的稳定。

模板安装完毕后，应对其平面位置、顶部高程、结点联系及纵横向稳定性进行检查，确认后方可浇筑混凝土。浇筑时，发现模板有超过允许偏差变形值的可能时，应及时纠正。

(2)支架结构安装。支架及拱架等结构，无论在立面或平面上均应稳定、坚固，应能承受在施工过程中有可能发生的偶然撞击或振动。

支架及拱架宜采用标准化、系列化、通用化的构件拼装。在同一模板工程的支架体系中，不宜钢、木、竹等杆件混合使用。模板与支架体系除设计要求外，不得与脚手架连接，以免引起模板变形。

支架及拱架应预留施工拱度和施工沉落。施工拱度的确定应考虑下列因素：

1)支架及拱架承受全部荷载时的弹性变形。

2)加载后由于构件接头挤压所产生的非弹性变形(永久变形)挤压值。每个连接处的挤压值：木材与木材间为 1～3 mm；木材与钢材间为 1～2 mm。

3)结构由于恒载及静活载影响所产生的挠度。

4)由于支撑基础下沉而产生的非弹性变形。

支架的所有支撑部分都要安设在可靠的地基上，需要足够的支撑面积，以保证灌注混凝土时，构件不发生超限下沉和不均匀下沉，确保支架不发生坍塌。针对不同的地基需要采取相应的措施。如在河流中，可视具体情况采取抛石、麻袋装土、竹笼、卵石等加固措施防止水流冲刷，或在上游打桩防止漂浮物撞击。

5. 模板拆除

为防止过早拆模造成结构裂缝、断裂或倒塌，模板的拆除时间应根据结构物特点、模板部位、混凝土强度、混凝土的温度及温差、混凝土带模养护时间、天气状况以及其他养护要求等条件综合确定，并符合各专业 标准的有关要求。拆模时的混凝土应符合设计要求，设计未说明时，应符合下列规定：

(1)不承重侧模应在混凝土强度达到 2.5 MPa 以上，且其表面及棱角不因拆模而受损时，方可拆模。

(2)承重底模要在混凝土强度符合表 3-2 的规定后，方可拆模。

表 3-2 拆除底模时混凝土的强度

结构类型	结构跨度(m)	达到混凝土设计强度标准值的百分率(%)
板、拱	≤2	50
	2～8	75
	>8	100
梁	≤8	75
	>8	100
悬臂梁(板)	≤2	75
	>2	100

(3)芯模或预留孔洞的内模在混凝土强度能够保证构件和孔洞表面不发生塌陷和裂缝时，方可拆除。

(4)模板的拆除应按设计的顺序进行。设计无规定时，拆模宜按立模顺序逆向进行，后支的先拆，先支的后拆；非承重部分先拆，承重部分后拆。

(5)当拆除拱架、跨度大于 8 m 梁式结构的模板或特殊设计的模板时，应按设计要求的程序及措施进行，并应符合下列规定：

①支(拱)架的拆除一般应分几个循环拆完，拆除量开始宜小，以后逐渐增大；在纵向应对称均衡拆除，在横向应同时一起拆除。

②在拆除前应在拆除部位画好每次拆除量的标记。

③拆除满布式拱架时，可从拱顶向拱脚依次循环拆除；拱式拱架可在两支座处同时均匀拆除。

④简支梁、连续梁宜从跨中向支座依次循环拆除。

⑤拆除拱架时，应设专人用仪器观测拱圈挠度和墩台变化情况，并详细记录，另设专人观察是否有裂缝现象。

(6)应尽量减少模板破损，不得损伤混凝土。当模板与混凝土脱离后，方可拆卸、吊运模板。

(7)要保证拆模时的安全。拆模之前，下方要设警戒区，禁止通行。在水上拆除模板，还应配置工作船、救生船和救生设备等。

(8)模板、支(拱)架拆除后，应及时对其进行维修整理，并分类妥善存放。

(9)拆除模板和临时埋设于混凝土中的木塞及其他预埋部件时不得损伤混凝土。

3.2 钢筋工程

在钢筋混凝土结构中，钢筋及其加工质量对结构质量起着决定性的作用。钢筋工程属于隐蔽工程，对钢筋的进厂验收、加工、连接及安装等全过程，都必须进行严格的质量控制，以确保结构质量。

3.2.1 钢筋的种类与进场验收

1. 钢筋的种类

热轧钢筋是经热轧成型并自然冷却的成品钢筋，由低碳钢和普通合金钢在高温状态下压制而成，主要用于钢筋混凝土和预应力混凝土结构的配筋，是土木建筑工程中使用量最大的钢材品种之一。

热轧钢筋按照屈服强度标准值进行分级,分为四级:

HPB235(Q235),该钢筋的屈服强度标准值 235 MPa,直径 8~20 mm,弹性模量 210 GPa。

HRB335(20MnSi),该钢筋的屈服强度标准值 335 MPa,直径 6~50 mm,弹性模量 200 GPa。

HRB400(20MnSiV、20MnSiNb、20MnTi),该钢筋的屈服强度标准值 400 MPa,直径 6~50 mm,弹性模量 200 GPa。

RRB400(K20MnSi),该钢筋的屈服强度标准值与 HRB400 钢筋相同也是 400 MPa,直径 8~40 mm,弹性模量 200 GPa。

2. 钢筋的验收

按《铁路混凝土工程施工质量验收标准》(TB10424—2010)及有关国家标准的规定进行验收。

3.2.2 钢筋的加工

钢筋一般先在钢筋车间加工,然后运至现场安装或绑扎。钢筋的加工过程一般有调直、除锈、冷加工和时效处理、配料、切断、弯曲成型等工序。

1. 钢筋的调直和除锈

钢筋在下料前,应进行必要的调直和除锈工作,钢筋调直和除锈应符合下列要求:

(1)钢筋的表面应洁净,使用前应将表面油渍、漆皮、鳞锈等清除干净。

(2)钢筋应平直,无局部折曲,成盘的钢筋和弯曲的钢筋均应调直。

(3)加工后的钢筋,表面不应有削弱钢筋截面的伤痕。

(4)钢筋的调直和除锈可采用冷拉的方法。采用冷拉方法调直钢筋时,HPB235 级钢筋的冷拉率不宜大于 2%,其他级别钢筋的冷拉率不宜大于 1%。钢筋除可采用冷拉除锈外,还可以采用电动除锈机除锈,人工除锈(用钢丝刷、砂盘)等。

2. 钢筋的冷加工和时效处理

将钢筋于常温下进行冷拉使其产生塑性变形,从而提高其屈服强度,这个过程称为冷拉强化。将经过冷拉的钢筋于常温下存放 15~20 d 或加热到 100~200℃并保持一定时间,这个过程称为时效处理。前者称为自然时效,后者称为人工时效。冷拉以后再经过时效处理的钢筋,其屈服点进一步提高,抗拉极限强度也有所增长,塑性继续降低。由于时效过程中内应力的削减,其弹性模量可基本恢复。工地或预制构件厂常利用这一原理,对钢筋或低碳钢盘条进行冷拉加工,以提高钢筋屈服度强度,节约钢材。

冷拉时,钢筋的应力和延伸率,是影响钢筋冷拉质量的两个主要参数。在冷拉时最好采用同时控制钢筋应力和延伸率的方法,即“双控”,以应力控制为主,延伸率控制为辅。

为使钢筋变形充分发展,冷拉速度不宜过快,当拉到规定的控制应力(或冷拉长度)后,须稍停(约 1~2 min),等钢筋变形充分发展后,再放松钢筋,冷拉结束。冷拉后,钢筋表面不得有裂纹或局部颈缩现象,并应按施工规范要求,进行拉力试验和冷弯试验。

3. 钢筋的配料

钢筋配料就是将设计图纸中各个构件的配筋图表,编制成便于实际加工、具有准确下料长度(钢筋切断时的直线长度)和数量的表格,即配料单。下料前应认真核对钢筋规格、级别及加工数量,防止出现差错;下料后必须挂牌注明所用部位、型号、级别,并应分别堆放。

钢筋下料长度的计算是配料计算中的关键,钢筋应按需要的长度下料。在计算钢筋需要的长度时,需要扣减钢筋弯曲时的伸长率,钢筋的伸长率与其弯曲角度和直径有关,根据实践经验,钢筋伸长量与角度的关系见表 3-3;相应的要增加钢条弯钩和钢筋弯起的长度。

表 3-3　弯制钢筋伸长量与角度的关系

弯制角度	30°	45°	60°	90°	135°	180°
伸长量	0.35*d*	0.5*d*	0.85*d*	1.0*d*	1.25*d*	1.5*d*

注:*d* 为钢筋直径。

4. 钢筋的切断和弯曲

钢筋切断是将已调直的钢筋剪切成所需要的长度,分为机械切断和人工切断两种。钢筋切断应合理统筹配料,将相同规格钢筋根据不同长短搭配,先断短料,以减少短头、接头和损耗。此外,在切断时,要避免将钢筋弯曲;对于短料的切断,要注意安全,防止发生事故。

钢筋弯曲成型是将已调直、切断的的钢筋弯曲成所需要的形状。下料后的钢筋,可在工作平台上手工或采用电动弯筋器按规定的弯曲半径弯制成型。钢筋的两端亦应按图纸弯成所需的弯钩。如钢筋图中对弯曲半径未作规定,则宜按相应施工规范的要求进行弯制。对于较长的钢筋,最好在接长以后再弯制,这样较易控制尺寸。钢筋的弯制和末端的弯钩应符合设计要求,如设计无规定时,应符合下列规定:

(1)受拉热轧光圆钢筋的末端应做成 180°的半圆形弯钩,其弯曲直径 d_m不得小于 2.5*d*,并且钩段应留有不小于 3*d* 直线段,如图 3-17(a)所示。

(2)受拉热轧带肋(月牙肋、等高肋)钢筋的末端,应采用直角形弯钩,钩端直线段长度不应小于 3*d*,直钩的弯曲直径 d_m不应小于 5*d*,如图 3-17(b)所示。

(3)弯起钢筋应弯成平滑的曲线,光圆钢筋的曲率半径不宜小于 10 倍钢筋直径,带肋钢筋的曲率半径不宜小于 12 倍钢筋直径,如图 3-17(c)所示。

(4)由光圆钢筋制成的箍筋,其末端应做成半圆形、直角形或斜弯钩,如图 3-17(d)所示。弯钩的弯曲内直径应大于受力钢筋直径,且不小于 2.5 倍箍筋直径;弯钩平直部分的长度,一般结构不宜小于 5 倍的箍筋直径,有抗震要求的结构不宜小于 10 倍的箍筋直径。

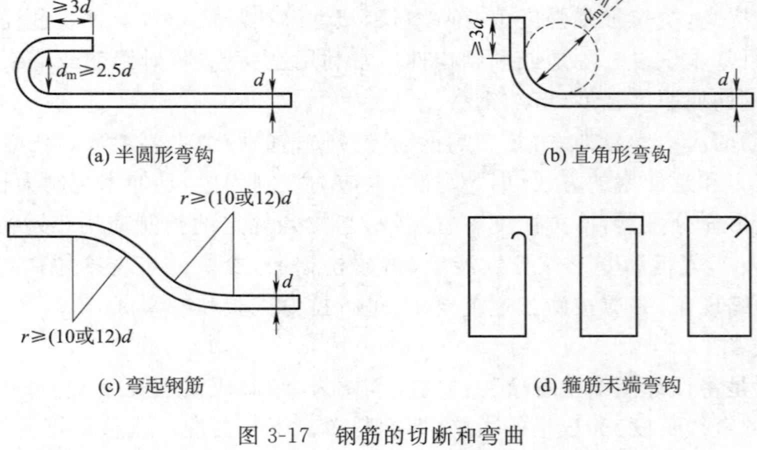

(a) 半圆形弯钩　(b) 直角形弯钩　(c) 弯起钢筋　(d) 箍筋末端弯钩

图 3-17　钢筋的切断和弯曲

3.2.3　钢筋的连接

钢筋连接常用的方法有：绑扎连接、焊接连接、机械连接。除个别情况（如不准出现明火）外，应尽量采用焊接连接，以保证质量、提高效率和节约钢材。

1. 钢筋焊接连接

焊接连接在工程中应用最广泛，工程中经常采用的焊接方法有闪光对焊、电弧焊、电渣压力焊、电阻点焊、气压焊、气压焊和预埋件埋弧压力焊等。

(1)闪光对焊。钢筋对焊原理，是将两钢筋成对接形式水平安置在对焊机夹钳中，使两钢筋接触，通以低电压的强电流，把电能转化为热能（电阻热）。当钢筋加热到一定程度后，即施加轴向压力挤压（称为顶锻），便形成对焊接头。

闪光对焊具有生产效率高、操作方便、节约钢材、焊接质量高、接头受力性能好等优点。钢筋闪光对焊过程如下：先将钢筋夹入对焊机的两电极中（钢筋与电极接触处应清除锈污，电极内应通入循环冷却水），闭合电源，使钢筋两端面轻微接触（这里即有电流通过）。由于接触轻微，钢筋端面不平，接触面积很小，故电流密度和接触电阻很大。因此接触点很快熔化，形成"金属过梁"。当金属过梁进一步加热，产生金属蒸气飞溅（火花般的熔化金属微粒自钢筋两端面的间隙中喷出，称此为烧化），形成闪光现象，故称闪光对焊。通过烧化使钢筋端部温度升高到要求温度后，便快速将钢筋挤压（称顶锻），然后断电，即形成对焊接头。

根据所用对焊机功率大小及钢筋品种、直径不同，闪光对焊又分连续闪光焊、预热闪光焊、闪光-预热闪光焊等不同工艺。钢筋直径较小时，可采用连续闪光焊；钢筋直径较大，端面较平整时，宜采用预热闪光焊；直径较大，且端面不够平整时，宜采用闪光-预热闪光焊。

1)连续闪光焊。采用连续闪光焊时，先闭合电源，然后使两钢筋端面径向接触，形成闪光。闪光一旦开始，应徐徐移动钢筋，形成连续闪光过程。待钢筋烧化到规定的长度后，以适当的压力迅速进行顶锻，使两根钢筋焊牢。连续闪光焊所能焊接的最大钢筋直径，应随着焊机容量的降低和钢筋级别的提高而减小。

2)预热闪光焊。预热闪光焊是在连续闪光焊前增加一次预热过程，以达到均匀加热的目的。采用这种焊接工艺时，先闭合电源，然后使两钢筋端面交替地接触和分开。这时钢筋端面的间隙中即发出断续的闪光，而形成预热过程。当钢筋烧化到规定的预定的预热留量后，随即进行连续闪光和顶锻，使钢筋焊牢。

3)闪光-预热闪光焊。在预热闪光焊前加一次闪光过程，目的是使不平整的钢筋端面烧化平整，使预热均匀。这种焊接工艺的焊接过程是，首先连续闪光，使钢筋端部平整；然后断续闪光，进行预热；接着连续闪光，最后进行顶锻，以完成整个焊接过程。

冬季钢筋的闪光对焊宜在室内进行焊接时的环境温度不宜低于0℃。困难条件下，对以承受静力为主的钢筋，闪光对焊的环境气温可适当降低，但最低不应低于－10℃。在低温条件下焊接时，冷却快，容易产生淬硬现象，内应力也将增大，使接头力学性能降低，给焊接带来不利影响。因此在低温条件下焊接时，应掌握好冷却速度。为使加热均匀，增大焊件受热区域，宜采用预热闪光焊或闪光-预热闪光焊。

(2)电弧焊。电弧焊的原理是利用弧焊机在焊条与焊件之间产生高温电弧，使得焊条和电弧燃烧范围内的金属焊件很快熔化，从而形成焊接接头，如图3-18所示。电弧焊的应用非常广泛，常用于钢筋的搭接接长、钢筋与钢板的焊接、装配式钢筋混凝土结构接头的焊接、钢筋骨架的焊接以及各种钢结构的焊接。

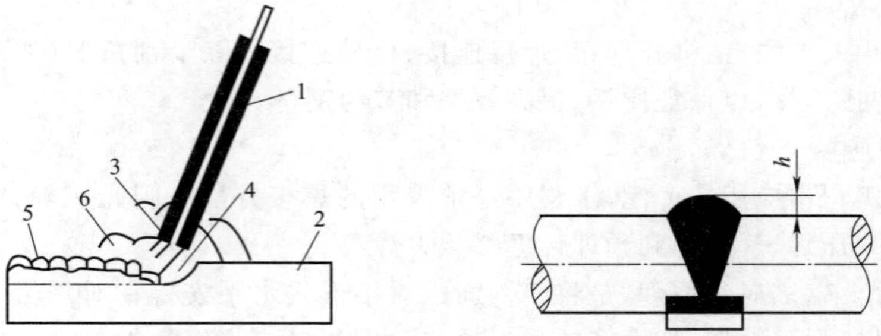

图 3-18 钢筋电弧焊示意图

1—焊条;2—钢筋;3—电弧;4—熔池;5—熔渣;6—保护气体

钢筋电弧焊的接头形式主要有搭接焊、帮条焊、坡口焊、窄间焊、熔槽帮条焊等。

钢筋接头采用电弧焊时,应符合下列要求:

1)施焊的各种钢筋、钢板均应有材质证明书或试验报告单,焊条、焊剂应有合格证,各种焊接材料的性能应符合现行相关规范的规定。

2)钢筋接头采用搭接或帮条电弧焊时,宜采用双面焊缝,双面焊缝困难时,可采用单面焊缝。

3)钢筋接头采用搭接电弧焊时,两钢筋搭接端部应预先折向一侧,使两结合钢筋轴线一致。接头双面焊缝的长度不应少于 $5d$,单面焊缝的长度不应小于 $10d$(d 为钢筋直径)。

4)钢筋接头采用帮条电弧焊时,帮条应采用与主筋同级别的钢筋,其总截面面积不应小于被焊钢筋的截面积;帮条长度,如为双面焊缝应不小于 $5d$,如采用单面焊缝其长度不应小于 $10d$(d 为钢筋直径)。

(3)电渣压力焊。电渣压力焊的原理是利用电流通过渣池产生的电阻热将钢筋端部熔化,然后施加压力使钢筋焊接在一起。电渣压力焊操作简单、易掌握、工作效率高、成本较低、施工条件也较好,主要用于现浇钢筋混凝土结构中竖向或斜向钢筋的接长。

电渣压力焊的工作原理如图 3-19 所示。

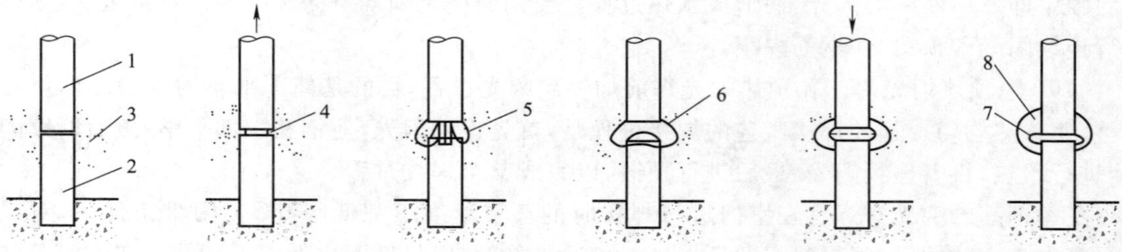

图 3-19 压力焊焊接过程示意

1—上钢筋;2—下钢筋;3—焊剂;4—电弧;5—熔池;6—熔渣;7—焊包;8—渣壳

电渣压力焊的质量检验包括外观检查和拉力试验两方面。对每一个焊接头都应进行外观检查,要求接头焊包均匀,凸出钢筋表面的高度至少 4 mm;电极与钢筋接触处,钢筋表面无明显烧伤等缺陷;接头处钢筋轴线偏移不超过 0.1 倍钢筋直径,同时不得大于 2 mm;接头处弯折角不得大于 4°。对外观检查不合格的焊接接头，应将接头切除重焊，或采取补强措施。进行力学性试验时，应从每批接头处随机切取 3 个试件做拉伸试验，试验结果要求三个试件均不得低于该级别钢筋规定的抗拉强度标准值，当试验结果有一个试件的抗拉强度低于规定指标，应取双倍数量试件进行复检，复检结果若仍有一个试件的抗拉强度低于规定指标，则判定该批接头为不合格。

(4)电阻点焊。利用点焊机对钢筋骨架或钢筋中交叉钢筋进行焊接。其所适用的钢筋直径和种类为直径 6～15 mm 的热轧 HPB235、HRB335 钢筋，直径 3～5 mm 的冷拔低碳钢丝和直径 4～12 mm 的冷轧带肋钢筋。

点焊采用的点焊机有用于焊接较粗钢筋的单点点焊机，用于焊接钢筋网片的多点点焊机以及可焊接各种几何形状大型钢筋网片和钢筋骨架的悬挂式点焊机。

点焊接头质量检查包括外观检查和强度检验两部分内容。

外观检查应按同一类型制品分批抽检，一般制品每批抽查 5%；梁柱、骨架等重要制品每批抽查 10%，均不得少于 3 件。外观检查要求焊点处金属熔化均匀；热轧钢筋点焊时，压入深度为较小钢筋直径的 30%～45%，冷拔低碳钢丝点焊时，压入深度为较小钢丝直径的 30%～35%；焊点无脱落、漏焊、裂纹、多孔性缺陷及明显的烧伤现象；焊接骨架的长度、宽度允许偏差满足有关规定。

强度检验时，试件应从每批成品中切取。切取过试件的制品，应补焊同级别、同直径的钢筋，其每边的搭接长度应符合规定。热轧钢筋焊点应抗剪试验；冷拔低碳钢丝焊点除做抗剪试验外，还应对较小钢丝做抗拉伸试验。焊点的抗剪试验结果应符合相关规定，拉伸试验结果不得小于冷拔低碳钢丝乙级规定的抗压强度。试验结果，如有一个试件达不到上述要求，则取双倍数量的试件进行复验。复验结果，如仍有一个试件不能达到上述要求，则该批制品即为不合格。采用加固处理后，可再次提交验收。

(5)气压焊。钢筋气压焊是采用氧乙炔火焰或其他火焰对两钢筋对接处加热，使其达到塑性状态或熔化状态后，加压完成的一种压焊方法，适用于焊接直径 14～40 mm 的热轧光圆不带肋钢筋。

气压焊接头应逐个进行外观检查，外观检查结果要求偏心量 e 不得大于钢筋直径的 0.15 倍，同时不得大于 4 mm，当不同直径钢筋相焊接时，按较小钢筋直径计算，当超过限量，应切除重焊；两钢筋轴线弯折角不得大于 4°，当超过限量时，重新加热校正；镦粗直径 d_c 不得小于钢筋直径的 1.4 倍，当小于此限量时，应重新加热镦粗；镦长 l_c 不得小于钢筋直径 1.2 倍，且凸起来部分平缓圆滑，当小于此限量时，应重新加热镦长；压焊面偏移 d_1 不得大于钢筋直径的 0.2 倍。

强度检验时，应从每批接头中随机切取 3 个接头做拉伸试验，在梁、板的水平钢筋连接中还应另切取 3 个接头送做弯曲试验。气压焊接头拉伸试验结果要求 3 个试件的抗拉强度均不得低于该级别钢筋规定的抗拉强度值，并断于压焊面之外，呈延性断裂。在进行弯曲试验时，应将试件受压面凸起部分除去，与钢筋外表面齐平，弯心直径应符合相关规定，弯曲试验结果要求压焊面处在弯曲中心点，弯到 90°时，3 个试件均不得在压焊面发生破断。拉伸和弯曲试验中，若有一个试件不符合要求时，应切取双倍试件进行复验，若复验结果中，仍有 1 个试件不符合要求，则该批接头为不合格。

(6)预埋件埋弧压力焊。预埋件埋弧压力焊是在混凝土预埋件构件的制作中,将钢筋与钢板安装成T形形式,利用焊接电流,在焊剂层下产生电弧,开成熔池,加压完成的一种压焊方法,如图3-20所示。

预埋件埋弧压力焊具有生产效率高、接头质量好等优点。对于预制厂大批量生产时,经济效益尤为显著。适用于焊接热轧直径6～25 mm的HPB235、HRB335等钢筋。

2. 钢筋绑扎连接

钢筋绑扎连接是在钢筋绑扎接头处的中心和两端用钢丝扎牢,如图3-21所示。其优点是工艺简单、工效高,不需要连接设备;缺点是当钢筋较粗时,相应地需增加接头钢筋长度,浪费钢材,且绑扎接头的刚度不如焊接接头。

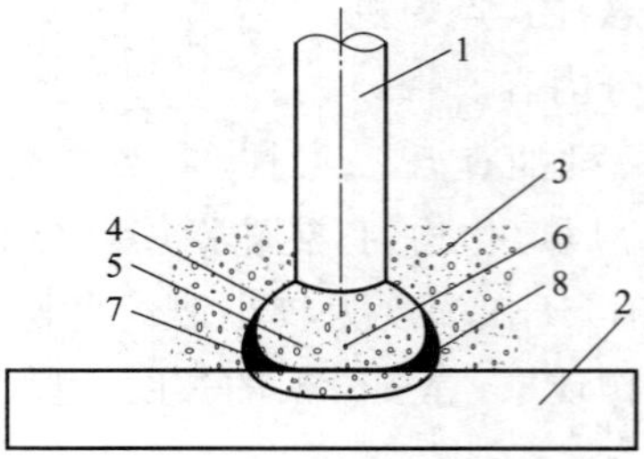

图3-20　预埋件埋弧压力焊示意

1—钢筋;2—钢板;3—焊剂;4—空腔;5—电弧;6—熔滴;7—熔渣;8—熔池

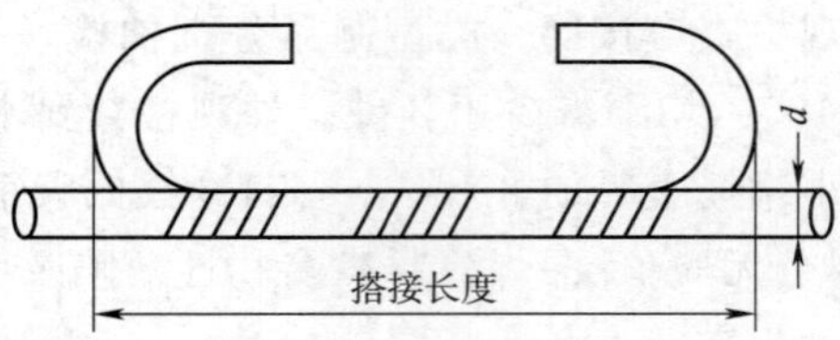

图3-21　钢筋的绑扎接头

当钢筋采用绑扎连接方式时,要求绑扎位置准确、牢固。绑扎的搭结长度及绑扎点位置等应符合以下规定:

(1)绑扎连接的接头应设置在内力较小处,应错开布置,并且两接头间距离不小于1.3倍搭接长度。

(2)绑扎接头的截面面积占总截面面积的百分率,在受拉区不得超过25%,在受压区不得超过50%。

(3)绑扎接头与钢筋弯曲处的距离不应小于10倍钢筋直径,也不宜位于构件的最大弯矩处。

(4)受拉钢筋绑扎接头的搭接长度,应符合规范的规定,受压钢筋绑扎接头的搭接长度,应取受拉钢筋绑扎接头搭接长度的0.7倍。

(5)受拉区内HPB235级钢筋绑扎接头的末端应做弯钩,HRB335、HRB400级钢筋的绑扎接头末端不做弯钩。直径等于和小于12 mm的受压HPB235级钢筋的末端,可不做弯钩,但搭接长度不应小于钢筋直径的30倍。

3. 钢筋机械连接

钢筋的机械连接是对钢筋接头运用套螺纹或镦粗等机械手段,并用套筒将钢筋接头牢固连接的一种连接方式。钢筋机械连接常用于现浇钢筋混凝土结构施工现场HRB335、HRB400热轧带肋钢筋的连接。它具有工艺简单、节约钢材、接头性能可靠、技术易掌握、工作效率高、节约成本等优点。

钢筋机械连接接头的混凝土保护层厚度(套筒外缘至混凝土表面距离)应符合现行铁路混凝土结构耐久性设计有关标准的要求。设置在同一构件内的纵向受力钢筋的机械连接接头宜相互错开。同一连接区段内，接头的纵向受力钢筋截面面积占受力钢筋总截面面积的百分率（简称接头百分率）不应大于50%。

连接套筒（锁母）的制造单位在提供产品的同时应提供完整的技术文件，内容包括：套筒（锁母）的材质、尺寸、螺纹长度、牙型及其相关的允许公差；丝头的材质、尺寸、有效螺纹长度及其精度要求；丝头加工设备、挤压设备选型；丝头加工参数（电源电压波动控制、加工速度、环境温度等）、挤压参数。

钢筋机械连接施工前，施工单位应按规定进行现场条件下的工艺检验，检验合格并经监理确认后方可进行批量施工。

钢筋机械连接接头应按批进行现场质量检查与验收。每批抽检的试件应按与该批相同的施工工艺加工制作，必要时在工程结构上现场截取。在工程结构上现场截取抽样试件后，缺口位置应用与原接头钢筋同等规格的钢筋，并根据钢筋直径采用绑扎搭接、搭接焊接或机械连接等方法进行补接。

接头性能应符合有关规范要求，接头型式检验和接头工艺检验均合格。

常用的机械连接方式有带肋钢筋套筒挤压连接、锥螺纹连接和镦粗直螺纹钢筋连接等。

（1）带肋钢筋套筒挤压连接。

1）工作原理。带肋钢筋套筒挤压连接（简称挤压连接）的原理是将两要待接的带肋钢筋插入特制的钢套筒内，利用钢筋挤压机压缩套筒，使套筒和钢筋之间发生塑性变形，靠变形后钢套筒与带肋钢筋之间的紧密咬合来实现钢筋的连接。挤压连接适用于钢筋直径为16～40 mm的HRB335、HRB400带肋钢筋的连接。

挤压连接工艺是利用金属材料在外界压力作用下发生塑性变形原理而成，不存在焊接工艺中的高温熔化过程，从而避免了焊接工艺中容易出现的质量缺陷。挤压连接应符合下列规定：①不同直径的带肋钢筋可采用挤压接头连接，当套筒两端外径和壁厚相同时，被连接钢筋的直径相差不应大于5 mm；②当混凝土结构中挤压接头部位的温度低于－20℃时，宜进行专门的试验；③对HRB335、HRB400带肋钢筋挤压接头所用套筒材料，应选用适用于压延加工的钢材，其实测力学性能、承载力及尺寸偏差应符合有关规定；④套筒应有出厂合格证，套筒在运输和储存中，应按不同规格分别堆放，不得露天堆放，应防止锈蚀沾污。⑤挤压接头施工时有关挤压设备、挤压操作、质量检验、施工安全应符合现行相关技术标准的规定。

2）施工准备。

①接头连接前，应做好以下准备工作：熟悉设计图纸，明确机械连接接头形式、连接位置、规格和数量等，准备好相应数量的连接材料；熟悉作业指导书、掌握工艺流程及有关施工要求；准备钢筋机械连接作业平台和定位架等设施。

②钢筋端头的锈皮、泥砂、油污等杂物应清理干净；钢筋端头应平直，并设定位标志和检查标志。定位标志距钢筋端部的距离为套筒长度的一半，检查标志应设置在定位标志外侧，距定位标志15 mm处。

③对挤压设备必须进行检查，并进行试压。设备选型及参数应符合产品设计文件的要求，并应按有关规定进行安全检验。

④钢筋与套筒应进行试套，不同直径钢筋的套筒不得串用。

3）接头连接。套筒挤压连接施工步骤：

①将钢筋插入套筒内，其插入深度应按钢筋定位标志确定，当钢筋纵肋过高影响插入时，

允许进行打磨,但钢筋横肋严禁打磨。

②在插好钢筋的接头处用压钳进行挤压(需要时压钳用升降器悬挂)。挤压时,使压模对准钢套筒表面的压痕标志,并使压模压接方向与钢套筒轴线垂直,接好进回油油管、启动高压油泵并调节好初始油压。

③操作超高压泵站,达到预定压力并使压痕压至规定深度后,即可卸压退模,压接过程中应始终注意接头两端钢筋轴线的一致。

④钢筋挤压连接可先在地面上完成一端的压接,再在工作面上完成另一端压接。

4)挤压操作时采用的挤压力、压模宽度、压痕直径、挤压后套筒长度的波动范围和挤压道数,均应符合经型式检验确定的技术参数要求。

套筒挤压操作应符合下列规定:

①按标记检查钢筋插入套筒内的深度,钢筋端头离套筒长度中点不应超过 10 mm。

②压模、套筒与钢筋应相互配套使用,压模上应有相对应的连接钢筋规格标记。

③挤压时挤压机与钢筋轴线应保持垂直。

④挤压宜从套筒中央开始,并依次向两端挤压。

⑤宜先挤压一端套筒,插入待接钢筋后再挤压另一端套筒(图 3-22)。采用必要措施确保钢筋与套筒的同轴、顺直。

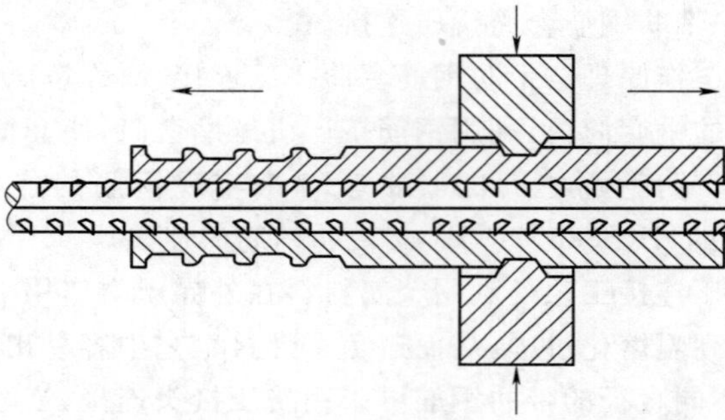

图 3-22 挤压连接顺序示意

油泵与挤压机的使用应严格按操作规程进行,其工作压力不得超过额定压力。高压油管应防止负重拖拉、弯折和尖利物体的刻划。套筒挤压连接操作过程中如遇有异常现象时,应停止操作,排除故障后方可继续进行。操作人员应正确佩戴和使用个人防护用品,高压油管应妥善保管和使用,防止在使用过程中反弹伤人或损坏后引起喷油伤人及污染事故。

挤压连接完成后,应对挤压后接头处的质量进行检查。要求挤压后的钢筋端头离套筒中线不应超过 10 mm,压痕间距应为 1～6 mm,挤压后套筒长度应增长为原套筒的 1.10～1.15 倍,挤压后压痕处套筒的最小外径应为原套筒外径的 85%～90%;接头处弯折角度不得大于 4°;接头处不得有肉眼可见裂纹及过压现象。

强度检验时,应从每批接头中抽取不少于 3 个试件作抗拉强度检验。若一个试件不符合要求,应取双倍试件送试,如仍有不合格,则该批挤压接头为不合格。

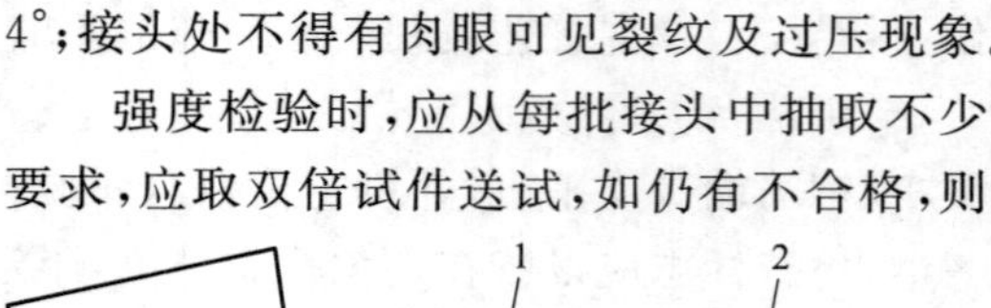

图 3-23 钢筋锥螺纹连接

1—钢筋;2—套筒;3—锥螺纹;4—牙形规

(2)锥螺纹连接。锥螺纹连接是对传统的螺纹连接技术作出了改进的一项钢筋连接新技术,如图 3-23 所示,它是通过连接套筒与连接钢筋螺纹的啮合,来承受外荷载。锥螺纹连接适用于钢筋混凝土结构的热轧 HRB335、HRB400 级钢筋的连接施工,但不得用于预应力钢筋的连接。对于直接随动荷载的结构构件,其接头还应满足抗疲劳性能等设计要求。

锥螺纹的连接套筒宜为专业工厂加工而成的定型产品，以保证产品质量。套筒的规格尺寸应与钢筋锥螺纹相匹配，其承载力应略高于钢筋母材。钢筋连接端的锥螺纹需在钢筋套丝机上加工，一般在施工现场进行，为保证连接质量，每个锥螺纹头都需要牙形规和卡规逐个检查，不合格者需切掉重新加工，合格的丝头需拧上塑料保护帽，以免丝头受损。

钢筋连接前，先回收钢筋待连接端的保护帽和连接套上的密封盖，并检查钢筋规格是否与连接套筒规格相同，检查锥螺纹丝头是否完好无损、有无杂质。检查合格后，即可将待接钢筋对正轴线用手拧入一端已拧上钢筋的连接套筒内，再用力矩扳手按规定的力矩值把钢筋接头拧紧，便完成钢筋的连接。

(3)镦粗直螺纹钢筋连接。镦粗直螺纹钢筋连接的原理是先利用冷镦机将钢筋端部镦粗，再用套丝机在镦粗段上加工直螺纹，然后用连接套筒将两根钢筋对接。钢筋端部经过冷镦后，不仅截面会加大，而且强度也有所提高。由于加工直螺纹后钢筋端部直径应不小于其母材的直径，因此，钢筋接头处强度可与母材相等。其工艺流程如图 3-24 所示。镦粗直螺纹钢筋接头适用于 HRB335、HRB400 热轧带肋钢筋。

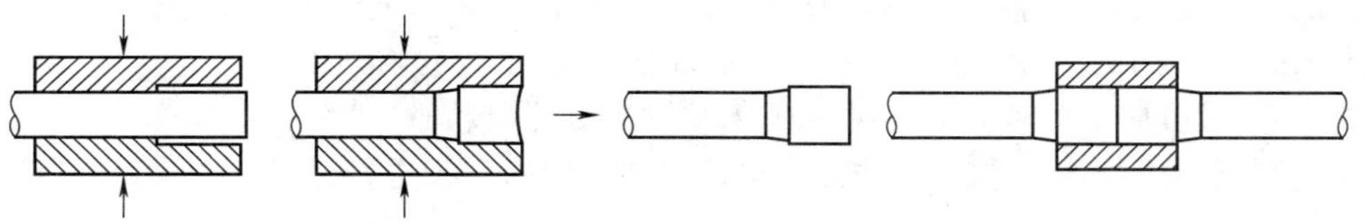

(a) 夹紧钢筋　(b) 冷镦扩粗　(c) 切削丝头　(d) 对接钢筋

图 3-24　镦粗直螺纹工艺简图

1)套筒。套筒及锁母应选用性能不低于 45 号的优质碳素结构钢、低合金高强度结构钢以及其他经型式检验确认符合现行标准的钢材。制造单位应提供钢材质量保证书。

①套筒与锁母的制造应符合下列规定：套筒与锁母应按照产品设计图纸制造；套筒与锁母的重要尺寸(外径、长度)和螺纹牙型及精度应经检验合格；套筒内螺纹尺寸应按《普通螺纹 基本尺寸》(GB/T 196—2003)确定；螺纹中径公差应满足《普通螺纹 公差》(GB/T 197—2003)中 6H 级精度要求；套筒装箱时应有保护端盖，套筒与锁母内不得混入杂物。

②套筒与锁母的质量应符合下列规定：套筒的直径和壁厚应符合技术文件要求；螺纹牙型应饱满，连接套筒表面不得有裂纹，表面及内螺纹不得有锈蚀及其他肉眼可见的缺陷；内螺纹用专用螺纹塞通规检验，塞通规应能顺利旋入，旋入长度不得超过 $3P$(P 为螺距)。

③套筒与锁母的标志应符合下列规定：套筒上应有生产厂家标志；套筒的保护盖上应有被连接钢筋规格的标志。

④套筒与锁母的包装应符合下列规定：套筒及锁母出厂包装上应标明产品的名称、规格、型号、数量、制造日期、产品批号、生产厂家；包装内必须附有产品合格证。产品合格证包括以下内容：型号、规格；适用钢筋的品种；连接接头的性能等级；产品批号；检验日期；质检合格签章；厂家名称、地址、电话；当有特殊要求时应标明相应的检验内容及指标。

⑤套筒与锁母的运输及储存应符合以下规定：套筒与锁母在运输过程中应妥善保护，避免雨淋、沾污或损伤；套筒与锁母应按规格分类码放整齐。

2)镦粗头及丝头加工。钢筋镦粗头及丝头套丝加工工艺流程：钢筋端面平头→镦粗头→

丝头加工→丝头质量检查→带帽保护→丝头质量抽查→存放。

①工艺步骤说明：

a. 钢筋采用砂轮机切割，切割时应将切割钢筋头与后面垫钢筋的支撑设施保证在同一高度(图 3-25)，以保证切口端面与钢筋轴线垂直，如切割时出现马蹄形或扭曲，应重新切割。

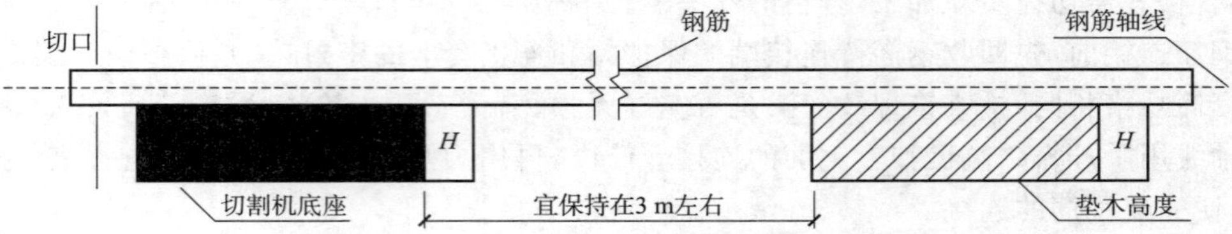

图 3-25 镦粗钢筋切割示意

b. 用镦粗机将待连接钢筋的端头镦粗，镦粗头的尺寸应满足产品设计要求，不合格的镦粗头，严禁直接二次镦粗。

c. 用钢筋套丝机对镦粗段加工成螺纹。套丝机应与连接套筒相匹配，加工钢筋直径范围、加工速度、螺纹长度等技术参数和环境温度、电源电压波动范围等现场工作条件应符合技术文件要求。使用的限位挡铁型号应与钢筋规格相同。

d. 加工人员应逐个对丝头外观、外形和螺纹尺寸进行检查。

e. 用专用的钢筋丝头保护帽或连接套筒将加工后的丝头进行保护，防止螺纹被磕碰或被污染。

f. 施工单位质量检查人员对加工人员自检合格的丝头进行抽样检验，包括外观、外形和螺纹尺寸检验。

g. 将钢筋丝头按规格型号、类型及检验状态进行标识，分类码放。

②钢筋镦粗头及丝头加工尺寸应符合下列技术要求：

a. 镦粗头的基圆直径 d_1(图 3-26)应满足丝头螺纹加工的要求，长度 L_0 应大于 1/2 套筒长度，冷镦粗过渡段坡度应≤1∶5。

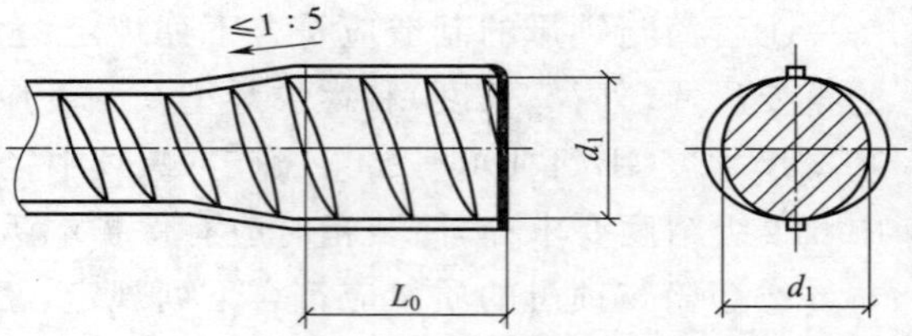

图 3-26 镦粗头示意

b. 丝头中径、牙型角及丝头有效螺纹长度应符合技术文件的要求。钢筋丝头的螺纹应与连接套筒的螺纹相匹配，丝头螺纹尺寸宜满足《普通螺纹 基本尺寸》(GB/T 196—2003)规定的要求。有效螺纹中径尺寸公差宜满足《普通螺纹 公差》(GB/T 197—2003)中 6f 级精度规定的要求。

c. 丝头有效螺纹中径的圆柱度(每个螺纹的中径)误差不得超过 0.2 mm。

③钢筋丝头的加工质量应符合下列规定：

a. 丝头表面不得有损坏及锈蚀。

b. 丝头牙形完整，牙顶宽度超过 0.25P 的秃牙部分，其累计长度不宜超过一个螺纹周长。

c. 丝头长度应满足技术文件要求，标准型接头的丝头长度公差为＋2P。

d. 螺纹中径尺寸用专用的螺纹环规检验，其通端螺纹环规应能顺利地旋入螺纹并达到旋合长度，允许止端螺纹环规与端部螺纹部分旋合，旋入量不应超过 3P。

④钢筋丝头加工的控制措施应符合下列规定：

a. 螺纹丝头加工时应使用水性润滑液，不得使用油性润滑液。当环境平均气温连续3天低于5℃或最低气温低于－3℃时，水溶性切削液应加入防冻液再行加工。

b. 加工前调整好设备，直至钢筋丝头合格后方可批量生产。

c. 应经常对套丝梳刀进行检查，当出现缺损或磨损过度导致加工成的钢筋丝牙达不到要求时，需及时更换。换好后试车加工，检查丝牙是否符合要求，合格后投入使用。

丝头在储存、运输过程中应妥善保护，避免雨淋、沾污、遭受机械损伤。

3）接头连接。

①接头连接前，应做好以下准备工作

a. 熟悉设计图纸，明确机械连接接头形式、连接位置、规格和数量等，准备好相应数量的连接材料，为施工做好准备。

b. 熟悉作业指导书、掌握工艺流程及有关施工要求。

c. 准备好工作扳手、扭矩扳手，备好相应记录表格等。

d. 准备钢筋机械连接作业平台和定位架等设施。

②镦粗直螺纹钢筋连接施工步骤：

a. 将检验合格的丝头钢筋搬运至待连接处，按规定位置就位。

b. 拧下钢筋丝头保护帽和套筒保护盖。

c. 使用管钳等工作扳手将连接接头拧紧并用扭矩扳手校核拧紧扭矩值，拧紧扭矩值应符合表3-4的规定。扭矩扳手的准确度级别应选用10级。

d. 对已经拧紧的接头进行标记。

e. 对施工完的接头进行的质量检验。

表3-4　直螺纹接头安装时的最小拧紧扭矩值

钢筋直径(mm)	≤16	18～20	22～25	28～32	36～40
拧紧扭矩(N·m)	100	200	260	320	360

注：当不同直径的钢筋连接时，拧紧扭矩值按较小直径钢筋的相应值取用。

③镦粗直螺纹钢筋连接质量应符合下列规定：

a. 钢筋连接完毕后，标准型接头连接套筒外应有外露的有效螺纹，且连接套筒单边有效螺纹不应超过$2P$。

b. 钢筋连接完毕后，拧紧扭矩值应符合要求。

④镦粗直螺纹钢筋连接施工控制措施应符合下列规定：

a. 在进行钢筋连接前，应检查钢筋规格与连接套筒规格是否一致，并保证丝头和连接套筒内螺纹干净、完好无损。

b. 连接钢筋时应对正轴线连接。

c. 当连接钢筋两端外露有效螺纹数量不满足“连接套筒外应有外露的有效螺纹，且连接套筒单边有效螺纹不应超过$2P$”的要求时应予以调整。

d. 钢筋连接施工时，连接套筒与钢筋丝头旋合困难时不得强行加力，应查明原因妥替处理。

e. 钢筋连接时应用工作扳手将丝头在套筒中央位置顶紧。当采用加锁母型套筒时应用锁母锁紧。

f. 钢筋接头拧紧后应用扭矩扳手按规定的拧紧力矩值检查,并加以标记。

g. 扭矩扳手严格按使用说明书要求使用;扭矩扳手只能作检查工具,不得作为拧紧工具使用;扭矩扳手应定期标定,并应在检验标定的有效期限内使用。

⑤镦粗直螺纹钢筋接头要求:

a. 钢筋下料时切口端面应与钢筋轴线垂直,不得有马蹄形或挠曲。

b. 镦粗头的基圆直径应大于丝头螺纹直径,长度应大于1/2套筒长度。

c. 镦粗头不得有与钢筋轴线相垂直的横向表面裂纹。

d. 不合格的镦粗头应切去后重新镦粗,不得对镦粗头进行二次镦粗。

e. 钢筋丝头的螺纹应与连接套筒的螺纹相匹配。

f. 拼接完成后,套筒每端不得有一扣以上的完整丝扣外露,加长型接头的外露丝扣数可不受限制,但套筒的丝头长度应满足要求。

(4)滚轧直螺纹接头。

1)套筒。与镦粗直螺纹钢筋连接中的套筒的要求相同。

2)丝头加工。

①钢筋丝头螺纹滚轧加工步骤:

a. 钢筋下料前,应检查钢筋待加工的端部是否有弯曲,出现弯曲时应调直。钢筋下料时,宜采用砂轮机切平,严禁采用气割或热加工方法。钢筋端面应平整并与钢筋轴线垂直,不得有马蹄形或扭曲。

b. 滚轧螺纹加工用滚丝机类型、加工速度、环境温度、电源电压波动范围等现场工作条件应符合技术文件要求。使用的限位挡铁型号应与钢筋规格相同。

c. 加工人员应逐个对丝头外观、外形和螺纹尺寸进行检查。

d. 用专用的钢筋丝头保护帽或连接套筒将加工后的丝头进行保护,防止螺纹被磕碰或被污染。

e. 施工单位质量检查人员对加工人员自检合格的丝头进行抽样检验,包括外观和螺纹尺寸检验。

f. 按规格型号、类型及检验状态进行标识,分类码放。

②钢筋丝头加工尺寸应符合下列要求:

a. 丝头中径、牙型角及丝头有效螺纹长度应符合技术文件的规定。丝头螺纹尺寸宜满足《普通螺纹 基本尺寸》(GB/T 196—2003)规定的要求;有效螺纹中径尺寸公差宜满足《普通螺纹 公差》(GB/T 197—2003)中6f级精度要求。

b. 丝头有效螺纹中径的圆柱度(每个螺纹的中径)误差不得超过0.20 mm。

③钢筋丝头的加工质量应符合下列规定:

a. 丝头表面不得有损坏及锈蚀。

b. 丝头有效螺纹数量不得少于设计要求;牙顶宽度大于$0.3P$的不完整螺纹累计长度不得超过两个螺纹周长;标准型接头的丝头有效螺纹长度应不小于1/2连接套筒长度,且允许误差为$+2P$。

c. 丝头尺寸用专用的螺纹环规检验,应能顺利地旋入并达到要求的拧入长度,环止规旋入长度不得超过$3P$。

④钢筋丝头加工的控制措施应符合下列规定:

a. 螺纹丝头加工时应使用水性润滑液，不得使用油性润滑液。当环境平均气温连续3天低于5℃或最低气温低于－3℃时，水溶性切削液应加入防冻液再行加工。

b. 加工前调整好设备，直至钢筋丝头合格后方可批量生产。

c. 应经常对剥肋刀头和滚丝轮进行检查，当出现缺损或磨损过度导致加工成的钢筋丝牙达不到要求时，需及时更换。换好后试车加工，检查丝牙是否符合要求，合格后投入使用。

⑤丝头在储存、运输过程中应妥善保护，避免雨淋、沾污、遭受机械损伤。

3)接头连接。要求同镦粗直螺纹钢筋连接中的接头连接。

3.2.4　钢筋骨架和钢筋网的安装

钢筋骨架和钢筋网，可以焊接成型，也可以绑扎成型，但都必须保证骨架或钢筋网有足够的刚度，以便在搬运、安装和灌注混凝土过程中不致变形、松散。

1. 钢筋骨架和钢筋网的运输和起吊

为保证安装质量和加快施工进度，常将钢筋骨架和钢筋网分块或分段绑扎，然后运到施工现场进行拼装。分块或分段的大小应根据结构配筋特点和起重运输能力来确定。一般钢筋网的分块面积为6～20 m^2，钢筋骨架的分段长度为6～12 m。

在钢筋网和钢筋骨架运输过程中，为防止其发生歪斜变形、松散，应当采取临时加固措施。对于跨度小于或等于6 m的钢筋骨架，一般采用两点起吊；跨度大于6 m的钢筋骨架，一般采用四点起吊。

2. 钢筋骨架和钢筋网的焊接

焊接钢筋骨架应在紧固的焊接工件台上进行施工。骨架的焊接一般采用电弧焊，先焊成单片平面骨架，再将它组拼成立体骨架。在焊接过程中，由于焊缝填充金属及被焊金属的温度变化，骨架将会产生翘曲变形，同时在焊缝内将引起甚至会导致焊缝开裂的收缩应力。为了防止或减小这种变形和应力，一般以采用双面焊缝为好，即先焊好一面的焊缝，然后把骨架翻身，再焊另一面的焊缝。当大跨径骨架，翻身困难而不得不采用单面焊时，则须在垂直骨架平面的方向做成预拱度(其大小可由实地测验而定)。同时，在焊接操作上应采用分层跳焊法，即从骨架中心向两端对称、错开地焊接，先焊骨架下部，后焊骨架上部；在同一断面处，如钢筋层次多，各道焊缝也应互相交错跳焊。

实践表明，装配式简支梁焊接钢筋骨架在焊接后在骨架平面内还会发生两端上翘的焊接变形。为此，应结合骨架在安装时可能产生的挠度，应事先将骨架拼成具有一定的预拱度，再行施焊。焊接成型的钢筋骨架，安装比较简单，用一般起重设备吊入模板即可。

钢筋网焊点应符合设计规定，当设计无规定时，应按下列要求焊接：

(1)当焊接的受力钢筋为HPB235和HRB335时，如焊接网只有一方向为受力钢筋，网两端边缘的两根锚固横向钢筋与受力钢筋的全部相交点必须焊接；如焊接网的两个方向均为受力钢筋，则沿网四周边缘的两根钢筋的全部相交点均应焊接，其余的交叉点，可根据运输和安装条件决定，一般可焊接或绑扎一半交叉点。

(2)当焊接网的受力钢筋为冷拔低碳钢丝，而另一方向的钢筋间距小于100 mm时，除网两端边缘的两根钢筋的全部相交点必须焊接外，中间部分的焊点距离可增大至250 mm。

3. 钢筋骨架和钢筋网的绑扎安装

绑扎骨架钢筋的安装，应事先拟定安装顺序。一般的梁肋钢筋，先放箍筋，再安装下排主筋,最后装上排钢筋。钢筋网在现场绑扎时,要充分考虑到混凝土浇筑时的临时荷载影响(如混凝土堆积、冲击荷载),应布置好加力钢筋,以保证钢筋网不变形。在钢筋安装工作中为了保证达到设计及构造要求,应注意下列几点:

(1)钢筋的接头应按规定要求错开布置。

(2)钢筋的交叉点应用钢丝绑扎结实,必要时,也可用点焊焊接。

(3)除设计在特殊规定者外,梁中箍筋应与主筋垂直。箍筋弯钩的叠合处,在梁中应沿纵向置于上面交错布置。

(4)为了保证混凝土保护层的厚度,应在钢筋与模板间设置垫块,如厂制混凝土垫快、塑料垫块、钢筋头垫块或其他型式的垫块。垫块应错开设置,不应贯通截面全长。

(5)为保证及固定钢筋相互间的横向净距,两排钢筋之间可使用混凝土分隔块,或用短钢筋扎结固定。

(6)为保证钢筋骨架有足够的刚度,必要时可以增加装配钢筋。

3.3 混凝土工程

混凝土工程包括配料、拌制、运输、浇筑、养护等施工过程。在整个施工过程中,各工序是紧密联系又互相影响的,因而在混凝土工程施工中,对每一个施工环节都要认真对待,以保证混凝土的质量。

3.3.1 混凝土的配料

混凝土的配料是指将各种原材料按照一定的配合比配制成工程需要的混凝土,它包括原材料的选择、混凝土配合比设计等方面内容。

1. 配制混凝土用的材料

(1)水泥。配制混凝土所用的水泥,可采用硅酸盐水泥、普通硅酸盐水泥、火山灰质硅酸盐水泥或粉煤灰硅酸盐水泥。某些特殊条件下也可以采用其他品种水泥。

水泥强度等级的选用,应以能使所配制的混凝土强度等级符合设计和施工要求,且以收缩小、和易性好和节约水泥为原则。水泥的性能指标应符合现行国家有关标准,并附有厂家的水泥品质等合格证明文件。水泥进场后,应对其品种、强度等级、包装或散装仓号、出厂日期等检查验收。必要的情况下,应对所用水泥进行复查,并按试验结果使用。袋装水泥在运输和存储时应防止受潮,堆垛时应架离地面,并应加隔潮措施,不同强度等级、品种和出厂日期水泥应分别堆放。散装水泥的储存,应尽可能采用水泥罐或水泥仓库。水泥如受潮或存放时间超过3个月,应重新取样检验,并按其复验结果使用。

水泥的选用还应符合下列规定:

1)水泥宜选用硅酸盐水泥或普通硅酸盐水泥,混合料宜选用磨细矿渣粉或粉煤灰。不宜使用早强水泥。C30以下混凝土可采用矿渣硅酸盐水泥、粉煤灰硅酸盐水泥和复合硅酸盐水泥。

2)氯盐环境下,应采用氯离子含量低的水泥,不宜使用抗硫酸盐硅酸盐水泥。

3)硫酸盐化学侵蚀环境下,应选择熟料中 C_3A 含量低的水泥;严重腐蚀环境下,所用水泥熟料中 C_3A 的含量应小于6%,胶凝材料的56 d抗蚀系数不得小于0.80。

4)硅酸盐水泥和普通硅酸盐水泥的性能应符合规定。其他品种水泥的性能应符合《通用硅酸盐水泥》(GB 175—2007)的规定。

矿物掺合料应选用品质稳定的产品，一般宜为粉煤灰、磨细粉煤灰、磨细矿渣粉、硅灰或几种矿物掺合料复配而成的复合矿物掺合料。矿物掺合料的性能应符合规定。使用其他新型掺合料时，必须对混凝土的性能进行试验研究，并履行相关评审程序后，方可使用。

(2)细骨料。桥涵混凝土的细骨料，应采用级配良好、质地坚硬、颗粒洁净、粒径小于5 mm的河砂，河砂不易得到时，也可采用山砂或用硬质岩石加工的机制砂。细骨料不宜采用海砂，各类砂应分批检验，各项指标合格时方可使用。普通混凝土所用砂应以细度模数2.5～3.5之间的中粗砂为易，并且砂的级配应符合现行规范中要求任何一个级配区所规定的级配范围，当对砂的坚固性有怀疑时，应用硫酸钠进行坚固性试验。

此外，砂中杂质的含量应通过试验测定，其最大含量不宜超过表3-5的规定。

表3-5　砂中杂质的最大含量

项　　目	≥C30的混凝土	<C30的混凝土
含泥量(%)	≤3	≤5
泥块含量(%)	≤1.0	≤2.0
云母含量(%)	<2	
轻物质含量(%)	<1	
硫化物及硫酸折算为SO_3含量(%)	<1	
有机质含量(用比色法试验)	颜色不应深于标准色，如深于标准色，应以水泥砂浆进行抗压强度对比试验，加以复核	

注：1. 对有抗冻、抗渗或其他特殊要求的混凝土用砂，总含泥量应不大于3%，其中泥块含量应不大于1%，云母含量不应超过1%。

2. 对有机质含量进行复核时，用原状砂配制的水泥砂浆的抗压强度不低于用洗除有机质的砂所配制的砂浆95%时为合格。

3. 砂中如含有颗粒状的硫酸盐或硫化物，则要进行混凝土耐久性试验，满足要求时方可使用。

4. 杂质含量均按质量计。

细骨料的碱活性应先按《铁路混凝土用骨料碱活性试验方法 岩相法》(TB/T 2922.1—1998)的要求对骨料的矿物组成和类型进行检验，再按《铁路混凝土用骨料碱活性试验方法 快速砂浆棒法》(TB/T 2922.5—1998)的要求对骨料的快速砂浆棒膨胀率进行检验。细骨料的快速砂浆棒膨胀率应小于0.30%。当细骨料的快速砂浆棒膨胀率大于等于0.10%且小于0.20%时，混凝土的碱含量应满足规定；当细骨料的快速砂浆棒膨胀率大于等于0.20%且小于0.30%时，除混凝土的碱含量应满足规定外，还应对混凝土采取抑制碱一骨料反应的技术措施，并经试验证明抑制有效。梁体、轨道板、轨枕、接触网支柱等构件中使用的细骨料的快速砂浆棒膨胀率应小于0.20%。

处于冻融破坏环境下，细骨料中的含泥量不应大于2.0%，吸水率不应大于1%；当细骨料的含泥量或泥块含量超标时，应采用专用设备进行处理。砂中粒径大于5 mm的颗粒含量不宜大于5%，否则在混凝土试配时应扣除超出限量的石子部分，并计入粗骨料。

(3)粗骨料。桥涵混凝土的粗骨料，应采用坚硬的卵石或碎石，并应按产地、类别、加工方法和规格等不同情况，分批进行检验，机械集中生产时，每批不宜超过400 m^3；人工分散生产时，每批不宜超过200 m^3。

粗骨料的颗粒级配,可采用连续级配或连续级配与单粒级配配合使用,粗骨料的级配范围应符合有关规定要求。粗骨料最大粒径应按混凝土结构情况及施工方法选择,但最大粒径不得超过结构物截面最小尺寸的1/4和钢筋最小间距的3/4;在两层或多层密布钢筋结构中,不得超过钢筋最小净距的1/2,同时最大粒径不得超过100 mm。当采用泵送混凝土时,粗骨料粒径除应符合上述规定外,还应满足碎石的粒径不宜超过输送管径的1/3,卵石不宜超过输送管长的1/2.5,同时应符合混凝土泵的使用规定。

粗骨料中有害物质含量应符合有关规定,粗骨料的技术要求应满足表3-6的规定。

表3-6　粗骨料的技术要求

项　目	混凝土强度等级			
	C55～C40	≤C35	≥C30	<C30
石料压碎指标值不大于(%)	12	16	—	—
针片状颗粒含量不大于(%)	—	—	15	25
含泥量(按质量计)不大于(%)	—	—		
泥块含量(按质量计)不大于(%)	—	—		
小于2.5 mm颗粒含量不大于(%)	5	5	5	5

注:1. 当混凝土强度等级为C60及以上或对粗骨料有严格要求时,应进行岩石抗压强度检验,岩石的抗压强度与混凝土强度等级之比,对大于或等于C30的混凝土,不应小于2,其他不应小于1.5,且火成岩强度不宜低于80 MPa,变质岩不宜低于60 MPa,水成岩不宜低于30 MPa。

2. 混凝土强度在C10及以下时,针片状颗粒含量可放宽到40%。

当对混凝土中碱含量有要求时,施工前应对所用的碎石或卵石进行碱活性检验,在条件许可时尽量避免采用有碱活性反应的骨料。当混凝土所处的环境比较特殊(如寒冷地区,经常处于干湿交替状态;或混凝土处于干燥条件,但有抗疲劳、耐磨、抗冲击要求高等)时,应对卵石或碎石进行坚固性试验,试验结果应符合相关规定要求。

(4)水。混凝土拌和用水一般采用饮用水,当采用其他来源水时,水质应符合下列要求:水中不应含有影响水泥正常凝结和硬化的有害杂质,如污水、pH值小于4的酸性水和硫酸盐(按SO_4^{2-}计)含量超过水重1%的水,均不得用于混凝土中;海水中含有氯盐,对钢筋有腐蚀作用,不得用海水拌制混凝土。

(5)外加剂。为满足混凝土在施工和使用中的一些特殊要求,保证工程顺利进行,可在混凝土中渗入少量外加剂,来改善混凝土的性能。

外加剂的种类很多,用途和用法各不相同,常用的有减水剂、早强剂、缓凝剂、防冻剂、防水剂、引气剂、混凝土泵送剂及膨胀剂等。

混凝土所采用的外加剂必须是经过有关部门检验并附有检验合格证明的产品,其质量应符合现行国家有关标准的规定。外加剂的使用品种应根据其特点,结合使用目的,通过技术、经济比较来确定。外加剂的掺量应根据使用要求、施工方法、气候条件、混凝土原材料的变化等因素来进行调整。如果使用一种以上的外加剂,外加剂应是彼此相容的,且需要通过配比设计,并按要求加入到混凝土拌和物中。此外不同品种的外加剂应做标志,分别存储,在运输存储时不得混入杂物或受到污染。

2. 混凝土配合比设计

(1)配合比设计要求和步骤。

1）设计要求。混凝土配合比是指水、水泥、砂、石的比重比，不得采用经验配合比。混凝土配合比应根据材料的供应情况，通过一定的试验适当选择。合理的混凝土配合比应能满足两个基本要求：既要保证混凝土能达到结构设计中所规定的设计强度，又要满足施工所需要的和易性。并应符合合理使用材料和经济的原则，符合对混凝土的耐久性要求和设计规定的抗冻性、抗渗性等要求。

2）设计步骤。

①计算混凝土配制强度，并求出相应的水胶比。

②选取每立方米混凝土的用水量，并计算出每立方米混凝土的水泥用量。

③选取砂率，计算出粗骨料和细骨料的用量，提出试配用的计算配合比。

④混凝土配合比试配、调整和确定。

⑤施工配合比的确定。

（2）混凝土配合比的确定。

1）混凝土的施工配置强度。

混凝土的施工配制强度可按式（3-1）确定：

$$f_{cu,0}=f_{cu,k}+1.645\sigma \tag{3-1}$$

式中　$f_{cu,0}$——混凝土的施工配制强度（N/mm^2）；

$f_{cu,k}$——设计的混凝土强度标准值（N/mm^2）；

σ——施工单位的混凝土强度标准差（N/mm^2）。

当施工单位具有近期的同一品种混凝土强度资料时，其混凝土强度标准差 σ 应按式（3-2）计算：

$$\sigma=\sqrt{\frac{\sum_{i=1}^{n}f_{cu,i}^{2}-n\bar{f}_{cu}^{2}}{n-1}} \tag{3-2}$$

式中　$f_{cu,i}$——统计周期内同一品种混凝土第 i 组试件的强度值（MPa）；

$\bar{f}_{cu}$——统计周期内同一品种混凝土 n 组强度的平均值（MPa）；

n——统计周期内同一品种混凝土试件的总组数，$n\geqslant 25$。

说明：①“同一品种混凝土”指混凝土强度等级相同且生产工艺和配合比基本相同的混凝土。

②对预制混凝土工厂和预制混凝土构件厂，统计周期可取 1 个月；对现场预制混凝土的施工单位，统计周期可根据实际情况确定，但不宜超过 3 个月。

③当混凝土强度等级为 C20 或 C25 时，如计算得到的 $\sigma<2.5\ N/mm^2$，取 $\sigma=2.5\ N/mm^2$；当混凝土强度等级高于 C25 时，如计算得到 $\sigma<3.0\ N/mm^2$，取 $\sigma=3.0\ N/mm^2$。

当施工单位不具有近期的同一品种混凝土强度资料时，其混凝土强度标准差 σ 可按表 3-7 取用。

表 3-7　σ 取值

混凝土强度等级	低于 C20	C20～C35	高于 C35
σ（MPa）	4.0	5.0	6.0

注：在采用本表时，施工单位可根据实际情况，对 σ 值作适当调整。

2)和易性。混凝土的和易性是指混凝土拌和后既便于浇筑,又能保持其均质性,不出现离析现象,即具有一定的粘聚性和流动性。混凝土的黏聚性和水泥用量有关,混凝土的最大水胶比和最小水泥用量应符合表3-8的规定。

表3-8 混凝土的最大水胶比和最小水泥用量

混凝土所处的环境条件	无筋混凝土		钢筋混凝土	
	最大水胶比	最小水泥用量(kg/m³)	最大水胶比	最小水泥用量(kg/m³)
温暖地区或寒冷地区,无侵蚀物质影响,与土直接接触	0.60	250	0.55	275
严寒地区或使用除冰盐的桥涵	0.55	275	0.50	300
受侵蚀性物质影响	0.45	300	0.40	325

注:1. 表中的水胶比,系指水与水泥(包括外掺混合材料)用量的比值。
2. 表中的最小水泥用量,包括外掺混合材料,当采用人工捣实混凝土时,水泥用量应增加25 kg/m³,当掺用外加剂能有效地发挥混凝土的和易性时,水泥用量可减少25 kg/m³。
3. 严寒地区系指最冷月份平均气温≤-10℃且日平均温度在≤5℃的天数不小于145天的地区。

混凝土的流动性一般由坍落度值来表示,随着结构特点、使用部位、施工方法、气候条件等因素的变化而变化,可参考表3-9选用。

表3-9 混凝土浇筑入模时的坍落度

项次	结构类别	坍落度(mm)
1	小型预制块及便于浇筑振动的结构	0~20
2	桥涵基础、墩台等无筋或少筋的结构	10~30
3	普通配筋率的钢筋混凝土结构	30~50
4	配筋较密、断面较小的钢筋混凝土结构	50~70
5	配筋极密、断面高而窄的钢筋混凝土结构	70~90

注:1. 水下混凝土、泵送混凝土的坍落度,另见有关规定。
2. 用人工捣实时,坍落度宜增加20~30 mm。

当使用混凝土泵输送混凝土时,要求混凝土能顺利通过输送管道到达浇筑地点,不堵塞、不离析、坍落度不过分减少,即具有良好的可泵性。泵送混凝土的配合比应符合下列规定:骨料的最大粒径与输送管内径之比,碎石不宜大于1∶3,卵石不宜大于1∶2.5;通过0.315 mm筛孔的砂不应少于15%,砂率宜控制在40%~50%;最小水泥用量宜为300 kg/m³;混凝土的坍落度宜为80~180 mm;混凝土内宜掺适量的外加剂或混合材料。

(3)混凝土配合比的试配、调整和确定。按计算的混凝土配合比进行试配,试配时所用的各种原材料应采用工程中实际使用的原材料,且试配混凝土的搅拌方法宜与生产时使用的方法相同。

在进行是试配时,首先应进行试拌以检查拌和物的性能,如果试拌得出的拌和物坍落度或维勃稠度不能满足要求,或粘聚性和保水性不好时,应在保证水胶比不变的条件下相应调整用水量或砂率,直到符合要求为止,然后提出供混凝土强度试验用的基准配合比。在试拌确定的基准配合比基础上,至少应制作3种不同配合比的混凝土强度试验试件。另外两种配合比的水胶比,宜在基准配合比基础上分别增加或减少0.05,用水量应与基准配合比相同,砂率可分别增加和减少1%。

根据试验得出的混凝土强度与其相对应的水胶比（C/W）之间关系，用作图法或计算法求出与混凝土配置强度（$f_{cu,0}$）相对应的灰胶比，进而确定每立方米混凝土的其他材料用量。

（4）混凝土施工配合比确定。前面所述的配合比指的是试验室配合比，此时认为砂、石等原料处于完全干燥的状态，而在现场施工中，砂、石两种原料一般都采用露天堆放，不可避免地含有一些水分，配料时必须将这些部分含水率要考虑进去，才能保证混凝土配合比的准确。在施工时应及时测量砂、石的含水率，并将混凝土的试验室配合比换算成考虑了砂石含水率的施工配合比。

若混凝土的试验室配合比为水泥：砂：石：水$=1:s:g:w$，而现场测出砂的含水率为 w_s，石的含水率为 w_g，则换算后的施工配合比为：$1:s(1+w_s):g(1+w_g):[w-sw_s-gw_g]$

3.3.2　混凝土的拌制

混凝土的拌制就是水泥、水、粗细骨料和外加剂等原料混合在一起进行均匀拌和的过程。搅拌后的混凝土要求匀质，且达到设计要求的和易性和强度。

1. 混凝土工厂

（1）混凝土工厂的设置。集中进行混凝土生产的场地统称为混凝土工厂。混凝土工厂由砂石堆栈、水泥仓库和混凝土拌和站等部分组成。为了保证混凝土的不间断生产，并能取得最好的经济效益，混凝土生产过程的各部分工作，如砂、石、水泥和混凝土的装、卸、运输工作等，相互之间一定要协调安排全面考虑。

混凝土工厂的位置，应参照下面三个条件来安排：

1）砂、石、水泥从卸料存储至搅拌使用之间的运距为最小，要尽量减小或避免工厂范围内的小搬运。

2）混凝土搅拌站至灌注地点的距离为最小。

3）与材料加工及其运输有关的全部操作，遵循最直接的线路进行，且根据当地条件尽可能机械化。

一个桥梁工地既可设一座混凝土工厂，也可分设若干座混凝土工厂。当混凝土的运距难以保证不产生凝结、离析和坍落度变化时（一般不超过 45 min），或混凝土的需要量很大，又不能解决跨越全河的运输方法时，就可分设几个混凝土工厂，或采用移动搅拌站等方法来解决。下面介绍两个混凝土工厂布置实例。

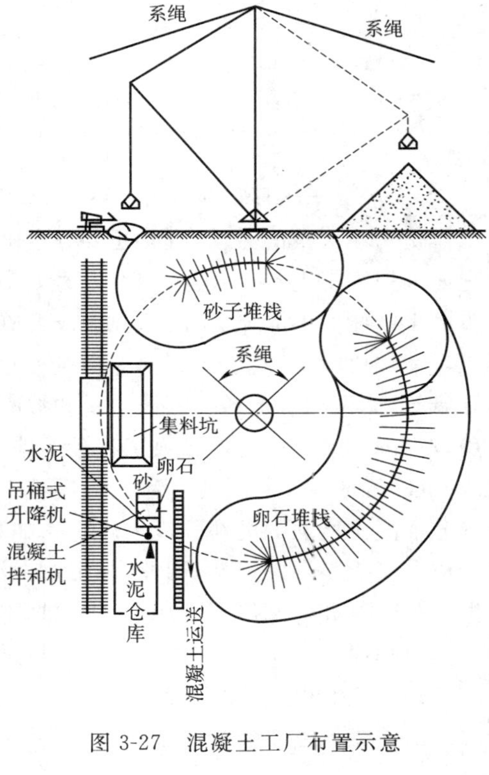

图 3-27　混凝土工厂布置示意

图 3-27 为一混凝土工厂。材料均从铁路运过来，水泥卸入路边的仓库。砂、石则卸入路边的集料坑中，然后用带有抓斗的动臂吊车将其吊起并沿吊车的有效半径堆成弧形料堆。搅拌机靠近水泥仓库，并在吊车的有效半径内，搅拌混凝土时，仍用吊车来供应砂石，混凝土则由安设在搅拌机旁的轻便轨道用斗车分送到灌注地点。本设计的特点是

场地布置紧凑,占地面积小,仅用一台动臂式吊机承担卸料、上料的主要工作。

图 3-28 为一座水上混凝土工厂。它由两艘铁驳组成,一艘堆放砂石,另一艘安装 1.2 m^3 搅拌机一台,其中部安装高 8.5 m 的塔架一座。砂、石和水泥由吊车送到塔架上的三个储料斗中,分别经由计量器自动衡量重量后,漏入一个总滑槽而滑入翻斗中。翻斗则借电动绞车沿翻斗架上下,把砂、石和水泥一齐送入搅拌机内。混凝土吊斗沿小轨道推送到吊车下,再吊入桥墩中。清洗集料及搅拌混凝土所需用水,由电力水泵送到装在塔架上的水柜中,再用胶管直接引出使用。水上混凝土工厂的特点是可以移动,紧靠在施工桥墩的一侧,因而十分方便。

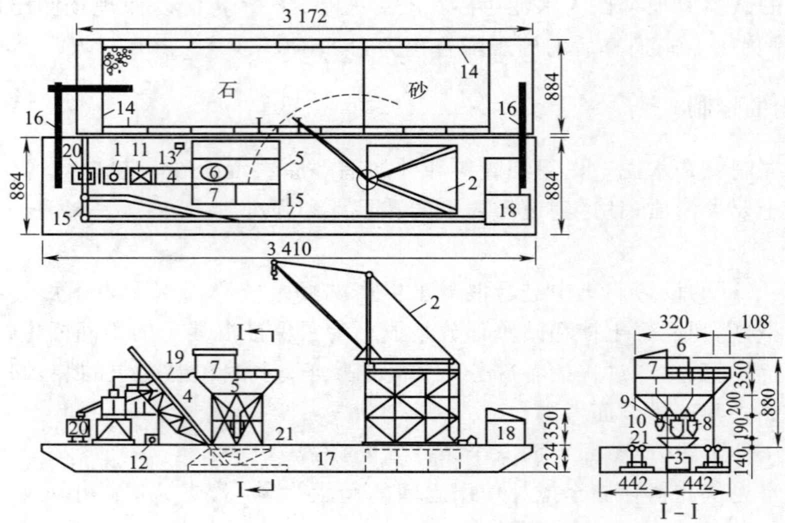

图 3-28 水上混凝土工厂布置示意(单位:mm)

1—搅拌机;2—吊车;3—1.7 m^3 斗;4—翻斗架;5—斗仓;6—水柜及水计量器;7—进料斗的水泥棚;8—砂子计量器;9—碎石计量器;10—水泥计量器;11—滑槽;12—电力绞车;13—ϕ75 mm 水泵;14—集料挡板;15—轻便轨道;16—连续铁驳的轻型钢梁;17—4 000 kN 铁驳;18—水泥棚;19—水管;20—混凝土斗车;21—滑槽

(2)混凝土工厂的机械化。桥梁施工中需要灌注混凝土的数量通常都很大,而混凝土生产工作是一项繁重的劳动,有时还要昼夜不停连续工作,工作时间很长,因此,大规模的混凝土工程如采用人工上料,不但占用的人力太多,且因工作面小,工作拥挤,工作效率低,往往使搅拌机的生产能力不能充分发挥,并造成混凝土供应不及时。当混凝土工程量较大,尤其当采用大容量搅拌机时,混凝土工厂的综合机械化就十分必要,如各式起重运输机械、常备式斗仓、自动计量等,能做到从运料、计量、上料和混凝土的搅拌,直至输送全面实施机械作业,这样可以利用较少的劳动力来完成较大工程量的施工任务。

(3)混凝土工厂的生产率。混凝土工厂的生产率,应根据全桥混凝土灌注的进度计划及各部分混凝土所需的灌注速度来决定。如果在工程进度中,只有一个较短时期需要混凝土,就会造成混凝土工厂的浪费,因此,一定要把混凝土的均衡生产,作为安排施工进度的一项主要依据。为降低高峰期混凝土用量,可根据不同的情况采用如下几种方法:

1)把原订的施工进度加以修改,将过分集中的混凝土灌注工程分散。

2)在大面积工程中,采用斜层灌注或分层分块交错灌注等方法,降低高峰期混凝土使用量。

3)在短期需要大量混凝土时,可采用临时增加搅拌机的方法,以减少对混凝土工厂生产率的要求。

混凝土工厂需要的生产率 q 可按式(3-3)计算：

$$q=\frac{Q}{mn}k \tag{3-3}$$

式中　Q,m,n,k——计划每月最大生产量(m^3)，每天工作小时数，每月工作天数，混凝土灌注的不均衡系数(一般可取1.25～1.5)。

2. 混凝土的搅拌

为拌制出均匀优质的混凝土，除合理选择搅拌机的类型外，还必须正确地确定搅拌制度，其内容包括进料容量、搅拌时间与投料顺序等。

(1)进料容量。进料容量是指搅拌前搅拌筒可容纳的各种原材料的累计体积，几何容量则是指搅拌筒内的几何容积。进料容量与几何容量的比值称为搅拌筒的利用系数，其值一般为0.22～0.40。

不同类型的搅拌机都有一定的进料容量，如果装料的松散体积超过额定进料容量的一定值(10%以上)后，就会使搅拌筒内无充分的空间进行拌和，影响混凝土搅拌的均匀性。但投料量也不易过少，否则会降低搅拌机的生产率。故一次投料量应控制在搅拌机的额定进料容量以内。

(2)搅拌时间。从原材料全部投入搅拌筒中时起，到开始卸料时止所经历的时间称为搅拌时间。为获得混合均匀、强度和工作性都能满足要求的混凝土，所需的最低限度的搅拌时间称为最短搅拌时间。这个时间随搅拌机的类型与容量、骨料的品种、粒径及对混凝土的工作性要求等因素的不同而异。一般情况下，混凝土的匀质性是随着搅拌时间的延长而提高。但搅拌时间超过某一限度后，混凝土的匀质性便无明显改善了。搅拌时间过长，不但会影响搅拌机的生产率，而且对混凝土的强度提高也无益处。甚至由于水分的蒸发和较软骨料颗粒被长时间的研磨而破碎变细，还会引起混凝土工作性的降低，影响混凝土的质量。不同类型的搅拌机，对不同混凝土的最短搅拌时间不同，但最短搅拌时间不宜少于2 mm。

(3)投料顺序。确定原材料投入搅拌筒内的先后顺序，应综合考虑到能否保证混凝土的搅拌质量、提高混凝土的强度、减少机械的磨损与粘罐现象，减少水泥飞扬，降低电耗以及提高生产率等多种因素。按原材料加入搅拌筒内的投料顺序的不同，普通混凝土的搅拌方法可分为：一次投料法、二次投料法和水泥裹砂法等。

3. 混凝土拌和站的有关规定

(1)混凝土拌和站的规划与建设。拌和站应根据工程规模、分布特点、环境条件、工艺要求、经济运距和施工组织要求等进行设置。场区规划应综合考虑施工生产情况，合理划分拌和作业区、材料计量区、材料库、运输车辆停放区及办公生活区。

拌和站的生产能力应满足最大批次混凝土的数量需要。拌和设备应能满足工程结构混凝土连续浇筑作业的施工要求，且宜采用双套设备。

拌和站的设备配置应能满足铁路混凝土质量控制要求，并应具有产品质量证明文件且状态良好，计量仪器应检定合格且在有效期内。

拌和站设备应严格按照设备安装技术标准进行安装，主要设备必须稳固可靠，并应采取必要的防风、防雨、防雷电措施。

(2)混凝土拌和站的管理。拌和站应积极运用信息化管理手段，对混凝土的生产组织、材料储存、试验检验、混凝土质量控制等过程进行管理。拌和站应按规定设置专职试验人员，配备必要的设施和设备,满足试验检测工作需要。

1)拌和站应有完善的管理制度,管理制度应包括下列内容:岗位责任制;工作程序与质量管理制度;试验检测管理制度;仪器设备操作规程和计量检定、校准、保养、维修管理制度;拌和站安全、环保管理制度;物资管理制度;资料、档案管理制度等。

2)拌和站场内布置应符合下列规定:

①原材料场地应进行表面硬化,行车道路应能满足重载车辆通行要求。场地排水应设施完善、排水畅通,无明显积水或坑洼现象。

②粗、细骨料应按"待检区"和"合格区"分别存放,不同品种和规格的粗、细骨料用隔离墙分离,并根据需要设置冲洗或筛分设施。

③"合格区"的粗、细骨料应采用棚架遮挡,棚架的强度 和刚度应满足使用要求,并根据需要设置夏期降温和冬期保温的辅助设施。

④水泥、外加剂、矿物掺合料应妥善保管,防止受潮、变质。使用散装水泥时,应设水泥储存罐。散装水泥按不同厂家、品种、强度等级分罐保存。

⑤应在醒目位置对各种原材料的质量检验状态进行标识,标识内容包括材料名称、产地、规格、数量、进料时间、检验状态、试验报告号、检验批次等。

⑥安全、消防、环保设施应齐全有效,标识规范、齐全、醒目。

拌和站正式启用之前应进行拌和工艺试验和混凝土匀质性测试。拌和站应经验收合格后方可投入生产。

3.3.3 混凝土的运输

1. 混凝土运输的基本要求

混凝土从搅拌站运到模板中,一般要进行水平运输、垂直运输和混凝土分配三部分工作。混凝土在运输过程中,应不发生离析分层、灰浆流失、坍落度变化和凝结等现象。

2. 运输工具

混凝土运输工具种类繁多,应根据工程结构特点、混凝土灌注量、运输距离、道路及现场条件等确定选用。水平运距短时,可选用人力手推车、内燃翻斗车、轻便轨道人力翻斗车、泵送管道运输等;运距长时,可选用轨道牵引翻斗车或吊斗、汽车倾卸车、混凝土搅拌运输车等。

混凝土的垂直运输,可利用各种起重机械配合吊斗等容器来装运混凝土,选用起重机械时应考虑桥梁的施工高度及混凝土的运送条件。

3.3.4 混凝土的灌注

混凝土的灌注成型就是将混凝土拌和料浇筑在设计要求的模板内,加以捣实使其达到设计质量强度要求并满足正常使用要求。

1. 混凝土灌注的一般规定

在灌注混凝土时,应经常检查模板的位置和尺寸是否正确,钢筋及预埋件的位置、数量、直径、形状及保护层厚度是否与设计要求符合,绑扎是否牢固,模板是否湿润。模板内的一切木屑尘土和杂物必须清除和冲洗干净,做好隐蔽工程验收记录。

灌注混凝土时应保证不使混凝土发生离析现象。混凝土的自由倾落高度,在灌注无筋混凝土或配筋较少的混凝土时,一般不应超过 2 m,否则应采用滑槽、串筒,或用底部双开的吊桶运送混凝土，以降低其自由降落高度。采用上述措施后仍有离析现象时，应重新拌和均匀后再灌注。在灌注钢筋较密或不便灌注捣实的结构混凝土时，需尽量缩小自由降落高度，必要时可在模板侧面预留灌注窗口。

混凝土的灌注和振捣一般都采用分层办法进行。每层混凝土的灌注厚度，应视所用振捣方法、振捣器种类及混凝土的坍落度而定。按照《铁路混凝土工程施工技术指南》(TZ 210—2005)，灌注层厚度可参照表3-10的规定执行。

表3-10　混凝土的浇筑层厚度

振捣方法		浇筑层厚度(m)
插入式振动		振捣器作用部分长度的1.25倍
表面振动	无筋或配筋稀疏的结构	25
	配筋较密的结构	15
附着式振动		30

为保证结构的整体性，混凝土应保证连接灌注，新灌注层的工作必须以在前层初凝前或振动器尚能顺利插入混凝土工作为准，一般不超过2 h，因此要掌握好灌注的最小进度。此进度可由单位时间灌注的高度和体积及初凝时间决定。混凝土灌注，应在整个截面内进行，仅当结构截面面积大于100 m^2，并在前层混凝土开始初凝以前不能灌妥捣实时，才允许将墩台截面分块进行灌注。

墩台分块灌注，应按下列规定办理：

(1)分块的接触面应与墩台截面尺寸较小的边平行。

(2)上下两邻层中的分块接缝应互相错开，对于间歇灌注的接触面应作接缝处理。

(3)每块的宽度可视具体情况而定，宜为1.5～2 m，分块数目应尽量减少，每块面积不得小于50 m^2。

若设计允许，为节约水泥，墩台及其他大体积混凝土结构中允许埋放片石(包括经破碎的大漂石)。埋放片石的数量不宜超过混凝土结构体积的25%。片石的最大尺寸不得大于填放片石处结构最小尺寸的1/4。片石在混凝土中应均匀分布，平稳安放。片石间的净距，应能插入捣器进行很好的捣实，并不得小于15 cm，片石与模板间的净距不宜小于25 cm，且不得与钢筋接触。最上一层片石的上部，应覆盖有不少于25 cm厚的混凝土层。

2. 混凝土施工缝的留设与处理

由于各种原因如混凝土工厂生产率不能保证灌注的连续性，或因模板安装及偶然事故等原因而要中断混凝土的灌注，且间歇时间超过规定时，混凝土结合面应作施工缝处理。

对于不掺外加剂的混凝土，其允许间歇时间不应大于2 h；当气温达30℃左右时，不应大于1.5 h；当气温降至10℃左右时，可延至2.5 h。对于掺外加剂或有特定要求的混凝土，其允许间歇时间应根据环境温度、水泥性能、水胶比和外加剂类型等条件通过试验确定。

施工缝的位置应在混凝土浇筑之前确定，宜留置在结构受剪力和弯矩较小且便于施工的部位，并对施工缝表面进行处理。

在混凝土施工缝处接续浇筑新混凝土，一般应符合以下规定：

(1)前层混凝土强度达到1.2 MPa后。

(2)先将表面层水泥浆薄膜、松弱层凿除并用水冲洗，但不得存有积水。

(3)宜在横向施工缝处铺一层厚15～20 mm的水泥砂浆(成分可与混凝土中灰砂浆成分相同)或铺一层厚约30 mm的混凝土。最好在接缝层周边预埋直径不小于16 mm钢筋,加强其整体性,钢筋间距不大于直径的20倍,埋入与露出长度不少于直径的30倍。

3. 混凝土的振捣

混凝土浇筑入模后,内部还存在着很多空隙。为了使硬化后的混凝土具有所要求的外形和足够的强度与耐久性,必须使新入模的混凝土填满模板的每一角落,并使混凝土内部空隙降低到一定程度以下,具有足够的密实性,这就需要对混凝土进行振捣。

混凝土的振捣方法有人工振捣和机械振捣两种。人工振捣是利用捣棍、插钎等用人力对混凝土进行夯插,使混凝土成型密实的一种方法。它不但劳动强度大,且混凝土的密实性较差,只适用于缺少机械和工程量不大的情况下。人工振捣时,必须特别注意做到分层浇筑。振捣时要注意插匀、插全。大规模的混凝土浇筑则必须使用机械振捣。

大体积混凝土,应采用内部插入式振动器。薄壁构件,可用外部附着式振动器,平板式振动器仅用以振捣面层。插入式振动器能在其插入附近局部部分很好振捣,但范围较小,其有效半径约为振捣棒直径的5～6倍。附着式振动器作用范围大,但不能有效地振捣某些特定部位,向模板内部传递的振动作用也不太深,所以在灌注梁部结构时,常采用插入式与附着式振动器同时使用的办法。

使用插入式振动器时,要使振捣棒自然地垂直沉入混凝土中。要做到"快插慢拔"。快插是为了防止先将表面混凝土振实,而无法振捣下部混凝土,且使下部混凝土出现分层、离析现象;慢拔是为了让混凝土有充足时间填满振捣棒抽出时形成的空隙。为使上下层混凝土结合成整体,振捣棒应插入下一层混凝土中50 mm。振捣棒不能插入太深,最好使棒的尾部露1/3～1/4。否则,振捣棒将不易拔出而导致软管损坏,软管部分不要插入混凝土中。振捣时,应将棒上下抽动,以保证上下部分的混凝土振捣均匀。

振捣棒应避免碰撞钢筋、模板、芯管、吊环和预埋件等。振捣棒各插点的间距应均匀,不要忽远忽近,可采用"行列式"或"交错式"的顺序移动,如图3-29所示。插点间距一般不要超过振捣棒有效作用半径的1.5倍(即$a \leqslant 1.5R$)。振捣棒与模板的距离不应大于其有效作用半径的0.5倍,以免漏振。振动时间要掌握恰当,过短混凝土不易被捣实,过长又可能使混凝土出现离析。一般每个插入点的振捣时间为20～30 s,而且以混凝土表面呈现浮浆,不再出现气泡,表面不再沉落为准。

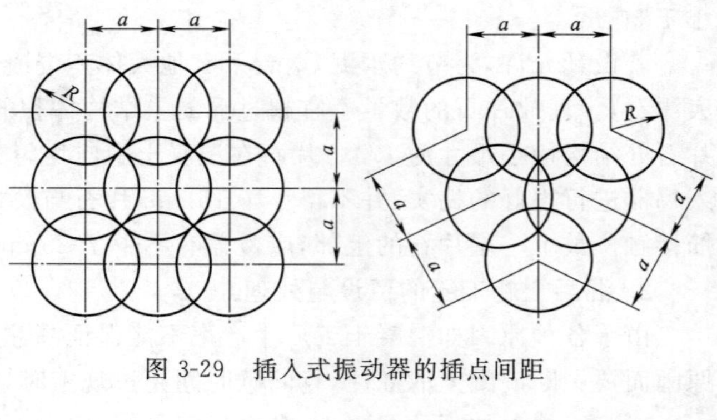

图3-29 插入式振动器的插点间距

平板式振动器,又称为表面振动器,适用于振捣桥面、基础等平面面积大而厚度较小的混凝土结构构件。平板式振动器的振动力,是通过底板传递给混凝土的,故使用时振动器的底部应与混凝土面保持接触。在一个位置振捣到混凝土不再下沉、表面出浆时,即可移至下一位置继续进行振动振捣。每次移动的间距应保证底板能覆盖已被振捣完毕区段边缘50 mm左右,以保证衔接处混凝土的密实性。开启的振动器,不应放在已凝固或初凝的混凝土上,以免振伤振动器和振松已凝混凝土。

4. 梁体混凝土的浇筑

对于混凝土梁的浇筑，当梁较高时，为了对浇筑的混凝土进行振捣，应采用相应的厚度分层浇筑。对于跨径不大的简支梁桥，可在一跨全长内分层浇筑，在跨中合龙。横隔梁与梁肋同时浇筑。分层的厚度视振捣器的能力而定，一般选用 15～30 cm；当采用人工振捣时，可选取 15～20 cm。为避免支架不均匀沉陷的影响，浇筑速度应尽量快，以便在混凝土失去塑性之前完成。

对于又高又长的梁体，混凝土的供应量跟不上水平分层浇筑的进度时，可采用斜层浇筑，一般从梁的一端浇向另一端。采用斜层浇筑时，混凝土的倾斜角与混凝土的稠度有关，一般为 20°～25°。

当桥梁跨径较大时，可先浇筑纵横梁，待纵横梁完成浇筑后，再沿桥的全宽浇筑桥面混凝土。在桥面与纵横梁间应按设置工作缝处理。

当桥面较宽且混凝土数量较大时，可分成若干纵向单元分别浇筑。每个单元可沿其长度分层浇筑。在纵梁间的横梁上设置连接缝，并在纵横梁浇筑完成后填缝连接。之后，桥面板可沿桥全宽一次浇筑完成。桥面与纵横梁间设置水平工作缝。

3.3.5　混凝土的养护

混凝土的凝结与硬化，是由于水泥水化反应的结果。为使已浇筑的混凝土能获得所要求的物理力学性能，在混凝土浇筑后的初期，采取一定的工艺措施，建立适当的消化反应条件的工作，称为混凝土的养护。由于温度和湿度是影响水泥消化反应速度和水化程度的两个主要因素，因此，混凝土的养护就是对在凝结硬化过程中的混凝土进行温度和湿度的控制。

根据混凝土在养护过程中所处温度和湿度条件的不同，混凝土的养护一般可分为标准养护、自然养护和热养护。混凝土在温度为(20±3)℃和相对湿度为 90%以上的潮湿环境或水中的条件下进行的养护称为自然养护。为了加速混凝土的硬化过程，对混凝土进行加热处理，将其置于较高温度条件下进行硬化的养护称为热养护。

1. 自然养护

在施工现场，对混凝土进行自然养护时，根据所采取的保温措施的不同，可分为覆盖浇水养护和塑料薄膜保湿养护两类。

(1)覆盖浇水养护。覆盖浇水养护是在混凝土表面覆盖吸湿材料，采取人工浇水或蓄水措施，使混凝土表面保持潮湿状态的一种养护方法。所用的覆盖材料，应具有较强的吸水保温能力，常用的有麻袋、帆布、草帘、锯末等。

开始覆盖和浇水的时间，一般在混凝土浇筑完毕后 3～12 h 内(根据外界气候条件的具体情况而定)。浇水养护日期的长短，主要取决于水泥的品种和用量。在正常水泥用量情况下，采用硅酸盐水泥、普通硅酸盐水泥拌制的混凝土，不得少于 7 d；掺用缓凝型外加剂或有抗渗性要求的混凝土，不得少于 14 d。每日浇水次数视具体情况而定，能保持混凝土经常处于足够的润湿状态即可。但当日平均气温低于 5℃时，不得浇水。

(2)塑料薄膜保湿养护。塑料薄膜保湿养护是用防蒸发材料将混凝土表面予以密封，阻止混凝土中的水分蒸发，使混凝土保持或接近饱水状态，保证水泥水化反应正常进行的一种养护方法。它与湿养护法相比，可改善施工条件，节省人工，节约用水，保证混凝土的养护质量。根据所用密封材料的不同，保湿养护又可分为塑料布养护和薄膜养护剂养护。

2. 蒸汽养护

热养护方法中最常用的是蒸汽养护法。在冬季施工或需要混凝土强度快速增长时,常采用蒸汽养护。蒸汽养护一般分为四阶段:预护、升温、恒温和降温。预护是指混凝土浇筑完毕后在常温下凝固一段时间(3～4 h)。升温速度与结构表面系数有关,一般不得超过 10～15 ℃/h。恒温时间视养护温度和要达到的强度而定,一般在 8～12 h。降温速度与升温速度相同。养护最高温度与水泥种类有关。

3.3.6 混凝土的质量控制

混凝土的质量控制包括事前控制、事中控制和事后控制三个阶段。

混凝土质量的事前控制主要指在施工前对原材料的质量检验与控制、混凝土配合比的确定与控制。

混凝土质量的事中控制主要指对混凝土生产和施工过程中各工序的质量检验与控制。包括对混凝土拌制和浇筑过程中材料的质量及用量、搅拌地点和浇筑地点的坍落度等进行检查,对搅拌时间也应随时进行检查。

混凝土质量的事后控制主要指施工后的质量检查。包括对已完工的混凝土进行外观质量检查和强度检查。对有抗冻、抗渗等特殊要求的混凝土,还应进行抗冻、抗渗性能检查。对检查出来的混凝土质量通病,进行必要处理。

1. 混凝土强度检验

检查混凝土质量应通过留置试块做抗压强度试验的方法进行。

(1)试件组数确定。对混凝土的强度,应制取试件检验其在标准养护条件下 28 d 龄期的抗压极限强度。试件制取组数应符合下列规定:

1)不同强度及不同配合比的混凝土应分别制取试件,试件应在浇筑地点或拌和地点随机制取。

2)浇筑一般体积的结构物(如基础、墩台等)时,每一单元结构物应制取 2 组。

3)连续浇筑大体积结构物混凝土时,每 80～200 m^3 或每一工作班应制取 2 组。

4)每片梁长 16 m 以下应制取 1 组,16～30 m 制取 2 组,31～50 m 制取 3 组,50 m 以上者不少于 5 组。

5)就地浇筑混凝土小桥涵,每一座或每一工作班制取不少于 2 组;当原材料和配合比相同,并由同一搅拌站拌制时,可几座合并制取 2 组。

(2)强度评定。混凝土抗压强度以标准条件下养护 28 d 龄期试件的抗压强度进行评定,其合格条件如下:

1)应以强度等级相同、龄期相同以及生产工艺条件和配合比相同的混凝土组成同一验收批,同一验收批的混凝土强度应以同批内所有各组标准尺寸试件的强度测定值(当为非标准尺寸试件时应进行强度换算)为代表值。

2)大桥等重要工程及中小桥、涵洞工程的试件大于或等于 10 组时,应以数理统计方法按下述条件评定:

$$R_n - K_1 S_n \geqslant 0.9R \tag{3-4}$$

$$R_{\min} \geqslant K_2 R \tag{3-5}$$

式中 R_n——同批 n 组试件强度的平均值(MPa);

n——同批混凝土试件组数;

S_n——同批 n 组试件强度的标准值(MPa)，当 $S_n<0.06R$ 时，取 $S_n=0.06R$；

R——设计的混凝土强度等级(MPa)；

R_{min}——n 组试件中强度最低一组的值(MPa)；

K_1，K_2——合格判定系数，见表 3-11。

表 3-11　K_1、K_2 的值

n	10～14	15～24	≥25
K_1	1.70	1.65	1.60
K_2	0.9	0.85	

3）中小桥及涵洞等工程，同批混凝土试件少于 10 组时，可用非统计方法按下述条件进行评定：

$$R_n \geqslant 1.15R \tag{3-6}$$

$$R_{min} \geqslant 0.95R \tag{3-7}$$

当混凝土强度按试件强度进行评定达不到合格条件时，可采用钻取试样或无损检测法查明结构实际混凝土的抗压强度和浇筑质量，如仍有不合格，应由有关单位共同研究处理。

2. 外观检查及允许偏差

混凝土外观及允许偏差应符合下列规定：

(1)表面应密实、平整。

(2)如有蜂窝、麻面，其面积不超过结构同侧面积的 0.5%。

(3)如有裂缝，其宽度不得大于设计规范的有关规定。

(4)预制桩桩顶、桩尖等重要部位无掉边或蜂窝、麻面。

(5)小型构件无翘曲现象。

(6)对蜂窝、麻面、掉角等缺陷，应凿除松软层，用钢丝刷清理干净，用压力水冲洗、湿润，再用较高强度的水泥砂浆或混凝土捣实，覆盖养护；用环氧树脂等胶凝材料修补时，应先经试验验证。

(7)如有严重缺陷，影响结构性能时，应分析情况，研究处理。

此外，混凝土和钢筋混凝土结构物的位置及外形尺寸允许偏差应符合有关规定。

3.3.7　混凝土冬期施工

《铁路混凝土工程施工技术指南》(TZ 210—2005)规定，当工地昼夜平均气温(最高和最低气温的平均值或当地时间 6 时、14 时及 21 时室外气温的平均值)连续 3 d 低于 5℃或最低气温低于－3℃时，应按冬期施工处理。

混凝土强度的高低和增长速度，取决于水泥水化反应的程度和速度。温度决定着水化反应的速度，温度愈高反应愈快。另外，由于在负温下大量的水转变为冰体积增大，这就成为促使混凝土遭受冻害、混凝土结构受到破坏的根源。因此，混凝土在冬期施工时，应尽量采取适宜的施工方法避免混凝土受冻。如果不可避免地会遭受冻结时，则必须采取措施防止其浇筑后过早受冻。在受冻前，混凝土的抗压强度不得低于 5 MPa。

混凝土的冬期施工有一系列的工艺要求，施工规范有详细的规定。以下介绍一些主要的技术措施。

配制冬期施工的混凝土，在保证混凝土必要的和易性的同时，应尽量采用较小的水胶比和较低的坍落度。

混凝土所用骨料必须清洁,不得含有冰、雪等冻结物及易冻裂的矿物质,在掺用含有钾、钠离子防冻剂的混凝土中,不得混有活性骨料。

冬期拌制混凝土时应优先采用加热水的方法,当加热水仍不能满足要求时,再对骨料进行加热,水及骨料的加热温度应根据热工计算确定,且最高温度不得超过规范的限值。

搅拌前应用热水或蒸汽冲洗搅拌机,搅拌时间应较常温延长50%。在运输过程中要有保温措施以防止混凝土热量散失和被冻结。

混凝土在浇筑前,应清除模板和钢筋上的冰雪和污垢。当环境气温度低于−10℃时,应将直径大于或等于25 mm的钢筋和金属预埋件加热至正温。

混凝土冬期养护方法有蓄热法、蒸汽养护法、电热法、暖棚法以及掺外加剂法等。

3.4 预应力混凝土工程

预应力混凝土是指在使用荷载作用前,在结构或构件受拉区域,通过对钢筋进行张拉、锚固、放松,来预先建立内应力的混凝土。其内应力的大小与分布应能抵消或减少使用荷载作用产生的应力。

预应力混凝土能充分发挥高强度钢筋的特性,提高结构的刚度、抗裂性和耐久性。与普通的钢筋混凝土相比,具有构件截面小、自重轻、质量好、材料省等优点,所以预应力混凝土广泛应用于大开间、大跨度以及重荷载的结构中。

预应力混凝土结构中,对混凝土及预应力筋有着一定的要求,预应力混凝土的施工,需要专门的材料与设备以及特殊的工艺。按施加预应力的方式的不同,目前较常采用的是先张法和后张法两种施工方法。

在桥梁工程中,先张法和后张法常用于预应力混凝土梁的制作。

3.4.1 预应力混凝土材料

1. 预应力混凝土

预应力混凝土所用的原材料应优先采用硅酸盐水泥、普通硅酸盐水泥,不宜使用矿渣硅酸盐水泥,不得使用火山灰质硅酸盐水泥及粉煤灰硅酸盐水泥。细骨料采用中、粗砂,砂率要小;粗骨料应选择粒径大的,碎石的粒径宜为5~25 mm。此外,预应力混凝土应采用低塑性混凝土,混凝土设计时应选用水泥用量少、水胶比低、使混凝土产生收缩和徐变较小的混凝土配合比。

在预应力混凝土结构中,一般要求混凝土的强度等级不低于C30,当采用碳素钢丝、钢绞线等作预应力钢筋时,混凝土的强度等级不低于C40。混凝土的用料中,水泥用量不宜超过500 kg/m^3,特殊情况下不应超过550 kg/m^3。

在预应力混凝土构件的施工中,不得掺入氯化钙、氯化钠等氯盐类外掺剂以及引气剂或引气型减水剂。混凝土中早强剂的掺量也应符合有关规定。

2. 预应力筋

预应力筋常采用高强度钢材,目前较常见的预应力筋主要有钢丝、钢绞线和粗钢筋三大类。具体的预应力筋有以下六种:

(1)冷拔低碳钢丝:由直径6~10 mm的HPB235级钢筋在常温下通过拔丝模冷拔而成。冷拔后钢丝在塑性有所降低的情况下,其强度比原材料屈服强度有显著提高,适用于小型构件的预应力筋。

(2)碳素钢丝:碳素钢丝是由高碳钢盘条经淬火、酸洗、拉拔制成,并经过校直回火处理来消除钢丝拉拔中产生的内应力。为了保证高强钢丝与混凝土间具有可靠的粘结,通常对钢丝的表面进行刻痕处理。

(3)钢绞线:一般由6根碳素钢丝围绕一根中心钢丝在绞丝机上绞成螺旋状,再经低温回火制成。

(4)冷拉钢筋:是将HRB400级热轧钢筋在常温下通过张拉到超过屈服点的某一应力,使其产生一定的塑性变形后卸荷,再经时效处理而成。冷拉钢筋的塑性和弹性模量有所降低,但屈服强度和硬度有所提高,可直接用作预应力筋。

(5)热处理钢筋:是由普通热轧中碳合金钢筋经淬火和回火调质热处理制成的,具有高强度、高韧性和高粘结力等优点。

(6)精轧螺蚊钢筋:是用热轧方法在整个钢筋表面上轧出不带纵肋的螺蚊外形,钢筋的接长用连接器。精轧螺蚊钢筋具有锚固简单、施工方便、无需焊接等优点。

预应力筋进场时应分批进行验收。验收时,除对其质量证明书、包装、标志和规格等进行检查。还需按规定分批抽取一定数量的预应力筋,对预应力筋的力学性能进行检验,并检查其表面质量。

3.4.2　预应力混凝土施工方法

预应力混凝土按施加预应力的方式一般分为先张法和后张法预应力混凝土;按施加预应力的手段分为机械张拉和电热张拉预应力混凝土;按预应力筋与混凝土的粘结状态分为有粘结预应力混凝土和无粘结预应力混凝土;按施加预应力程度分为全预应力混凝土和部分预应力混凝土等。

1. 先张法

先张法是在浇筑混凝土前张拉预应力筋,并将其临时锚固在张拉台座或钢模上。然后立模浇筑混凝土,待混凝土达到规定强度(一般不低于设计强度的70%)时,逐渐将预应力筋放松。这样就因预应力筋的弹性回缩,通过其与混凝土之间的粘结作用,使混凝土获得预压应力。先张法适用于预制构件厂中小型构件的生产。

先张法可采用台座法或流水机组法。采用台座法时,构件施工的各道工序全部在固定台座上进行,不需复杂机械设备,施工适用性强,应用较广。采用流水机组法时,构件在移动式的钢模中生产,钢模按流水方式通过张拉、灌注、养护等各个固定机组完成每道工序。流水机组法可加快生产速度,但需要大量钢模和较高的机械化程度,且需配合蒸汽养护,因此仅适用于工厂内预制定型构件的生产。

(1)先张法施工设备。

1)台座。用台座法生产预应力混凝土构件时,预应力筋锚固在台座的横梁上,台座承受全部预应力的拉力。为防止因台座变形、倾覆和滑移导致的预应力损失,台座应具有足够的刚度、强度和稳定性。

根据承力结构的不同,台座可分为两大类:一类为压柱式,包括轴心压柱式、偏心压柱式、墩柱式、梭形等几种形式;另一类为底板承压式。

①压柱式台座。压柱式台座主要特点为在台座两侧设传力柱,承受水平张拉荷载。此时,传力柱处于轴心受压或偏心受压状态。

②底板承压式台座。底板承压式台座主要特点为利用台座底板来代替传力柱承受水平张拉荷载。它具有结构简单,受力明确的优点。通过刚度很大的前横梁,把集中荷载转化为底板的均布荷载。通过在立柱下方设置重力墩来平衡重力,台座将与立柱形成整体。具有台座表面简洁,占地小,施工方便的优点。适用于固定预制工厂或现场预制较多数量构件的预制厂。

2)夹具。预应力筋用夹具,是先张法预应力混凝土构件施工时为保持预应力筋拉力,并将其固定在张拉台座(设备)上的临时装置。

先张法中的钢丝夹具和钢筋夹具有所不同。钢丝的夹具分两类:将预应力筋锚固在台座或钢模上的锚固夹具以及张拉时夹持预应力筋的夹具。锚固夹具与张拉夹具都是重复使用的工具。夹具的种类繁多,如图3-30、图3-31所示。

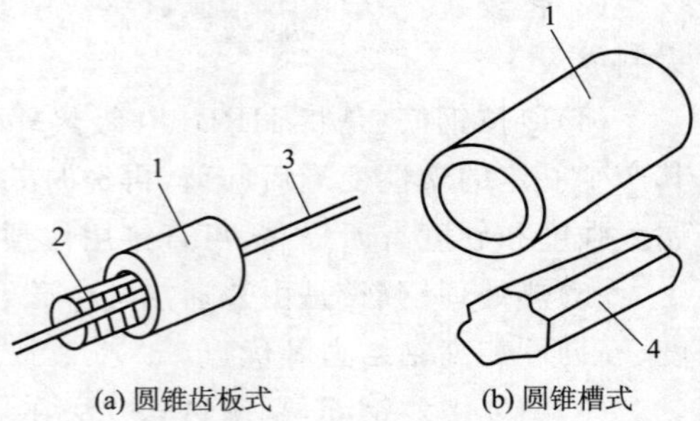

(a) 圆锥齿板式　　(b) 圆锥槽式

图 3-30　钢质锥形锚固夹具

1—套筒;2—齿板;3—钢丝;4—锥塞

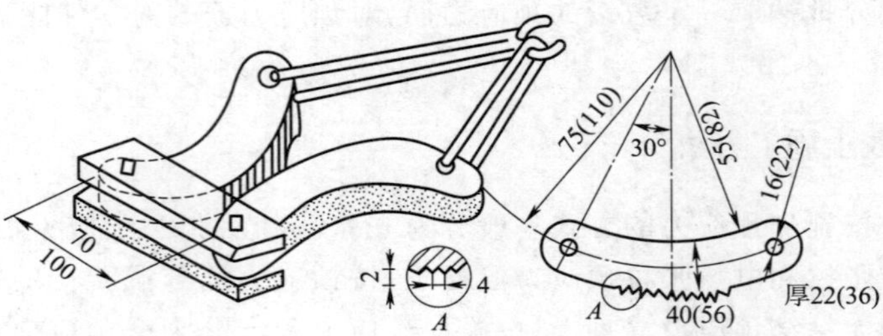

(a) 月牙式

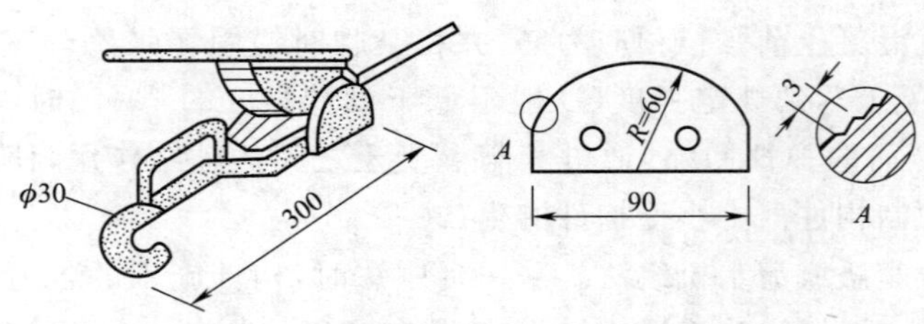

(b) 偏心式

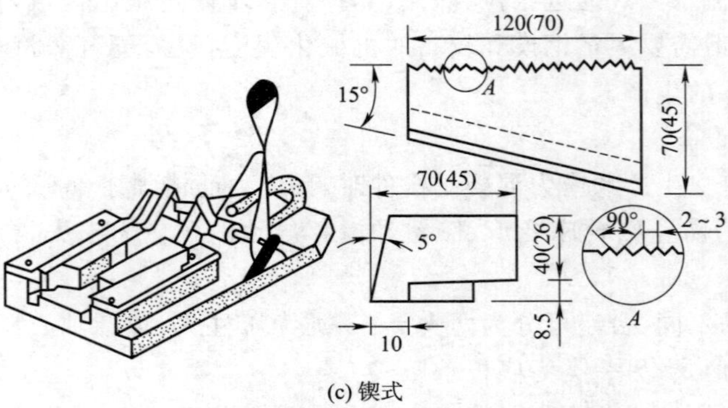

(c) 锲式

图 3-31　钢丝的张拉夹具(单位:mm)

钢筋夹具也包括锚固预应力钢筋的锚固锚具和张拉钢筋的张拉夹具。钢筋锚固多用销片夹具、螺栓端杆锚具和镦头锚具等，张拉时可用连接器与螺栓端杆锚具连接，或用销片夹具等。

先张法用夹具除应具备静载锚固性能，尚应具有以下性能：

①在预应力夹具组装达到实际破坏拉力时，全部零件均不得出现裂缝或破坏。

②夹具应具有良好的自锚性能、松锚性能和重复使用性能。需敲击才能松开的夹具，必须保证其对预应力筋的锚固没有影响，且对操作人员的安全不造成危险。

3)张拉机具。先张法钢丝张拉，分为单根张拉和多根张拉；钢筋张拉，分为单根张拉和多根成组张拉。

对于钢丝的张拉，用钢台模以机组流水法时多进行多根张拉，常采用油压千斤顶进行张拉；对于在台座上生产构件的钢丝多采用单根张拉，由于张拉力较小，一般可采用小型电动卷扬机张拉。

对于钢筋的张拉，张拉较小直径的钢筋可用卷扬机；对于张拉直径 12～20 mm 的单根钢筋、钢绞线或钢丝束，可用 YC—20 型穿心式千斤顶，如图 3-32 所示。

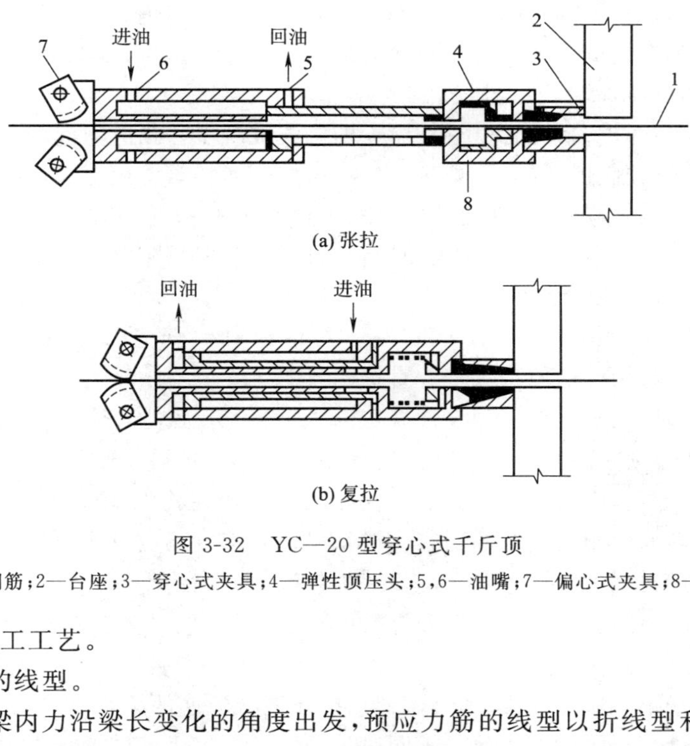

图 3-32　YC—20 型穿心式千斤顶

1—钢筋；2—台座；3—穿心式夹具；4—弹性顶压头；5，6—油嘴；7—偏心式夹具；8—弹簧

(2)先张法施工工艺。

1)预应力筋的线型。

从适应简支梁内力沿梁长变化的角度出发，预应力筋的线型以折线型和曲线型为宜。但是，从制造工艺简便的角度出发，预应力筋的线型以直线型为宜。目前，国内绝大多数先张梁的预应力筋线型为直线。

2)施工工艺。先张法预应力混凝土简支梁预制施工流程：底模校正→钢筋绑扎→安装端模→预应力筋和隔离套管安装→预应力筋张拉→侧模安装→浇筑混凝土→养护→拆模→预应力筋放张和切割→移梁出台位→封端。

①预应力筋的张拉。预应力筋的张拉工作，必须严格按照设计要求和张拉操作规程进行。张拉设备主要为各类液压拉伸机(由千斤顶、油泵、连接油管组成)。

张拉可分单根张拉和多根整批张拉两种。多根整批张拉时为使多根受力筋的初应力基本相等,在整体张拉前要进行初调应力,应力一般取张拉应力的10%~15%。

张拉前,应先在端横梁上安装预应力筋的定位钢板,同时检查其孔位和孔径是否符合设计要求。安装定位板时,要保证最下层和最外侧预应力筋的混凝土保护层尺寸符合要求。进而在台座上安装预应力筋,将其穿过端横梁和定位板后用锚具固定在板上。

预应力筋的控制张拉力是通过油压表显示出的。在理论上将油压表读数乘以千斤顶油缸内活塞面积就可得张拉力的大小。但由于油缸与活塞之间存在摩阻损失,实际的张拉力要小于理论计算值。另外,油压表本身也有示值误差。因此,提前就要用标准压力计(如压力环或传感器等)和标准油压表,分级(一级 50 kN 一级)来测定配套的千斤顶的校正系数 K_1 和油压表的校正系数 K_2。

为了减少预应力筋的应力松弛损失,通常采用超张拉的方法。根据预应力筋种类不同,张拉程序略有不同,应按照设计要求或相应的施工规程进行。

张拉钢筋时,为保证施工安全,应在超张拉放张时安装模板、普通钢筋及预埋件等。

为了避免台座承受过大的偏心力,应先张拉靠近台座截面重心处的预应力筋。张拉时,台座两端不得站人,操作人员要站在台座侧面的油泵外侧进行工作,以保证安全。钢筋拉到张拉力后,要静停 2~3 min,待稳定后再锚固。

②混凝土灌注和养护。钢筋张拉后,应立即浇筑混凝土。预应力混凝土梁的混凝土工作,除了因所用强质等级较高而在配料、制备、浇筑、振捣和养护等方面更应严格要求外,其他基本操作与钢筋混凝土结构中相同。在台座内每条生产线上的构件,其混凝土必须一次连续灌注完毕;振捣时,应避免碰击预应力筋。为加快台座周转,一般采用蒸汽养护,并应采取正确的养护制度以减少因温差引起的预应力损失。

③预应力筋放张。预应力筋的放张是先张法生产中的一个重要工序。放张方法选择的好坏和操作是否正确,对构件的质量都将有直接的影响。

预应力筋放张时,混凝土须达到设计规定的强度;设计无规定时,一般不得低于混凝土设计强度等级的75%。放张过早会造成较多的预应力损失(主要是收缩、徐变损失),或因混凝土与钢筋的粘结力不足,而造成预应力筋弹性收缩滑动和在构件端部出现水平裂缝的质量事故。放张过迟,则影响台座和模板的周转。放张操作时速度不应过快,尽量使构件受力对称均匀。只有待预应力筋被放张后,才能切割每个构件端部的钢筋。

放张方法:预应力筋放张工作应缓慢进行,防止冲击。放张方法有千斤顶放张、砂筒(箱)放张、滑楔放张、螺杆、张拉架放张等。

放张顺序:放张顺序应符合设计要求。直、折线混合配筋的梁,一般应先放松折线筋,切断导向装置支承侧板后,再放松直线筋。先同时放张预压力较小区域的预应力筋,再同时放张预压力较大区域的预应力筋。

预应力筋放张后需要进行切割,预应力筋的切断顺序,一般由放张端开始,逐次切向另一端。预应力筋切割后应及时进行封端。封端前,封端处混凝土应凿毛,封端应采用微膨胀混凝土。封端后,在封端范围内进行防水处理。

2. 后张法

后张法是先制作留有预应力筋孔道的梁体,待其混凝土达到规定强度后,再在孔道内穿入预应力筋,进行张拉并锚固,最后进行孔道压浆并浇筑梁端封头混凝土。

后张法工序较先张法复杂(如需要留孔道、穿筋、灌浆等)，且构件上耗用的锚具和预埋件等增加了用钢量和制作成本，但鉴于此法不需要强大的张拉台座，便于在现场施工，而且又适宜于配置曲线型预应力筋的大型和重型构件制作，因此目前在公路、铁路桥梁上得到广泛应用。

(1)后张法预应力锚具。后张法常见的锚具有镦头锚具、JM 锚具、扁锚、楔片式锚具、锥形锚具等。

(2)预应力筋制作。

1)高强钢丝束的制备。钢丝束的制作包括下料和编束工作。高强碳素钢丝都是盘圆，若盘径小于 1.5 m，则下料前应先在钢丝调直机上调直。对于在厂内先经校直回火处理，且盘径为 1.7 m 的高强钢丝，则一般不必调直就可下料。如发现局部存在波弯现象，可先在木制台座上用木锤整直后下料。下料前除应抽样试验钢丝的力学性能外，还要测量钢丝的圆度。对于直径为 5 mm 的钢丝，其允许偏差为＋0.8 mm 和－0.4 mm。

调直好的钢丝，最好成直线存放。如果须将钢丝盘起来存放时，其盘径应不小于钢丝直径的 400 倍，否则钢丝将发生塑性变形又重新弯曲。

钢丝的下料长度 L 应为：

$$L=L_0+L_1 \tag{3-8}$$

式中　L_0——构件混凝土预留孔道长度；

L_1——固定端和张拉端(或两个张拉端)所需要的钢丝工作长度。

当构件的两端均采用锥形锚具、双作用或三作用千斤顶张拉钢丝时，其工作长度一般可取 140～160 cm。当采用其他类型锚具及张拉设备时，应根据实际需要，计算钢丝工作长度。

对于采用锥形螺杆锚具和镦头锚具的钢丝束，应保证每根钢丝下料长度相等，这就要求钢丝在应力状态下切断下料。

为了防止钢丝扭结，必须进行编束。绑扎好的钢丝束，应挂牌标出其长度和设计编号，并按编号分批堆放，以防错乱。

当采用环销锚锚具时，钢丝宜先绑扎成小束而后绑扎成大束。绑束完毕后，在钢丝束的两端按分丝的要求，将钢丝束分成内外两层，并分别用铅丝编结成帘状或做出明显的标志，以防两端内外层钢丝交错张拉。

2)钢绞线束的制备。钢绞线是用若干根钢丝围绕一根中心芯丝绞捻而成的。如 7ϕ5.0 钢绞线是由 6 根直径为 5 mm 的钢丝围绕一根直径为 5.15～5.20 mm 的钢丝扭结后，经低温回火处理而成。出厂时缠于圆盘上。使用时按需要长度下料。

钢绞线的下料长度应符合设计要求。当设计无要求时，按式(3-9)计算，并通过试用后再行修正。

$$L=l+2l_1+n(l_2+l_3)+2l_4 \tag{3-9}$$

式中　L——钢绞线下料长度；

l——锚具支承板间管道长度；

l_1——工作锚具厚度；

l_2——张拉千斤顶长度；

l_3——工具锚具厚度；

l_4——长度富余量(可取 100 mm)；

n——单端张拉为1,两端张拉为2。

钢绞线的下料有氧气乙炔切割法和机械切割法等。

钢绞线在编束前应进行预拉,或在梁上张拉前进行。钢绞线的成束,也可采用与钢丝束编扎相同的方法,即用18～20号铅丝每隔1～1.5 m绑扎一道。当采用穿束机时,钢绞线不需预拉和编束。

(3)施工工艺。后张法预应力混凝土简支梁施工工艺流程:底模校正→钢筋绑扎和预留管道安装→模板安装→浇筑混凝土→养护→拆模→预应力筋安装→(预)初张拉→移梁出台位→终张拉→压浆→封端(锚)。

1)孔道形成。后张法施工的预应力梁,在浇筑梁体混凝土前,须在预应力筋的位置预先安放制孔器,以便在梁体制成后的梁内形成孔道。在进行预应力施工时,即可将预应力筋穿入孔道,然后进行张拉和锚固。

孔道形成包括制孔器的选择、安装和抽拔以及通孔检查等工作。

①制孔器的种类。制孔器分为埋置式和抽拔式两类。

埋置式制孔器,主要有金属波纹管和塑料波纹管,金属波纹管分为铁皮管和铝合金波纹管。埋置式制孔器在梁体制成后将留在梁内。形成的孔道壁对预应力筋的摩阻力小,但加工成本高,使用后也不能回收。铁皮管用薄铁皮制作,安放时分段联结。这种制孔器制作时,费人工,速度慢,在接缝和接头处容易漏浆,造成以后穿束和张拉的困难。波纹管由铝合金片材用制管机卷制而成,横向刚度大,不易变形,不会漏浆,纵向也便于弯成各种线型,与构件混凝土的粘结也较好,故比较适用。塑料波纹管具有以下主要优点:抗腐蚀性好;能防止氯离子侵入;不导电,可防电流腐蚀;强度高,不怕踩压;耐疲劳性好等。

抽拔式制孔,即利用制孔器预先安放在预应力束的设计位置上,待混凝土强度达到抽拔要求后将它拔出,构件内即开成孔道。这种方法制孔的最大优点是,制孔器能够周转使用。常用的抽拔式制孔器(俗称抽拔管)有以下三种:

a. 橡胶管制孔器,分夹布胶管和钢丝网胶管两种。通常选用具有5～7层帆布夹层的高压输水(气)管作为制孔器,要求管壁牢固,耐磨性能好,能承受5 kN以上的工作拉力,并且弹性恢复性能好,有良好的挠曲适应性。

预应力混凝土T梁的预留孔道长度一般在25 m以上,而胶管的出厂长度不到25 m,并且考虑到制孔器安装和抽拔的方便,故常采用专门的接头。接头要牢固严密,防止灌注混凝土时脱节或进浆堵塞。

胶管内如利用充气或充水来增加刚度,管内压力不得低于500 kPa。充气(水)后胶管的外径,应符合要求的孔道直径。为增加胶管的刚度和控制位置的准确,需在橡胶管内置一细钢筋(称芯棒)。

b. 金属伸缩管制孔器,它是一种用金属丝编织成的可伸缩网套,具有压缩时直径增大而拉伸时直径减小的特性。为了防止漏浆和增强刚度,网套内可衬以普通橡胶管和插入圆钢或直径5 mm的钢丝束芯棒。

c. 钢管制孔器,它是用表面平整光滑的钢管焊接制成。焊接接头应磨平。钢管制孔器抽拔力大,但不能弯曲,仅适用于直线孔道。在混凝土浇筑过程中和浇筑之后,每隔一定时间慢慢转动钢管,防止其与混凝土粘结。

无论采用何种制孔器,都应按设计规定或施工需要预留排气排水和灌浆用的孔眼。

②制孔器抽拔。制孔器可由人工逐根地或用机械(电动卷扬机或手摇绞车)分批地进行抽拔。抽拔时先抽芯棒,后拔胶管;先拔下层胶管,后拔上层胶管。混凝土灌注后,合适的抽拔时间,是能否顺利抽拔和保证成孔质量的关键。如抽拔过早,混凝土容易塌陷而堵塞孔道;如抽拔过迟,则可能拔断胶管。因此,制孔器的抽拔要在混凝土初凝之后与终凝之前。由于确定可能抽拔时间的幅度较大,施工中也可通过试验来掌握其规律。根据经验,抽拔胶管的时间可参考表 3-12 或按式(3-10)进行估计。

表 3-12　抽拔制孔器的时间表

环境温度(℃)	混凝土浇筑完毕至抽拔制孔器的时间(h)
30 以上	3
30～20	3～5
20～10	5～8
10 以下	8～12

$$H=\frac{100}{T} \tag{3-10}$$

式中　H——混凝土浇筑完毕至抽拔制孔器的时间(h);

T——预制构件所处的环境温度(℃)。

抽拔完毕后,应用通孔器进行通孔检查。检查所有孔道是否贯通,如有堵塞应及时疏通。

2)穿钢丝束。当梁体混凝土的强度达到设计强度的 70%以上时,即可进行穿束张拉。穿束前,可用空压机吹风等方法,清理孔道内的污物和积水,以确保孔道畅通。穿束工作一般采用人工直接穿束。工地上也有借助一根 $\phi5$ 长钢丝作为引线,用卷扬机牵引较长的束筋进行穿束。穿束时,钢丝束从一端穿入孔道。钢丝束在孔道两头伸出的长度要大致相等。

目前也常用专门的穿束机,将钢绞线从盘架上拉出后从孔道的一端快速地(速度为 3～5 m/s)推送入孔道,当带有护头的束前端,穿出孔道另一端时,按规定伸出长度截断(用电动切线轮),再将新的端头带上护头穿第二根。直到穿完一束规定的根数。

3)张拉工艺。张拉前需进行千斤顶和压力表的校验与张拉吨位相应的油压表读数和钢丝伸长量的计算、张拉顺序的确定和清孔、穿束等工作。应对千斤顶和油泵进行仔细的检查,以保证各部分不漏油,并能正常工作,应画出油压表读数和实际拉力的曲线,确定预应力筋(束)中应力值和油压表计数间的直接关系。

后张式构件,长度或跨度等于或大于 25 m 时,宜用两端同时张拉的工艺。只有短的构件可用单端张拉,非张拉端用死锚头。

张拉程序随预应力筋(束)种类和锚具形式不同而略有不同,和先张法类似。

各钢丝束的张拉顺序,应对称于构件截面的竖直轴线,同时考虑不使构件的上下缘混凝土应力超过容许值。

张拉时,钢筋或钢丝的应力用油压表计数来控制,同时测量伸长量作校核。根据应力与伸长的比例关系,实测的伸长量与计算的伸长量相差不应大于 5%。

4)孔道压浆和封锚。预应力筋张拉后,孔道应尽快压浆。压浆是用压浆机(拌和机加水泥泵)将水泥浆压入孔道,使孔道从一端到另一端充满水泥浆。为提高压浆效果,真空压浆法已在工程实践中应用。压浆的目的是防护预应力筋(束)免于锈蚀,并使它们与构件相粘结而形成整体。

①压浆材料。孔道压浆用的水泥浆应具有较大的流动性、较小的干缩性与泌水性。水泥浆强度应满足设计要求,设计未提出要求时,不应小于 35 MPa;水泥浆内可掺有高效减水剂,水胶比宜为 0.35~0.42;水泥浆 3 h 的泌水率不得大于 2%。

为使孔道压浆饱满,可在水泥浆内掺入对预应力筋无腐蚀作用的外加剂。如掺入塑化剂,以增加水泥浆的流动性;掺入铝粉,能使水泥浆凝固时的膨胀稍大于体积收缩,从而使孔道能充分填满。

②压浆施工。压浆前先压入水冲洗孔道,然后从压浆嘴慢慢压入水泥浆。孔道压浆顺序应自下而上进行。压浆工艺可分为一次压浆、二次分端压浆和真空辅助压浆。

一次压浆:打开两端压浆嘴阀门,由一端压入水泥浆,待出浆口流出的浆体稠度与压入端一致时,关闭出浆口的阀门,再继续加大压力压浆,应在不小于 0.5 MPa 压力下保压不少于 5 min,然后关闭进浆口阀门。

二次分端压浆:由一端压入水泥浆,待出浆口流出的浆体稠度与压入端一致时,关闭出浆口的阀门。当水泥压力升至 0.6 MPa 时,保持此压力停浆 1 min 后,关闭进浆口,使水泥浆在此压力状态下凝结 30 min 后,进行二次压浆。打开原压浆入口,自另一端孔道入口进行二次压浆,待原压浆入口有浓浆溢出后,封闭该端压浆孔。待压力升至 0.6 MPa 时,封闭二次压浆的进浆口。

真空辅助压浆:压浆前用真空泵将管道真空度抽到−0.06~−0.1 MPa 之间,稳定后,开启进浆口阀门压浆,待排气管流出的浆体稠度与压入端一致时,关闭排气阀,继续按一次压浆的要求进行压浆。

同一孔道压浆应连续进行,一次完成。如因故使灌浆工作中断,且估计停顿时间超过 30 min,则须立即用压力水将孔道冲洗干净,然后再重新灌浆。

③端头封锚。孔道压浆完毕,经检查无不饱满情况,浆体已凝固后,应及时进行封锚(端)作业。

封锚(端)所用材料和质量应符合设计要求。设计无要求时,宜采用水胶比较梁本体混凝土小的干硬性混凝土或补偿收缩混凝土,其强度、耐久性应不低于梁本体混凝土。无砟轨道板封锚混凝土必须符合设计和相关标准的规定。

预应力混凝土梁封锚(端)施工应符合下列规定:

a. 后张梁封锚(端)前应对锚具、锚垫板表面及外露钢绞线用聚氨酯防水涂料进行防水处理。预应力筋保护层厚度应符合设计要求。

b. 折线配筋先张梁梁底转辙器切割后外露面涂刷防锈剂,凹穴部分应采用与梁体混凝土色泽一致的环氧树脂混凝土封堵,其抗压强度不应低于设计要求,且不低于 40 MPa。

c. 后张梁绑扎封锚(端)钢筋之前,应将锚垫板表面和锚环上的粘浆铲除干净,封锚(端)处的混凝土应进行凿毛处理,浮浆、灰渣等杂物应清理干净。

d. 混凝土应捣固密实,无蜂窝麻面,及时抹面压光,封锚(端)后混凝土面与梁端面的错台不超过 2 mm。

e. 封锚(端)混凝土应进行保湿保温养护,养护结束后,应按设计要求进行防水处理。

第 4 章　敞坑基础施工

4.1　基坑开挖

4.1.1　基坑开挖施工组织与管理

基坑开挖施工组织是基坑施工的一项重要内容，基坑支护如何设置、地下水如何控制、土方如何组织开挖和运输，不但影响工程进度和质量，而且也会影响支护结构的稳定和施工安全，并直接影响环境的保护。因此对较大型的基坑工程施工均应精心组织，编制较详细周密的施工组织设计，确定支护、降水和挖土方案。合理选定支护型式、挖土机械设备，确定基坑支护和开挖方法、顺序、挖土路线、范围、高程、土方的堆放和外运方法。当地下水位较高时，要慎重地选定降排水方法和设备。按工期要求组织好劳力，这些对保证工程顺利进行都具有十分重要的意义。

此外，在基坑施工中，还应做好管理工作，如果施工管理不善，例如施工不按网络图进行；支护不按设计要求设置；降排水未达到要求深度就开挖土方；机械挖土方法、顺序和行走路线不按施工组织设计规定进行等，不仅达不到预期的施工效果，而且还会给基坑施工留下安全隐患，或使地基产生不均匀沉降。

在基坑施工中，应对各个施工环节的质量进行严格监管，如支护打设、土方开挖、地下水控制、基坑和邻近环境土体加固质量以及地基土的质量检验等都必须符合设计要求和工程施工质量验收规范的规定。

基坑施工中有些分项工程应尽早安排，如支护、降水和环境保护，均应在土方开挖前施工完成，以保证基坑的稳定。

一般在支护结构安装后，还应对支护结构周围环境（邻近建筑物、管线等）进行沉降和裂缝监测，以便及时了解支护效果，修正支护方案，调整施工进度，保证施工和周边环境安全。而有时为了获得某些施工参数，还必须在施工前进行现场原位测试和降水试验。

4.1.2　一般基坑开挖

基坑开挖工程包括无围护结构的放坡基坑开挖和有围护结构的基坑开挖，以及与之相配合的地下水控制措施。

基坑开挖前，应根据工程结构型式、基坑深度、地质条件、气候条件、周围环境、施工方法、施工工期和地面荷载等有关资料，确定基坑开挖方案和地下水控制施工方案。

基坑开挖方案的内容主要包括：支护结构的龄期、机械选择、基坑开挖时间、分层开挖深度及开挖顺序、坡道位置和车辆进出场道路、施工进度和劳动组织安排、降排水措施、监测方案、质量和安全措施，以及基坑开挖对周围建筑物需采取保护的措施等。

1. 基本要求

(1)基坑边缘位置土方和材料，或沿挖方边缘移动运输工具和机械，一般应距基坑上部边缘不少于 2 m,弃土堆置高度不应超过 1.5 m,并且不能超过设计荷载值,在垂直的坑壁边,此安全距离还应适当加大。软土地区不宜在基坑边堆置弃土。

(2)施工中机具设备停放的位置必须平稳,大、中型施工机具距坑边距离应根据设备重量、基坑支撑情况、土质情况等,经计算确定。

(3)采用机械开挖土方时,需保持坑底土体原状结构,应在基坑底及坑壁留 150～300 mm 厚土层,由人工挖掘修整。同时,要设集水坑,及时用泵排除坑底积水。

(4)基坑开挖时,应对平面控制桩、水准点、基坑平面位置、水平高程、边坡坡度等经常复测检查。

(5)基坑周围地面应进行防水、排水处理,严防雨水等地面水浸入基坑周边土体。

(6)基坑开挖完成后,应及时清底验槽,减少暴露时间,防止暴晒和雨水浸刷破坏地基土的原状结构。

(7)基坑验槽后,及时浇筑垫层封闭基坑;垫层要做到基坑满封闭。基坑中工程桩桩头处理宜在垫层铺设后进行。

(8)土方开挖过程中,特别是冬季、雨期、汛期施工时,注意气候、降雨、降温等预报,按施工方案的规定,采取必要的安全防护措施。

2. 坑壁不加固基坑开挖

坑壁不加固基坑适用于埋置深度 5 m 以内(地质条件好或放坡开挖不受周围条件限制时,深度可以大于 5 m)浅基础的基坑开挖施工。因其施工简便,工程措施灵活,施工中普遍采用。

基坑开挖之前,应先做好地面排水系统,在基坑顶外缘四周应向外设置排水坡或设置防水梁,在适当距离处设置截水沟,应采取防止水沟渗水的措施,避免影响坑壁稳定。

(1)基坑底平面开挖尺寸的确定。

在旱季无地下水条件下,采用坑壁垂直方法施工时,可按基础地面尺寸,直接利用垂直坑壁作起初混凝土灌注的外模,需进行基坑排水或安装基础模板时,应按基础底面四周各加宽 50～100 cm 进行工艺设计,具体应结合模板安装和排水沟、集水坑的设置方式、基底放样布桩和基坑土质情况等因素计算确定。

(2)基坑坑壁开挖形式的选择。常见的无支护坑壁形式有垂直坑壁、斜坡和阶梯形坑壁、变坡度坑壁三种。

1)对于天然湿度接近最佳含水量,构造均匀,不致发生坍滑、移动、松散或不均匀下沉的土质,基坑开挖可采取垂直坑壁的形式。不同土类状态的垂直坑壁容许深度可参见表 4-1。

表 4-1 垂直坑壁容许深度

土　类	容许深度(m)
密实、中密的砂类石土和砾类土(充填物为砾类土)	1.00
硬塑、软塑的低液限粉土,低液限黏土	1.25
硬塑、软塑的高液限黏土,高液限黏质土夹砂砾土	1.50
坚硬的高液限黏土	2.00

2)对邻近无重要构筑设施、地下管线及施工场地许可的地区,基坑深度在 5 m 以内,土的湿度正常、土层构造均匀,基坑坑壁坡度可参考表 4-2,采取斜坡开挖或按相应斜坡高、宽比值挖成阶梯坑壁,每梯高度以 0.5～1.0 m 为宜。阶梯可兼作人工运土的台阶。

表 4-2 基坑坑壁坡度

坑壁土类	坑壁坡度		
	坡顶无荷载	坡顶有静荷载	坡顶有动荷载
砂类土	1∶1	1∶1.25	1∶1.5
碎石类土	1∶0.75	1∶1	1∶1.25
黏性土、软岩石	1∶0.33	1∶0.5	1∶0.75
极软土、软岩	1∶0.25	1∶0.33	1∶0.67
较软岩	1∶0	1∶0.1	1∶0.25
极硬岩、硬岩	1∶0	1∶0	1∶0

3)基坑顶有动载时，坑顶缘与动载间应留有 1 m 的护道，如地质、水文条件不良，或动载过大，应进行基坑开挖边坡验算，根据验算结果确定采用增宽护道或其他加固措施。

4)基坑穿过不同土层时，坑壁边坡可按各层采用不同坡度。当下层土质为密实黏质土或岩石时，下层可采用垂直坑壁。在坑壁坡度变化处可视需要设不小于 0.5 m 宽的平台。在既有建筑物旁边开挖基坑时，应符合施工图和工艺设计的规定。

5)基坑弃土堆至坑缘距离，应按地质条件而定，但不小于基坑深度。

6)基坑开挖后，应及时灌注或砌筑基础圬工，不得长期暴露，防止地质风化及雨水浸泡。

7)破碎石质基坑要根据岩石的构造、地层走向、松碎情况等决定开挖坡度。

8)砂质土层或深度较大的基坑，应在边坡中段加设宽约 0.5～1.0 m 的护坡。

无水敞坑的开挖方法可参照表 4-3 选用。

表 4-3 无水敞坑的开挖方法

地质及支撑状况	挖掘方法	提升方法	运输方法	备　注
土质，无支撑	挖土机(正铲)	挖土机(正铲)	挖土机直接装车	挖土机在坑底
	挖土机(反铲)	挖土机(反铲)	挖土机回旋弃土	挖土机在坑缘上
	挖土机(索铲)	挖土机(索铲)	挖土机回旋弃土	挖土机在坑缘上
土质或石质，无支撑或有支撑	人力或风动工具	传送带(H<4.5 m)	传送带接运	传送带可分设在坑下或坑上
		吊车，各种动臂吊机或摇头扒杆，携带活底吊墙	回旋弃土或直接装车	吊升机具设在坑缘或坑下，必要时可在坑上设卸车平台接运
		人力吊杆带活底木斗	吊杆回旋自动弃土或装车	
		爬坡车：有轨(石质)无轨(土质)	爬坡车、接斗车或手推车	
土质，无支撑或有支撑	吊车抓泥斗：软土(无凿双开)硬土(有凿双开)漂石或大砾石(四开)	抓泥斗	吊臂回旋弃土或直接装车	
	人力挖掘	铁锹向上翻	倒装远运	

(3)基坑开挖注意事项。

1)应根据地质情况采用人力或机械开挖,并在开挖过程中,随时检查开挖尺寸、位置,严密注意地质情况变化,随时修正基坑尺寸和开挖坡度。

2)采用机械开挖时,基底应留厚 20～30 cm 土层,改为人工开挖,避免机械施工时扰动基底土层。

3)人工开挖施工时留置的厚 20～30 cm 土层,应勤测量、勤检查,以避免基坑深度超挖。当基坑深度超挖时,应通过变更设计采取降低基础、加厚基础等措施,不得随意回填。

4)采取先施工复合地基后开挖时,如果地基处理可能产生孔隙水压力和侧向挤压应力,则基坑开挖应该在地基处理完至少 2 周后进行,并在开挖前采取降水消除孔隙水压力的措施,基坑一次开挖的深度不宜大于 2 m。开挖过程中应对基坑边坡实施位移观测。

5)雨期施工应注意边坡稳定,必要时可适当放缓边坡或设置支撑,基坑边应设拦水坎和排水沟防止雨水流入基坑,土质较差的边坡宜采用防水布覆盖,防止雨水冲刷边坡。雨期开挖工作面不宜过大,应分段进行开挖和基础圬工施工。

6)基底应避免超挖,松动部分应清除。使用机械开挖时,不得破坏基底土的结构,可在施工图标示高由人工开挖。

7)基坑开挖应在指定位置弃土,不得随意堆放,一般应符合下列要求。

①不得妨碍施工。

②弃土堆坡脚距坑顶缘的距离不宜小于基坑的深度。

③宜弃在地面水流方向的下游。

④不得淤塞河道,影响泄洪。

⑤不得使地面水流冲刷农田和建筑物或设施。

3. 坑壁支撑基坑开挖

下列情况可采用支撑加固坑壁:若放坡开挖会影响附近建筑物、构筑物,不能放坡开挖者;基坑为不稳定的含水土壤,放坡开挖无法保持边坡稳定者;较深基坑用支撑代替放坡开挖,以缩短工期或其他特殊需要者。

(1)支撑形式。

1)直衬板式坑壁支撑。直衬板(即挡板,下同)式支撑由直衬板、横木(或横板)与横撑组成。按土质情况,可一次挖成安装支撑板或分段下挖,随挖随支。如图 4-1 所示。

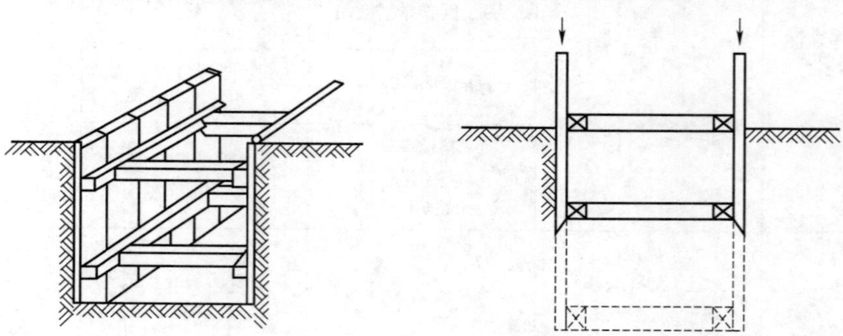

(a) 直衬板支撑一次完成　　(b) 直衬板支撑分段完成

图 4-1　直衬板支撑

2)横衬板式坑壁支撑。横衬板式坑壁支撑由横衬板、立木(或立板)与横撑组成,也可分一次支撑与分段支撑。如图 4-2 所示。

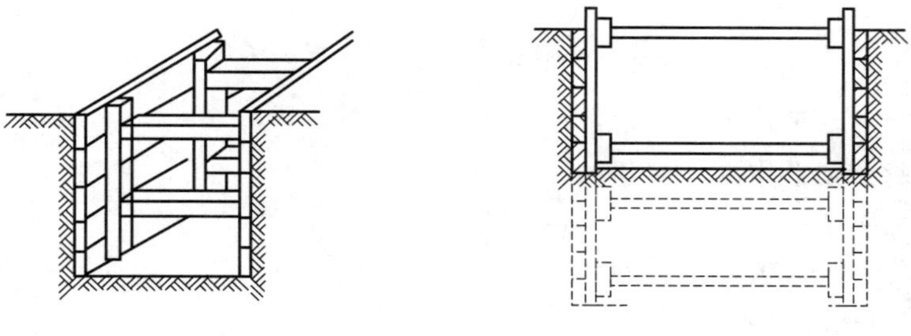

(a) 横衬板支撑一次完成　(b) 横衬板支撑分段完成

图 4-2　横衬板支撑

3)框架支撑。框架支撑形式与直(横)衬板支撑相同,因坑壁距离较大,横撑部分改用不同型式的框架支护。如图 4-3 所示。中间留有桥墩台的施工空间。

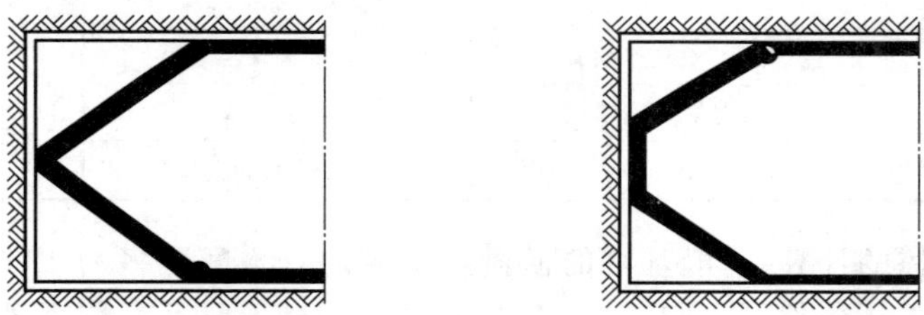

(a) 框架人字形支撑　(b) 框架八字形支撑

图 4-3　框架式支撑

4)其他支撑形式。利用旧工字钢或短轨等型钢打入土中代替立柱,边挖边镶入横木板,可用于不稳定的土质基坑。

大面积基坑无法安装横撑时,可用锚桩式、斜撑式或锚杆式支撑。如图 4-4 所示。但应计算锚桩的拉应力。

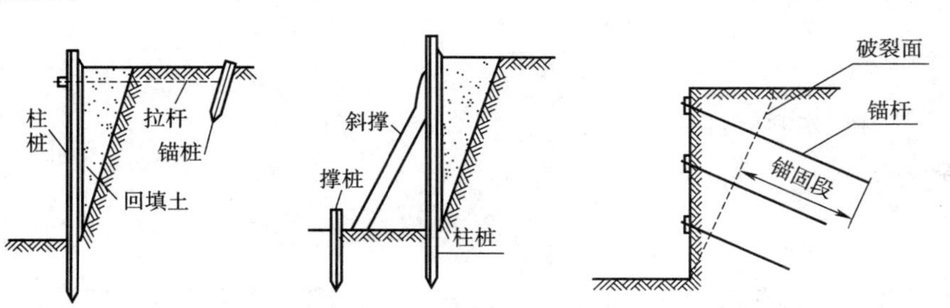

(a) 锚桩式支撑　(b) 斜撑式支撑　(c) 锚杆式支撑

图 4-4　锚桩式、斜撑式、锚杆式支撑

对于水平挡板,在挡板中处于最下的一块挡板受力最大,其厚度也应为最大。

(2)坑壁支撑计算。土压按库伦公式计算,不计土与衬板间的摩擦力。

主动土压:

$$e_a=\gamma h\tan^2\left(45°-\frac{\varphi}{2}\right)=p_a h \tag{4-1}$$

被动土压：

$$e_p=\gamma h\tan^2\left(45°+\frac{\varphi}{2}\right)=p_p h \tag{4-2}$$

式中 γ——坑壁土壤平均天然容重；

φ——坑壁土壤平均内摩擦角；

h——基坑深度；

p_a,p_p——主动土压及被动土压的增加率。

坑壁支撑受力状况见表4-4。

表4-4 坑壁支撑受力状况

支撑形式		杆件形式	荷 载	支承点
横衬板式	衬板	简支梁或连续梁	均布荷载(土压)	立木
	立木	简支梁或连续梁	三角形荷载	横撑
	横撑	压杆	轴向力(立木支点反力)	
直衬板式	衬板	简支梁或连续梁	三角形荷载(土压)	横木
	横木	简支梁或连续梁	均布荷载	横撑
	横撑	压杆	轴向力(横木支点反力)	

横衬板坑壁支撑的计算：一般基坑的横衬板支撑的立木间距多为1.5～2.0 m，横撑间距由立木强度及基坑工作条件等决定，一般为1 m左右。衬板厚度可核算受力最大的最下一块板来决定。

如图4-5(a)所示，最下一块板上的水平压力图是梯形，为简化计算，用 $E_a=p_a b$ 的矩形压力图来代替，板宽为b。横衬板是受均布荷载 bE_a 的连续梁，如图4-5(b)所示，为简化计算并考虑安全问题，按简支梁来求其最大弯矩，即

$$M_{max}=\frac{bE_a l^2}{8} \tag{4-3}$$

所需衬板的断面模量为：

$$W=\frac{M_{max}}{[\sigma]} \tag{4-4}$$

式中 $[\sigma]$——衬板木料容许挠曲应力。

衬板厚度为：

$$d=\sqrt{\frac{\sigma W}{b}} \tag{4-5}$$

立木为承受三角形荷载的连续架，也按多跨简支梁计算，并按控制跨度设计其尺寸，计算时可将各跨间梯形分布荷载简化为均布荷载 q(等于其平均值)，如图4-5(c)中虚线所示。然后取其控制跨度，求最大弯矩及立木断面模量，即可确定立木尺寸。

$$M_{max}=\frac{q_2 l_2^2}{8} \tag{4-6}$$

$$W=\frac{M_{max}}{[\sigma]} \tag{4-7}$$

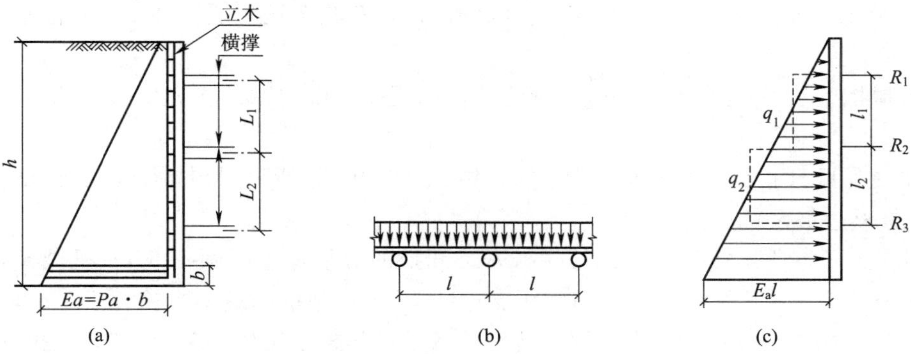

图 4-5　横衬板坑壁支撑计算示意图

支点反力可按承受相邻两跨度上各半跨的荷载计算。如图 4-5(c)的中间支点反力为：

$$R_2=\frac{q_1l_1+q_2l_2}{2} \tag{4-8}$$

立木两端已无支点，其悬臂部分荷载应分别由上下两支点(R_1，R_3)承受。

横撑为承受支点反力的压杆，计算时应考虑纵向挠曲，进行检算。横撑木在立木上的支承应力常为控制因素，可采用硬木楔块扩散应力，来提高承受能力。

直衬板坑壁支撑计算，可比照横衬板的计算原则办理。

横撑按等间距布置时，承受土的水平压力，可取最下一跨的板进行计算，计算方法与连续水平挡板基本相同。

(3)坑壁支撑施工。

1)支撑的施作。

①挡板支护坑壁要根据坑壁土质情况，采取挡板紧密铺设或间隔铺设一次开挖或分段开挖，但一次不宜超过 1.5 m。坑壁支护木材应采用材质良好的针叶材，如松木、衫木，不宜使用杂木。楔块、垫木宜用硬木。

②挡板与坑壁间的空隙应用原土填实，使挡板与土壁严密接触。

③坑壁土压因土的湿度增大而变大，可能影响支撑的变形，故应随时检查，防止出现受力不均和应力集中等情况。检查时除观察支撑变形，开裂现象外，可用小锤敲击，按声响判断受力大小。受力小的声纯，受力大的声脆；受力过大的支木会发出格格响声；对已变形或受力过大的支撑应随即加固或更换，加固的方法有打紧受力较小的部分的楔木，或增加立木、撑木等。

④施工中应注意防止硬撞撑木，在有可能碰撞撑木的部位，应加设垂直护板或采取其他有效措施。

⑤换移支撑时，应先设新撑再拆除旧撑。支撑施工时应先考虑完工后拆除次序，一般应按立木或直挡板自下而上分段分层逐步进行，拆除一段(或一层)并夯实后再拆除一段(或一层)，直至地面。

2)基坑开挖。

①开挖方法选择。可根据施工现场的水文地质、环境和机械设备配备等情况选择开挖方法。

a. 人力开挖土方人力提升法：跳板或扒杆安装，人工挖装、吊运，双轮车运至坑口外 20 m，修整边坡及坑底面。

b. 人力挖土卷扬机提升法:人工挖装,机械吊运,双轮车运至坑口外 20 m,修整边坡及坑底面。

c. 机械挖土法:运至坑外 20 m,包括近坑底高程 0.5 m 以内的土方以人工挖运,坑壁及坑底修整。

d. 机械钻眼开挖石方卷扬机提升法:钻眼、爆破、装石、清理、机械吊运,双轮车运至坑口外 20 m,修整边坡及坑底面。

采用人工开挖或机械开挖,分层开挖,人工开挖的分层厚度不大于 1 m;机械开挖的分层厚度不大于 1.5 m。开挖完成后随即施作支护结构,矩形基坑的最小边长大于 5 m 时,可以采取分部开挖,分部支护的方法,先挖周边坑槽后清挖中间核心土体,完成一部分支护一部分,缩短坑壁裸露时间。

②设备配置。

人力开挖工具设备:铁镐、铁锹、风钻、电钻、钢钎、坡度尺、线绳、梯子、测量仪器、手推车、扒杆。

机械施工设备:卷扬机、手持内燃凿岩机、挖掘机、推土机、清水泵。

③挡板支撑护壁应注意的问题。

a. 支撑挡板,应根据土质并检算确定支撑间距、分层开挖厚度,边挖边支。

b. 支撑结构应由专人检查,每天检查 1～2 次,发现变形,应及时加固或更换构件。更换构件时应先撑后拆。

c. 机械开挖、吊斗出土及爆破作业,应有防护措施,不得碰撞、损坏支护结构。

3)支撑拆除。支撑拆除自下而上。待下层支撑拆除并将基坑回填后,再拆除上层支撑。

4)其他施工。测量放线、引截排水、基坑清理和检查、基层处理等同无支护基坑明挖施工工艺。

5)操作要点。根据测量放样出的基坑支护边线,进行支挡结构的施工。支护施工结束后进行基坑的开挖,采用挖掘机等机械结合人工的方式进行基坑开挖。基坑开挖时,挖掘机顺着基础长边的方向,向后退着挖。开挖过程中,注意控制好坑壁坡度,以防止坑壁坍塌,并控制好基坑开挖的深度,先采用机械开挖至基础底高程处,再接着人工精确修整至基础底高程。

6)注意事项。

①基坑周边设置连续封闭的安全护栏,防止人员坠落。

②靠近道路及便道侧,基坑边增加一道卸荷措施,保证行车的安全距离。

③开挖前,先进行围檩施工,做好支撑后才能开挖至设计深度。

④基坑开挖完成后,可在基坑边坡上设置两个爬梯,方便人员进出基坑。

⑤在施工过程中,对地面沉降、支护位要定期观察测试,加强支护的监控,应及时做好抽水,随时注意基坑壁变化以防止坍塌事故发生。

4. 喷射混凝土加固坑壁

喷射混凝土加固桥梁基坑,一般适用于渗水量不大,直径在 10 m 左右,挖深在 10 m 以内的基坑。黏砂土、砂黏土及砂夹卵石的地质均可使用。其优点是施工进度较快,机械设备简单,能减少大量土方工程。

(1)基坑开挖尺寸。基坑开挖尺寸应根据开挖深度、基础形状及地质条件决定。不论基础外形如何,均应采用圆形基坑,以改善坑壁受力均匀。如地质稳定,挖深在 5 m 以内时,也可按基础的矩形开挖。

对土质稳定性较好、渗水量很少的基坑，其开挖限界即为第一层基础的尺寸。如图 4-6 所示。

在地质情况不稳定，有较多渗水时，应考虑坑底四周排水沟及集水井的面积。开挖边坡可适当采用 1∶(0.07～0.1)的坡度。图 4-7 为某桥矩形基础，由于地下渗水较多，在基底砌筑浆砌片石截水墙一圈，内外侧喷射混凝土起防水作用，使坑内涌水不致流入基础，并作为基础混凝土模板，确保了施工质量。

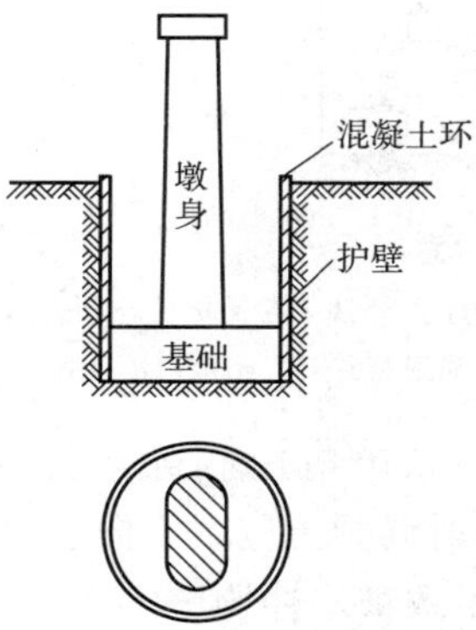

图 4-6　圆形基础喷射护壁

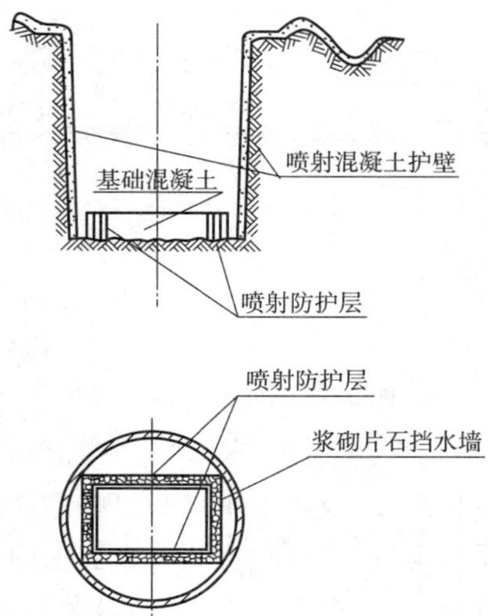

图 4-7　矩形基础喷射护壁

(2)基坑开挖和喷护。基坑井口应作防护。开挖基坑前，就地挖沟为模，灌注宽 40 cm、深 100 cm 的混凝土环圈，露出地面 10～20 cm，用以加固井口并防止地表水或杂物掉入井内。如图 4-8(a)所示。也可在距井口 0.5～1.0 m 处用弃土堆成高约 30 cm 的护圈。必要时在护圈外挖设排水沟。如图 4-8(b)。在护圈及排水沟上需喷射混凝土，以防止地表水从排水沟渗入基壁而增大对护壁的压力。实践证明，用堆土防护圈施工简易方便，可以代替混凝土防护环圈的作用。

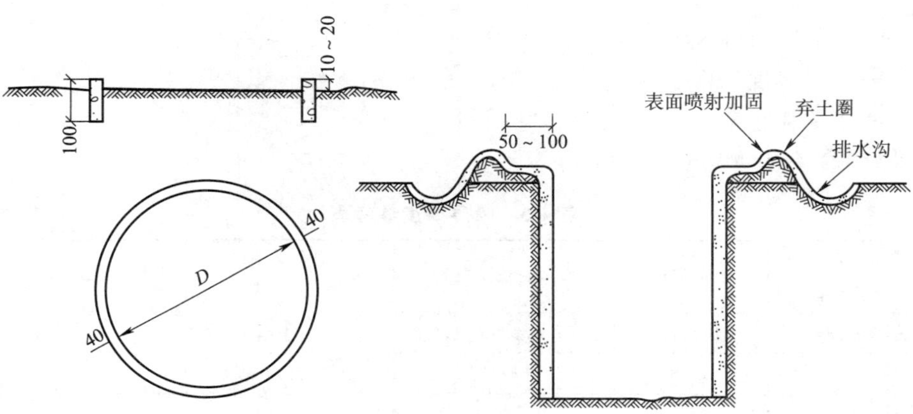

(a) 混凝土防护环圈　　(b) 堆土防护圈

图 4-8　井口防护圈(单位：cm)

基坑开挖，要根据基坑大小、出土能力等安排劳力。每班一般为 10～20 人，每下挖 0.5～1.0 m，即喷护一次。喷护组由 4～8 人组成。混凝土配合比，工地一般采用水泥：砂石：水＝1：4：(0.4～0.5)。其他施工工艺、设备与隧道喷射混凝土基本相同。其中速凝剂掺入量可为水泥用量的 3%～4%。喷护作业如图 4-9 所示。

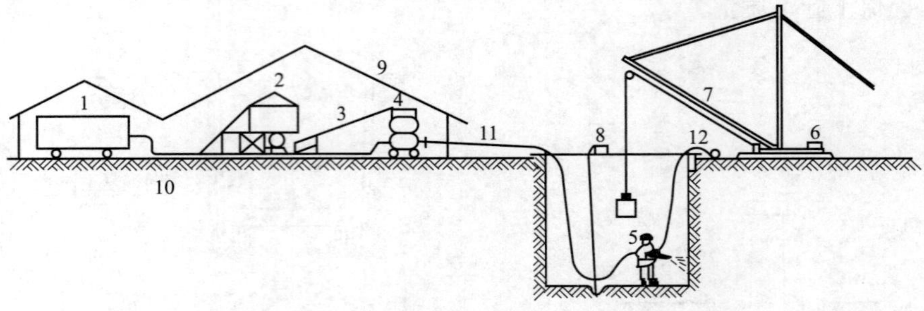

图 4-9 喷射混凝土壁作业示意

1—空压机；2—拌和机；3—皮带运输机；4—喷射机；5—喷射操作人员；6—卷扬机；7—摇头扒杆；8—抽水机；9—拌和堆料棚；10—高压管路；11—混凝土喷射管路；12—高压水管路

一次喷射厚度，取决于土层与混凝土的粘合情况，如一次喷射达不到规定时，要待第一层混凝土终凝后再进行补喷，直到符合要求的厚度为止。喷射混凝土应由下向上成环进行，对有渗水处的坑壁，改为由上而下进行，以保证新喷混凝土层不致被水冲刷。

(3)喷层厚度的确定。喷层厚度可按静水压力公式计算，设坑壁为圆形，具体如下：

$$d=\frac{PD}{2[\sigma]} \tag{4-9}$$

式中 d——喷层厚度(m)；

D——基坑直径(m)；

$[\sigma]$——喷射混凝土容许压应力(Pa)；

P——土的侧压力(Pa)，其值为：

$$P=\sum \gamma h \tan^2\left(45^\circ-\frac{\psi}{2}\right) \tag{4-10}$$

γ——土的容重(kN/m^3)；

h——土层厚度(m)；

ψ——土壤休止角。

喷层厚度参考表见表 4-5。

表 4-5 喷层厚度参考表 (单位：cm)

<table>
<tr><th>渗水情况
地质条件</th><th>无水基坑</th><th>有少量渗水基坑</th><th>有大量渗水基坑</th></tr>
<tr><td>粉砂，流砂，淤泥</td><td>10～15</td><td>15(加少量木桩)</td><td rowspan="4">15～20(加较多的木桩及塞草袋竹片)</td></tr>
<tr><td>砂黏土</td><td>5～8</td><td>8～10</td></tr>
<tr><td>黏砂土</td><td>3～5</td><td>5～8</td></tr>
<tr><td>卵碎石土</td><td>3～5</td><td>5～8</td></tr>
<tr><td>砂夹卵石</td><td>3～5</td><td>5～8</td><td>8～10</td></tr>
</table>

(4)涌水和坍塌处理。对少量的渗透水,喷射无困难,一经喷射即可以完全止水。对集中的水流或稍大的渗水,则喷射应从无水或水量小的地段开始,逐步喷向水大地段,最后用竹管或胶管将集中的流水引至坑底。至于较大涌水层,上述方法无效时,可按如图4-10所示办理。即开挖进入较大涌水层时,每次下挖深度不宜大于0.5 m,先挖中心部分,使水汇集在坑中心,开挖周边时向外扩挖40 cm左右,随挖随将大小略有级配的卵、片石干砌回填,塞满开挖限界,使涌水从砌石背后流入坑底,干砌表面无大渗水时即可进行喷射。

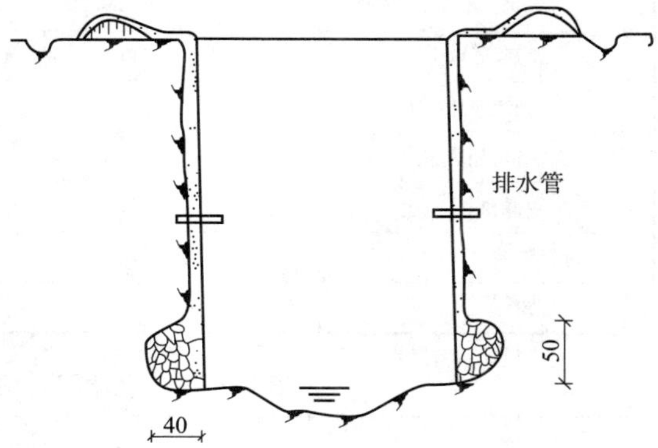

图4-10　较大涌水时的喷护方法(单位:cm)

对易坍塌的流砂、淤泥层,可先在坑壁打入ϕ7～ϕ10 cm,长100 cm的杂木桩,与坑壁成30°角打入50 cm。在打好的桩上编制竹篱或荆笆,或塞以草袋等,再行喷射。

5. 混凝土护壁

混凝土护壁应符合下列规定:

(1)混凝土围圈护壁,除流砂及呈流塑状态的黏性土外,适用于各类土的开挖防护。

(2)混凝土的强度等级、结构形式和断面尺寸应符合设计要求,拆模强度应达到设计强度等级的100%。

(3)混凝土围圈的开挖面应均匀分布,对称开挖并及时浇筑,无支护总长度不得超过1/2周长。

(4)围圈混凝土应由上而下逐层浇筑,顶层应一次整体浇筑,以下各层可分段开挖浇筑。上下层混凝土纵向缝应相互错开。分层高度以垂直开挖面不坍塌为原则。顶层高度宜为2 m,以下每层高宜为1.0～1.5 m。

4.1.3　基坑排水及水中挖基

地下水位应低于基底,严禁带水作业。如基坑汇水量较大,可在基坑内设排水沟和积水坑,采用抽 水机排水。

1. 渗水量计算

估算侵入基坑的水量,可用抽水试验或直接计算法进行。前者是在试坑或钻孔中进行实地抽水求得,结果较为可靠,但不如后者简便。施工前为了估计抽水设备能力,可应用直接计算法。直接计算法只求基土含水层的渗水,水中基坑应另外估计围堰壁的漏水量。

施工前为了估计基坑抽水设备能力,应先计算基坑的渗水量。计算可参照现有的经验公式进行,其中土层的渗透系数是计算渗水量准确与否的关键。表4-6、表4-7给出的渗透系数值可供参考查用。求得渗透系数后,选用下列相关公式计算基坑的总渗水量。

表 4-6　土质渗透系数 *K* 的经验近似值

土质名称	K(m/d)	土质名称		K(m/d)
高液限黏土	＜0.001	砂	细	1～5
黏土质砂	0.001～0.05		中	5～20
含砂低液限黏土	0.05～0.10		粗	20～50
含砂低液限粉土	0.10～0.50	砾类土		50～150
低液限黏土(黄土)	0.25～0.50	卵石		100～500
粉土质砂	0.5～1.0	漂石(无砂质充填)		500～1 000

表 4-7　按土质颗粒大小的渗透系数 *K* 经验近似值

土质名称		K(m/d)
黏土质粉砂	0.01～0.074 mm 颗粒多数	0.5～1.0
均质粉砂	0.01～0.074 mm 颗粒多数	1.5～5.0
黏土质细砂	0.074～0.25 mm 颗粒多数	1.0～1.5
均质细砂	0.074～0.25 mm 颗粒多数	2.0～2.5
黏土质中砂	0.25～0.5 mm 颗粒多数	2.0～2.5
均质中砂	0.25～0.5 mm 颗粒多数	35～50
黏土质粗砂	0.5～1.0 mm 颗粒多数	35～40
均质粗砂	0.5～1.0 mm 颗粒多数	60～75
砾石		100～125

(1)基坑在干涸河床时,其公式如下:

$$Q=\frac{1.366K(H^2-h^2)}{\lg(R+r_0)-\lg r_0} \tag{4-11}$$

式中　Q——基坑总渗水量(m^3/d);

K——渗透系数(m/d);

H——含水层厚度(m);

h——抽水后稳定水位至不透水层的厚度(m);

R——影响半径(m),做过抽水试验的用观测值,否则查表 4-8 的值;

r_0——基坑半径(m),对于矩形基坑,$r_0=\eta\frac{A+B}{4}$,其中 A 与 B 为基坑的长与宽,η 为系数,η 取值见表 4-9;对于不规则基坑,$r_0=\sqrt{F/\pi}$,其中 F 为基坑面积,π 为圆周率。

表 4-8　影响半径 *R* 值表

土的种类	粒径(mm)	所占质量(%)	R(m)
极细砂	0.25～0.1	＜70	25～50
细砂	0.1～0.25	＞70	50～100
中砂	0.25～0.5	＞50	100～200
粗砂	0.5～1.0	＞50	200～400

续上表

土的种类	粒径(mm)	所占质量(%)	R(m)
极粗砂	1.0～2.0	>50	400～500
小砾石	2.0～3.0	—	500～600
中砾石	3.0～5.0	—	600～1500
大砾石	5.0～10.0	—	1500～3000

表 4-9　η 值

B/A	0	0.2	0.4	0.6	0.8	1.0
η	1.00	1.12	1.14	1.16	1.18	1.18

(2)基坑临近有水的河沿时，其公式如下：

$$Q=\frac{1.366K(H^2-h^2)}{\lg(2D/r_0)} \tag{4-12}$$

式中　D——基坑距河水边线距离(m)；其余符号同式(4-11)。

(3)含水层为均质土，且基坑具有不漏水的板桩围堰时，其公式如下：

$$Q=KHUq \tag{4-13}$$

式中　K——渗透系数(m/h)；

U——围堰周长(m)；

q——单位渗透量，即每延米基坑周长在单位水头(等于 1)作用下，当渗透系数为 1 时的渗透量；其余符号同式(4-11)。

如果透水层为非均质土时，其渗透系数应采用各土层厚度渗透系数的加权平均值计算，即

$$K=\sum K_i h_i/\sum h_i \tag{4-14}$$

式中　K_i，h_i——各土层的渗透系数与厚度。

(4)缺水文地质资料时，采用式(4-15)估算。

$$Q=F_1q_1+F_2q_2 \tag{4-15}$$

式中　F_1——基坑底面积(m^2)；

F_2——基坑侧面积(m^2)；

q_1——基坑底面积平均渗水量[$m^3/(m^2\cdot h)$]，见表 4-10；

q_2——基坑侧面积平均渗水量[$m^3/(m^2\cdot h)$]，可按表 4-11 取值。

表 4-10　基坑每平方米底面积平均渗水量 q_1

序号	土类	土的特征及粒径	渗水量(m^3/h)
1	细粒土质砂、松软粉质土	基坑外侧有地表水，内侧为岸边干地，土的天然含水率<20%，土粒径<0.05 mm	0.14～0.18
2	有裂隙的碎石岩层、较密实的黏质土	多裂隙透水的岩层，有孔隙水的黏质土层	0.15～0.25
3	黏土质砂、黄土层、紧密砾土层	细砂粒径 0.05～0.25 mm，大孔土质量 800～950 kg/m^3，砾石土孔隙率在 20%以下	0.16～0.32
4	中粒砂、砾砂层	砂粒径 0.25～1.0 mm，砾石含量在 30%以下，平均粒径 10 mm 以下	0.24～0.8

续上表

序号	土类	土的特征及粒径	渗水量(m^3/h)
5	粗粒砂、砾石层	砂粒径 1.0～2.5 mm,砾石含量在 30%～70%,平均最大粒径 150 mm 以下	0.8～3.0
6	砾卵砂、砾卵石层	砂粒径 2.0 mm 以上,砾石、卵石含量在 30%以上(泉眼总面积在 0.07 m^2以下,泉眼直径在 50 mm 以下)	2.4～4.0
7	漂石、卵石土有泉眼或砂砾石有较大泉眼	石粒径平均直径 50～200 mm,或有个别大弧石在 0.5 m^3以下(泉眼总面积在 0.15 m^2以下,泉眼直径在 300 mm 以下)	4.0～8.0
8	砾石、卵石、漂石、粗砂、泉眼较多		>8.0

注:表中渗水量无地表水时用下限;地表水深 2～4 m,土中有孔隙时用中限;地表水深大于 4 m,松软土时用上限。

表 4-11 基坑每平方米侧面积平均渗水量 q_2

序号	基坑类型	渗水量(m^3/h)
1	敞口放坡开挖基坑或土围堰	按表 4-10 同类土质渗水量 20%～30%计
2	石笼填土心墙围堰	按表 4-10 同类土质渗水量 10%～20%计
3	挡土板或单层草袋围堰	按表 4-10 同类土质渗水量 10%～20%计
4	钢板桩、沉箱及混凝土支护坑壁	按表 4-10 同类土质渗水量 0～5%计
5	竹笼围堰	按表 4-10 同类土质渗水量 15%～30%计

2. 排水作业(加插管抽排)

(1)各种排水方法的适用条件。

1)抽水:除严重流砂外,一般情况均可适用。

2)改沟、改河:适用于较小的地面水,一般基坑可用抽水相结合的方法,排除地面及地下水。

3)渡槽:适用于排除少量地面水或灌溉用水。

4)冻结法:适用于严寒地区,昼夜平均温度在−10℃以下的季节性施工(人工冻结法不受此限制)。

5)井点法:适用于砂性土壤(土层渗透系数在 0.1～80 m/d 内)。一般多用于城市附近修建桥涵基坑排水用。

(2)抽水。

1)水泵选择。应按下列条件选择水泵:

①设备总排水量 V 一般为渗水总量 Q 的 1.5 倍,水泵安装在静水位以下时,宜为 2.0 倍。大于 Q 的部分为备用量。

②每台水泵的排水量 q:当 $V=1.5Q$ 时,$q\leqslant 0.5Q$;$V=2.0Q$ 时,$q\leqslant Q$。渗水量变化较大时,应用多台排水量较小的水泵。

常用离心单级泵的流量,可按式(4-16)估算。

$$Q=Fv=\frac{\pi}{4}D^2 v=2.2D^2 \tag{4-16}$$

式中 F——水泵进水口面积(m^2);

D——水泵进水口直径(m);

v——水泵进水口流速，采用 2.8 m/s。

③水泵类型：$Q<20\ m^3/h$，用膜式水泵、手压泵等；$Q=20\sim60\ m^3/h$，用膜式泵或离心泵等；$Q>60\ m^3/h$，用离心泵。

2)水泵的安装。根据基坑深度、水深及选用水泵性能条件，分别安装在坑顶、静水面或水位以下。潜水泵可直接放入坑底水中抽水。一般水泵吸程多为 6～7 m，如吸程小于基坑深度时，需将水泵位置降低。吸程不足时，可用串联法安装或采用多级水泵。

3)汇水井与排水沟。汇水井与排水沟应设在基础范围以外，按规定留出四周位置。基坑开挖应先开挖排水沟及汇水井，使其低于基坑底面约 30～40 cm，汇水井深应大于水泵进水阀的高度，一般为 0.7～1.0 m。抽水时需有专人负责汇水井的清理工作。

4)抽水注意事项。

①地面为渗水性的土质，抽水排水管应适当远引，以防渗回基坑，致使边坡坍塌。

②基坑土质欠稳定时，安置在护道上的设备，应以小木桩加固。并宜选用振动力较小的机械。

③在细、粉砂层中挖基，抽水会造成基底翻砂现象，有条件时可采用井点降水法施工，或不抽水开挖，最后灌注水下混凝土封底。

④在渗水性较大的土层中，一个基坑抽水，可使相邻基坑水位相应降低。在安排水泵及开挖顺序时，可适当利用其特点。

⑤爆破坑底石质或处理孤石时，对水泵、进水阀管，要采取防护措施。

(3)改沟、改河及渡槽。改沟一般为全沟改道。流量较大的河流改移，可采用局部或全部改道。如图 4-11 所示。局部改道在河床坡度比较大时才能采用。改河所用的挑水坝或拦河坝结构，可参照围堰中的土堰或木堰施工。在流速较大的河流上，可先抛片石或石笼筑坝。

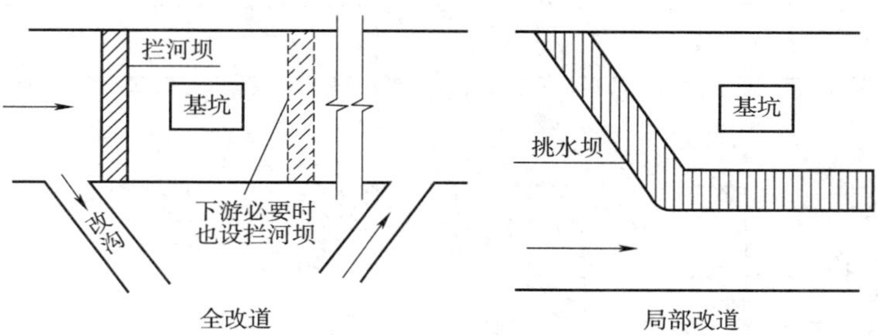

图 4-11　改沟改河示意

渡槽是用木槽或钢槽承接沟水跨越基坑，槽底要有适当坡度。基坑较宽时，应以简单支架承托。

(4)冻结法。

1)人工冻结法是在基坑周围打入冷气管，导入冷气或冷液，使基坑周围结成冻土墙，从而起防水作用。该法虽不受季节限制，但费用大，工期长，设备复杂，在桥涵基坑上极少使用。

2)天然冻结法是利用天然冷空气促使河面冻结，逐步形成冰壁围绕基坑，以起防水作用。它是严寒地区既经济又简便的施工方法。

采用天然冻结法的施工技术条件为：

①气温:自基坑开挖至完成基础圬工的时间内,必须保持昼夜平均气温在－10℃以下。

②流速:适用于流速 0.5～1.5 m/s 的水流中,流速大于 1.5 m/s 时,则需增设围堰或其他阻流措施,加速水层冻结。

③地质:冻结法不受地质条件限制,但各种土质的冻结速度不同。各种土壤与水的冻速比较见表 4-12。

表 4-12 各种土壤与水的冻速比较

土壤名称	与水的冻速比较(倍数)	土壤名称	与水的冻速比较(倍数)
含有卵石的砂土	2.8	淤泥质砂土	1.5
粗、中砂类土	2.4	淤泥	1(与水同)
冲积砂土	2.1		

④基坑深度:一般在三个月内能保持－10℃的日平均气温下,可挖深 5 m 左右的基坑。水深在 1.5 m 以上时,宜采用冰套箱法,小于 1.5 m 的水深,可用粗砂回填出水面,加快冻结速度。

⑤基坑间距:为减少河流堵塞,间距不能太小,梁跨宜在 16 m 以上较为合适。

3)施工方法。用分层开挖冻层的方法,需待冻层达到一定厚度,从上往下逐层开挖,每天保留一定厚度,陆续通过水层、覆盖层到达河床设计深度。较大的基坑为抵抗静水压力,需留格墙,分格开挖,最后凿除格墙。其施工步骤如图 4-12 所示。

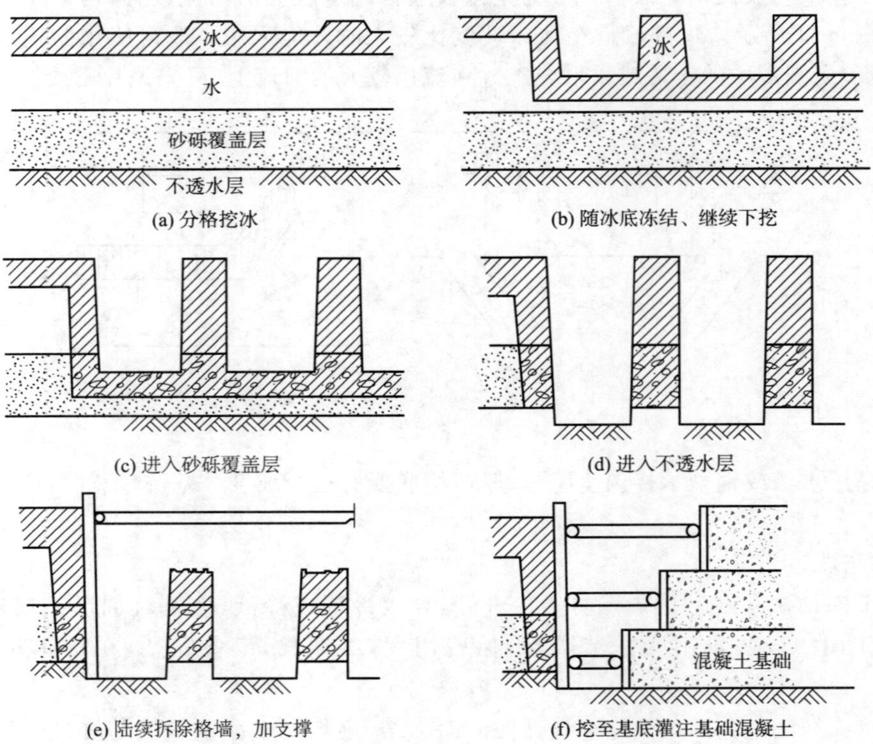

(a) 分格挖冰 (b) 随冰底冻结、继续下挖 (c) 进入砂砾覆盖层 (d) 进入不透水层 (e) 陆续拆除格墙，加支撑 (f) 挖至基底灌注基础混凝土

图 4-12 分层开挖施工步骤

在深水处用冻结法开挖基坑，可先用冰套箱排水。先在水面以钢板箱为内模，木板为外模，灌水冻结成一个敞口冰套箱，然后四周凿冰加重，使冰套箱均匀沉入河底，待冰套箱与四周冻结牢固后，加温吊出钢板箱，然后按分层开挖方法施工。冰套箱的施工步骤如图 4-13 所示。

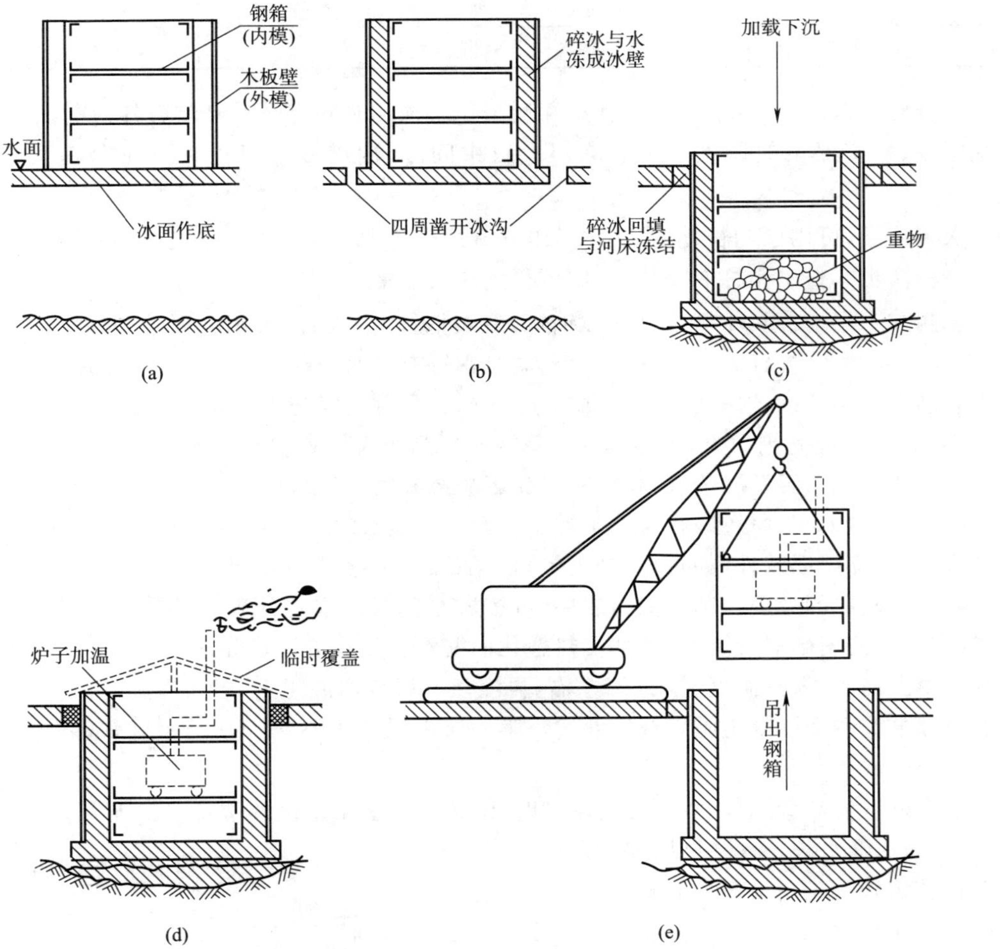

图 4-13　冰套箱施工步骤

4)预留冻层厚度与探测方法。冻结法开挖，要求冰冻层保留一定厚度，来承受静水压力。预留冻层厚度可按式(4-17)计算。

$$d=\varphi B\sqrt{\frac{H}{[\sigma]}} \tag{4-17}$$

式中　d——预留冻层最小厚度(m)；

φ——系数，根据基坑开挖分格长宽比值确定，见表 4-13；

B——基坑分格的短边(m)；

H——开挖层的深度(自冰面起算)(m)；

$[\sigma]$——冰的弯曲容许应力，当冰内无木筋时$[\sigma]$= 1.0 MPa；当冰内配木筋时$[\sigma]$= 2.0 MPa。

表 4-13 φ 取值

基坑长宽比值	系数 φ	基坑长宽比值	系数 φ
1.0	0.55	1.6	0.69
1.2	0.59	1.8	0.73
1.4	0.64	2.0	0.79

要准确掌握冻层厚度,需做好冻层探测工作。探测时间应在上班前后各一次,以决定当天开挖厚度、核实保留的厚度。坑底冻层大致中间厚、四周薄。探测时应在中心及四周分别测定。

探测冰层,可用已知长度的 ϕ13～ϕ19 mm 木工手钻,慢慢钻入冰层,将穿透冰层时,即有水沿钻杆渗出。量出钻杆剩余长度,即可得到冰层厚度。

探测冻土层,改用 ϕ19～ϕ22 mm 钢钎,一人把钎,一人打锤,用力要均匀适当。在快穿透时,下降速度增加,握钎人手中振力减小,同时钢钎有渗水出现,即可求得冻土层厚度。

5)刨挖方法。刨挖冰层应用小镐轻刨。冻土需用钢钎与大锤,二人操作,钢钎与地面成 50°～60°打入。应先刨中央,后刨四周。第一层应为当天计划刨厚的 1/2～2/3,分层找平。刨出的冰块或冻土块要及时清理出坑外,以免影响坑底的冻结。

刨冻层时,如有少量渗水,可铺干黏土。较大的震裂缝,要用棉絮、破布条或捣烂的水泥袋纸浆塞严,上部压以铁件(如短轨、型钢等),并加强人工通风,使其冻结。

6)冻结基底的处理。基底如为岩层,可按岩石基底的规定处理。其他土质基底需铺设隔温层,防止灌注基础混凝土时,底部受热融化而漏水。处理方法可先灌注一层 10 cm 厚含氯盐的冷混凝土铺底,入模温度应在 0℃左右,再灌注一层普通混凝土,当入模温度在 10℃左右时,以上部分可按冬季混凝土施工规定灌注。第一层冷混凝土不作为基础厚度,基底应按设计高程多挖 10 cm。

水位以下的墩身部分,宜在灌注基础时,继续灌注露出水面的墩身混凝土。

(5)井点降水法。在基坑周围,打入带有过滤管头的井点管,在地面与集水总管连接起来,通到抽水系统用真空泵造成的真空度,将地下水吸入水箱,用水泵排出,使基坑底以下一定深度的地下水暂时降低。井点降水布置如图 4-14 所示。

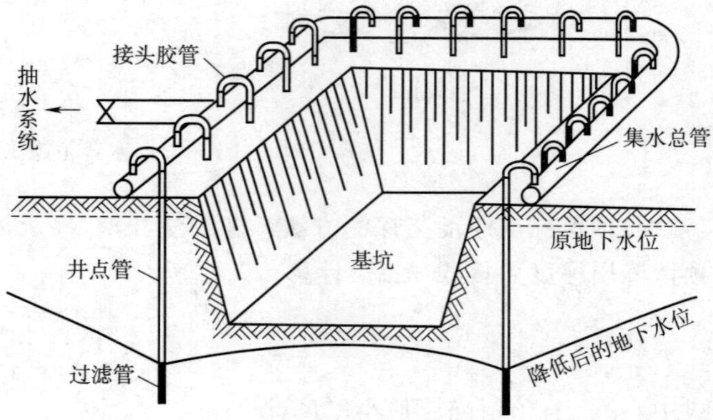

图 4-14 井点降水布置图

1)井点降水的适用条件。井点降水适用于渗透系数为 0.5～150 m/d 的土壤中,尤其在渗透系数为 2～50 m/d 的土壤中效果最好。降水深度一般可达 4～6 m,使用二级井点的降水深度约为 6～9 m,可满足一般桥涵基坑的施工需要。降水深度如超过 9 m,则应选用喷射井点或深井泵。

井点降水是通过过滤管抽水,不致带走土中细小颗粒。宜用于一般抽水开挖有困难的粉、细砂质基坑，或在既有建筑物附近施工时采用。但井点降水法用的施工机具较多，施工布置较复杂，在桥涵施工中多用于城市内挖基坑。

2)井点降水的施工布置。施工前，需定出水位降低深度、合理的管路布置及井距等。由于井点降水的理论计算复杂，且涉及许多不易确定的因素，计算数据与实际情况常有出入。故一般工地可采用当地经验数据布置。

常用井点管的间距为 1.0～1.6 m，可随土壤渗透系数的大小调整。管的长度一般为 8 m(包括管端 1.5～2.0 m 的过滤管长度)，过滤管顶端应在基底高程以下 0.5～1.0 m 为宜。井点管距基坑边缘外 1.5～2.0 m。一套抽水系统设备(即一台真空泵或水环式真空泵)所连接的集水总管长度约为 80～100 m，可连接 70～ 80 根井点管。如基坑长度或边周超过上述范围，则需设立两个或多个抽水站。

井点管要按基坑平面位置布置，当沟槽宽度小于 6 m，且降深不大，可单侧布管；当基坑宽度大于 6 m，应作双侧布管，如图 4-15(a)、(b)所示；当基坑深度大于 6 m(以地下水的降深计算)，可作二级井点布置，先布第一层井点管将水位降低，挖到一定深度(一般为 4～5 m)，再布第二层井点管。下层井点管的出水量较上层井点管多，但降水深度相应减少。二级井点最大降水总深度约为 9 m。布置如图 4-15(c)所示。

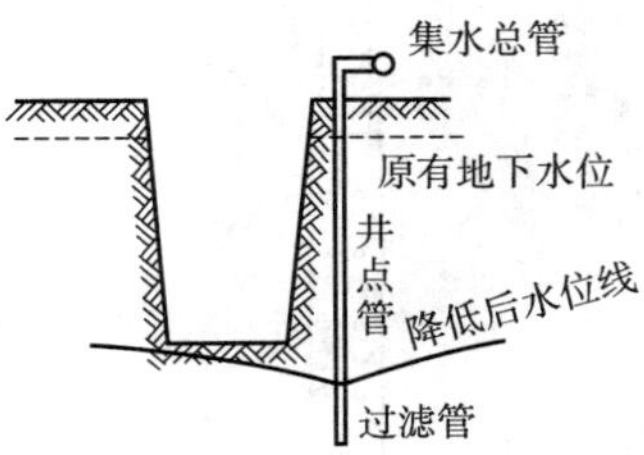

(a) 单侧布置

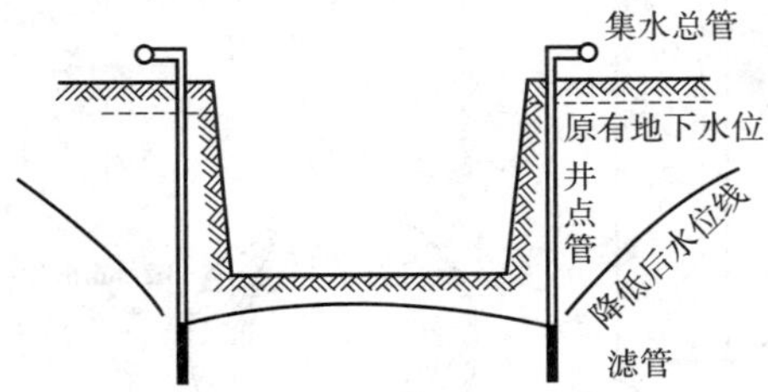

(b) 双侧布置

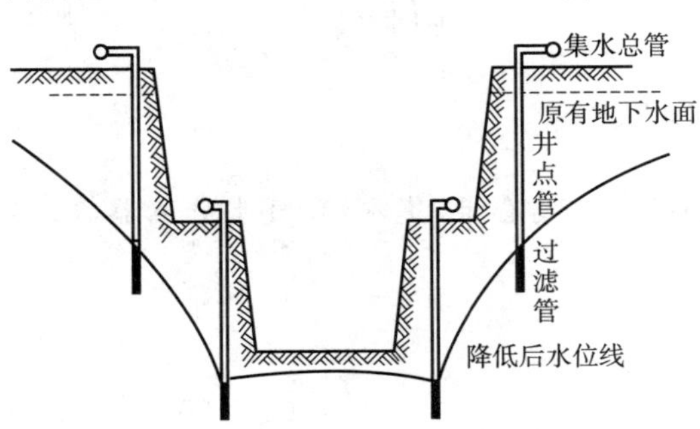

(c) 二级布管

图 4-15　各类井点管布置示意

3)井点降水设备。

①管路部分：包括过滤管、井点管及集水总管等。

过滤管及井点管可用 $\phi 40$～$\phi 50$ mm 的无缝钢管制作。过滤管长度为 1.5～2.0 m，直径可为 15～20 mm，按梅花形安排，过滤孔总面积约为过滤管总表面积的 20%～25%。管的上端用套管与井点管连接，下端用管帽封闭。现工地常以多层塑料窗纱夹尼龙布代替铜丝网，如图 4-16 所示。也有用 4 层棕皮直接包扎在过滤管外，起到了良好的过滤作用。

集水总管直径可用100～150 mm无缝钢管制作，按井距安装三通异径接头，或在集水总管上钻孔焊接接头短管。井点管下沉完毕后，宜用胶管与集水总管接头连接，用夹箍夹紧。如图4-17所示。

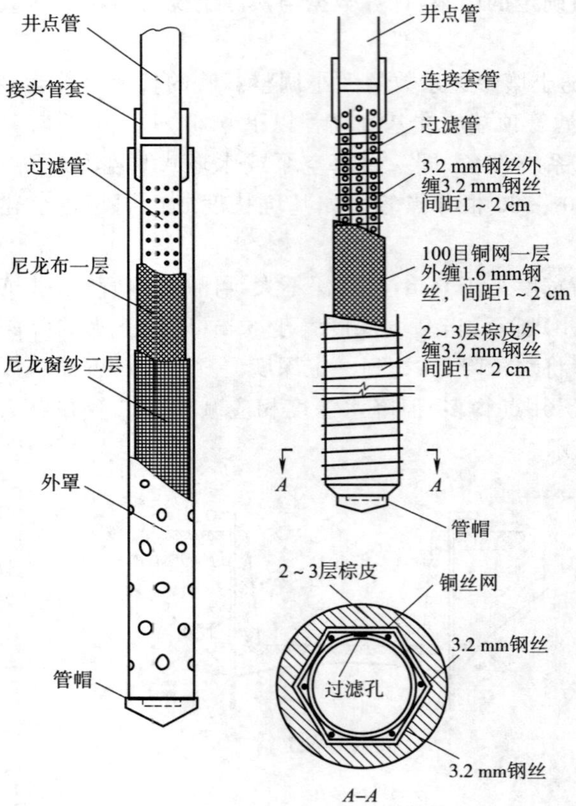

图4-16 过滤管示意

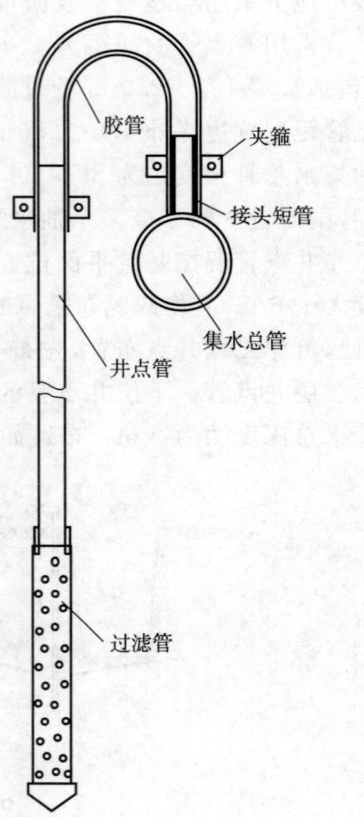

图4-17 集水总管与井点管连接示意

②抽水部分：主要包括真空泵、离心泵、集水箱、气水分离器等。如图4-18所示。其平面连接如图4-19所示。

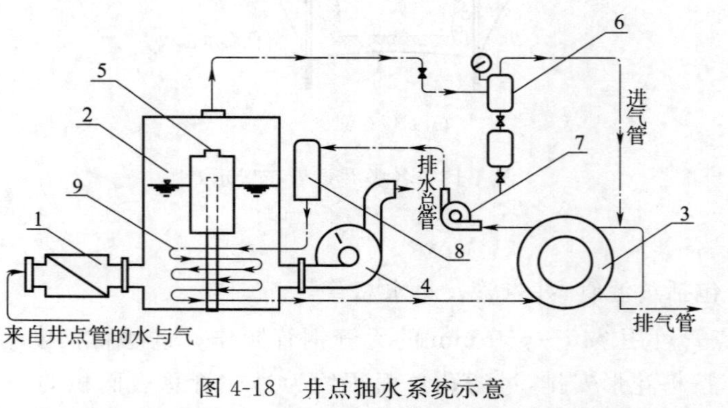

图4-18 井点抽水系统示意

1—过滤箱；2—集水箱；3—真空泵；4—离心泵；5—浮筒；6—气水分离器；7—循环水离心泵；8—冷却水箱；9—蛇形管

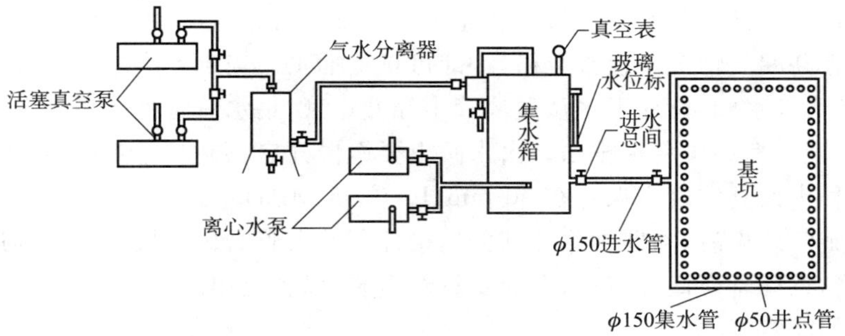

图 4-19　抽水系统平面连接示意

抽水系统的工作过程是开动真空泵将集水箱内的空气抽出形成真空，地下水受大气压力经过滤管、井点管、集水总管、过滤箱等吸入集水箱，箱内上部空气由真空泵吸出，地下水进入集水箱后由离心泵排出。集水箱中央设有浮筒，能自动调节箱内水与气的平衡。离心泵则用排水阀调节，使进出水量配合真空泵的吸水能力达到平衡。在集水箱与真空泵之间，设有气水分离器，防止水分进入真空泵内(如用水环式真空泵可不设气水分离器)。真空泵的冷却水则用另一台小型水泵，将热水抽入冷却箱再流入集水箱内的蛇形管冷却，回到真空泵内循环使用。

4)井点降水法施工。

①插井点管。用吊机或三角架吊起射水管，吊点高度不小于 10 m，射水管长度应比井点管长出 0.5～1.0 m。对准井点位置射水成孔，要求成孔垂直，水压适当。射水管的射深应比过滤管底深 0.5 m 左右。如为不稳定易坍孔的土层，应先射水下沉 150 mm 直径的套管，然后在套管内插入井点管，边填粗砂边拔套管。一般地质可直接射水插入井点管，四周回填粗砂，在距地面 1.5 m 内，改用黏土封口，防止漏气。射水压力可参照表 4-14。

表 4-14　射水压力

土壤名称	射水压力(MPa)	土壤名称	射水压力(MPa)
松散细砂	0.25～0.45	中等密实黏土	0.60～0.75
软质黏土及软质黏砂土	0.25～0.50	砾石土壤	0.85～0.90
密实的腐植土	0.50	塑性粗砂	0.80～1.15
原状细砂	0.50	密实黏土及密实黏砂土	0.75～1.25
松散中粒砂	0.45～0.55	中等颗粒的砾石	1.00～1.25
黄土	0.60～0.65	硬黏土	1.25～1.50
原状中粒砂	0.60～0.70	原状砾石	1.35～1.50

②连接井点管与集水总管。将井点管上端与集水总管上的接头短管用胶管连接，用夹箍夹紧，使接头处严密不漏气，以免影响抽水效果。在安装集水总管时，可向抽水进口作成 0.25%～0.5%的倾斜坡度，防止停机时管内存水。

③连接集水总管与抽水站。将集水总管的总接头与抽水系统的阀门连接。抽水站内的各种机械管路在施工前先组装成抽水站，其水平高程尽可能在最低的地坪上，使抽水泵与集水总管处于同一高程，以加深降水深度。

④降低水位。各部分管路与机械安装完毕连成整体后,进行一次全面检查,主要检查能达到的真空度及管路漏气情况。检查合格后,即可正式抽水。当真空表指示在 400 mmHg 以上后,即可慢慢开启进水阀,使地下水从过滤管中经井点管、集水总管吸入集水箱,待集水箱内存有一定水量时,开动离心泵将水排出。出水阀也要慢慢开启,调整到使进出水量在水箱中基本平衡。抽水过程中的真空度应保持在 60 mmHg(0.08 MPa)左右。

⑤拔管。施工结束后,随即拆除各部分连接件。井点管需用吊机或三角架逐根拔出,进行整修、冲洗管路,过滤管应卸开清洗,有的要重新组装,以备再用。

5)施工中的注意事项。

①施工场地有射水成孔的水和水泵排出的水需要排出。场地的排水沟渠应统筹规划,且不得妨碍工地交通。

②井点降水开始后,中途不宜停止,应日夜进行,否则过滤管易被堵塞。为此在布置主要机械时,如真空泵、离心泵等均应有备用设备,也可用两套互相倒用。同时工地电源也应有充分保证。

③发现真空度不够时,应分清是抽水系统还是管路部分的故障,首先紧闭进出口阀,检查真空泵的真空度,如真空度一直处于偏低值,则是抽水系统漏气或真空泵本身有故障。否则是属于管路部分的漏气,可分别处理。

④抽水初期,所排出的水常常夹带部分细砂,待过滤管四周形成倒滤层后,水即变清,否则可能是滤网孔眼过大或抽水量过多所致,应调整进水阀来减少抽水量。

⑤抽水站应布置在每一组集水总管的中间,保持各井点进水均匀。冬季施工时,地面集水总管与接头管宜用保暖材料包裹。施工完毕或因故停机,应将水箱、管路内的存水放净。

6)其他几种井点降水设备。

①射流泵:是使用一台离心泵的水流通过射流器狭小断面的喷嘴,形成 600~650 mmHg(0.08~0.087 MPa)的真空度,以代替真空泵的作用。其管路部分与以上井点降水完全一样。用射流泵代替真空泵,有结构制造简单、耐用、体积小、重量轻、耗电和水量少等优点。其技术性能见表 4-15。

表 4-15 射流泵技术性能

项目	技术性能	项目	技术性能
喷嘴直径(mm)	ϕ26	工作水量(m^3/h)	45
喉管直径(mm)	ϕ48	生产率(m^3/h)	3(最大降水深度时)
喷嘴至喉管始点距离(mm)	92	最大真空度(mmHg)	740
喷嘴直径与喉管直径比	1∶1.85	最大降水深度(m)	10.03
喉管长度(mm)	170	正常降水深度(m)	6~8(随井点管多少而异)
喷嘴锥角	13°24′	水泵电动机功率(kW)	7
扩散角	8°	井点管数量(根)	30~90
工作水压力(MPa)	0.05~0.25	集水管长度(m)	60~180

射流泵降水示意如图 4-20 所示。工作原理为启动离心泵,将循环水箱的水通过射流器,形成真空度,使地下水从过滤管中升上来,吸入射流器的喉管与工作水相混合。混合水经扩散管喷入循环水箱,供离心泵使用,循环周转,多余的水从溢水管排出。

射流泵的主要元件为射流器，它由喷嘴、喉管及扩散管三部分组成。其效率主要决定于射流器喷嘴的直径、喷嘴直径与喉管直径的比值以及喷嘴至喉管始点的距离。

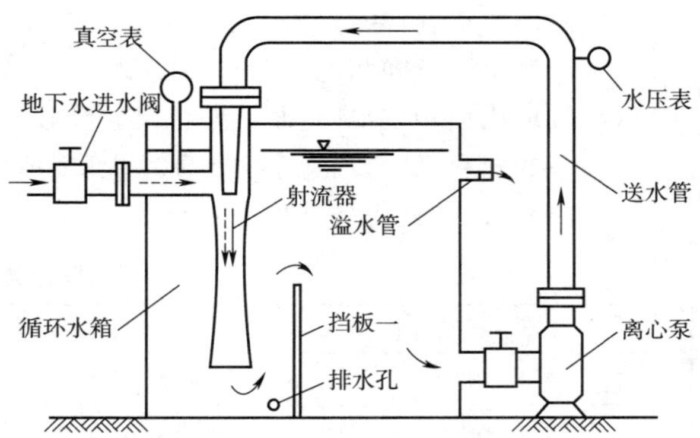

图 4-20　射流泵降水示意

②喷射井点：喷射井点的工作原理与射流泵相似，用多级离心泵代替一般离心泵。因其喷射速度高，形成的真空度较大，降水深度较深。一般情况下，采用工作水压可为 0.4 MPa，按井点管的多少及土质条件，降水可达 15～20 m。井距可采用 3 m 左右。

③深井泵：深井泵用于深层降水，适用于渗透系数大于 20 m/d 的土层中。将抽水量较大，扬程高的多级深井泵放置在预先钻好的井孔中抽吸地下水。安装时，先打井下套管，达到预定深度后，在套管内安过滤管，其内径不小于 200～250 mm，长度不小于 10 m。安好后，拔出套管。使过滤管与周围土壤接触。通常在拔套管时，应在套管与过滤管间投放过滤材料。最后将深井泵置于井底。深井泵每个泵独立工作，泵与泵的间距可采用 5～10 m。深井泵降水深度可达 30 m 以上。在敞坑桥涵基坑使用极少。

④土井点：在降深不大的基坑中，可采用深井泵的方式，用土井点法降水。在基坑四周用直径 50～100 cm 且带有过滤网孔的水泥圆管、木制围圈、干砌砖井等，下放或砌筑至基坑底以下 0.5～1.0 m。在井点回填一层砾石粗砂过滤层，用单级离心泵直接抽水。此法简单实用，但仅适用于渗透系数较大的砂质土中。

3. 水中挖基

基坑排水有困难或发生严重流砂、涌泥无法继续施工时，除采用井点降水方法外，也可采用不排水开挖。一般土质、砂砾土基坑，宜用抓土斗抓土，有条件时可用空气吸泥机吸出泥砂。灌注基础混凝土时，应立模后用导管按水下混凝土灌注方法施工。

4. 安全注意事项

(1)基坑顶周边设置连续封闭的安全护栏，防止人员坠落。

(2)靠近道路及便道侧，基坑边增加一道卸荷措施，保证行车的安全距离。

(3)基坑开挖完成后，在基坑边坡上设置两个爬梯方便人员进出基坑。

(4)应及时做好抽水工作，随时注意基坑壁变化防止坍塌事故发生。

4.2　围堰工程

4.2.1　围堰分类及其适用条件

围堰工程应符合以下要求：

(1)围堰顶面应高出施工期间最高水位 0.5 m；平面尺寸要考虑施工季节的流水断面，尽量减少河床冲刷。

(2)围堰要作到接缝严密,减少渗漏,并防止堰外冲刷。

(3)应满足围堰断面的稳定与强度要求。

(4)围堰内面积,应满足基坑开挖尺寸等施工的要求。

(5)节约材料,结合当地水文地质情况,就地取材。

围堰分类及其适用条件见表 4-16。

表 4-16　围堰分类及其适用条件

分类		适用条件
土石围堰	填土围堰	水深小于 2 m,流速小于 0.3 m/s。河床透水性较小的土壤,河边浅滩处
	草土围堰	同土围堰,流速小于 1.0 m/s
	草(麻)袋围堰	水深小于 3 m,流速小于 1.5 m/s,河床透水性较小
	木(竹)桩编条围堰	水深小于 3 m,流速小于 2.0 m/s,河床透水性较小,可以打小木桩
	竹篱围堰	同木(竹)桩编条围堰
	竹笼片石围堰	水深 3～4 m,流速较大,河床无法打桩
	堆石围堰	石块就地取材,流速小于 3.0 m/s,河床坚实,透水性较小
木质围堰	木板围堰	水深 2 m 左右,流速小于 0.3 m/s,河床透水性较小
	木笼围堰	适用于深水,流速较大处。河床坚实平坦,不能打桩,或有少量流水的河流
	木套箱	基础埋设较浅,面积不大,流速小于 2.0 m/s
	木板桩围堰	水深 3～4 m,坑底至水面 5 m 左右,河床透水性较大,但可以打桩
钢板桩围堰		水深为 4 m 以上,河床为硬土、卵石层或软质岩层。适用较深基坑,防水性能较好
钢筋混凝土围堰		适用于河滩浅基开挖不稳定性土壤,或在既有线旁开挖桥涵基坑,用以代替板桩,保护既有建筑物的安全

4.2.2　土石围堰

(1)填土围堰。先清除堰底河床上的树根、石块等,自上游开始填筑至下游合龙。当有冰块时,必须彻底清除。处于岸边的应自岸边开始,填土时应将土倒在已出水面的堰头上,再顺坡送入水中。水面以上的填土要分层夯实,水流流速较大时,应在外坡面加铺草皮、柴排等防护。当地无黏性土时,也可用河砂填筑,必要时加设黏土心墙。

(2)草土围堰。用麦秸、稻草或茎杆较长的杂草夹填黏性土,以一层土(厚 20～30 cm)夹一层草,分层铺填夯实。其他同填土围堰。

(3)草(麻)袋围堰。草(麻)袋围堰的主要填料宜采用黏性土,堰顶宽取 1～2 m,内侧边坡率取(1∶0.2)～(1∶0.5),外侧边坡取(1∶0.5)～(1∶1),施工方法如下:用草(麻)袋盛装松散黏性土,装填量为袋容量的 1/2～2/3,袋口用细麻线或钢丝缝合,施工时将土袋平放,上下左右互相错缝堆码整齐,水中土袋用带钩的木杆钩送就位。截面取双层草(麻)袋,中间设黏土心墙时,可月砂性土装袋。水流流速较大时,外围草(麻)袋可用小卵石或粗砂装袋,或增加抛片石堰外防护。在水不深而河床有一层透水层覆盖时,可在外圈围堰码成后,先行抽水,掏挖去内堰底下的透水层,然后堆码内围堰土袋,内外堰之间填筑黏土心墙,防止河床漏水。其结构示意如图 4-21 所示。

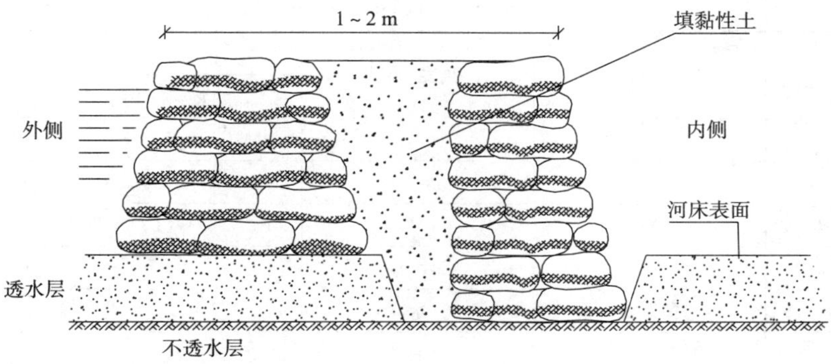

图 4-21　透水河床上草(麻)袋围堰结构示意

草(麻)袋围堰应符合下列规定：

1)草(麻)袋围堰适用于水深不大于 3 m,水流流速不大于 1.5 m/s,河床为渗水性较小的土层。

2)草(麻)袋填筑前,应清理堰底的树根、草皮、石块等杂物。当有冰块时,必须彻底清除。填筑时,均应自上游开始至下游合龙。

3)堰底内侧坡脚距基坑顶边缘距离不应小于 1.0 m。

4)草(麻)袋应用黏土填心。袋内装入松散黏性土后,袋口应缝合,装填量约为袋容量的60％。水流流速较大处,外侧土袋内可装粗砂或小卵石。

5)堆码时土袋应平放,其上下层和内外层应相互错缝,搭接长度为土袋长度 1/2～1/3。

(4)木(竹)桩编条围堰。木(竹)桩编条围堰结构如图 4-22 所示,也可编成矩形。先用 ϕ10～ϕ15 cm 的木桩或竹桩打入河床,再以树条或竹片编织紧密,编出水面后,用 ϕ4.0 mm 钢丝将内外桩头拉紧,然后填筑黏土心墙。外侧堰脚可酌情抛石防护。

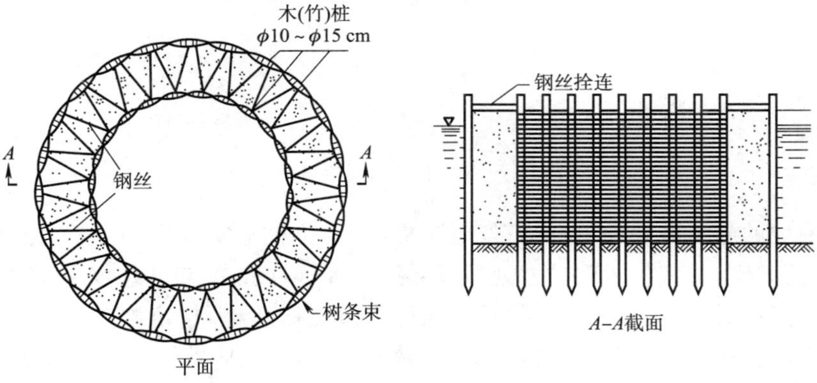

图 4-22　木(竹)桩编条围堰结构

(5)堆石围堰。山区河流上,可就地以河沟中的大块卵石堆砌成堆石围堰,石块之间夹铺树枝,并将其中空隙用黏土填塞。

各种土石围堰的填料和尺寸见表 4-17。

表 4-17 各种土石围堰的填料和尺寸

土石围堰	填料	顶宽(m)	边坡	
			内侧	外侧
填土围堰	黏土,砂黏土	≥1.5	(1∶1)～(2∶3)	(1∶2)～(1∶3)
草土围堰	黏性土及草	≥1.5	(1∶1)～(2∶3)	(1∶2)～(1∶3)
草(麻)袋围堰	黏性土	1～2	(1∶0.2)～(1∶0.5)	(1∶0.5)～(1∶1)
木(竹)桩编条围堰	黏性土	≥水深	1∶0	1∶0
竹篱围堰	黏性土	≥水深	1∶0.2	1∶0.2
堆石围堰	片(卵)石,黏性土	1～2	(1∶0)～(1∶0.5)	(1∶0.5)～(1∶1)

4.2.3 木板桩围堰

木板桩围堰由定位桩、导框及木板组成,根据需要分成单层及双层。木板的厚度一般为5～15 cm,具体视长度而定。厚度在 8 cm 以下者多用人字榫,厚度 8 cm 以上者用凹凸榫。桩材要选用质地良好抗锤击的木材,板桩制造采用机械加工,以确保榫口质量,定位桩一般用圆木制作。围堰填料为黏性土,堰顶宽 1～2 m。当采用单层木板桩时,填土外侧边坡坡率取 1∶1.5。木板桩围堰结构示意如图 4-23 所示。

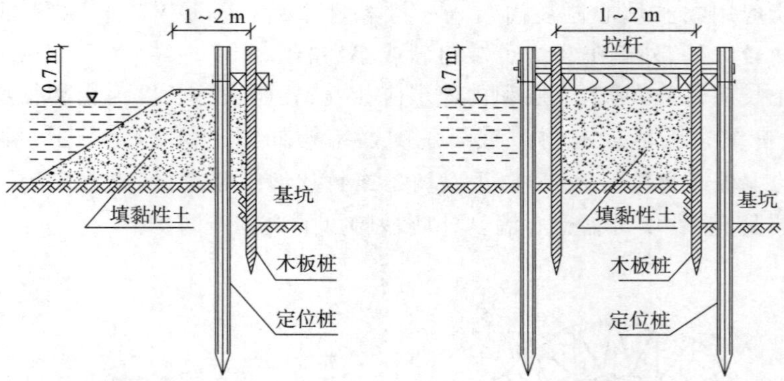

(a) 单层木板桩围堰　　(b) 双层木板桩围堰

图 4-23 木板桩围堰示意

木板桩围堰的施工方法如下:先打好定位桩,在定位桩上安装内外导框,导框间安置短垫木,保持插桩的间距,待板桩插到垫木处即拆除短垫木。打桩时,桩头应安装桩箍,如遇在硬土或夹有卵石的土层时,桩尖上应安装桩靴。插桩一般先插角桩,从角桩向两侧进行,插桩时应将榫舌朝前方向安放,桩尖部分应自榫舌向后做成斜面,使桩体借桩尖处土壤及力向后紧贴已打成的板桩榫舌。

4.2.4 钢板桩围堰

1. 结构形式

钢板桩围堰的结构形式与木板桩相同,也由定位桩、导框(或称围囹)及钢板桩组成。定位桩可用木桩或钢筋混凝土管桩,导框一般多用型钢制成,但在小型矩形基坑上也可用方木制作。

钢板桩围堰结构形式有矩形、多边形及圆形等，如图 4-24 所示。也分单层与双层围堰。钢板桩的类型较多，有直形、Z 形、槽形及工字形等。在一般桥梁工程基坑施工中，浅基多用矩形及木导框，较深基坑多用圆形及塑钢，因其防水性能较好，多用单层围堰。使用的钢板桩以槽形为主。

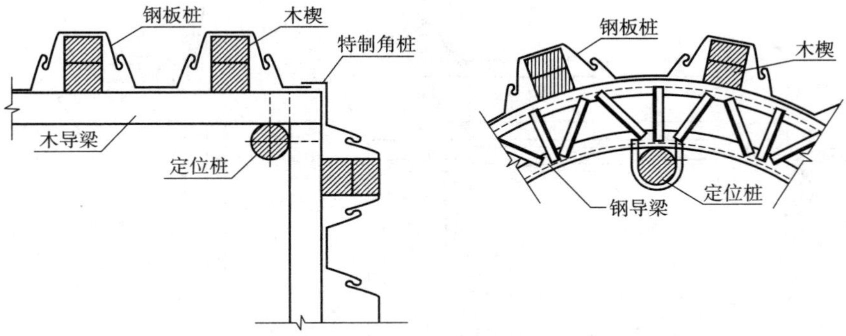

(a) 矩形钢板桩围堰　　(b) 圆形钢板桩围堰

图 4-24　钢板桩围堰结构形式

一般的围堰，可仅以内导框做框架。水深时需设立多层导框，并设有外导框，临时连结成整体，分层安装，以固定钢板桩插入的正确位置。

钢板桩根据现场打桩设备条件，可单块插打或成组插打。打桩时必须安装桩帽。

2. 施工准备

新旧钢板桩运到工地后，均应详加检查、丈量、分类、编号。两侧锁口应用一块同型号长 2～3 m的短桩作通过试验，以 2 ～3 人拉动通过为宜，或用卷扬机拖拉，其最大牵引力不大于 5 kN，有条件时可采用如图 4-25 所示的布置形式，用检查小车进行。

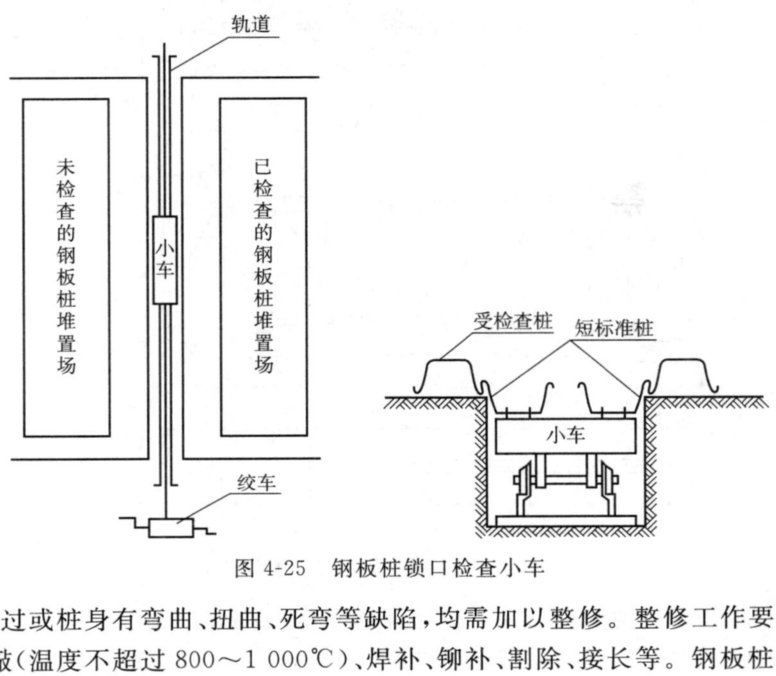

图 4-25　钢板桩锁口检查小车

锁口通不过或桩身有弯曲、扭曲、死弯等缺陷，均需加以整修。整修工作要按具体情况分别用冷弯、热敲（温度不超过 800～1 000℃）、焊补、铆补、割除、接长等。钢板桩接长如图 4-26

所示。接头强度应与其他断面相等，接长焊接时，需用坚固夹具夹平，以免变形。对新桩或接长的桩，要在桩端制作吊桩孔。如图 4-27 所示。

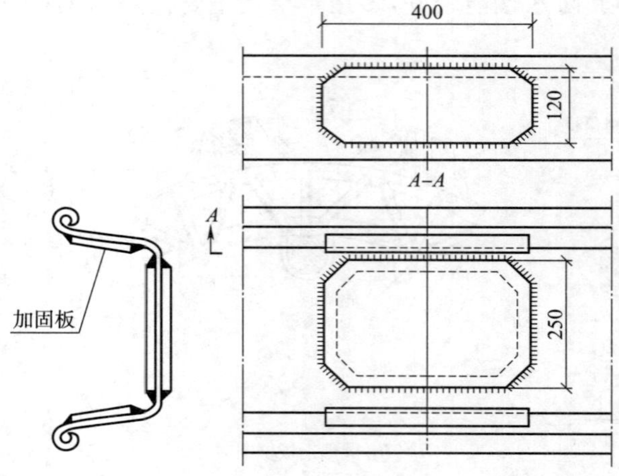

图 4-26　钢板桩接长(单位：mm)

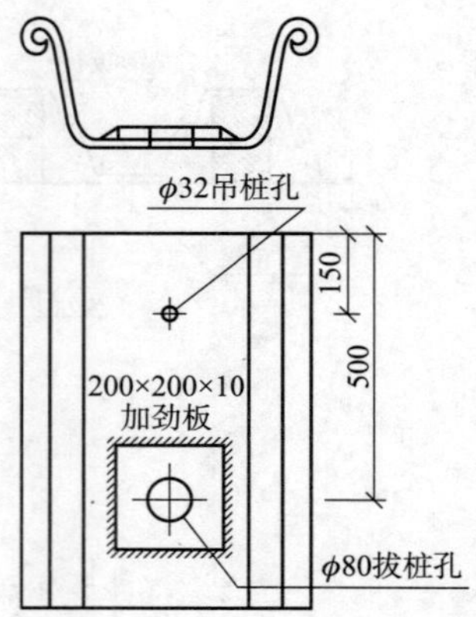

图 4-27　吊、拔桩孔(单位：mm)

钢板桩采用组桩插打时，需每隔 4～5 m 加一道夹板，夹板结构如图 4-28 所示。夹板应在板桩起吊前夹好，插打时，逐付拆除，周转使用。

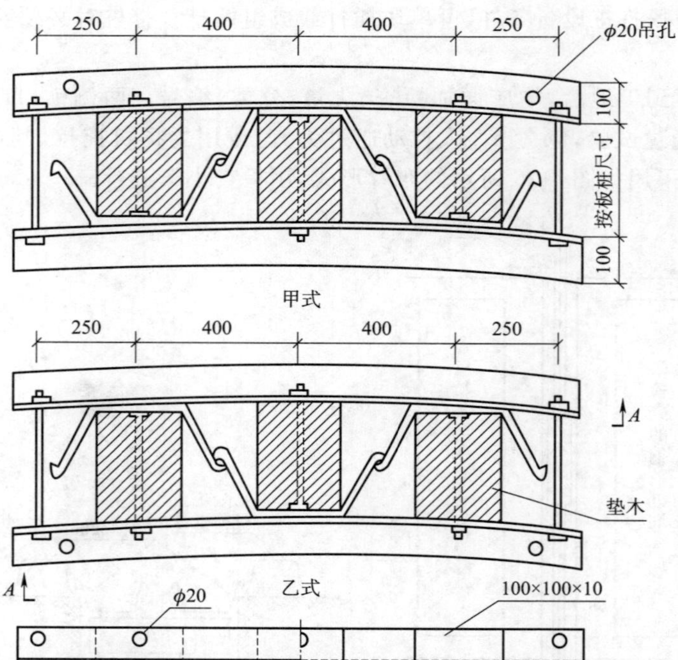

图 4-28　钢板桩夹具(圆形)(单位：mm)

组桩及单桩的锁口内均应涂以凡士林混合物油膏(质量配合比为：凡士林：沥青：干锯末：干黏土＝2：2：2：1)，以减少插打时的摩阻力，并加强防渗性能。

3. 导框安装与插打方法

导框安装，一般是先打定位桩或作临时施工平台。导框在工厂或现场分段制作，在平台上组装，固定在定位桩上。如不设定位桩，可直接悬挂在浮台上，待插打入少量钢板桩后，逐渐将导框固定到钢板桩上。

在岸边或浅水处，只需简易脚手架，直接用打桩机或吊机、扒杆等机械打桩。在较深水中打桩时，要根据工地使用机械及水上作业的设备来安排。

打钢板桩应选用较轻型桩架，一般锤重宜大于桩重，锤击能要适当。表 4-18 是复打汽锤打单根钢板桩所需的锤击能。用组合桩时，可按桩数加倍。

4. 插打与合龙

钢板桩可逐块(组)插打到底或全围堰(矩形围堰可为一边)，先插合龙后，再逐块(组)打入，与木板桩相同。矩形围堰一般先插上游边，在下游合龙。圆形围堰插打顺序如图 4-29 所示。图 4-29(a)、(b)较图 4-29(c)少一个合龙点。图 4-29(b)的累计误差要大于图 4-29(c)。图 4-29(a)、(b)都可能在合龙前遭受回流影响而使桩脚外移，造成合龙困难。图 4-29(c)受回流影响较小，在流速较大处，宜采用此方式插打。

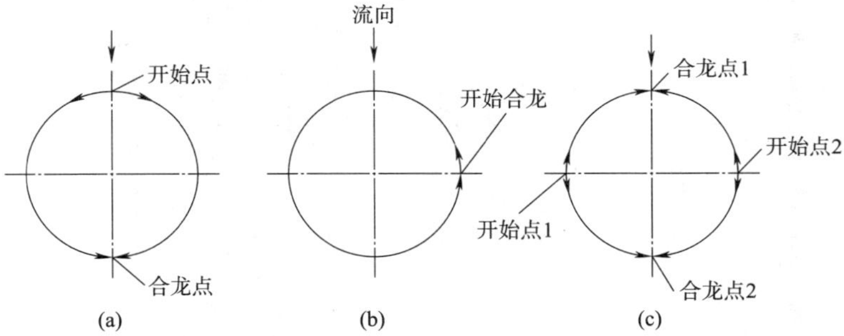

图 4-29　圆形钢板桩合龙方法

插打钢板桩，最先几块插好打稳后，即应与导框固定，然后继续插打。为了使打桩正常进行，可由另一台吊机或吊船来担负运吊桩工作。钢板桩起吊后需以人力扶持插入前一桩的锁口内，动作要缓慢，防止损坏锁口。插入以后可稍松吊绳，使桩凭自重滑入，或用锤重下压。比较困难时，也可用滑车组强迫插桩，拉力不宜过大，如图 4-30 所示。待插入一定深度，站立稳定后，方可加以锤击。

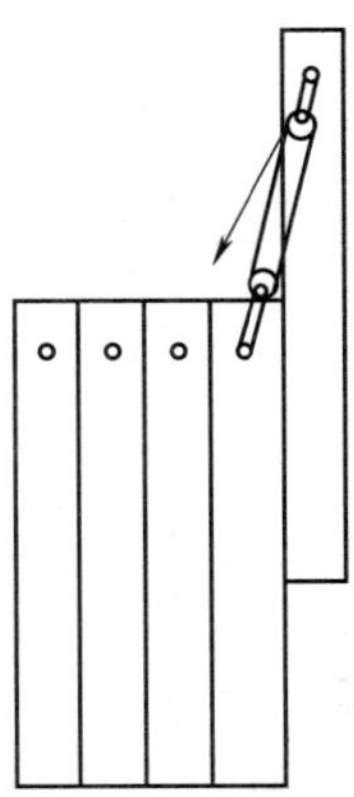

图 4-30　强迫插桩

钢板桩打桩前进方向的锁口下端宜用木塞塞住，防止砂砾进入锁口内，影响以后插打。凡带有接头的钢板桩应与无接头的桩错开使用。不得已时其接头水平位置至少上下错开 2 m 以上。

保证钢板桩插打正直顺利合龙的措施是随时纠正歪斜。歪斜过大不能用拉挤办法整直时，要拔起重插。纠正无效时，应特制楔形桩合龙。每块楔形桩的斜度不超过 2%。如受斜度限制，一个合龙口可用两块楔形桩，但每块应各具一个垂直边，其间至少夹一块普通钢板桩。用楔形桩(一块)合龙时的插打顺序如图 4-31 所示。楔形桩的制造形式如图 4-32 所示。

表 4-18　复打汽锤打单根钢板桩所需的锤击能

钢板桩长(m)		7.6	7.6	15.2	15.2	22.8	22.8	7.6	7.6	15.2	15.2	22.8	22.8
入土深度(m)		3.8	7.6	7.6	15.2	11.4	22.8	3.8	7.6	7.6	15.2	11.4	22.8
河床地质		松软土质(土、砂、非胶结砾石)						坚实土壤(硬黏土、胶结砾石、软岩层)					
要求锤击能 kJ(N·m)	30 kg/m 轻型桩	1.4～2.5 (1 400～2 500)	1.4～2.5 (1 400～2 500)	2.5～5.0 (2 500～5 000)	5.0～5.8 (5 000～5 800)			2.5～3.5 (2 500～3 500)	2.5～5.0 (2 500～5 000)	2.5～5.8 (2 500～5 800)			
	45 kg/m 中型桩	1.4～2.5 (1400～2 500)	2.5～5.0 (2 500～5 000)	2.5～5.0 (2 500～5 000)	5.0～5.8 (5 000～5 800)	5.0～10.4 (5 000～10 400)		2.5～3.5 (2 500～3 500)	2.5～5.0 (2 500～5 000)	5.0～5.8 (5 000～5 800)	5.0～12.1 (5 000～12 100)	5.0～12.1 (5 000～12 100)	
	60 kg/m 重型桩	2.5～3.5 (2 500～3 500)	2.5～5.0 (2 500～5 000)	5.0～5.8 (5 000～5 800)	5.0～10.4 (5 000～10 400)	5.0～12.1 (5 000～12 100)	5.0～12.15 (5 000～12 150)	2.5～5.8 (2 500～5 800)	2.5～5.8 (2 500～5 800)	5.0～12.1 (5 000～12 100)	5.0～18.2 (5 000～18 200)	5.0～18.2 (5 000～18 200)	10.4～27.6 (10 400～27 600)

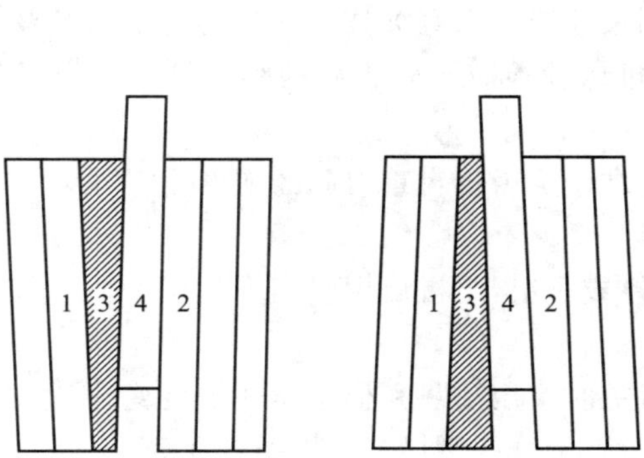

图 4-31　楔形桩插入顺序

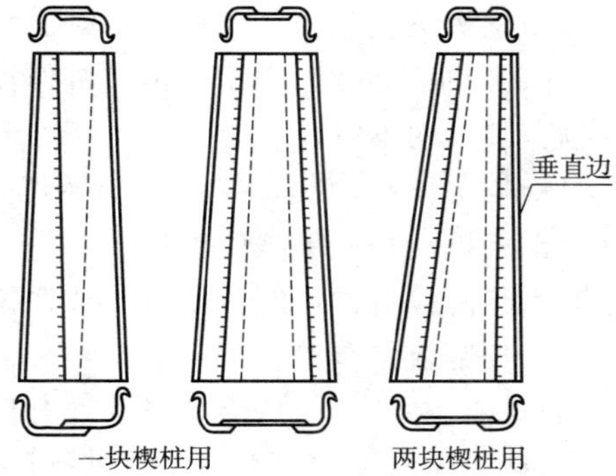

图 4-32　楔形钢板桩

5. 抽水堵漏

钢板桩插打完，即可抽水开挖。如设计有支撑的围堰，应先撑再抽水。并检查各节点是否顶紧，板桩与导框间木楔是否敲紧，防止因抽水而出现事故，抽水速度不宜过快，随时观察围堰的变化情况。

钢板桩围堰的防渗能力较好，但仍有锁口不密，个别桩入土深度不够或桩尖打裂打卷，以致发生漏渗情况。锁口不密漏水，可用棉絮等在内侧嵌塞，同时在漏缝外侧撒大量木屑或谷糠，使其由水夹带至漏水处自行堵塞。桩脚漏水处可由如图 4-33 所示各种方法堵塞，或采用水下混凝土封底等措施。

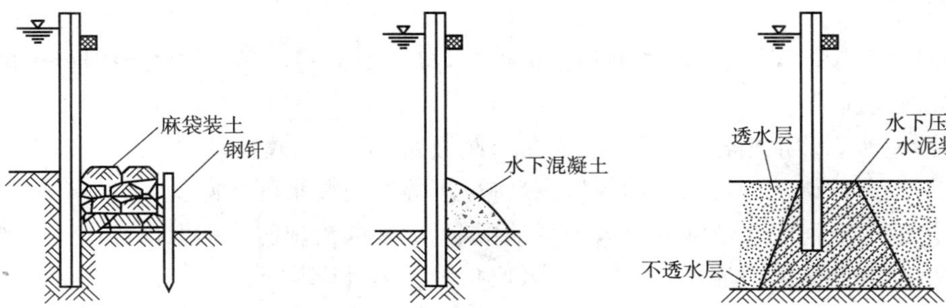

图 4-33　桩脚漏水处理方法

6. 拔桩

钢板桩拔除前，应先将围堰内的支撑从下到上陆续拆除，并陆续灌水使内外水压平衡，使板桩挤压力消失，并与部分混凝土脱离(指有水下混凝土封底部分)。拔桩设备可用吊船、吊机、拔桩机、千斤顶等。也可用桥墩身作扒杆来拔桩，如图 4-34 所示。对于桩尖打卷及锁口变形的桩，可加大拔桩能力将相邻桩同时拔出。如确有困难，可以水下切割。

7. 施工注意事项

(1)钢板桩围堰适用于深水基坑，河床为砂类土、黏性土、碎石土及风化岩等地层。

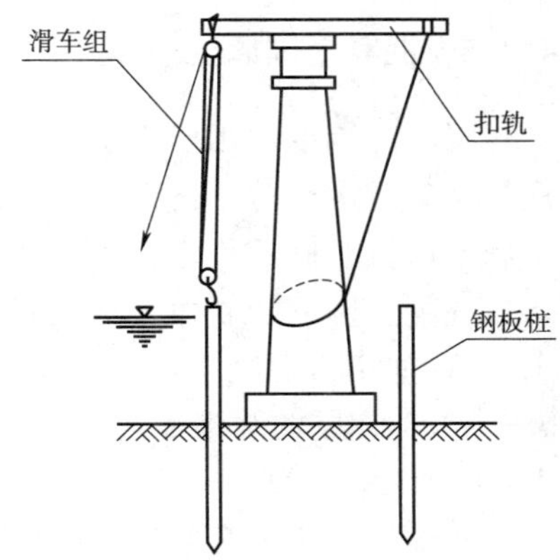

图 4-34　桥墩拔桩示意

(2)新钢板桩应有出厂合格证,其机械性能和尺寸应符合有关技术标准的规定。经整修或焊接后的钢板桩,应经同类型的钢板桩作锁口通过试验检查。验收后的钢板桩应分类、编号、登记存放,锁口内不得积水。

(3)钢板桩堆存、搬运、起吊时,不得损坏锁口和产生由于自重引起的变形。

(4)钢板桩接长应等强度焊接。

(5)当起吊设备许可时,可将 2～3 块钢板桩拼成一组,组拼后用坚固夹具夹牢。

(6)插打钢板桩应符合下列规定:

1)插打前,在锁口内应涂抹防水混合料,组拼桩时应用油灰和棉絮捻塞拼接缝。

2)插打顺序应按施工组织设计进行,一般应由上游分两侧插打至下游合龙。

3)插打时必须有可靠的导向设备。宜先将全部钢板桩逐根或逐组插打稳定,然后依次打到设计高程。

4)起始打的几根或几组钢板桩,应检查其平面位置和垂直度,当发现倾斜时,应立即纠正。

5)当吊桩起重设备高度不够,可改变吊点位置,但不得低于桩顶以下 1/3 桩长。

6)钢板桩可用锤击、液压、振动或辅以射水等方法下沉。但在黏土中,不宜使用射水,锤击时应使用桩帽。

7)钢板桩因倾斜无法合龙时,应使用特别楔形钢板桩,楔形的上下宽度之差不得超过桩长的 2%。

8)钢板桩相邻接头应上下错开不小于 2 m。

9)围堰将近合龙时,应经常观测四周的冲淤状况,并采取预防上游冲空或下游淤积的措施。

10)当同一围堰内,使用不同类型的钢板桩时,接口处应将两种不同类型钢板桩的各一半拼接成异型钢板桩。

(7)锁口漏水,可用板条、旧棉絮条等在内侧嵌塞,同时在漏缝外侧水面撒细煤渣与木屑等,任其随水流自行堵塞。较深处的渗漏,可将煤渣等送到漏水处堵漏。

(8)潮汐地区或河流水位涨落较大地区的围堰,应采取措施防止围堰内水位高于外侧。

(9)拔桩前应向围堰内灌水,保持内外水位相等。拔桩应从下游开始。

(10)插打钢板桩过程中,当导向设备失效,钢板桩顶达到设计高程时,平面位置允许偏差:在水中打桩为 20 cm,在陆地打桩为 10 cm。

4.2.5 混凝土围堰

混凝土围堰适用于不稳定的土质,下沉入土深度宜在 3 m 左右。遇浅水河滩开挖埋置不深的基础或承台时,可代替木板桩围堰。在既有线旁增建二线桥涵,用混凝土围堰开挖基坑,有利于旧桥基础的稳定。

混凝土围堰的制作与下沉同沉井,一般可先作一段高 1 m 左右,厚约 0.8 m 的钢筋混凝土刃脚(如用素混凝土,厚度可增为 1.0～1.2 m),上部用 0.5 m 左右厚的素混凝土壁,或砌筑 0.7～0.8 m 厚的浆砌片石,边沉边砌,直到需要深度。如土、水压力较大时,需作支撑临时加固,防止堰壁开裂。

基础圬工施工完毕后,露出地面部分的围堰应予凿除。

4.2.6　双壁钢围堰

如桥址处河水流速较大，河床冲刷比较严重，且承台底嵌入岩层，要在岩层上筑岛或插打钢板桩围堰非常困难，因此考虑到经济、适用、安全的原则，需采用双壁钢围堰。双壁钢围堰主要由内壁板、外壁板、内环板、外环板、隔舱板、竖肋和水平斜撑等部分组成。

1. 双壁钢围堰特点

(1)双壁钢围堰平面为一回形钢环结构，刚度好，施工方便，是刚劲可靠的防水结构，能承受较大的水压，因此能尽可能地提高抽水水位。

(2)结构刚性大，能承受向内或向外的巨大压力，所以不怕洪水淹没围堰，也不怕下沉翻砂，施工安全可靠。

(3)圆形双壁钢围堰工序单一，施工简便，围堰在水中是以灌水下沉，主要工作就是拼装围堰钢壳，必要时进行水下钻爆抓渣。同时，围堰内不需设置支撑，吸泥下沉和清基都比较方便，这样能及早封底，使围堰尽早达到稳定状态。

(4)双壁钢围堰顶部的施工平台，能够承受较大的施工荷载，可在围堰上直接做钻孔桩施工平台。

(5)双壁钢围堰结构简单，设计快，制造方便。

(6)钢围堰制造、拼装、接高的所有焊缝，质量要求很高。所有焊缝除需满足设计要求外，还必须经水密试验确保不漏水。

(7)利用双壁钢围堰重量轻、浮力大的特点，使钢围堰浮运就位起吊下水后能像船体一样稳定垂直地自浮于墩位处水面上。围堰整个下沉过程不需钢气筒和供气系统、充气机械等，因此减少了大量机械设备，大大降低了工程造价，加快了施工速度。

2. 施工工艺流程

钢围堰加工→底节套浮运就位→下沉第二节套箱→拼装下一节套箱→套箱壁内注水或混凝土，吸泥、下沉→清洗钢围堰壁及桩周→浇筑封底混凝土→套箱内抽水→承台施工。

钢围堰与钻孔桩的工艺组合方式施工工艺流程如图 4-35 所示。

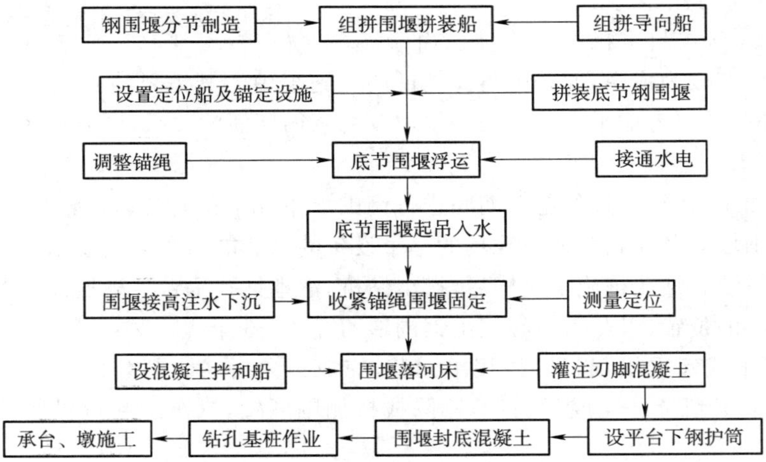

图 4-35　双壁钢围堰施工桥梁深水桩基础施工工艺流程

(1)为了钢围堰的准确定位,还可以采用先施工钻孔桩,再施工钢围堰的施工方法,即先桩后堰。

1)先桩后堰法施工可先期进行桩基施工,钢围堰的加工可同步进行,避免由于钢围堰加工周期而影响施工进度。

2)利用钻孔平台作为钢围堰的拼装及下沉作业平台可极大地改善钢围堰安装和下沉的作业环境,亦可提高工作效率。

3)由于钻孔平台的存在,通过设置定位装置,可以解决钢围堰容易出现的下沉偏位,保证了钢围堰的就位精度。

先桩后堰施工工艺流程如图 4-36 所示。

(2)先桩后堰施工。

1)施工准备。先调查墩位的水深及水流速度,为确定施工方案提供依据。通过测量精确定出钻孔平台基础每根钢管桩的位置。

2)平台的搭设。采用履带式起重机或打桩船逐孔打设栈桥钢管桩,至墩位处打设钻孔平台钢管桩,打设钢管桩时应注意避开钢围堰的下沉范围,同时利用部分钢管桩作为钢围堰的导向桩,导向桩的打设必须利用全站仪精确定位避免侵限。利用钢护筒作为钻孔平台和钢围堰拼装下沉平台的支墩。焊接主梁牛腿,用汽车式起重机架设平台梁片,焊接平台主构件,铺设平台顶面木板。

3)钻孔桩施工。设置泥浆循环系统,利用钢护筒作为泥浆循环系统的一部分,泥浆的制取采用孔内造浆的方法。根据地质情况控制钻进的速度。钢筋笼吊装、孔口焊接及水下混凝土灌注采用汽车式起重机配合作业。由于钻孔桩施工的工艺较为成熟,此处不再详加说明。施工中尤其需要注意的是水上的泥浆循环与陆地有所不同,需要考虑平台顶高程和水位及泥浆循环面的关系,同时要考虑钻渣的排放渠道,避免造成污染。

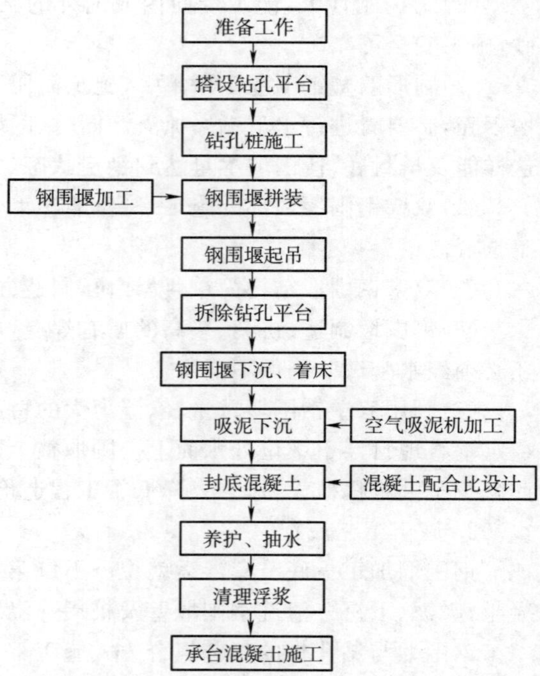

图 4-36　先桩后堰施工工艺流程图

4)钢围堰加工,在钻孔桩的施工期间进行钢围堰单元节的加工,单元节在工厂加工,汽车运到现场。钢围堰分节原则为适应现场的起吊设备的吊装能力和运输要求。

5)钢围堰拼装。钻孔桩施工完毕后,撤出钻机,清理钻孔平台。根据设计图纸在平台上精确测量出墩中心的位置,以此为中心放出钢围堰刃角的 16 个点。采用停置于平台上、围堰内的一台 25 t 汽车式起重机,起吊、拼接单元节,完成刃角拼装。其余拼装层均采用此方法施工。待钢围堰下沉到位并完成封底后,割除栈桥侧围堰壁,汽车式起重机通过栈桥驶出钻孔平台。

6)钢围堰起吊。将施工钻孔桩打设的钢护筒接高,作为起吊支点,在钢护筒顶焊接工字钢作为起吊横梁,在每根横梁上挂设一对手拉葫芦,用钢丝绳把手拉葫芦和设置在钢围堰刃角处的吊钩连接起来，拉紧倒链起吊钢围堰使之脱离施工平台。

7)平台拆除。在钢围堰脱离施工平台后，将钢围堰下妨碍钢围堰下沉的部分平台拆除，拆除后便可以进行钢围堰的下沉工作。

8)钢围堰下沉、着床。同步放松倒链使钢围堰缓缓下沉，在进行下沉时随时控制 8 个倒链的下沉速度。下沉到一定程度后钢围堰的自重同水的浮力相平衡，钢围堰自动浮在水上，根据实际情况向钢围堰双壁中注水使钢围堰下沉至顶面约高出于水面 1 m。

第一层钢围堰下沉到位后临时固定，在上部接高下一层钢围堰，通过倒链调整整个钢围堰的平衡。待下一层的钢围堰全部接高完毕后，注水下沉。依此类推直至钢围堰着河床。

9)吸泥下沉。

①着床后钢围堰的下沉一般采用空气吸泥机及污水泵配合吸泥下沉。

②因围堰着床后造成墩位处水流速度加大，水流方向紊乱，河床覆盖层冲刷严重，使围堰发生倾斜，所以吸泥前的第一步工作就是将围堰顶面找平，而后从围堰中心开始吸泥，逐渐向四周扩散，直至刃脚，使中间形成锅底形状。

③围堰着床后，因上游局部冲刷严重，下游堆积体使河床变高，围堰上下游高差增大，为防止围堰进一步倾斜，应立即对围堰着床侧进行配重混凝土施工，然后在钢围堰内下游河床部分进行吸泥，将围堰逐步找平。为及时掌握吸泥深度，在吸泥管上每隔 50 cm 画格标上尺寸，当围堰出现偏位或倾斜时，根据测量的水深，换算出泥面高程，并确定出纠偏方案。吸泥过程中要经常变化吸泥机的吸泥部位，每个部位的吸泥量不能过大，使钢围堰均匀下沉。吸泥下沉 2 m 后或吸泥下沉速度减小、吸泥管经常发生堵管时，要及时安排潜水员下潜探察移出河床表层大卵石。

④下沉纠偏措施。可以利用钢护筒作为导向桩，在钢围堰内壁设置导向滑板，使四个方向的偏移范围均在设计偏差范围内，导向装置在每对钢护筒之间设有防扭滑块，可防止水流冲刷造成的钢围堰扭动偏位。在下沉过程中通过调整吸泥位置和吸泥速度，可减小偏位或倾斜产生的滑块和导向桩之间的摩擦力，加快下沉速度。

如钢围堰下沉困难，亦可采用钢围堰与高压旋喷桩帷幕相结合的方式，即沿钢围堰刃脚外围施工旋喷桩帷幕，可有效进行截水、固壁、防渗，减少围堰下沉深度。

3. 锚碇、导向船及起吊设备

(1)底节钢围堰在岸边拼装船上拼装的同时，墩位处和上、下游定位船锚碇设施应按照设计要求基本抛设完成。

(2)抛锚测量一般使用光学经纬仪，锚位误差在 5 m 以内即可。

(3)根据设计图纸在岸边组拼导向船并把导向船与围堰底节拼装船连成一牢固的整体。

(4)围堰起吊设备系指设在导向船上的主吊点及塔架，如底节钢围堰一次起吊重量较大时，还可考虑在导向船连接梁上设辅助吊点，起吊设备主要包括：吊点塔架、吊点结构、滑车组、卷扬机及电器设备等。起吊设备总起吊能力应大于底节钢围堰及其附加荷载。

4. 双壁钢围堰施工实例

(1)结构尺寸。双壁钢围堰平面尺寸根据承台尺寸及钢围堰下沉误差确定，立面高度根据承台高程及其施工水位确定，壁厚根据制造空间必要尺寸、抽水时受力情况等条件确定，满足强度、刚度要求。钢围堰按设计要求在工厂分节制造，每节又需对称分块做成数个基本单元体，并应编号，以便拼装时对号入座。

钢围堰由于水深较大,根据承台的形状,采用矩形结构,其长、宽均比承台的长、宽大 1 m,壁厚 1.2 m,双壁圆形无底焊接结构,为了便于加工制作,将其分节,底节根部设有刃脚,双壁钢围堰由内、外壁板、角钢焊接骨架、隔舱板组成,在其顶部、中部两层内支撑架以加强其刚度、强度。壁板采用 6 mm 厚钢板,刃脚用 12 mm 厚钢板加厚,骨架角钢采用 ∟75×8 角钢,部分位置用 ∟100×10 角钢加劲。围堰结构要求水密,以适应在施工各种工况的需要。如图 4-37 所示。

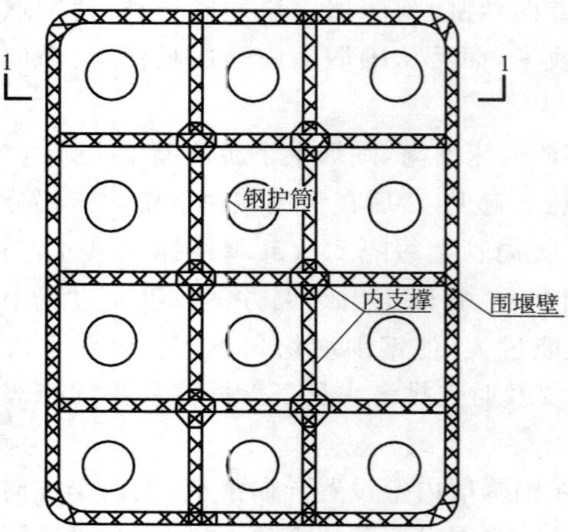

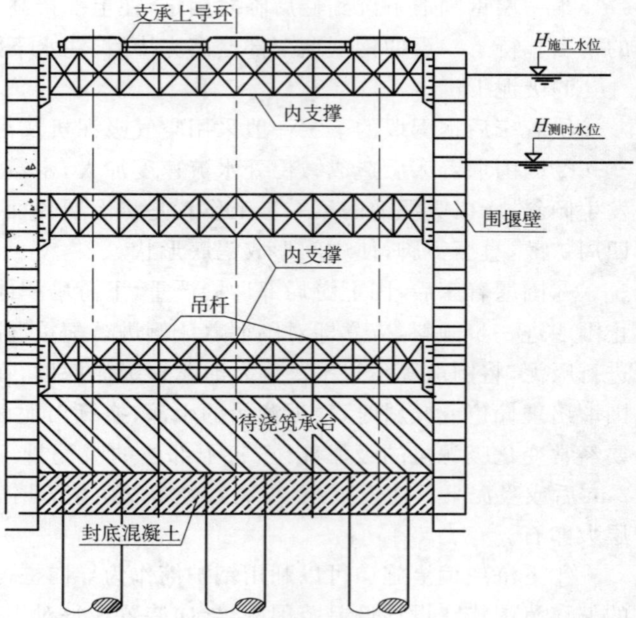

图 4-37 双壁钢围堰结构示意

(2)双壁钢围堰组拼、下水。钢围堰底节拼装工作是在岸边拼装船上进行的,将各基本单元体拼装、焊成一个圆形薄壁钢结构浮体。在码头处河面组拼导向船,在导向船上搭设临时水上平台和龙门吊机。导向船由两组浮箱组成,两组浮箱之间用钢梁联结成为整体。临时水上平台用六四军用梁(加强型)作为承重梁,上铺方木。龙门吊以万能杆件拼组立柱,以六四军用梁作为横梁,以卷扬机和滑轮组为起吊系统。为减轻双壁钢围堰下水时的起吊重量和高度,仅在平台上组拼钢围堰底节,组拼完毕,利用在导向船上搭设的龙门吊吊起钢围堰底节,拆除临时平台,下放底节入水,底节可以凭借浮力自浮。如图 4-38 所示。

(3)双壁钢围堰浮运、定位、下沉。双壁钢围堰拼装完毕,检验合格后即可进行浮运。浮运前对基坑的坑底高程和平面位置作再次检查,核对无误后,开始浮运钢围堰,将钢围堰与导向船固定在一起,由两艘机动船从导向船尾部推动导向船带着钢围堰一起运往墩位处。

钢围堰定位由导向定位桩与导向船来控制。由于河床没有松散覆盖层,故不使用抛锚定位,打设 ϕ150 cm 钢管桩作为导向定位桩,在墩位上下游各布置两根。围堰浮运从下游接近墩位,调整导向船位置,缓慢导入就位,然后接高中节和上节。接高时应注意对称进行,以防围堰

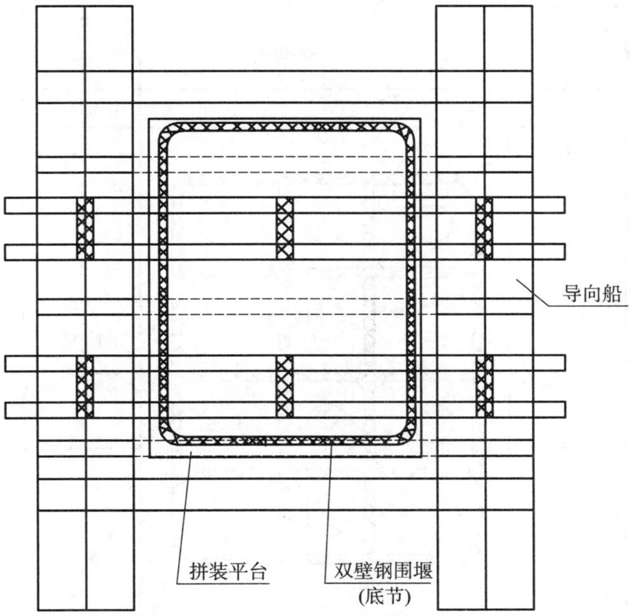

双壁钢围堰(底节)拼装平面

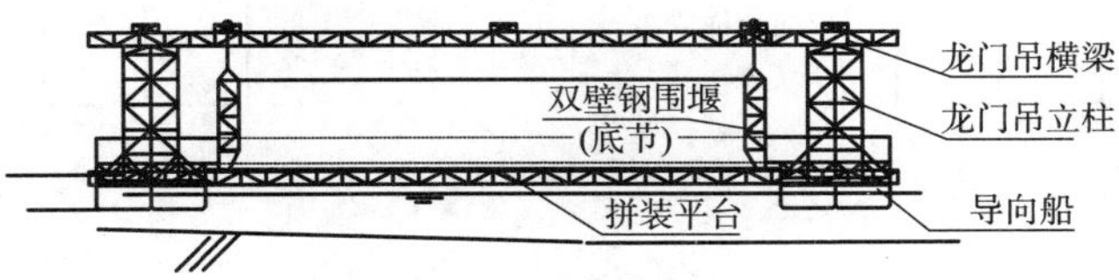

双壁钢围堰(底节)拼装立面

图 4-38　双壁钢围堰(底节)拼装示意

倾覆。接高完毕，准确调整钢围堰位置，然后将导向船与导向定位桩之间固定。为保证钢围堰入水时的垂直度，在上游导向定位桩与钢围堰间设两层导向定位装置，导向定位装置为刚性结构，固定于钢围堰外壁，前端为环状结构，内置滚轮，在导向定位桩外壁设导向轨，环状结构套于导向定位桩上，围堰下沉时，导向装置亦沿着导向定位桩导向轨下滑，起导向定位作用。导向装置安设完毕，对称向钢围堰双壁内灌水，钢围堰在重力作用下下沉，下沉过程中对钢围堰的平面位置及垂直度进行观测，发现问题及时调整。围堰刃角落到基坑底后，核对围堰平面及垂直度无误后，将围堰与 4 根导向定位桩固定，水下灌注壁仓及外壁与基坑壁间混凝土，增加钢围堰的稳定性，灌注外壁与基坑壁间混凝土前，应安排潜水员将钢围堰刃角下的缝隙堵塞，以防壁外混凝土流入围堰内。如图 4-39 所示。

钢围堰定位完毕，导向船可适时退出。

(4)钢护筒插打施工。

1)钢护筒制造。钢护筒采用 Q235 钢材制造，由厚 14 mm 的钢板卷制而成，桩基钢护筒均在生产区钢结构加工厂加工。钢护筒在由短节焊成吊装节时，将各短节钢护筒的竖向焊缝错开布设。

对所有的钢护筒进行焊接质量、圆整度(规圆)检查、轴心垂直度检查，符合验收标准后出厂。

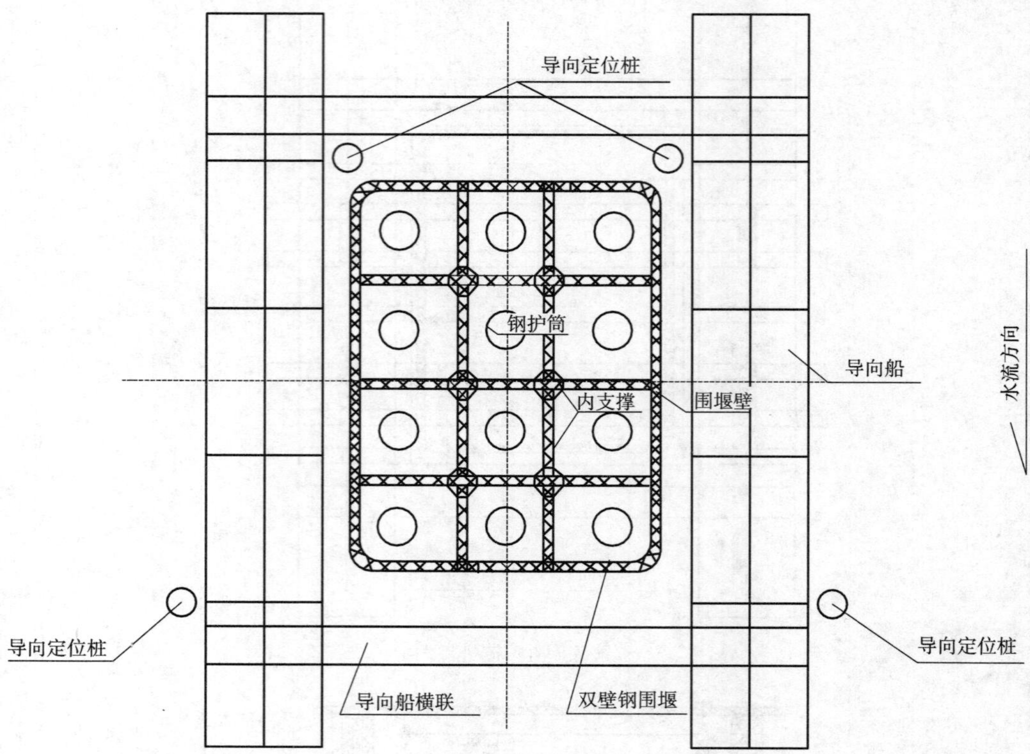

双壁钢围堰浮运就位平面

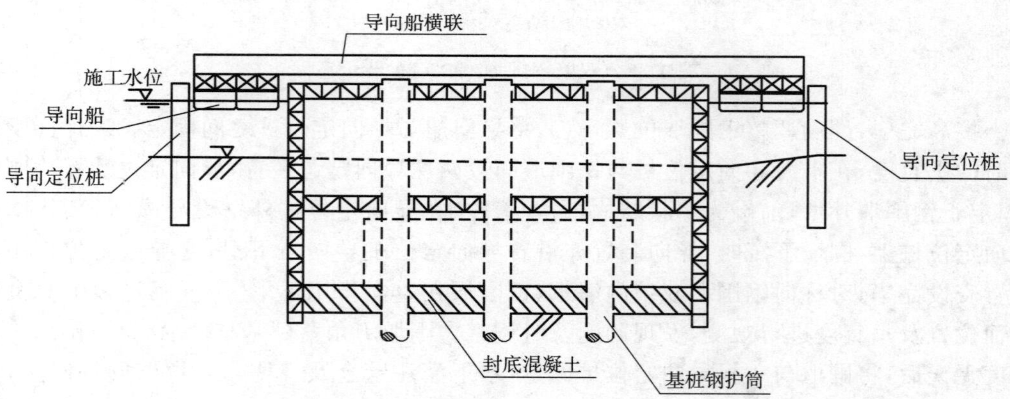

双壁钢围堰浮运就位立面

图 4-39 双壁钢围堰浮运就位示意

2)钢护筒打设。

①在钢围堰顶搭设施工平台,在桩位处安设钢护筒导向装置,根据水文和河床地质情况,确定每根钢护筒的长度,施工时将钢护筒分节。

②将第一节钢护筒用浮吊吊入钢护筒导向框内,钢护筒沿导向框放下。护筒上口放至距导向框顶部 0.4 m 时,在护筒侧壁上焊接牛腿,使护筒担在导向框上,浮吊松钩。吊装第二节钢护筒,两节护筒对好位后,进行焊接接长。浮吊稍稍吊起钢护筒,将第一节钢护筒上的牛腿

用氧气-乙炔切割掉，再将接长的钢护筒下放。

③调整钢护筒位置。接长钢护筒并下放到位后，用经纬仪从两个垂直角度方向观察是否符合施工规范要求，用浮吊、倒链等对钢护筒位置进行调整。然后，在导向框内将钢护筒四周侧向固定牢固，保证钢护筒在平面位置及倾斜度上不会发生较大变化，而又能够沿导向框架振入河床内。

④振入钢护筒。将打桩锤与其底座连接牢固，吊至钢护筒顶口，用高强螺栓将打桩锤底座与钢护筒顶口法兰连接牢固。然后，启动打桩锤，将钢护筒振入河床内，至设计深度。在振入过程中，两台经纬仪从两垂直角度方向分别观察钢护筒，确保钢护筒中心位置偏差和倾斜度符合规范要求。发现异常现象，立即停止振入，检查原因，采取有效措施进行纠正。

(5)钻孔桩施工。在双壁钢围堰平台上摆放钻机，进行钻孔作业，桩基采用旋转钻施工。配备浮吊 2 台，浮吊工作内容包括平台上钻机移位、吊装钻具、下钢筋笼和打设钢护筒等。钻孔桩施工时，除配备相应的钻机、压风机、泥浆泵、泥浆分离机、泥浆船、运输及备用电源等外，还需另配备工作船作为施工时的辅助作业平台，部分机具、材料可摆放在工作船上。

钢筋笼在生产区胎模上用长线法分段制作，用自制长平板车运输，通过岸边连接围堰的栈桥运至围堰旁，采用浮吊吊装。由于设计要求桩基用超声波检测，声测管应与钢筋笼一起安装，安装时应注意保持其位置准确，牢固可靠，密封性良好。

(6)水下混凝土封底。钻孔桩施工完毕，进行水下混凝土封底，封底前，对围堰内底部进行清理，清除围堰内的泥砂、杂物，使围堰与封底混凝土结合紧密。同时安排潜水员堵塞钢围堰刃角下不严密的地方，以保证封底成功。

在钢围堰顶部设置水下混凝土作业平台，准备就绪后进行封底混凝土作业，由于封底面积较大，封底采取分仓灌注，各仓间采用带肋的钢板隔开，为加强钢板与混凝土间的连接，在钢板上焊接垂直于钢板的短钢筋接茬。分仓钢板安装于钢围堰底部，与钢围堰一同入水。混凝土灌注采用刚性导管水下灌注。为保证封底混凝土质量，采用围堰顶部设混凝土总槽，储存一定量的首盘混凝土，并设多方向的溜槽，仓内多点均匀布设刚性导管，泵送混凝土，连续、多点、快速浇筑，施工中加强对混凝土顶面高程量测，保证封底混凝土顶面高程基本一致。逐仓灌注封底混凝土直至完毕。封底混凝土的坍落度控制在 18～20 cm，掺加粉煤灰和高效缓凝剂，以提高混凝土的流动性，延长混凝土的初凝时间。为排除围堰内封底混凝土置换出的水量，采用在围堰侧板上部开口或用水泵抽水的方式排水。

封底混凝土强度达到要求后，采用水泵抽水，切割多余钢护筒，凿除高于桩顶设计高程以上的桩头混凝土，清除围堰内浮渣，大体整平混凝土面。然后绑扎承台钢筋，立模板，浇筑混凝土。混凝土采用多台输送泵水平分层一次浇筑成型。

(7)双壁钢围堰拆除。桥梁施工完毕即可进行钢围堰拆除，钢围堰拆除可以采用水下切割的方法进行，拆除范围为承台顶面以上部分，同时将其它水中临时结构如定位桩、栈桥等拆除。

4.2.7　钢吊箱围堰

国内深水承台施工，多采用沉井、钢围堰或钢吊箱围堰。但沉井和钢围堰施工工序繁锁，工期长，材料用量大。钢吊箱围堰是为承台施工而设计的临时阻水结构，同其他方法比较，钢吊箱围堰具有施工工期短、水流阻力小、利于通航、不需沉入河床、施工难度小、混凝土用量少等特点，因而在大跨深水大型桥梁中得到广泛的应用。

1. 吊箱整体构造

钢吊箱围堰的作用是通过吊箱围堰侧板和底板上的封底混凝土围水,为承台施工提供无水的施工环境。钢吊箱的结构构造由底板、侧板、内支撑、吊挂系统及定位系统组成。图 4-40 为某钢吊箱结构尺寸实例。图 4-41 为某钢吊箱实物图。

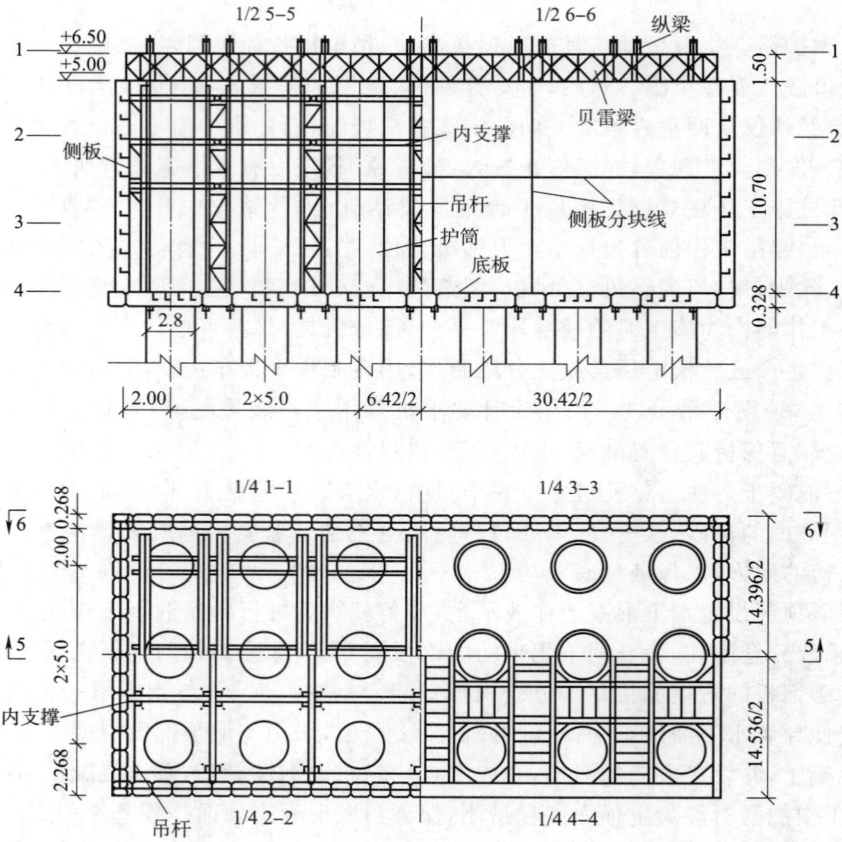

图 4-40 某钢吊箱结构尺寸实例(单位:m)

图 4-41 某钢吊箱实物图

2. 钢吊箱围堰的施工工艺

(1)施工前准备工作。针对水文地质、河床冲刷、通航等施工条件，研究基础的施工特点。实测河床高程，对影响吊箱安装的局部河床或其他障碍物及时清除，实测基桩钢护筒的实际位置，并准确绘图。在基桩顶处顶埋钢立柱，配备浮吊、船只及起吊工具等，拆除原工作平台。

(2)工艺流程。将吊箱分块制作，第一节钢吊箱制作完成以后，用拖船浮拖至浮吊作业区，浮吊起吊首节吊箱，将吊箱套入钢护筒。首节吊箱注水下沉至设计高程，然后拼装其余吊箱，将钢吊箱接高。吊箱整体拼装完毕以后将吊箱整体定位下沉至设计高程。整体下沉完毕后，应对吊箱进行纠错和堵漏，堵漏就是封堵钢吊箱底板和钢护筒之间的空隙，通常用砂袋进行。最后浇筑封底混凝土进行承台施工。钢吊箱施工过程中的施工控制工况主要分为三个阶段：拼装下沉阶段、封底混凝土施工阶段和抽水后承台施工阶段。

(3)吊箱加工及拼装。吊箱加工质量以钢模板质量标准为依据，尤其要求栓接面顺直平整，栓孔眼对齐。根据施工进度要求，吊箱要提前进行设计和加工，也可将吊箱加工场地设在大梁预制场。

吊箱应在加工场地进行试拼装，并将拼装好的每组吊箱进行编号。组装好确定无误后，拆卸分片运输至平台顶。整个吊箱一次拼装完毕，逐节下沉到位。节与节之间，侧板与侧板之间，及板与底板之间均要求用腻子嵌缝堵漏。

(4)吊箱下沉。对组拼好的吊箱进行全面检查、调整。下沉时，由指挥人员统一下令指挥，操作人员每次下落时指挥人员随时观察吊箱顶部是否水平及底部有无障碍。若发现吊箱下沉不均匀或倾斜时，应及时找出原因，调整水平后方可继续下沉。吊箱下沉速度为 2 m/h，全部下沉到位后进行高程精确调整。

(5)封底混凝土浇筑。封底混凝土浇筑是吊箱施工成败的关键。其作用一是平衡主体；二是防水渗漏；三是抵抗水浮力在吊箱底部形成的弯曲应力；四是作为承台的承重底模。所以封底混凝土质量必须达到承台混凝土的质量要求。为方便施工，混凝土灌注采用从下游端开始依次倒移向上游前进施工。

(6)灌注承台混凝土。封底完毕 5 天后，抽干吊箱内积水，检查混凝土表面是否平整和渗漏，然后拆除吊杆梁、割除钢护筒、吊杆及底层水平内支撑钢管以下的竖向支撑柱，清除高出承台面的封底混凝土，灌注承台混凝土。混凝土由水上混凝土拌和站集中拌制，混凝土输送泵灌注，插入式振捣器振捣。承台混凝土分 3 层灌注，每层误差控制在 1 cm 以内，在下一层混凝土强度达到设计强度 80%以上时，方可灌注上一层混凝土，新旧混凝土接茬表面应凿毛清洗。

4.3　基坑清理与基底检验处理

4.3.1　基坑清理

(1)基坑挖土接近基底高程后，应预留 100～300 mm 由人工开挖，以防止基底原状土被破坏。

(2)岩层基底应清除岩面松碎石块、淤泥、苔藓，凿出新鲜岩面，表面应清洗干净。倾斜岩层，应 将岩面凿平或凿成台阶。易风化的岩层基底，应按基础尺寸凿除已风化的表面岩层。

(3)碎石类及砂类土层基底承重面应修理平整。

(4)黏性土层基底整修时,应在天然状态下铲平,不得用回填土夯平。必要时,可向基底夯入 10 cm 以上厚度的碎石,碎石层顶面不得高于基底高程。

(5)泉眼可用堵塞或排引的方法处理。

基底不得长期暴露,并不得受扰动或浸泡,应及时检查基坑尺寸、高程、基底土承载力,符合要求后及时办理基坑隐蔽检查手续,并立即进行后续施工。若基坑底地质与施工图不相符合,地基承载力不符合施工图要求时应办理变更设计。

4.3.2 基底检验

为防止基底暴露时间过长,施工负责人应在挖至基底前通知有关人员按时前来检验。并事先填写"隐蔽工程检查证"。经有关人员会同检验签认后,方可砌筑基础或进行其他工序。

一般基底检验的主要内容包括:

(1)检定基底地质情况,是否与设计文件相符合。

(2)检查基坑开挖高程、中线位置及形状是否与设计文件相符。

(3)查阅"工程日志簿"的施工记录,对有变更设计等项目应作详细检查。

(4)对基坑的排水及地下水的处理,必须确保基坑圬工的质量。

(5)对土质基底要检查有无超挖回填,扰动原状土的情况。

(6)对石质基底应检查岩层风化程度。对倾斜的基底还需检查台阶开挖情况。

(7)在永冻层基底,应检查防融隔温层敷设是否良好。

对基底土质有疑问时,应作土壤分析或其他试验进行核实。

4.3.3 基底处理

基底处理应在基底无水的情况下进行。基底处理办法见表 4-19。

表 4-19 基底处理办法

基底地质	处理办法
岩层	(1)未风化的岩层基底,应清除岩面碎石、石块、淤泥、苔藓等。 (2)风化的岩层基底,开挖基坑尺寸要少留或不留富余量。灌注基础圬工时,同时将坑底填满,封闭岩层。 (3)岩层倾斜时,应将岩面凿平或凿成台阶,使承重面与重力线垂直,以免滑动。 (4)砌筑前,岩层表面用水冲洗干净
砂类土壤及碎石	承重面应修理平整夯实,砌筑前铺一层 2 cm 厚的浓稠水泥砂浆
黏土层	(1)铲平坑底时,不能扰动土壤天然结构,不得用土回填。 (2)必要时,加铺一层 10 cm 厚的夯填碎石,碎石面不得高出基底设计高程。 (3)基坑开挖处理后,应在最短期间砌筑基础,防止暴露过久变质
湿陷性黄土	(1)基底必须有防水措施。 (2)根据土质条件,使用重锤夯实、换填、挤密桩等措施,进行加固,改善土质性质 (3)基础回填不得使用砂、砾石等透水性土壤,应用原土加夯封闭
软土层	(1)基底软土小于 2 m 时,可将软土层全部挖除,换以中粗砂、砾石、碎石等力学性质较好的填料,分层夯实。 (2)软土层深度较大时,应布置砂桩(或砂井)穿过软土层,上面铺砂垫层
冻土层	(1)冻土基础开挖宜用天然或人工冻结法施工,并应保持基底冻层不融化。 (2)基底设计高程以下,铺设一层 10～30 cm 厚的粗砂或 10 cm 厚的混凝土垫层,作为隔热层

续上表

基底地质	处理办法
溶洞	(1)暴露的溶洞应用浆砌片石、混凝土填充，或填砂、砾石后，压水泥浆充实加固。 (2)检查有无隐蔽溶洞，在一定深度内钻孔检查。 (3)有较深的溶沟时，也可作钢筋混凝土盖板或梁跨越，亦可改变跨径避开
泉眼	(1)插入钢管或做木井，引出泉水使其与圬工隔离，以后用水下混凝土填实。 (2)在坑底凿成暗沟，上方盖板，将水引出至基础以外的汇水井中抽出，圬工硬化后，停止抽水

4.4　地基加固

4.4.1　加固方法选择

当基底以下地质不符合要求时，应通过变更设计采取措施处理，处理方法随地基土质不同而异。如遇到地基软硬不均、溶洞、裂隙、泉眼等特殊情况，应采用换填法、土桩法、砂桩法、重锤夯实法、强夯法、旋喷法、化学液体加固法等特殊的处理方法。地基加固方法及适用条件见表 4-20。

表 4-20　地基加固方法及适用条件

加固方法	适用条件
换填法	(1)持力层为软弱土，而良好土层离基底不深者。 (2)承压力不足的砂、砂黏土或黏性土土层较厚，但换填较好的土质后，可满足承压力要求
土桩与灰土桩挤密法	适用于黄土类土，无地下水
CFG 桩法	适用于加固砂土、粉土、松散黏土、黏土和淤泥质黏土，一般深度小于 25 m 的软土地基加固
砂石桩法	适用于粉砂、黏砂土及砂黏土、饱和软黏土
水泥土搅拌桩法	适用于淤泥质土、黏质土、粉土、杂填土天然含水量大于 30%的土体的加固
粉喷桩法	适用于淤泥质土、黏质土、粉土、杂填土天然含水量大于 30%的土体的加固
强夯法	适用于各类土质，有一定天然含水量的砂黏土或黏砂土效果最好
柱锤冲扩桩(DDC)法	适用于处理杂填土、粉土、黏性土、素填土和黄土等地基，对地下水位以下饱和松软土层，应通过现场试验确定其适用性
旋喷桩法	适用于淤泥、淤泥质土、黏性土、粉土、砂土、人工填土和碎石土等地基的加固

4.4.2　换 填 法

所谓换填法是指将基底的软土清除，用稳定性好的土、砂夹卵石、中砂、粗砂、灰土或石灰三合土回填并压实或夯实。换填地基施工流程：施工准备→基底处理→分层填料→分层夯(压)实→分层检测→修理平整。

换填施工前，应对基底高程及土质进行检验，并将浮土、杂物等清理干净。换填基底范围不得积水。当基底有洞穴、土质软硬不匀等异常情况时，应会同有关单位研究处理。换填地基底面高程不同时，基底应按设计要求挖成台阶，并按先深后浅的顺序施工。

(1)灰土地基施工应符合下列规定：

1)摊铺灰土前，土质基底应夯压 2～3 遍，达到设计要求。

2)灰土使用的材料和配合比应符合设计要求,含水量应符合最佳含水率要求。拌好的灰土应及时摊铺和压实。

3)灰土摊铺应分段分层进行。每层摊铺厚度应符合设计要求和试验段使用不同压实机具的压实试验要求。

4)摊铺后的灰土表面应平整,并应进行厚度检查,防止摊铺过厚。每层灰土压实遍数应符合设计要求和试验段压实工艺要求。每次压实时,必须交叉重叠1/3以上,防止漏压。每层夯压后,必须经检验合格,方可进行上层施工。

5)灰土分段施工时,上下两层灰土接缝,错开距离不得小于500 mm。同一层灰土接缝应垂直对接,每一次压实应压过接缝不少于300 mm。

6)灰土最上一层完成后,应检查高程和平整度,符合设计要求方可继续施工。

(2)砂和砂石地基施工应符合下列规定:

1)采用人工级配的砂石时,应先将砂、卵(碎)石拌和均匀后再摊铺。

2)砂石铺设应分层进行,每层铺设厚度应按设计要求或依据采用的夯(压)实机具不同参照表4-21选用。

表4-21 砂石最大铺设厚度

夯实机具种类	铺设厚度(mm)	备 注
轻型夯实机械	150～200	蛙式打夯机、柴油打夯机等
平板振捣器	200～250	1.1～1.5 kW
压路机	250～350	6～10 t

铺设后的砂石表面应找平,并应进行厚度检查,防止铺设过厚。

3)砂石的夯(压)实遍数或振捣时间应根据设计要求,通过现场试验确定。但振实、压实时,必须做到交叉重叠1/3以上,防止漏振漏压。每层压实后,必须经检验合格,方可进行上层施工。当天压实层应在当天完成检测。

4)砂石分层分段施工时,分段接缝处应加强夯实,保证密实。上下层接缝应错开,错开距离不得小于500 mm。

5)砂石最上一层施工完成后,应检查高程和平整度,并修理平整。

4.4.3 土桩与灰土桩挤密法

土桩与灰土桩挤密地基是由桩间挤密土和填夯的桩体组成的人工复合地基,适用于处理地下水位以上,深度5～15 m的湿陷性黄土地基。土桩主要适用于消除湿陷性黄土地基的湿陷性,灰土桩主要适用于提高人工填土地基的承载力。地下水位以下或含水率超过25%的土,不宜采用。

土桩与灰土桩的施工方法是利用打入钢套管(或振动沉管)在地基中成孔,通过挤压作用,使地基上得到加密,然后在孔内分层填入素土(或灰土、粉煤灰加石灰)后夯实而成土桩或灰土桩。回填土料一般采用过筛(筛孔不大于20 mm)的粉质黏土,并不得含有有机质物质;粉煤灰采用含水率为30%～50%湿粉煤灰;石灰用块灰消解3～4 d形成的粗粒粒径不大于5 mm的熟石灰;灰土(体积比为2∶8或3∶7)或二灰土应拌和均匀至颜色一致后及时回填夯实。

土桩挤密地基由桩间挤密土和分层填夯的素土桩组成,土桩面积约占地基面积的10%～

23%。土桩桩体和桩间土均为被机械均匀挤密的同类土料，因此，土桩挤密地基可视为厚度较大的素土垫层。

在灰土桩挤密地基中，由于灰土桩的变形模量远大于桩间土的变形模量，因此只占地基面积约 20%的灰土桩可以承担总荷载的 1/2，而占地基总面积 80%的桩间土仅承担其余 1/2，这样就大大降低了基础底面以下一定深度内土中的应力，消除了持力层内产生大量压缩变形和湿陷变形的不利因素。同时，由于灰土桩对桩间土能起到侧向约束作用，限制土的侧向移动，桩间土只产生竖向压力，使压力与沉降始终呈线性关系。

除了上述土桩和灰土桩外，还有单独采用石灰加固软弱地基的石灰桩。石灰桩的成孔也是采用钢套管法成孔，然后在孔内灌入新鲜生石灰块，或在石灰块中掺入适量的水硬性掺和料粉煤灰和火山灰，一般的经验配合比为 8∶2 或 7∶3，在拔管的同时进行振捣或捣密。利用生石灰吸取桩周土体中水分进行水化反应，生石灰的吸水、膨胀、发热以及离子交换作用，使桩周土体的含水率降低，孔隙比减小，使土体挤密和桩柱体硬化。柱和桩间共同承受荷载，成为一种复合地基。

4.4.4　CFG 桩法

1. 基本原理

水泥粉煤灰碎石桩法，简称 CFG 桩法，是处理软弱地基的一种新方法。CFG 桩是在碎石桩的基础上掺入适量石屑、粉煤灰和少量水泥加水拌和后制成的一种具有一定强度的桩体。其骨料仍是碎石，用掺入石屑来改善颗粒级配，掺入粉煤灰来改善混合料的和易性，并利用其活性减少水泥用量，掺入少量水泥使其具有一定的粘结强度，具有某些柔性桩特点的高粘结强度桩。CFG 桩、桩间土和褥垫层一起构成柔性桩复合地基。

2. 操作要点

(1)施工前铺设一层厚 0.5～1.0 m 工作垫层(C 组以上填料)，碾压平整、稳定，确保桩机施工的需要。

(2)把预制好的桩尖按现场放样桩位就位埋好，确保桩尖顶面水平。

(3)桩机就位保持水平、稳固，调整沉管与地面垂直，确保垂直偏差不大于 1%。

(4)沉管过程中做好记录，激振电流每米记录一次，对土层变化处应特别说明，直至桩机反复抬起，电流明显增大，沉管无法继续，待沉管至设计高程并抬架时应开动马达，原地留振不小于 10 s。

(5)终孔后需尽快用料斗进行空中投料，直到管内混合料面与钢管料口平齐，如上料量不够，需在拔管过程中补充投料，以保证成桩桩顶高程满足设计要求。

(6)拔管时速度尽量匀速提升，一般控制在 1.0～1.5 m/min，遇淤泥或淤泥质土，拔管速率可放慢至 0.6～0.8 m/min。边振动边拔管，在拔管过程中不允许反插。

(7)由于设计满堂布桩且间距较小，一般采取连打跳排的施打工序。但施工新桩时与已打邻桩的间隔时间不应小于 7 d，必要时可在混合料内掺入缓凝早强剂。

(8)当桩管拔出地面，确认桩符合设计要求后，其上部可用粒状材料或黏土进行封顶并做好标记。

(9)在确定桩顶高程施工扩大桩头前，应先凿除桩体保护桩长至扩大桩头底部高程。砍桩头前桩周工作垫层碎石土为避免机械扰动造成断桩宜采用人工进行开挖。砍桩头可采用风镐自上而下凿除混凝土至指定高程,也可用錾子截桩至指定高程。

(10)当 CFG 桩在凿除浮浆后或由于浅部断桩(1.5 m 之内,超过 1.5 m 接桩挖开桩土体可能会导致相邻 CFG 桩断桩)造成桩体顶面高程低于扩大桩头底面高程时,应采用强度高出桩身一级的混凝土进行接桩。接桩部分的桩径应比设计桩径大 20 cm,与既有桩体的咬结长度不小于 20 cm。CFG 桩接长示意如图 4-42。

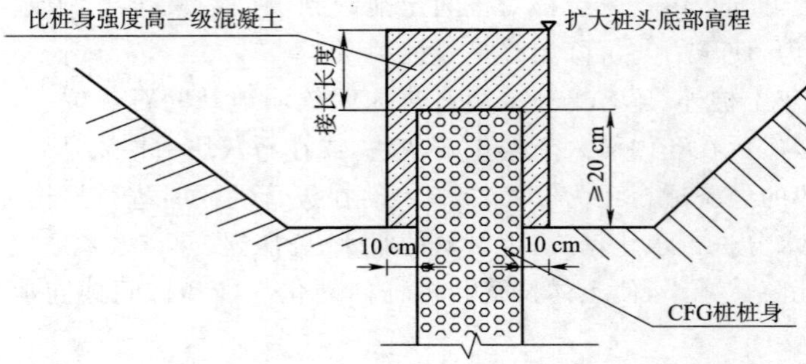

图 4-42 CFG 桩接长示意

(11)施工完成后 14 d 内不得上重型机械碾压桩顶。

3. 施工注意事项

(1)堵管。堵管是长螺旋钻孔、管内泵压混合料灌注成桩工艺常遇到的主要问题之一。它直接影响 CFG 桩的施工效率,增加工人劳动强度,还会造成材料浪费。特别是故障排除不畅时,使已搅拌的 CFG 桩混合料失水或结硬,增加了再次堵管的几率,给施工带来很多困难。以下为产生堵管的原因和具体的预防措施。

1)混合料配合比不合理。当混合料中的细骨料和粉煤灰用量较少时,混合料和易性不好,常发生堵管。

预防措施:要注意混合料的配合比,尤其要注意将粉煤灰掺量控制在 70～90 kg/m^3 的范围内,坍落度应控制在 160～200 mm 之间。

2)混合料搅拌质量有缺陷。在 CFG 桩施工中,混合料由混凝土泵通过刚性管、高强柔性管、弯头最后到达钻杆芯管内。混合料在管线内借助水和水泥砂浆润滑层与管壁分离后通过管线。

预防措施:严格控制坍落度。坍落度太大的混合料,易产生泌水、离析,泵压作用下,骨料与砂浆分离,摩擦力加剧,导致堵管。坍落度太小,混合料在输送管路内流动性差,也容易造成堵管。

3)施工操作不当。钻孔进入土层预定高程后,开始泵送混合料,管内空气从排气阀排出,待钻杆内管及输送软、硬管内混合料连续时提钻。若提钻时间较晚,在泵送压力下钻头处的水泥浆液被挤出,容易造成管路堵塞。

预防措施:严格控制提钻时间,在钻杆内管及输送软、硬管内混合料连续时必须提钻。

4)冬期施工措施不当。冬期施工时,混合料输送管及弯头均需做防冻保护,防冻措施不力,常常造成输送管或弯头处混合料的冻结,造成堵管。

预防措施:冬期施工时,应采用加热水的办法提高混合料的出口温度,但要控制好水的温度,水温最好不要超过 60℃,否则会造成混合料的早凝,产生堵管,影响混合料的强度。

5)设备缺陷。弯头曲率半径不合理也能造成堵管。

预防措施:严格控制弯头曲率半径,弯头与钻杆不能垂直连接。混合料输送管要定期清洗,否则管路内有混合料的结硬块,同样会造成管路的堵塞。

(2)窜孔。在饱和粉土、粉细砂层中成桩经常会遇到这种情况,打完 X 号桩后,在施工相邻的 Y 桩时,发现未结硬的 X 号桩的桩顶突然下落,当 Y 号桩泵入混合料时,X 号桩的桩顶开始回升,此种现象称为窜孔。

1)形成窜孔的三个条件:被加固土层中有松散饱和粉土、粉细砂;钻杆钻进过程中叶片剪切作用对土体产生扰动;土体受剪切扰动能量的积累,足以使土体发生液化。

2)施工中应采取的预防措施:采取隔桩、隔排跳打方法;设计人员根据工程实际情况,采用桩距较大的设计方案,避免打桩的剪切扰动;减少在窜孔区域的打桩推进排数,减少对已打桩扰动能量的积累;合理提高钻头钻进速度。

(3)桩头空芯。

1)发生桩头空芯的原因:主要是施工过程中排气阀不能正常工作所致。钻机钻孔时,管内充满空气,泵送混合料时,排气阀将空气排出,若排气阀堵塞不能正常将管内空气排出,就会导致桩体存气,形成空芯。

2)预防措施:为避免桩头空芯,施工中应经常检查排气阀的工作状态,发现堵塞及时清洗。

(4)桩端不饱满。

1)发生桩端不饱满的原因:主要是因为施工中为了方便阀门的打开,先提钻后泵料所致。这种情况可能造成钻头上的土掉入桩孔或地下水浸入桩孔,影响 CFG 桩的桩端承载力。

2)预防措施:施工中前、后台工人应密切配合,保证提钻和泵料的一致性。

4.4.5　砂石桩法

砂桩和碎石桩统称砂(碎)石桩。采用振动、冲击沉管和水冲等方式在软弱地基中成孔后,将砂或碎石填入孔中并挤压,形成大直径的砂(碎)石密实柱体,并与原软土地基组成复合地基,共同承担上部结构的作用。对于饱和黏性土地基,对变形的要求不高时可以采用砂(碎)石桩振冲置换处理。如果建筑物是以变形为控制要求的,砂(碎)石桩处理后的地基需经过预压,达到沉降要求后才可作为建筑物地基。

砂(碎)石桩常采用振冲成桩法和锤击成桩法两种施工方法。具体的处理技术有:振冲成桩法、干振挤密碎石桩法、沉管碎石桩法、夯扩碎石桩法、袋装碎石桩法等。

1. 加固机理

(1)对松散砂土地基的加固机理。碎石桩和砂桩挤密法对砂土地基加固的过程中主要有三种作用,即提高地基土承载力、减小变形和提高抗液化能力。

1)挤密作用。在成桩过程中,桩管对周围的砂层产生很大的横向挤压力,振动拔管把管中的砂砾挤向管周围的砂层,使砂层的孔隙比减小,密实度增大。由于地基土的密实度增大,因此抗液化能力得到增强。

2)排水作用。往桩孔内充填碎石(卵石、砾石)这类反滤性好的粗颗粒材料,在地基中形成渗透性良好的竖向排水降压通道,不仅可以快速地消散超孔隙水压力,防止砂土液化,还可以加快地基的排水固结。

3)砂基预振效应。砂(碎)石桩在成孔及成桩的过程中,振动器的激振力对地基土和填充料产生作用,受预振的影响,砂土的抗液化能力得到增强。

(2)对黏性土加固的机理。对黏性土地基(尤其是饱和地基)来说,砂(碎)石桩起到置换的作用。振冲法就是用碎石来置换不良地基土。沉管法以成桩机械沉管对地基土强制排开并置换,对桩间土的挤密作用不显著,主要通过形成较密实的桩体与原地基土形成复合地基。

通过形成复合地基,增强了地基的剪切抵抗,提高了地基承载力并防止地基产生滑移。同时,桩体良好的排水作用,可提前完成剩余沉降。

2. 设计计算

采用砂(碎)石桩法处理地基时,主要对桩体尺寸、桩位布置和布桩范围等进行复合设计。

(1)桩体尺寸。包括桩径和桩长。砂(碎)石桩的直径要根据工程土质和机械设备的情况而定,一般直径可采用 300~800 mm。对饱和黏性土地基宜采用大直径桩。桩长根据软弱土层的情况及工程要求按下列原则确定:

1)桩体相对硬土层的埋藏深度不大时,桩长宜穿过松软土层。

2)桩体相对硬土层的埋藏深度较大时,对按变形要求的工程,桩长应满足处理后复合地基变形不超过建筑物地基容许变形值,并满足软弱下卧层的承载力要求;对按稳定性要求的工程,桩长不小于最危险滑动面以下 2 m 的深度。

3)在可液化土地基中,桩长应透过液化层,或按照《建筑抗震设计规范》(GB 50011—2010)规定的抗震处理深度确定。

4)桩长不宜小于 4 m。

(2)桩位布置。包括布桩形式和桩距。布桩形式主要有三角形和矩形布置,工程宜采用等边三角形或正方形布置。桩距 s 要通过现场试验确定。对于粉土和砂土地基,不宜大于砂石桩直径 d 的 4.5 倍。对于黏性土地基,不宜大于砂石桩直径 d 的 3 倍。

(3)布桩范围。加固的范围应按照建筑物的要求、基础形式及场地条件而定。对于一般地基,基础的边缘外侧应扩大 1~3 排。

(4)桩体材料。桩体材料宜就地取材,一般使用中粗混合砂、碎石、卵石、砂砾石等,含泥量不大于 5%。碎石桩的材料容许最大粒径不宜大于 50 mm。

砂桩的桩体材料填料量应通过现场试验确定。可用式(4-18)计算:

$$W=A_s l d_s(1+0.01w)/(1+e_1) \tag{4-18}$$

式中 W——填砂石量(以质量计);

A_s——桩体横截面积(m^2);

d_s——砂石料的相对密度(kN/m^3);

w——砂石料的含水率;

e_1——孔隙比;

l——砂石桩长度(m)。

(5)施工后处理。砂石桩施工结束后,在基础的底面应铺一层砂石垫层,厚大约 30~50 cm。垫层要分层铺设,用平板振动器振实。

3. 砂桩法

砂桩法也称为挤密砂桩法或砂桩挤密法。成桩机械采用振动沉管打桩机或锤击沉管打桩机,并配套有带活瓣桩尖的与桩同直径的钢管和吊斗等。

砂桩的处理范围和桩位布置、桩长、桩径及桩顶高程应符合设计要求,并应在施工前测设标定，做出明显标志。砂桩的施工顺序应从外围或两侧向中间进行，也可逐排进行，同一排中则应间隔进行。

砂桩施工前应完成平整地表、清除障碍物、桩位测量放样、砂料存储检验和进行成桩试验等准备工作，通过成桩试验确定砂桩施工工艺及技术参数。试桩数量应符合设计要求，且不得少于2根。

砂桩全称振动沉管砂桩，指在振动机的振动和冲击下，将桩管打入地基中挤密周围土体，然后填入中粗砂，边振动边拔管，把中粗砂压实成桩。

(1)施工准备。

1)三通一平。施工现场要保证三通一平，即电通、水通、料通，场地平整。清除障碍物，对各处的低洼鱼塘或大坑填土时，不可将混凝土块、大桩头、砖石砌体块等作为填料，以免增加打桩难度。

2)场地布置。施工现场的电线、水管、照明设备、道路等布置应在机械进场前准备充分。处理好堆料场的位置，做到方便施工。根据地基条件、砂桩桩径及桩长，选择合适的机械设备。

3)桩的布置。在场地平整后，测量原地面高程，确定施工高程(机械轮底高程)为桩顶高程+1 m。当施工高程位于地下水位以下时，应适当增加施工高程或进行降水处理。根据设计桩位图要求，进行桩位布置。在现场放线后用木桩钉、铁钉标出桩位，误差控制在3 cm以内。桩位的顺序可采用“由外围或两侧向中间进行”，确保周围土体的侧限，方便施工。

4)成桩试验。在砂桩施工之前，必须进行成桩试验。考虑软土层厚度、地质特点，选择有代表性的位置，每处至少2根。确定并掌握该地层的成桩时间、填砂量等技术参数。

(2)施工工艺。振动沉管砂桩的主要施工工艺流程如图4-43所示。

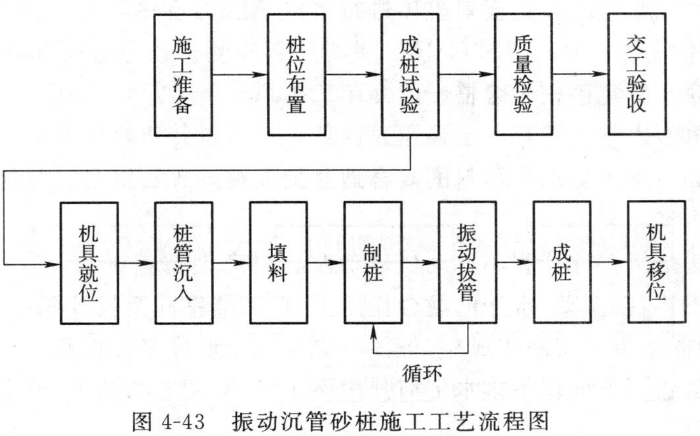

图4-43　振动沉管砂桩施工工艺流程图

1)机具就位：以成桩先后顺序，调整桩架就位，桩管高于设计桩长3～5 m，导向架垂直于地面，误差小于1.5%，将桩管下部的活瓣对准桩位，人工闭合。开水开电，检查水流、电流是否正常。

2)桩管沉入：开动振动锤加压，将桩管沉入至设计深度。

3)填料：往桩管内填充砂料，桩内要灌满水使砂料处于饱和水状态。用砂量Q的确定：

$$Q=\pi r^2 h d_{\max} \tag{4-19}$$

式中　r——桩半径；

h——设计桩长；

d_{max}——经试验得出的最佳级配砂的最大密度。

砂的投放可分一次或两次，也可超量投砂。

4)振动拔管：边振动边拔出桩管，速度控制在0.2～0.3 m/s，每提升0.8～1.0 m停拔并振动10 s。回到桩口部位时进行反插。

5)机具移位：成桩后，清理桩头，移动机具至下一桩位。

(3)质量控制。砂桩挤密法在施工时处理不当或技术不得要领，都容易造成质量隐患。

1)填料控制。填料宜就地取材，一般使用渗水率较好的中粗混合砂，粒径大于0.5 mm的砂含量要超过总重量的50%，含泥量不大于5%。实际灌砂量没有达到设计要求时，会造成桩身密实度不足，应在原桩位重新打入桩管补充砂料后复振一次或者在原桩位旁加设一根砂桩。三次投料不合理，反插次数和深度不对都会引起砂桩颈缩，要求改变每次投料量的比例，更改反插的深度及次数。

2)技术控制。相邻的桩体施工可以采用间隔、跳跃施工，避免受到邻桩的振冲影响而倾斜。导向架必须垂直于地面，误差小于1.5%，桩管的垂直度不够容易造成砂桩的倾斜。桩体的施工必须保证密实、连续。沉管过程中遇到石块或局部硬土层，要在桩位旁试打，确定硬土层的范围，然后考虑桩位的变更。

3)质量检验。由于桩群的相互挤密作用，对于砂桩的检验工作应放在施工后期进行，有关施工允许误差须符合规范要求。

一般用动力触探Ⅱ型检测砂桩的密实状态，频率控制在2%以内，成桩后3～5 d进行质量检测。每贯入30 cm的锤击数不小于标准值的结果为合格。标准值随深度的变化而变化，可根据场地的地质特点来确定。还要对桩体进行单桩承载力和单桩复合地基承载力进行试验。砂桩静荷载试验频率为0.5%，成桩后10 d进行质量检测。动力触探和砂桩静荷载试验结果均达到设计要求时才判定砂桩为合格。

4. 振冲碎石桩法

碎石桩是以碎石为主要填充材料的复合地基加固桩。碎石桩可以分为振冲法碎石桩和干振挤密碎石桩两大类。

振冲碎石桩法是指振冲器利用电动机带动偏心块产生高频振动，同时高压水通过管道形成高速水流冲击土体，在振动、水冲的联合作用下，振冲器钻孔至设计深度，清孔后分批次填入碎石料，通过振冲器振挤密实制作成桩，桩体与原地基土形成复合地基。

振冲碎石桩法适用于处理不排水抗剪强度不小于20 kPa的黏土、粉土、砂土、饱和黄土和人工填土地基。

(1)施工准备。

1)三通一平。施工现场要保证三通一平，即电通、水通、料通，场地平整。清除障碍物，对各处的低洼鱼塘或大坑填土时，不可将混凝土块、大桩头、砖石砌体块等作为填料，以免增加打桩难度。

2)场地布置。施工现场的电线、水管、照明设备、道路、引泥沟、沉淀池、清水池等布置应在机械进场前准备充分。处理好清水池、沉淀池、堆料场的位置，做到方便施工。每隔50 m定为一个施工段，用临时堆筑隔离坝分隔。

3)桩的布置。在场地平整后，测量原地面高程，确定施工高程(机械轮底高程)为桩顶高程＋1 m。当施工高程位于地下水位以下时，应适当增加施工高程或进行降水处理。根据设计桩位图要求，进行桩位布置。在现场放线后用木桩钉、铁钉标出桩位，误差控制在 3 cm 以内。桩位的顺序采用“一边推向另一边”方式。

(2)施工工艺。振冲碎石桩法的主要施工工艺流程如图 4-44 所示。

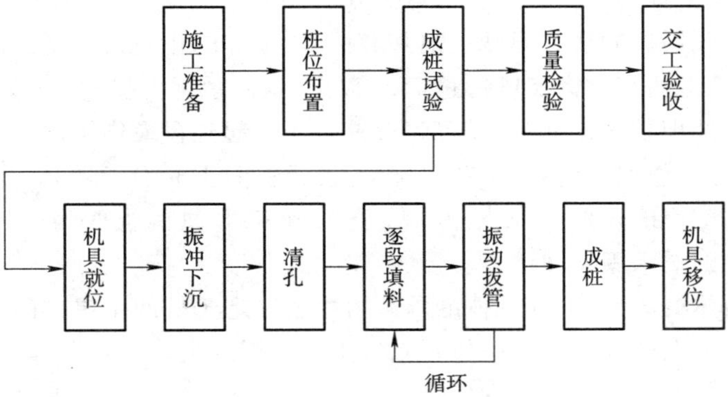

图 4-44　振冲碎石桩施工工艺流程图

1)机具就位：以成桩先后顺序，调整桩架就位，桩管高于设计桩长 3～5 m，桩管垂直于地面，误差小于 1.5%。在桩位处铺设少量碎石并采用振动碾碾压。开水开电，检查水流、电流是否正常。

2)振冲沉入：开动卷扬机，把套管以 1～2 m/s 的速度下沉入土中，将桩管沉入至设计深度。下沉过程中，注意振冲器的电流不能超过电机的额定电流(电流的变化表现了土层的软硬及松密程度)。一旦超过，可能遇到坚硬难沉的土层，可辅以喷气或射水沉入。当下沉到距离设计深度 30～50 cm 的时候，上升振冲器至孔口，速度控制在 5～6 m/s。

3)清孔：重复上述工序 1～2 次，确保孔口没有被泥块堵住，最后将振冲器停留在距离设计深度 30～50 cm 处。利用循环水将淤泥浆返出并及时排出作业面。

4)逐段填料：向孔内逐段填入碎石，填量为 0.15～0.5 m^3。用振动器对填料进行振实，碎石也被挤入孔壁土中，从而扩大孔径。当振冲器的电流超过规定值时，说明该段填料已被振密。若达不到规定值，则需再加一定的填料进行密实。记录每一次填料的填料量、深度、振密时间和密实电流。

5)振动拔管：填料后边振动边拔出桩管，速度控制在 0.2 m/s，每提升 1.0 m 停拔并振动 30 s。进行数次反插直至填料密实，反插深度应小于桩管长度的一半。

6)成桩：重复 4)、5)的操作，直至振冲器移到孔口，完成一根桩体。

7)机具移位：成桩后，清理桩头，移动机具至下一桩位。

(3)质量控制。

1)施工水电控制：施工用水要保证水量水压。桩孔内充足的水量可以防止塌孔，但过多的水量容易造成砂料回出流走。根据现场试验确定水压，土质强度高的水压要大些。成孔过程及加料过程中水压要大，接近设计深度时要适当减小水压，防止破坏桩体以下的土。振冲器停拔悬振(留振时间一般为 10～20 s)时电流稳定在某一数值，说明填料达到密实状态，实际施工中，稳定电流要超过规定的密实电流方可代表完成施工。

2)填料控制:填料可采用碎石、卵石、砂砾等,不能使用风化石。填充过程中,加料速度不宜过快,每批次的填料量不能太多,做到加料勤、慢、少。

3)技术控制:桩管必须垂直于地面,误差小于1.5%,桩体的施工必须保证密实、连续。

(4)应用分析。振冲碎石桩法处理砂性土地基,一方面利用振冲器的高频振动使饱和砂层液化,砂粒间进行重新排列,孔隙比减小;另一方面振冲器的水平振动,将碎石挤压入孔壁内,进一步挤压砂层。采用振冲法加固砂土地基,对天然土体的相对密实度提高幅度很大,有效提高地基承载力,桩间土的相对密实度可达75%以上,地基承载力提高2~5倍。

振冲碎石柱法处理黏性土地基,设置碎石桩是为了起到置换作用。在施工过程中,通过振冲器振动、高压水冲的作用,对桩间土产生扰动,使得桩间土的强度降低。实际测验表明,桩间土的十字板抗剪强度可能降低10%~40%。施工结束后,桩间土的强度经一段时间恢复,桩间土的抗剪强度会随排水固结而增长。

碎石桩属于散体桩的一种,其桩体的承载力主要决定于桩间土提供的侧限力。因此,相同尺寸的碎石桩承载力在砂性土地基中比在黏性土地基中要大。

4.4.6 水泥土搅拌桩法

水泥土搅拌桩法是用于加固饱和软黏土地基的一种方法,它利用水泥作为固化剂,通过特制的搅拌机械,在地基深处将软土和固化剂强制搅拌,利用固化剂和软土之间所产生的一系列物理化学反应,使软土硬结成具有整体性、水稳定性和一定强度的优质地基。

1. 基本要求

水泥土搅拌桩加固地基方法应符合设计要求。以干水泥粉作为固化剂的水泥土搅拌桩应按有关规定施工。当设计要求采用以水泥浆作为固化剂的水泥土搅拌桩时应按下面介绍的方法施工。

2. 以水泥浆作为固化剂的水泥土搅拌桩施工

(1)施工流程。场地平整清理→钻机就位→钻进至设计深度→喷浆→匀速搅拌喷浆至桩顶设计高程→按设计要求复喷→成桩→钻机移位,清洗输浆系统。

(2)机具要求。

1)钻机可采用专用的带搅拌头的搅拌钻机或用改制的螺旋钻机,一般可分单轴和双轴两种。

2)水泥浆搅拌机和集料斗。

3)灰浆泵,工作压力1 500 kPa。

4)电磁流量计。

(3)水泥土搅拌桩的处理范围和桩位布置应符合设计要求。并应在施工前测设,作出明显标志。

(4)水泥土搅拌桩的施工顺序可逐排逐根进行。

(5)水泥土搅拌桩施工前,应按设计要求的配合比配制水泥浆装入集料斗中,并校准电磁计量装置。

(6)成桩施工。

1)钻机就位后,应校正搅拌轴垂直度。

2)钻机钻进时,应按试桩时确定的速度搅拌下沉。如下沉速度太慢,可通过输浆系统补给清水以利钻进。

3)钻进至设计深度后,开启灰浆泵将水泥浆压入地基,边旋转,边喷浆,一般停留 30 s 后改变钻机旋转方向提升搅拌头,同时继续喷浆。提升速度和喷浆压力应符合设计要求和试桩时确定的参数。应保证提升和喷浆连续均匀。如有中断,应及时补喷,补喷重叠长度不小于1 m。

4)桩身应按设计要求进行重复搅拌。最后一次提升时,应采用慢速。一般提升至桩顶设计高程以上 0.3～0.5 m 时,停止提升。

5)喷浆量应符合设计要求。发现喷浆量不足时,应整桩复喷补足。

6)施工结束后应及时清洗输浆系统,并将粘附在搅拌头的软土清洗干净。

3. 施工工序

(1)桩机定位、对中、调平:放好搅拌桩桩位后,移动搅拌桩机到达指定桩位,对中、调平(用水准仪调平)。

(2)调整导向架垂直度:采用经纬仪或吊线锤双向控制导向架垂直度。按设计及规范要求,垂直度小于 1.0%桩长。

(3)预先拌制浆液:深层搅拌机预搅下沉同时,后台拌制水泥浆液,待压浆前将浆液放入集料斗中。选用 42.5 级普通硅酸盐水泥拌制浆液,水胶比控制在 0.45～0.50 范围,按照设计要求每米深层搅拌桩水泥用量不少于 50 kg。

(4)搅拌下沉:启动深层搅拌桩机转盘,待搅拌头转速正常后,方可使钻杆沿导向架边下沉边搅拌,下沉速度可通过挡位调控,工作电流不应大于额定值。

(5)喷浆搅拌提升:下沉到达设计深度后,开启灰浆泵,通过管路送浆至搅拌头出浆口,出浆后启动搅拌桩机及拉紧链条装置,按设计确定的提升速度(0.50～0.8 m/min)边喷浆搅拌边提升钻杆,使浆液和土体充分拌和。

(6)重复搅拌下沉:搅拌钻头提升至桩顶以上 500 mm 高后,关闭灰浆泵,重复搅拌下沉至设计深度,下沉速度按设计要求进行。

(7)喷浆重复搅拌提升:下沉到达设计深度后,喷浆重复搅拌提升,一直提升至地面。

(8)桩机移位:施工完一根桩后,移动桩机至下一根桩位,重复以上步骤进行下一根桩的施工。

4.4.7 粉喷桩法

粉喷桩法全称为粉体喷射搅拌桩法,是利用水泥作为固化剂,通过特制的搅拌机械将粉状固化剂喷入软土地基中强制搅拌,利用固化剂和软土之间所产生的一系列物理、化学反应,使软土硬结成具有整体性、水稳定性和一定强度的桩体,并与桩间土共同作用组成复合地基的一种方法。适用于淤泥质土、黏质土、粉土、杂填土天然含水量大于 30%的土体。

1. 工艺性试桩

一般工艺性试桩在软基处理段上直接进行。通过试桩来达到以下目的。

(1)确定满足设计水泥喷入量的各种技术参数,包括:钻进速度、提升速度、搅拌速度、复搅深度、桩长等。

(2)了解下钻及提升的阻力情况,选择合理技术措施。一般工艺性试桩的桩数不得少于10 根。

(3)了解机械的性能概况,以便及时调整和更换性能不良的设备。

(4)每台钻机都要进行试桩,并定出各自的技术参数。

(5)划定各机组的施工作业区域。

2. 施工顺序

(1)钻机对位。根据设计,测量放样确定加固桩体的位置,并用竹签撒灰标记,确保施工放样的准确性。移动机架调整正对桩位,钻机导向架必须垂直对准地面,并用水平仪校正。

(2)下钻。启动空气压缩机送气,钻机开始钻进,搅拌钻头边旋转边钻进,钻至设计高程后停钻。为了不至于堵塞喷射口,此时并不喷射粉料,而只喷射压缩空气。

(3)启动提升搅拌钻机。钻头呈反向旋转,一边提升一边同时通过粉体发送器将粉料喷入土体中,在钻机的强大扭矩下使土体和粉料进行充分拌和。粉料的混合量是根据气体发送器输出的喷粉量搅拌叶片提升速度的关系确定的,所以必须要求钻机提升平稳。

(4)提升结束。当钻头提升至距离地面 30～50 cm 处停止喷粉,气体发送器停止向孔内喷射粉料,成桩结束。由于装置的回路是封闭的,若搅拌钻头距地表 30～50 cm 处停止喷粉,在回路内的粉体不会向空中喷发与飞散。

(5)复拌。根据设计要求在地面下一定深度范围内需进行重复搅拌。复拌过程中,停止粉喷,钻头边旋转边钻进至设计要求的复拌深度,再反转提升,使土体和粉体充分拌和,土块被充分粉碎,水泥粉料均匀地分布在地基中。

3. 注意事项

(1)一般情况下,上层表土的侧向约束力软弱,对成桩不利,停灰标高宜控制在离地表以下 50 cm 左右。

(2)根据土质条件以及为了保证喷粉量搅拌均匀,钻进速度、提升速度、喷粉压力均应符合要求。

(3)要根据电子称重装置显示的喷灰量及时调节调速电机,保证喷粉的均匀性。

(4)送灰管的接头不得多于两个。其长度不宜超过 60 m,最长不能超过 80 m,否则,易于发生灰管堵塞现象。送灰操作人员与钻机操作人员之间要配备电子门铃或信号传递装置,确保送灰与提升钻头同步进行。

(5)在钻机机架或链条处打上标记,以方便对钻机速度及钻孔深度的控制。复拌 1/3 桩长的目的是增加搅拌匀度,是保证成桩均匀性与桩身强度的有效措施。

(6)经过长期观察,雨天地下含水高,对送灰量有明显影响,一般工程工期紧迫,要利用晴好天气保证昼夜连续施工。

(7)施工中发现喷粉量不足,实行整桩复打,复打的喷粉量要求不小于设计用量;如遇停电、机械故障等原因而导致喷粉中断,也必须复打,复打的重叠长度应大于 1 m。

4.4.8 强 夯 法

强力夯实法简称强夯法,强夯法加固地基一般是反复将夯锤(质量一般为 10～40 t)提升到一定高度使其自由落下(落距一般为 10～40 m),对土进行强力夯实,其特点是先将机械能转换为势能,再转变为动能(即夯实能)对土体产生冲击作用,夯锤通过很大的冲击能(500～8 000 kN·m)使地基土中出现冲击波和很大的动应力,排出土(石)体中的气体和水体,迫使土(石)体迅速固结,降低其压缩性,改善土的振动液化条件,消除湿陷性黄土的湿陷性等,并能提高土层的均匀程度。

强夯法适用于处理碎石土、砂土、低饱和度的粉土与黏性土、湿陷性黄土、杂填土和素填土等地基。对高饱和度的粉土与黏性土等地基，当采用在夯坑内回填块石、碎石或其他粗颗粒材料进行强夯置换时，应通过现场试验确定其适用性。

强夯法施工应注意如下事项：

(1)强夯和强夯置换施工前，应在施工现场有代表性的场地上选取一个或几个试验区，进行试夯或试验型施工。

(2)强夯法的有效加固深度应根据现场试夯或当地经验确定。

(3)强夯的单位夯击能，应根据地基土类别、结构类型、荷载大小和要求处理深度等综合考虑，并通过现场试夯确定。在一般情况下，碎石和砂土可取 1 000～5 000 kN·m/m^2，粉土和黏性土可取 1 500～6 000 kN·m/m^2。

(4)夯点的夯击次数，应按现场试夯得到夯击次数和夯沉量关系曲线确定，且应同时满足下列条件：

1)最后两击的平均夯沉量不大于下列数值：当单位夯击能小于 4 000 kN·m 时为 50 mm，单位夯击能为 4 000～6 000 kN·m 时为 100 mm，单位夯击能大于 6 000 kN·m 时为 200 mm。

2)夯坑周围地面不应发生过大的隆起。

3)不因夯坑过深而发生起锤困难。

(5)夯击遍数应根据地基土的性质确定，一般情况下可采用 2～3 遍，最后再以低能量满夯 2 遍。对于渗透性弱的黏性土，必要时夯击遍数可适当增加。

(6)两遍夯击之间应有一定的时间间隔。间隔时间取决于土中超静孔隙水压力的消散时间。当缺少实测资料时，可根据地基土的渗透性确定，对于渗透性较差的黏性土地基，一般间歇 3～4 周；对于渗透性好的地基可连续夯击。

(7)夯击点位置可根据建筑结构类型，采用等边三角形、等腰三角形或正方形布置。第一遍夯击点间距可取夯锤直径的 2.5～3.5 倍，第二遍夯击点位于第一遍夯击点之间。以后各遍夯击点间距可与第一遍相同，也可适当减小。对处理深度较深或单击能量较大的工程，第一遍夯击点间距宜适当增大。

(8)强夯处理范围应大于建筑物基础范围。每边超出基础外缘的宽度为设计处理深度的 1/2～2/3，并不宜小于 3 m。

(9)根据初步确定的强夯参数，提出强夯试验方案，进行现场试验。应根据不同土质条件待试夯结束一至数周后，对试夯场地进行测试，并与夯前测试数据进行对比，检验强夯效果，确定工程采用的各项强夯参数。

(10)强夯施工结束后应间隔一定时间方能对地基加固质量进行检验。对碎石土和砂土地基，间隔时间可取 1～2 周；低饱和度的粉土和黏性土地基可取 2～4 周。质量检验的方法，宜根据土质选用原位测试和室内土工试验。原位测试可选用表面波频谱分析、静力触探、标准贯入试验和荷载试验。对粉土及黏性土地基，可在强夯施工过程及施工后对孔隙水压力进行测试。

4.4.9　DDC 桩法

DDC 桩(柱锤冲扩桩)法是通过机具成孔(钻孔或冲孔)，后通过孔道在地基处理的深层部位进行填料，用特制重锤进行冲、砸、挤压的高压强、强挤密的夯击作业，从而达到加固地基、消纳垃圾和渣土的目的,使地基承载性能显著改善。这是一般地基处理技术都不具备的。

柱锤冲扩桩法宜用直径 300～500 mm、长度 2～6 m、质量 1～8 t 的柱锤进行施工。主要机具包括起重机、步履式夯扩桩机或其他专用机具设备。

1. 施工工艺流程

DDC 桩法施工工艺流程如图 4-45 所示。

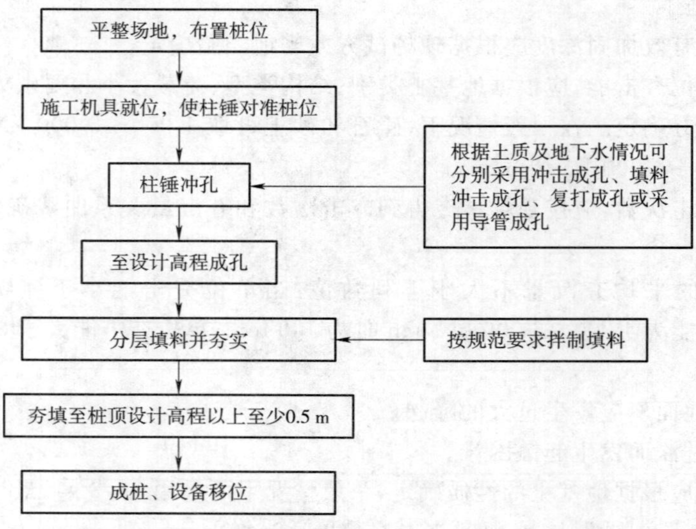

图 4-45 DDC 桩法施工工艺流程

2. 主要施工工序

(1)清理平整施工场地,布置桩位。

(2)施工机具就位,使柱锤对准桩位。

(3)柱锤冲孔。根据土质及地下水情况可分别采用下述三种成孔方式:

1)冲击成孔:将柱锤提升一定高度,自动脱钩下落冲击土层,如此反复冲击,接近设计成孔深度时,可在孔内填少量粗骨料继续冲击,直到孔底被夯密实。

2)填料冲击成孔:成孔时出现缩颈或坍孔时,可分次填入碎砖和生石灰块,边冲击边将填料挤入孔壁及孔底,当孔底接近设计成孔深度时,夯入部分碎砖挤密桩端土。

3)复打成孔:当坍孔严重难以成孔时,可提锤反复冲击至设计孔深,然后分次填入碎砖和生石灰块,待孔内生石灰吸水膨胀,桩间土性质有所改善后,再进行二次冲击复打成孔。当采用上述方法仍难以成孔时,也可以采用导管成孔,即用柱锤边冲孔边将套管压入土中,直至桩底设计高程。

(4)成桩。用标准料斗或运料车将拌和好的填料分层填入桩孔夯实。当采用导管成孔时,边分层填料夯实,边将套导拔出。锤的质量、锤长、落距、分层填料量、分层夯填度、夯击次数、总填料量应根据试验或按当地经验确定。每个桩孔应夯填至桩顶设计高程以上至少 0.5 m,其上部桩孔宜用原槽土夯封。施工中应做好记录,并对发现的问题及时进行处理。

(5)施工机具移位,重复上述步骤进行下一根桩施工。

成孔和填料夯实的施工顺序,宜间隔进行。基槽开挖后,应进行晾槽拍底或碾压,随后铺设垫层并压实。

4.4.10　旋喷桩法

1. 加固原理

旋喷桩法加固原理是利用钻机将旋喷注浆管及喷头钻置于桩底设计高程，将预先配制好的浆液通过高压发生装置使液流获得巨大能量后，从注浆管边的喷嘴中高速喷射出来，形成一股能量高度集中的液流，直接破坏土体，喷射过程中，钻杆边旋转边提升，使浆液与土体充分搅拌混合，在土中形成一定直径的柱状固结体，从而使地基达到加固的目的。施工中一般分为两个工作流程，即先钻后喷，下钻喷射，然后提升搅拌，保证每米桩浆土比例和质量。

2. 工艺流程

旋喷桩施工工艺流程：场地平整清理→钻机就位→钻孔至设计深度→喷浆→匀速提钻旋转喷浆→提升至设计高程后低压补浆→成桩→钻机移位。

3. 机具要求

旋喷桩所用机具设备因喷射方法不同而有所不同。可参照表 4-22 选用。

表 4-22　不同高压喷射注浆法主要施工机具的选用

序号	机具名称	规格	喷浆法		
			单管法	二重管法	三重管法
1	高压泥浆泵	20～40 MPa	√	√	
2	高压水泵	20～40 MPa			√
3	钻机	地质钻机或振动钻机	√	√	√
4	泥浆泵	3～5 MPa			√
5	空压机	0.7 MPa		√	√
6	泥浆搅拌机		√	√	√
7	旋喷管(单管)		√		
8	旋喷管(二重管)			√	
9	旋喷管(三重管)				√
10	高压胶管	31 MPa，ϕ19～ϕ22 mm	√	√	√

4. 浆液要求

旋喷所用浆液的配比应计量准确，并应采用符合设计要求或试验确定的配比。浆液宜在旋喷前 1 h 以内配制，并滤出硬块等杂物，以免堵管。

5. 成桩施工要求

(1)钻机对位后，应校正钻杆垂直度。

(2)钻进施工前，应先作射水和通气试验，检查管道和喷嘴是否畅通。

(3)钻孔。

1)单管法和二重管法可用注浆管射水成孔。射水压力可为 1 MPa，防止水压过大冲塌孔壁。

2)三重管法施工采用钻机钻孔，孔径为 150～200 mm。

(4)旋喷。

1)单管法和二重管法在注浆管射水成孔至设计深度后，即可开始喷浆或复合喷射浆液和空气。

2)三重管法须在钻机钻孔达设计深度后，拔出钻杆，插入三重注浆管。插管时，应用低压水边射水,边插入,以防喷嘴堵塞。注浆管插入到位后,应先送高压水,再送浆液和压缩空气。

3)喷射时,应先达到预定的喷射压力和喷射量,在桩底旋喷 1 min 后,再逐渐提升。提升速度、旋喷速度、喷射压力和排量等参数应符合现场试验确定的数值。

4)旋喷过程中,应注意冒浆量的量测,冒浆量宜控制在 10%～25%。

5)旋喷过程中,拆卸钻杆后继续旋喷时,应控制与前段搭接 100 mm 以上。

6)当喷头提升到设计高程时,应进行 1～2 min 的低压补浆(5 MPa),消除桩顶因浆液析出造成的凹穴。

(5)旋喷结束后,应迅速拔出注浆管,用清水冲洗管路和喷嘴,防止浆液凝固堵塞。

6. 施工步骤

(1)高压旋喷由于高压空气和高压水切割、置换,将会产生大量的水泥土浆,应就地设置泥浆沉淀地。

(2)布置好高压泵、泥浆泵搅拌机、制浆材料堆场和水、电、输浆管路等,并进行机具设备的检修和调试。

(3)布孔放样。根据设计图纸和说明书进行孔位放样,采用跳孔喷浆的方法。

(4)钻机就位。钻头准确定位居中,钻孔位置与设计位置偏差小于 10 cm。钻架校正摆平,钻杆垂直,倾斜度小于等于 1.5%,开始钻孔,钻孔过程中要经常注意钻杆偏斜情况,及时校正。钻孔孔口采用套管保护。

(5)制备浆液。利用搅拌机,将水与 42.5 级普通硅酸盐水泥按 1∶1 的水胶比充分搅拌均匀,制备水泥浆液,随时拌制随时喷注。

(6)插管喷浆。旋喷机具就位,校正机架水平度和喷主管的垂直度,灌注管插入高喷孔前采用中等压力试喷,以检查喷射和灌浆系统是否畅通,然后用卷扬机将灌注管插入钻孔设计深度,开始喷射灌浆作业,按成桩试验确定提升速度和旋转速度,边提升喷灌管边旋转,待喷管达到设计长度范围内停止喷浆,将灌注管提出孔口,在钻孔内进行静压灌浆,防止固结体形成凹形。

(7)移动机架和冲洗管路。灌注完毕,移动机架,冲洗管路器具,开始下一个孔的施工。

7. 其他注意事项

(1)施工前先进行成桩试验性施工,以确定合适的水泥浆浓度、喷浆量、喷浆压力、喷浆提升速度等施工工艺参数,为正式施工提供依据,试桩数量不得少于 5 根。

(2)相邻两桩旋喷施工间隔时间应不小于 48 h,间距应不小于 4～6 m。

(3)为防止浆液凝固收缩影响施工桩顶高程,可在原孔位采用冒浆回灌或二次注浆措施。

4.5 混凝土与砌体基础施工

混凝土与砌体基础应在基底无水情况下施工,需要抽水施工的基坑应在混凝土和砌体砂浆终凝后方可停止抽水。

4.5.1 混凝土基础施工

1. 钢筋一般规定与综合接地

(1)一般规定。

1)钢筋进场时,必须按现行有关规定抽取试件做力学性能试验和工艺性能试验,合格后方可使用。

2)钢筋的连接方式必须符合设计要求,并按规定对焊接接头抽取试件试验,合格后方可使用。

3)钢筋表面应洁净无油渍、锈皮和油污等。

4)浇筑混凝土前,应对已安装的钢筋进行检查并形成记录,检查项目包括:钢筋的品种、规格、数量、位置、间距,钢筋的连接方式、接头位置,预埋件的规格、数量、位置,保护层厚度等。

5)钢筋施工还应满足现行规范各相关规定,在腐蚀环境下,需对钢筋进行防腐处理。

(2)综合接地。

1)桥梁工程接地钢筋、预埋件电阻技术要求。

①接地钢筋采用桥墩(台)、承台及桩基础的结构钢筋。钢筋直径不小于 16 mm,钢筋中心距结构表面距离不小于 5 cm,且不大于 7 cm。

②接地端子孔规格为 M16,不锈钢与圆钢焊接应在出厂时完成,不宜在施工现场焊接。

③桥梁工程贯通地线接入处的综合接地端子电阻值应不大于 1 Ω。

④综合接地端子电阻电阻值大于 1 Ω 时,可在承台环接钢筋焊接时(承台混凝土浇筑前),增加人工接地体与环接钢筋相连接,直到并联接地电阻满足设计要求。

⑤一字式桥台、T 型桥台综合接地含不锈钢 M16 带帽螺栓(长度 50 mm)4 个,不锈钢接地端子 4 个,梁底端子与台顶端子不锈钢连接线(长度 2 m,截面面积 120 mm^2)2 根。

⑥旱地的圆端型桥墩,不锈钢接地连接端子 2 个,测试端子 1 个,梁底端子与墩顶端子不锈钢连接线 2 根。

⑦水下的圆端型桥墩,不锈钢接地连接端子 2 个。

2)桥梁工程接地钢筋、预埋件设置安装要求。

①桩基础桥墩接地设置,在每根桩中应有一根通长接地钢筋,桩中的接地钢筋在承台中应环接,桥墩中应有两根接地钢筋,一端与承台中的环接钢筋相连,另一端与墩帽处的接地端子相连,以上接地钢筋均可用桩、承台、桥墩中的结构钢筋。

②接地预埋件在每个桥墩(台)及基础上均设置。除水中墩外,桩基础桥墩中心右侧面安装一个不锈钢接地端子,供接地电阻测试使用,安装位置位于地面以下 200 mm 处。

③梁底及墩顶(台顶)的连接端子、台身侧面测试端子采用不锈钢质均为 00Cr17Ni14Mo2,连接端子及测试端子外露面应保证与混凝土表面平齐,端子外露面高出混凝土表面控制在 2 mm 以内。

④桥台横向两个侧面,距锥体铺砌面 10 cm,设置两个接地端子,供接地电阻测试使用。

⑤桥墩(台)身所示各节点处及墩(台)身与桩基接地钢筋连接的基础底层钢筋在平面及立面交叉点处均采用 16 mm 的"L"型钢筋焊接。接地端子、测试端子钢筋与接地钢筋采用"L"型钢筋焊。"L"型钢筋焊接长度双面焊时不小于 $5d$,且不小于 55 mm;单面焊时不小于 $10d$,且不小于 100 mm,d 为钢筋直径。焊接厚度不小于 4 mm。

⑥作为接地钢筋的桥墩(台)身、桩基、承台钢筋有接头时,接头处必须焊接,焊缝长度满足上述要求。

⑦梁底及墩(台)顶连接端子间采用多股裸不锈钢连接线连接,由钢丝绳、两个线鼻以及两个配套的防盗螺栓(每个螺栓上应配两个平垫圈和一个弹簧垫圈)组成。钢丝绳采用直径不大于 1 mm 的不锈钢丝制造,总截面积不小于 120 mm^2。线鼻与钢丝绳的连接处应能承受 5 000 N

的拉力且 3 min 不得松动和断股。

⑧接地连接端子、电阻测试端子安装位置及个数应符合要求。

3)桥梁工程接地钢筋、预埋件施工控制措施。

①承台施工时,先铺设参与接地钢筋,按要求焊接完成并经监理检查后再铺设其他钢筋。

②灌注基础混凝土前,接地的桥墩竖向钢筋在焊接完成后应做好标识,防止接地钢筋连错,建议焊短钢筋头标识。

③桥墩墩顶接地端子位置注意避免与防落梁设施相互干扰。

④接地钢筋、端子等各部分应焊接牢固可靠,混凝土浇筑前应进行电气回路测量,满足要求后方可浇筑。

⑤及时配置接地电阻测试仪。

⑥施工过程中必须由电工负责进行每个墩的单桩接地电阻测试和并联接地电阻测试,测试记录要规范、完善。

2. 模板及脚手架

模板的有关内容参见本书 3.1 节,脚手架的有关内容见本书 2.2 节,混凝土基础的模板及脚手架作业应注意如下事项:

(1)模板及脚手架应具有足够的强度、刚度和稳定性,能承受浇筑混凝土的侧压力,并保证基础尺寸的正确。

(2)模板安装应稳固可靠,接缝严密不漏浆,模板与混凝土的接触面应清理干净并涂刷隔离剂,模板内的积水和杂物应清理干净。

(3)混凝土浇筑前应对基础平面位置、尺寸、底面及顶面高程和基底地质条件等进行检查并形成记录。

(4)浇筑混凝土过程中,应对模板及脚手架进行观察维护,发现异常情况及时采取补救措施。

(5)拆除非承重模板时,不得损伤混凝土的表面和棱角,混凝土强度不应低于 2.5 MPa。拆除承重模板时,混凝土强度应符合设计要求。

3. 混凝土浇筑

混凝土工程的有关内容参见本书 3.3 节,混凝土基础的混凝土浇筑应注意如下事项:

(1)混凝土所用原材料必须按现行有关规定取样进行检验,合格后方可使用。

(2)根据原材料性能、混凝土的技术条件和设计要求进行混凝土的配合比设计。混凝土拌制前应测定砂、石含水率,并根据测试结果,按调整后的材料用量提出施工配合比。混凝土的坍落度应符合配合比设计的要求。

(3)混凝土应使用机械拌制,并采用自动计量装置。

(4)混凝土运输过程中不得出现离析、漏浆、严重泌水和坍落度损失过多等现象。

(5)混凝土应采用滑槽、串筒等器具分层浇筑,自由倾倒高度不得大于 2 m。

(6)混凝土应采用机械振捣。

(7)混凝土浇筑过程中应按现行有关规定要求制作检查试件。

(8)混凝土浇筑完成后,应及时对混凝土覆盖保湿养护。混凝土保湿养护的时间:采用硅酸盐水泥、普通硅酸盐水泥、矿渣硅酸盐水泥时不得少于 7 d;对掺入缓凝型外加剂或有抗渗等要求的混凝土则不得少于 14 d。

4.5.2　砌体基础施工

砌体基础施工应注意如下事项：

(1)砌体所用的原材料必须按批取样经试验合格后方可使用。

(2)砌体砂浆的强度等级应符合设计要求，并具有适度的流动性和良好的和易性，砂浆配合比应通过试验确定。

(3)砂浆应随拌随用，当运输和储存过程中发生离析和泌水现象时，应重新拌制，凝结的砂浆不得使用。

(4)砌体砌筑应采用挤浆法分层、分段砌筑，石料和砌块不得向已砌完的砌体上抛掷，砌体表面勾缝的形式和砂浆强度应符合设计要求。砌筑基础时，应在基础底面先铺一层 5～10 cm 厚的水泥砂浆。

(5)砌筑过程中应随机抽样制作砂浆抗压强度标准养护的检查试件。

(6)石料或砌块砌筑完毕应及时覆盖保湿养护，常温下保湿养护时间不得少于 7 d。

4.5.3　基础与墩台身的施工接缝处理

基础与墩台身的施工接缝处理应符合设计要求。当设计无要求时应符合下列规定：

(1)接缝面一般应为水平面，边缘应处理平整。

(2)混凝土与混凝土之间接缝，周边应设直径不小于 16 mm 的钢筋，埋入与露出长度不应小于钢筋直径的 30 倍，间距不应大于钢筋直径的 20 倍(设计有连接或护面钢筋时可不另设)。使用光面钢筋时两端应设半圆形标准弯钩，螺纹钢筋时可不设弯钩。连接钢筋的混凝土保护层厚度应符合有关规定。

(3)混凝土与浆砌片石或浆砌片石之间接缝，应预埋片石作榫，片石厚度不小于 15 cm，片石露出接缝面一半左右，且外露高度不小于 15 cm。片石应均匀安放，净距不得小于 15 cm；片石与模板的间距不宜小于 25 cm，且不得与钢筋接触。

(4)混凝土间施工接缝尚应符合下列规定：

1)施工缝处的水泥砂浆薄膜、松动石子或松弱混凝土层应凿除，浇筑混凝土前应用水冲净、湿润，但不得存有积水。凿毛应在距混凝土外缘 2～3 cm 以内进行，并使接缝面露出 70%以上新鲜混凝土面。

2)混凝土凿毛时须达到下列强度：水冲凿毛时不小于 0.5 MPa；人工凿毛时不小于 2.5 MPa；机械凿毛时不小于 10 MPa。

4.6　基坑回填

混凝土基础拆除模板和砌体基础砂浆终凝后，基坑应按设计要求的填料和质量及时回填。基坑回填应注意如下事项：

(1)基础施工完成后应及时进行基坑回填，回填材料及质量应符合设计要求。

(2)基坑回填前，应排净积水，清除淤泥、软层，回填时不得破坏基础混凝土。

(3)基坑采用碎石或其他填料回填时，应分层施工，压实质量应符合设计要求。当采用混凝土回填时，应分层振捣密实。

(4)陆地基坑回填后应略高于基坑顶缘地面，防止基坑积水。

4.7 基坑安全技术

4.7.1 基坑支护安全技术

(1)基坑开挖应严格按支护设计要求进行。应熟悉围护结构撑、锚系统的设计图纸,包括围护墙的类型、撑锚位置、高程及设置方法、顺序等设计要求。

(2)混凝土灌注桩、水泥土墙等支护应有 28 d 以上龄期,达到设计要求时,方能进行基坑开挖。

(3)围护结构撑锚系统的安装和拆除顺序应与围护结构的设计工况相一致,以免发生变形过大、失稳、倒塌等安全事故。

(4)围护结构撑锚安装应遵循时空效应原理,根据地质条件采取相应的开挖、支护方式。一般竖向应严格遵守分层开挖,先支撑后开挖,撑锚与挖土密切配合,严禁超挖的原则。使土方挖到设计高程的区段内,能及时安装并发挥支撑作用。

(5)撑锚安装应采用开槽架设,在撑锚顶面需运行施工机械时,撑锚顶面安装高程应低于坑内土面 20～30 cm。钢支撑与基坑土之间的空隙应用粗砂土填实,并在挖土机或土方车辆的通道处铺设道板。钢结构支撑宜采用工具式接头,并配有计量千斤顶装置,定期校验,使用中如有异常现象应随时校验或更换。钢结构支撑安装后应施加预应力。预压力控制值一般不应小于支撑设计轴向力的 50%,且不宜大于 75%。采用现浇混凝土支撑必须在混凝土强度达到设计强度的 80%以上,才能开挖支撑以下的土方。

(6)在基坑开挖时,应限制支护周围振动荷载的作用,并作好机械上、下基坑坡道部位的支护。不得在挖土过程中,碰撞支护结构,损坏支护背面截水帷幕。

(7)在挖土和撑锚过程中,应有专人作检查和监测,实行信息化施工,掌握围护结构的变形及变形速率以及其上边坡土体稳定情况,以及邻近建筑物、管线的变形情况。发现异常现象,应查清原因,采取安全技术措施进行认真处理。

4.7.2 基坑开挖安全技术

1. 一般要求

(1)基坑开挖深度超过 1.5 m 时,应按土质和深度放坡,当采取不放坡开挖,应设临时支护。各种支护应根据地质、水文条件及基坑深度经计算确定。当不设支护,其允许直立壁高度或人工边坡可按计算确定。

(2)基坑开挖深度超过 2.0 m 时,必须在边沿设两道护身栏杆,夜间加设红色标志。人员上下基坑应设坡道或爬梯。

(3)基坑边缘堆置土方或建筑材料或沿挖方边缘移动运输工具和机械,一般应距基坑上部边缘不少于 2 m,弃土堆置高度不应超过 1.5 m,重物距边坡距离:汽车不小于 3 m,起重机不小于 4 m。

(4)基坑开挖时,如发现边坡裂缝或不断掉土块时,施工人员应立即撤离操作地点,并应及时分析原因,采取有效措施处理。

(5)当深基坑开挖,由于场地狭窄,不允许放坡挖土时,应根据土质和水文情况和开挖深度，选用混凝土灌注桩、钢板桩、地下连续墙等支护，并应进行设计计算确定截面和埋深。当超过一定深度，尚应根据土质情况，采取设置锚杆、拉锚或支撑等措施，以确保操作安全，在施工中应加强观测，发现异常情况，及时进行处理。

(6)深基坑上下应先挖好阶梯或支撑靠梯，或开斜坡道，采取防滑措施，禁止踩踏支撑上下。坑四周应设安全栏杆。

(7)人工吊运土方时，应检查起吊工具、绳索是否牢靠。吊斗下面不得站人，卸土堆应离开坑边一定距离，以防造成坑壁坍方。

(8)用胶轮车运土，应先平整好道路，并尽量采取单行道，以免来回碰撞；用翻斗车运土时，两车前后间距不得小于 10 m，装土和卸土时，两车间距不得小于 1.0 m。

(9)已挖完或部分挖完的基坑，在雨后或冬期解冻前，应仔细观察土质边坡情况，如发现异常情况，应及时处理或排除险情后方可继续施工。

(10)在雨期开挖基坑，应距坑边 1 m 远处挖截水沟或筑挡水堤，防止雨水灌入淹泡基坑或冲刷边坡，造成边坡失稳塌方。当基坑底部位于地下水位以下时，基坑开挖应采取降低地下水位措施。雨期在深坑内操作应先检查土方边坡支护措施。

(11)当基坑较深或晾槽时间很长时，为防止边坡失水疏松或地表水冲刷、浸润影响边坡稳定，应采用塑料薄膜或抹砂浆覆盖或挂钢丝网，也要用抹水泥砂浆或砌石、草袋(水泥编织袋)装土堆压等方法保护。

(12)基坑开挖后应对围护排桩的桩间土体，根据不同情况，采用砌砖、插板、挂网喷(或抹)豆石混凝土等处理方法进行保护，防止桩间土方坍塌伤人。

(13)支撑拆除前，应先安装好替代支撑系统。替代支撑的截面和布置应由设计计算确定。采用爆破法拆除混凝土支撑结构前，必须对周围环境和主体结 构采取有效的安全防护措施。

2. 机械挖土安全技术要求

(1)大型土方工程施工前，应编制土方开挖方案，绘制土方开挖图，确定开挖方式、路线、顺序、范围、边坡坡度、土方运输路线、堆放地点以及安全技术措施等以保证挖掘、运输机械设备安全作业。

(2)机械行驶道路应平整、坚实。必要时，底部应铺设枕木、钢板或钢板路基箱(钢板路基箱主要是由一骨架体组成，骨架体由纵向主筋骨架和横向骨架构成，骨架体的表面封有一花纹防滑钢板，反面则封有平板钢板，整体形成一箱体)垫道，防止作业时下陷。在饱和软土地段开挖土方应先降低地下水位，防止设备下陷或基土产生侧移。

(3)机械挖土应分层进行，合理放坡，防止塌方、溜坡等造成机械倾翻、淹埋等事故。

(4)多台挖掘机在同一作业面开挖时，挖掘机间距应大于 10 m；多台挖掘机在不同台阶同时开挖，应验算边坡稳定，上下台阶挖掘机前后应相距 30 m 以上，挖掘机离下部边坡应有一定的安全距离，以防造成翻车事故。

(5)挖掘机工作前应检查油路和传动系统是否良好，操纵杆应置于空挡位置；工作时应处于水平位置，并将行走机构制动，工作范围内不得有人员行走。挖掘机回转及行走时，应待铲斗离开地面，并使用慢速运转。往汽车上装土时，应待汽车停稳，驾驶员离开驾驶室，并应先鸣号，后卸土。铲斗应尽量放低，不得碰撞汽车。挖掘机停止作业，应放在稳固地点，铲斗应落地，放尽贮水，将操纵杆置于空挡位置，锁好车门。挖掘机转移工地时，应使用平板拖车。

(6)推土机起动前应先检查油路及运转机构是否正常，操纵杆是否置于空挡位置。作业时,应将工作范围内的障碍物先予清除,非作业人员应远离作业区,先鸣号,后作业。推土机上下坡应用低速行驶,上坡不得换挡,坡度不应超过 25°,下坡不得脱挡滑行,坡度不应超过 35°。在横坡上行驶时,横坡坡度不得超过 10°,并不得在陡坡上转弯。填沟渠或驶近边坡时,推铲不得超出边坡边缘,并换好倒车挡后方 可提升推铲进行倒车。多台推土机在同一作业区推土时,前后相距应大于 8 m,左右相距应大于 1.5 m。停车作业,推土机应停放在平坦稳固的安全地方,放净贮水,将操纵杆置于空挡位置,锁好车门。堆土机转移时,应使用平板拖车。

(7)铲运机起动前应先检查油路和传动系统是否良好,操纵杆应置于空挡位置。铲运机的开行道路应平坦,其宽度应大于机身 2 m 以上。在坡地行走,上下坡坡度不得超过 25°,横坡坡度不得超过 6°。铲斗与机身不正时,不得铲土。多台铲运机在一个作业区作业时,前后距离不得小于 10 m,左右距离不得小于 2 m。铲运机上下坡道时,应低速行驶,不得中途换挡,下坡时严禁脱挡滑行。禁止在斜坡上转弯、倒车或停车。工作结束,应将铲运机停在平坦稳固地点,放净贮水,将操纵杆置于空挡位置,锁好车门。

(8)在有支撑的基坑中挖土时,必须防止碰坏支撑,在坑沟边使用机械挖土时,应计算支撑强度,危险地段应加强支撑。

(9)机械施工区域禁止无关人员进入场地内。挖掘机工作回转半径范围内不得站人或进行其他作业。土石方爆破时,人员及机械设备应撤离危险区域。挖掘机、装载机卸土,应待整机停稳后进行,不得将铲斗从运输汽车驾驶室顶部越过;装土时任何人都不得停留在装土车上。

(10)挖掘机操作和汽车装土行驶要听从现场指挥;所有车辆必须严格按规定的开行路线行驶,防止撞车。

(11)挖掘机行走和自卸式汽车卸土时,必须注意上空电线,不得在架空输电线路下工作。如在架空输电线一侧工作时,在 110~220 kV 电压时,垂直安全距离为 2.5 m;水平安全距离为 4~6.0 m。

(12)夜间作业,机械上及工作地点必须有充足的照明设施,在危险地段应设置明显的警示标志和护栏。

(13)冬期、雨期施工,运输机械和行驶道路应采取防滑措施,以保证行车安全。

(14)遇 7 级以上大风或雷雨、大雾天时,各种挖掘机应停止作业,并将臂杆降至 30°~45°。

第5章　桩基础施工

5.1　桩和桩基础的作用与使用条件

桩是设置于岩土中的细长柱型构件，桩基础(简称桩基)由桩和连接于桩顶的承台构成，如图5-1所示。桩基础是一种深基础，上部结构的荷载通过承台分配给桩传到地基中去。桩基具有承载力高、沉降量小、均匀、能承受较大的垂直和水平荷载等优点。所以在基础工程中，尤其在桥梁基础中，桩基是一种经常被采用的基础形式。

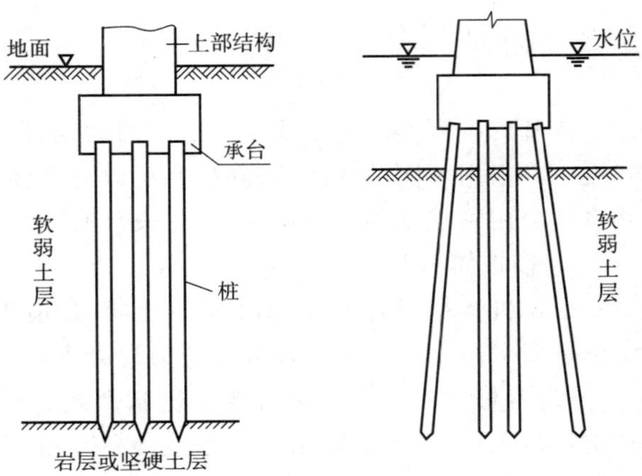

(a) 低承台桩基　(b) 高承台桩基

图5-1　桩基础的组成

与浅平基相比较，桩基施工需要较复杂的机具，一般造价较高。但可节省材料和开挖基坑的土方量，施工过程中也不会遇到像深基坑那样的防水、防漏和防土坍塌等复杂问题。桩基的施工步骤：先将桩设置于地基土中[将预制桩打入土中，或在桩位处钻(挖)孔后成桩]，然后在桩顶处灌注混凝土或钢筋混凝土的承台，把各桩连接成一个整体，最后在承台上修筑上部结构，如桥梁中的墩、台和房屋中的墙、柱等。

桩基础是一种古老的基础形式。在人类历史上，早在新石器时代，就有在湖泊和沼泽地里打木桩筑平台作为住所。目前，桩基础是高层建筑物和桥梁结构常用的基础形式，它有着巨大的承载潜力，能抵抗复杂荷载，并将上部结构荷载传到深层稳定的地层中去，从而减小基础沉降和上部结构的不均匀沉降，能够抵抗在长期的列车动载和循环荷载作用下所产生的附加应力和变形。同时对地质条件适应性强，容易满足各种建筑物的不同要求，桩基础的发展十分迅速，各种成桩技术，包括桩的质量和承载力的测试技术等，都有很多新的发展。从发展趋势看，由于桩基础便于机械化施工，是实现基础施工工业化的途径之一。

在基础方案比选时，应尽量先考虑浅平基，因为它比深基础经济、施工容易。不过，由于荷载、地质水文条件的原因，又往往不得不采用深基础。例如，当遇到坚硬土层埋得较深，河流冲刷严重，或上部为特别重要的建筑物，须采用深基础时，则深平基和桩基一般均应考虑，并经技术、经济比较后，择其优者。图5-2为我国某铁路桥梁桩基，桥址处覆盖土层很差，而承载力较高的泥灰岩位于河床面以下20～30 m深处，经过方案比较，全桥均采用支承于泥灰岩上的桩基础，桩为直径40 cm或55 cm的预制钢筋混凝土管桩。

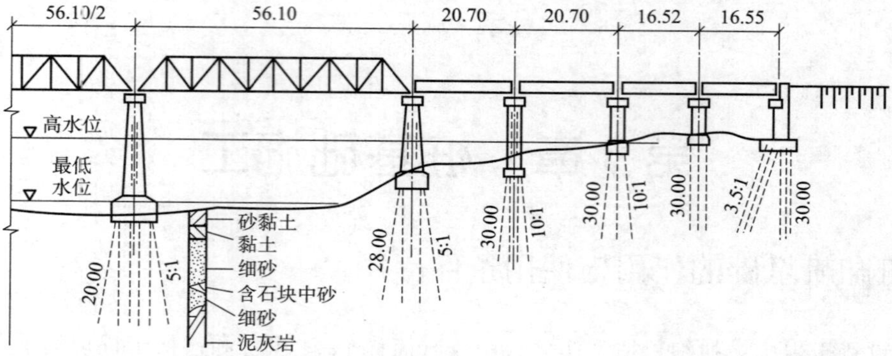

图 5-2 桥梁桩基(单位:m)

5.2 桩和桩基础类型

桩基的主要作用是承受上部竖向荷载,通过桩将荷载由软弱地层传至深部较坚硬土层或岩层中。根据不同的目的,桩和桩基可以有多种分类法,分类的目的是为了掌握其不同特点,并将其应用到桩基的设计中去,以使设计时能更好地发挥桩基的作用。

1. 按桩体材料划分

根据桩体材料有木桩、钢筋混凝土桩、预应力混凝土桩、钢桩和组合材料桩等。但我国桥梁桩基多采用钢筋混凝土桩或预应力混凝土桩。

(1)木桩。木桩是一种古老的桩基形式。常采用坚韧耐久的木材如杉木、松木、橡木等。其桩径常采用 160～360 mm,桩长为 4～10 m。木桩制造简单、重量轻,运输和沉桩方便,但木桩承载力低,在干湿交替的环境中极易腐烂,一般很少使用,仅在乡村小桥和一些临时应急工程中使用。

(2)钢筋混凝土桩。钢筋混凝土桩是目前工程上最广泛采用的桩。钢筋混凝土桩,可用于承压、抗拔、抗弯(抵抗水平力等),可采用工厂预制或现场预制后打入或压入,现场钻孔灌注混凝土等方法成桩。截面形式有方桩、空心方桩、管桩、三角形桩等。近年来,出现了截面为矩形、T 形等的壁板桩,承载力很高。各种常见截面形式如图 5-3 所示。对管桩,施加预应力形成预应力管桩,以提高桩身抗裂能力,防止在起吊时的弯曲应力或采用锤击法成桩时桩身产生的锤击拉应力下开裂断桩。

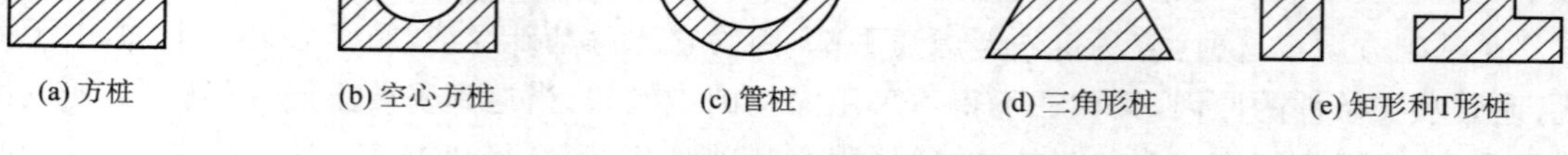

(a) 方桩 (b) 空心方桩 (c) 管桩 (d) 三角形桩 (e) 矩形和T形桩

图 5-3 钢筋混凝土桩截面形式

(3)钢桩。常用钢桩有管型、宽翼工字型截面和板型截面等形式。其中钢管桩的直径一般为 250～1 200 mm。钢桩具有穿透能力强、承载力高、自重轻、锤击沉桩效果好等特点;且质量容易保证,桩长可任意调整;但也存在价格高、易锈蚀等不足。

(4)组合材料桩。指一根桩由两种或两种以上材料组成。如钢管内填充混凝土，水位以下采用预制而桩上段则采用现场浇筑混凝土，中间为预制而外包灌注桩(水泥搅拌桩中插入型钢或预制小截面钢筋混凝土桩)等，一般应用于特殊地质环境及施工技术等情况。

2. 按土对桩的支承特点划分

根据土对桩的支撑情况有摩擦桩和柱桩，柱桩又称端承桩，如图 5-4 所示。前者是指桩底位于较软的土层内，其轴向荷载由桩侧摩阻力和桩底土反力来支承，而桩侧摩阻力起主要支承作用；后者指桩底支立于坚硬土层(岩层)上，其轴向荷载可认为全由桩底土反力来支承。

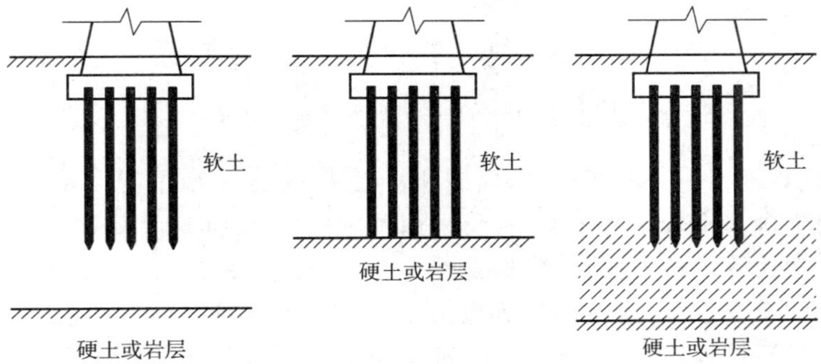

图 5-4　不同支撑类型的桩基

由于摩擦桩和端承桩在支承力、桩的沉降及荷载传递等方面都存在明显的差异，因此，在同一桩基中不应同时采用端承桩和摩擦桩。

国外也有根据土对桩的支承力特点区分为摩擦桩(指桩端反力很小省略不计者)、中间型桩(或称支承一摩擦桩，指不仅靠桩侧摩擦力同时也靠桩底反力来支承荷载者)以及端承桩三种，实际上前两种是铁路上所指的摩擦桩。

3. 按桩的施工方法划分

(1)灌注桩。灌注桩分为沉管灌注桩和钻(挖)孔灌注桩两大类。沉管灌注桩又可分为带桩靴沉管灌注桩、无桩靴沉管灌注桩和薄壳沉管灌注桩。钻(挖)孔灌注桩又可分为螺旋钻孔桩、挖孔灌注桩和泥浆护壁钻孔灌注桩。钻(挖)灌注桩是在现场就地钻孔或挖孔，将事先绑扎好的钢筋笼置入孔内，再灌注混凝土而成桩的。

1)沉管灌注桩。沉管灌注桩早在 20 世纪 30 年代就传入我国，该桩不用预制可就地灌注，施工速度快，不产生泥浆，造价低于其他类型的灌注桩，故应用较广。但其施工过程中的噪声和振动对环境产生影响，使其在城市建筑物密集地区的应用受到一定限制。沉管灌注桩可采用锤击振动、振动冲击等方法沉管成孔，其施工工序如图 5-5 所示。

锤击沉管灌注桩的常用直径(指预制桩尖的直径)为 300～500 mm，桩长在 20 m 以内，可打至硬塑黏土层中或中砂、粗砂层。这种桩的施工设备简单，打桩速度快，成本低，但缺点是容易产生缩径(桩身截面局部缩小)、断桩、局部夹土、混凝土离析和强度不足等质量问题，需要高度重视。

振动沉管桩的钢管底部带有活瓣桩尖(沉管时闭合，拔管时活瓣张开以便浇筑混凝土)，或套上预制钢筋混凝土桩尖。桩横截面直径一般为 400～500 mm。

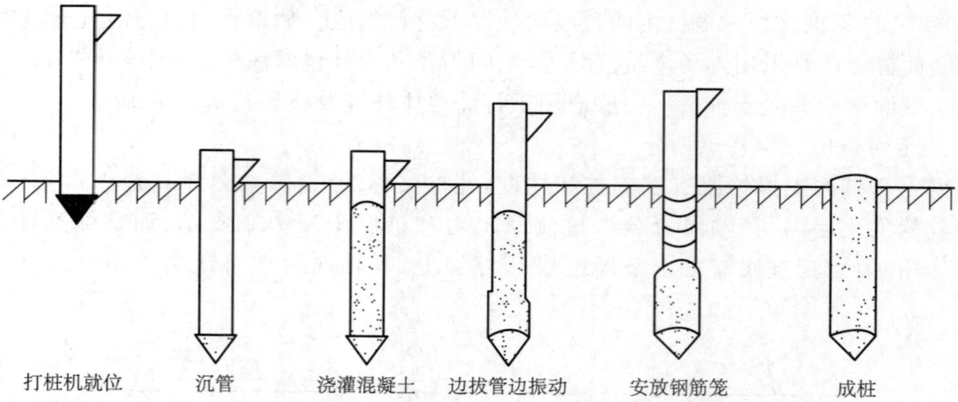

图 5-5 沉管灌注桩的施工工序示意

锤击、振动沉管施工时一般有单打、反插和复打法,根据土质情况和承载力要求可分别选用。单打法适用于含水率较小的土层,且易采用预制桩尖;反插法及复打法适用于软弱饱和土层。单打法即一次拔管成桩,拔管时每提升 0.5～1.0 m,振动 5～10 s,再拔管 0.5～1.0 m,再振动 5～10 s,如此反复进行,直至全部拔除为止。为了扩大桩径(这时桩距不易太小)和防止在淤泥层中缩径或断桩,沉管灌注桩施工时可采用反插和复打工艺。复打法就是在浇筑混凝土并拔出钢管后,立即在原位重新放置预制桩尖(或闭合管端活瓣)再次沉管,并再次浇筑混凝土。复打后的桩,其横截面面积将增大,承载力提高,但其造价也相应增加。反插法是将套管每提升 0.5 m,再下沉 0.3 m,反插深度不宜大于活瓣桩尖长度的 2/3,如此反复进行,直至拔除地面。反插法也可扩大桩径,提高承载力。

2)钻(挖)孔灌注桩。各种钻孔桩在施工时都需要把钻孔位置处的土排出地面,然后清除孔底残渣,安放钢筋笼,最后浇筑混凝土。

目前国内的钻(挖)孔灌注桩在钻进时不下钢筋套筒,而是利用泥浆护壁保护孔壁以防坍孔,清孔(排走孔底沉渣)后,在水下灌注混凝土。其施工工序如图 5-6 所示,常用桩径为 600～

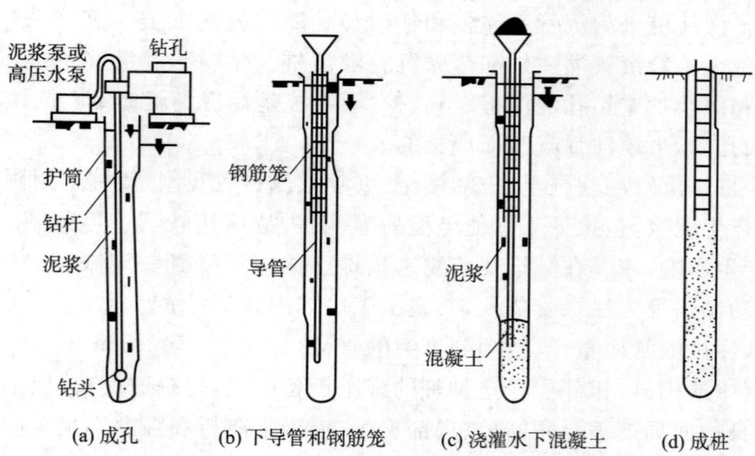

图 5-6 钻孔灌注桩施工工序

1 200 mm。更大直径 1 500～2 800 mm 的钻孔桩一般用钢套筒护壁，所用钻机具有回旋钻进、冲击、磨头磨碎岩石和扩大桩底等多种功能，钻进速度快，深度可达 60 m，能克服流沙、消除孤石等障碍，并能进入微风化硬质岩石。其最大优点在于能进入岩层，刚度大，承载力高而桩身变形很小。

我国常用的灌注桩的使用范围见表 5-1。

表 5-1　灌注桩使用范围

成孔方法		适用范围
泥浆护壁成孔	冲抓冲击(直径 800 mm 以上)回旋钻	碎石类土、砂类土、粉土、黏性土及风化岩。冲击成孔进入中等风化和微风化岩层的速度比回旋钻快，深度可达 80 m 以上
	潜水钻(直径 600 mm、800 mm)	黏性土、淤泥、淤泥质土以及砂土，深度可达 60 m
干作业成孔	螺旋钻(直径 400 mm)	地下水位以上的黏性土、粉土、砂类土及人工填土、深度在 15 m 内
	钻孔扩底，底部直径可达 1 000 mm	地下水位以上的坚硬、硬塑的黏性土以及中密以上的砂类土
	机动洛阳铲(人工)	地下水位以上的黏性土、黄土及人工填土
沉管钻孔	锤击(直径 340～500 mm)	硬塑黏性土、粉土、砂类土，直径 600 mm 以上的可达强风化岩，深度可达 20～30 m
	振动(直径 400～500 mm)	可塑黏性土、中细砂，深度可达 20 m
爆扩成孔	底部直径可达 800 mm	地下水位以上的黏性土、黄土、碎石类土及风化岩

3)挖孔桩。挖孔桩可采用人工或机械挖掘成孔。人工挖孔桩施工时应降低地下水位，每挖深 0.5～1.0 m，就应浇灌或喷射一圈钢筋混凝土护壁(上下圈之间用钢筋连接)，达到所需深度时，再进行扩孔，最后在护壁内安装钢筋笼或浇灌混凝土。

在挖孔桩施工中，由于工人需下到桩孔中操作，可能遇到流沙、坍孔、有害气体、缺氧、触电和上面掉下重物等危险而造成伤亡事故，因此必须严格执行有关安全生产的规定。

挖孔桩的直径不宜小于 1 m，深度为 15 m 者，桩径应在 1.2～1.4 m 以上，桩身长度宜限制在 30 m 以内。

挖孔桩的优点是：可直接观察地层情况，孔底易清理干净，设备简单，噪声小。场区各桩可同时施工，桩径大，适应性强，也较经济。缺点是：施工安全是重要问题，在确有安全保障措施下方可采用。

(2)预制桩。预制桩包括木桩、混凝土桩和钢桩。木桩在主要工程中已较少使用；混凝土桩又分为普通钢筋混凝土桩和预应力钢筋混凝土桩(通常称预应力管桩)；钢桩有板桩、型钢桩和钢管桩三大类。采用预制桩，经锤击(或振动)将桩沉入土中，由这种桩组成的桩基便称为打入桩桩基(或振动下沉桩桩基)。由于是在打桩以前将桩身提前预制，因此桩身质量较易保证。预制桩的沉桩施工主要有锤击、振动、静压等方法。当沉桩困难时，可采用预钻孔后再沉桩。锤击和振动沉桩将产生噪声、振动等危害。近年来，采用静力压桩的施工方法在软土地基中得到较好的应用。静力压桩施工方法的优点是噪声小、无振动，在桩身内不产生锤击沉桩所产生的很大锤击应力，可减少桩身配筋，降低工程造价。因此，静力压桩方法已广泛应用于软土地区的工业与民用建筑、港湾码头、水工围堰、地铁等工程的桩基施工。

当单桩承载力要求较高，持力层又深而使桩长较长时，预制桩就需分节进行预制和沉桩。因此，在前一节桩沉入土中，要进行后一节桩沉桩时，需将上、下节桩连接起来。目前常用的接桩方法主要有焊接法、螺栓连接法和浆锚法。

4. 按桩轴方向划分

按桩轴方向划分有竖直桩和斜桩。一般来说,当桩顶水平外力和弯矩不大,桩不长或桩身直径较大时,可采用竖直桩,相应的桩基称为竖直桩桩基。反之,当水平外力较大且方向不变时,可采用单向斜桩;当水平外力较大且由于活载作用致使水平外力在两个方向都可能产生时,则可采用多向斜桩桩基。若水平外力特别大,如作用于拱桥基础上者,则可用桩架。如图5-7所示。由于施工技术上的原因,目前钻(挖)孔灌注桩通常设计为竖直桩。

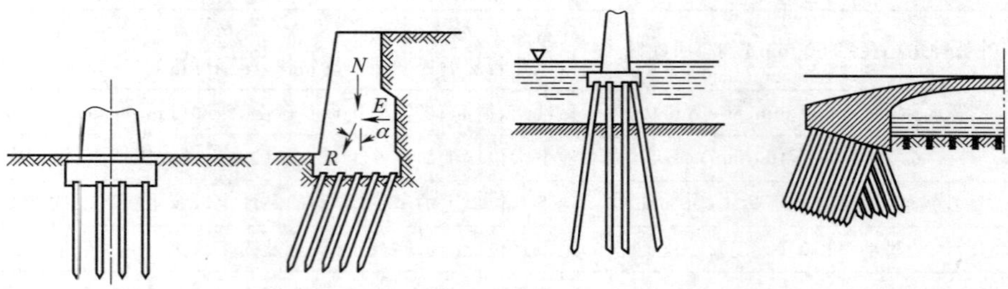

(a) 竖向桩 (b) 单向斜桩 (c) 多向斜桩 (d) 桩架

图 5-7 不同轴向的桩基

5. 按承台底面位置划分

按承台底面位置分有低承台桩基和高承台桩基,参见前面图5-1。前者指承台底面位于地面或局部冲刷线以下,后者指承台底面位于地面或局部冲刷线以上。设计时应根据桩基受力大小和河床地质、水文、水流、通航、流冰及施工难度等条件来选择。一般对于季节性河流或冲刷深度较小的河床,大多采用低承台桩基。对于常年有水,且水位较高,施工时不易排水或河床较深,则多采用高承台桩基,以方便施工。

此外,还有一种复合桩基,这类桩基的上部荷载由桩土共同承担,地基土承担至少50%,这种桩基称为减少沉降量桩基、疏桩基础或复合桩基。在我国一些沿海城市,地基土沉降量过大时常采用。

6. 按成桩的直径划分

按成桩直径大小可以将桩分为小桩、中等直径桩和大直径桩三类。

(1)小桩。指桩径 $d \leqslant 250$ mm、长径比 l/d 较大的桩,如树根桩。小桩具有施工空间要求小,对原有建筑基础影响小,施工方便,可在任何土层中成桩,并能穿越原有基础等特点,因而在地基托换、支护结构、抗浮、多层住宅地基处理等工程中得到广泛应用。

(2)中等直径桩。即普通桩,桩径为 $250 \text{ mm} < d < 800$ mm 的桩。这种桩长期在工业与民用建筑中大量使用,其成桩方法和工艺很多。

(3)大直径桩。即桩径 $d \geqslant 800$ mm 的桩,在设计中应考虑桩的挤土效应和尺寸效应。此类桩在铁路桥梁墩台基础中应用较多。

7. 按桩的设置效应划分

随着桩的设置方式不同,桩孔处的排土量和桩周土体所受到的排挤及扰动程度也会不同,这将直接造成土体的天然结构、应力状态和性质的变化,从而影响到桩的承载能力、成桩质量等。按成桩对周围土层的影响可分为下列三种:

(1)挤土桩。在成桩过程中，造成大量挤土，使桩周土体受到严重扰动(重塑或土粒重新排列)，土的工程性质有很大改变。如采用打入、静压和振动等成桩方法的实心预制桩、下端封闭的管桩和沉管灌注桩等。成桩过程中的挤土效应主要引起地面隆起和土体侧移，对预制桩可能会造成桩的侧移、倾斜、上抬等质量事故，对灌注桩还可能造成断桩和缩径等。

(2)部分挤土桩。在成桩过程中，引起部分挤土效应，桩周土体受到一定程度的扰动。一般底端开口的钢管桩、H 形钢桩、冲孔灌注桩和开口薄壁预应力钢筋混凝土桩等属于部分挤土桩。

(3)非挤土桩。采用钻孔或挖孔方式，在成孔过程中将孔中土清除，故没有产生设桩时的排挤土作用。一般现场灌注的钻、挖孔桩或先钻孔再打入的的预制桩属于非挤土桩。

5.3　承台的类型、构造和桩的布置

1. 承台类型及平面形式

根据上部结构的类型和布桩要求，承台可采用独立式、条形、井格式或圆(环)形等形式，如图 5-8 所示。柱下或桥梁墩台下常选用独立式承台，其平面轮廓形状可以是三角形、矩形或多边形[图 5-8(a)]；墙下一般采用条形承台或井格式承台，若柱距不大，或柱承受较大的荷载，独立式承台难以满足地基承载力要求时，也可将独立式承台沿一个方向连接起来形成柱下条形承台，或沿两个方向连接起来形成井格式承台。

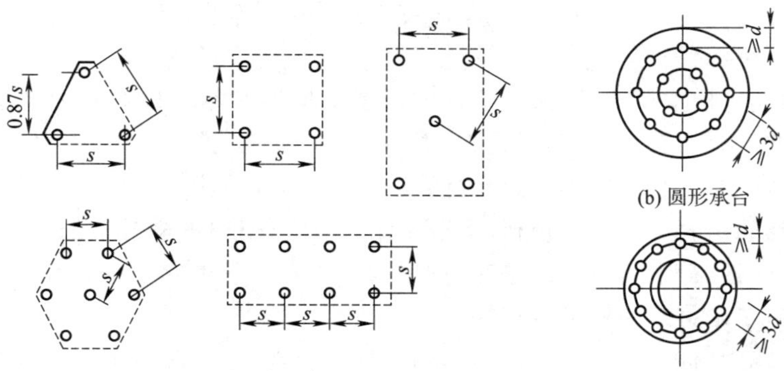

(a) 独立式承台　(b) 圆形承台　(c) 环形承台

图 5-8　承台平面形式及布桩

2. 承台的构造

承台的尺寸和钢筋设置应根据上部结构尺寸和荷载大小，除满足抗冲切、抗剪切、抗弯承载力外，尚应满足构造要求。

承台最小宽度不应小于 500 mm，桩中心至承台边缘的距离不宜小于桩直径或边长，边缘挑出部分不应小于 150 mm，主要是为满足嵌固及斜截面承载力(抗冲切、抗剪切)的要求。对于墙下条形承台梁，其边缘挑出部分可减小至 75 mm，主要是考虑到墙体与承台梁共同工作可增强承台梁的整体刚度，受力情况良好。

为满足承台刚度、桩与承台的连接等构造要求，承台的最小厚度不应小于 300 mm，高层建筑平板式筏形基础承台最小厚度不应小于 400 mm。

承台的钢筋配置除应满足计算要求外,还应满足构造要求。柱下独立桩基承台的受力钢筋应通长配置,主要是为保证桩基承台的受力性能良好。根据工程经验及承台受弯试验对矩形承台将受力钢筋双向均匀布置;对三桩的三角形承台应按三向板带均匀布置,柱下独立承台的配筋方式如图 5-9 所示。为提高承台中部的抗裂性能,最里面的三根钢筋围成的三角形应在柱截面范围内。承台受力钢筋的直径不宜小于 12 mm,间距不宜大于 200 mm,主要是为满足施工及受力要求。独立桩基承台的最小配筋率不应小于 0.15%,具体工程的实际最小配筋率宜考虑结构安全等级、桩基承载力等因素综合确定。

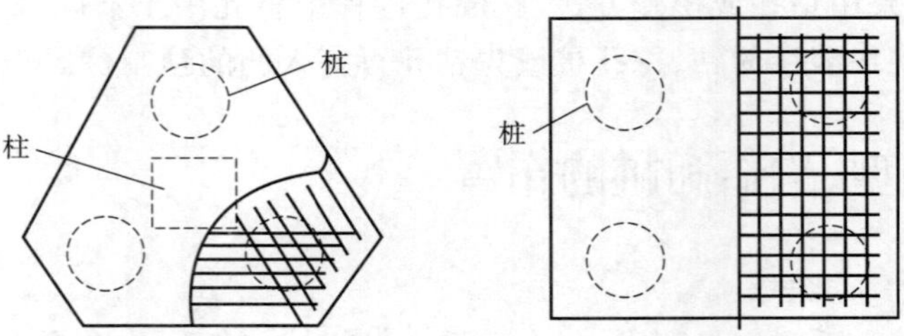

(a) 三桩承台 (b) 矩形承台

图 5-9 承台钢筋布置

桩下独立两桩承台,当桩距与承台有效高度之比小于 5 时,其受力性能属深受弯构件,因而宜按现行《混凝土结构设计规范》中的深受弯构件配置纵向受拉钢筋、水平及竖向分布钢筋。

承台底面钢筋的混凝土保护层厚度除应符合现行《混凝土结构设计规范》的要求外,尚不应小于桩头嵌入承台的长度。

桩与承台的连接构造要求,桩嵌入承台的长度应根据实际工程经验确定。如桩嵌入承台深度过大,会降低承台的有效高度,使受力不利。

混凝土桩的桩顶纵向主筋锚入承台内的长度一般情况下为 35 倍主筋直径,对于专用抗拔桩,桩顶纵向主筋的锚固长度应按现行《混凝土结构设计规范》的受拉钢筋锚固长度确定。

对大直径灌注桩,当采用一柱一桩时,连接构造通常有两种方案:一是设置承台,将桩与柱通过承台相连接;二是将桩与柱直接连接。

当前工程实践中,桩与承台连接的防水构造形式较多,有的用防水卷材将整个桩头包裹起来,致使桩与承台无连接,仅是将承台支撑于桩顶;有的虽设有防水措施,但在钢筋与混凝土或底板与桩之间形成渗水通道,影响桩与底板的耐久性。

承台周围回填土质量至关重要。在地震和风载作用下,可利用其外侧土抗力分担相当大份额的水平荷载,从而减小桩顶剪力。但工程实践中,往往忽视承台回填土质量,以致出现浸水湿陷,给桩基结构在遭遇地震工况下留下安全隐患。一般情况下,采用灰土和压实性较好的素土分层夯实;当施工中分层夯实有困难时,可采用素混凝土回填。

桥梁桩基础的承台厚度不宜小于 1.5 m,通常采用 1.5~3 m。其混凝土强度等级应满足设计要求,按规定一般取 C15~C25,承台板的底部应布置一层双向钢筋网,此钢筋网应全长贯通,不得截断,如图 5-10 所示。对于桩顶直接埋入承台内,且桩顶作用于承台板的压应力超过承台板混凝土的容许局部承压能力时,应在每根桩的顶面以上设置 1~2 层直径不小于 12 mm 的钢筋网,钢筋网的每边长度不得小于桩径的 2.5 倍,其网孔为(100 mm×100 mm)~(150 mm×150 mm)。

3. 桩的平面布置

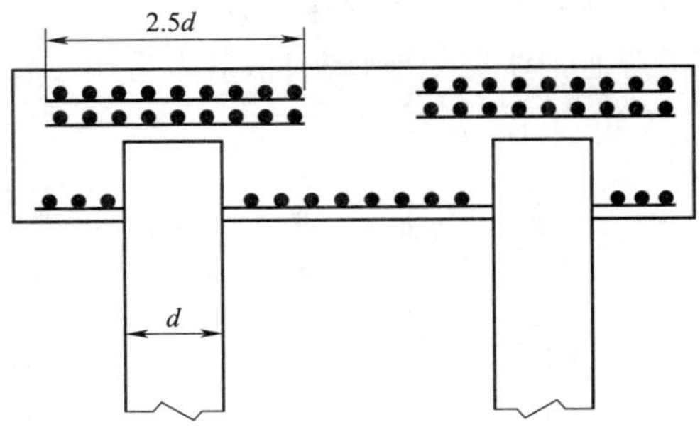

图 5-10　承台钢筋网

合理的布桩是桩基设计中保证桩基有效而经济的重要环节，承台下布桩应遵循下列基本原则：

(1)为保证桩群中各桩的桩顶荷载和桩顶沉降尽可能均匀，布桩时应尽量使群桩形心位置与上部结构荷载的合力作用点重合。

(2)为节约材料和降低造价，宜尽量减小承台的平面尺寸，按最小桩中心距进行桩的布置。

《建筑桩基技术规范》(JGJ 94—2008)考虑到土性和成桩工艺的影响，如挤土桩由于存在挤土效应要求较大的桩距，若桩距太小将会直接影响到桩侧阻力的发挥，并且还会给沉桩造成困难，因而规定了桩的最小中心距应符合表 5-2 的要求。

表 5-2　基桩最小中心距离

土类与成桩工艺		排数不少于 3 排且桩数不少于 9 根的摩擦型桩基	其他情况
非挤土灌注桩		3.0d	3.0d
部分挤土桩	非饱和土、饱和非黏性土	3.5d	3.0d
	饱和黏性土	4.0d	3.5d
挤土桩	非饱和土、饱和非黏性土	4.0d	3.5d
	饱和黏性土	4.5d	4.0d
钻、挖孔扩底桩		2D 或 D+2.0 m(当 D>2 m)	1.5D 或 D+1.5 m(当 D>2 m)
沉管夯扩、钻孔挤扩桩	非饱和土、饱和非黏性土	2.2D 且 4.0d	2.0D 且 3.5d
	饱和黏性土	2.5D 且 4.5d	2.2D 且 4.0d

注：1. d 为圆桩设计直径或方桩设计边长，D 为扩大端设计直径。

2. 当纵横向桩距不相等时，其最小中心距应满足“其他情况”一栏的规定。

3. 当为端承桩时，非挤土灌注桩的“其他情况”一栏可减小至 2.5d。

《铁路桥涵地基和基础设计规范》(TB 10002.5—2005)规定：一般情况下，打入桩的桩尖中心间距不应小于 3d(d 为桩径)。振动下沉于砂土内的桩则不应小于 4d，钻(挖)孔灌注桩摩擦桩不应小于 2.5 倍成孔桩径，钻(挖)孔灌注柱桩不应小于 2 倍成孔桩径；沉管灌注桩不应小于 3d。各类桩的最外一排至承台边缘的净距应满足下列要求：当桩径 $d\leqslant 1$ m 时，不得小于 0.5d，且不得小于 0.25 m；当桩径 $d>1$ m 时，不得小于 0.3d，且不得小于 0.5 m(对于钻孔灌注桩，d 为设计桩径；对于矩形截面的桩，d 为桩的短边宽)。

(3)尽可能将桩布置在靠近承台的外围位置，以增加桩基的惯性矩；桩基受水平力和力矩较大的方向应有较大的截面模量。如将力矩较大的方向设计为承台长边，以及在横墙外延线上布置探头桩。

(4)桩的布置一般多采用行列式，也可采用梅花式。对于圆形或环形承台基础，采用同心圆布置。

4. 承台与桩的连接

承台与桩的连接方式有两种：一是将桩顶直接伸入承台板内，如图 5-11(a)所示；另一种是将桩顶主筋伸入板内连接，如图 5-11(b)、(c)所示。前者适用于木桩、预应力混凝土桩，也可用于普通钢筋混凝土预制桩；后者适用于钻、挖孔灌注桩及普通钢筋混凝土预制桩。

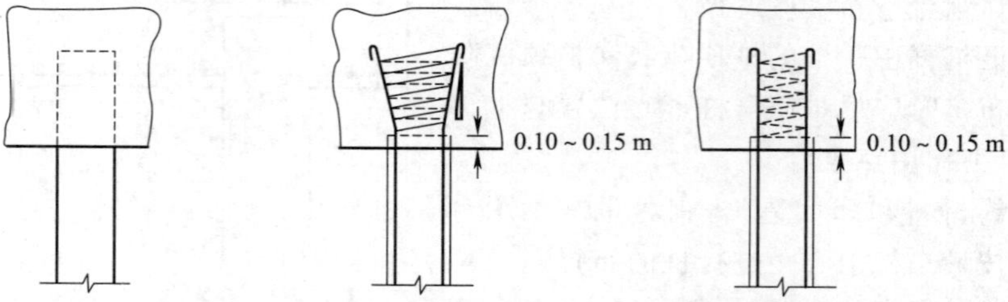

图 5-11　桩与承台的连接方式

上部结构荷载通过承台传递到桩顶，它一般要求桩顶与承台的连接处既能传递竖向荷载，同时也能传递水平荷载和弯矩，因此需要桩顶与承台固结相连。对于铁路桥梁桩基，当采用预制桩时，一般将桩顶直接埋入承台内的桩身长度为：当桩径小于 0.6 m 时，不得小于 2 倍桩径；当桩径为 0.6～1.2 m 时，不得小于 1.2 m；当桩径大于 1.2 m 时，不得小于桩径。对于就地钻(挖)孔灌注桩，一般将桩顶伸入承台 100 mm，此时桩顶主筋伸入的长度，对于光圆钢筋不得小于 $45d_g$(d_g 为主筋直径)；带肋钢筋不得小于 $35d_g$。

5. 沉井式承台

沉井式承台是先将一个井壁中预留有桩孔的沉井沉到预定高程，在洪水到来之前先设置几根固定沉井的钻孔桩，然后在洪水期间，便可以沉井顶面作为工作平台，继续进行其他桩的钻孔和灌注混凝土(图 5-12)。其优点在于：可使施工得以在汛期进行，且井壁中预留桩孔又可起钻孔桩施工所需的护筒用，从而免去了深水中设置护筒的麻烦，还可降低座板底面高程，对桩的受力情况有利。不过，沉井承台的设计计算和施工较为复杂，一般应用较少，仅适用于工期较紧的深水河流的施工情况。

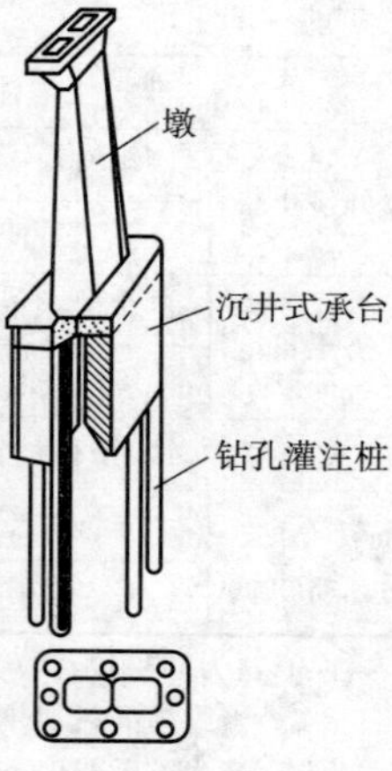

图 5-12　沉井式承台

5.4　预制桩的构造和施工

预制桩可在工厂或工地制造，当桩长在沉桩设备或运输条件的容许范围内时，则整根预制；否则需分节制造，在沉桩过程中逐节接长沉入土中。分节长度可按施工条件决定，但应尽量减少接头数目。接头强度应不低于桩身材料强度，接头的构造必须保证在沉桩过程和使用中不松动、不开裂。桩身强度不仅应满足桩基设计要求，还需考虑桩身运输、起吊或沉桩过程中的最不利荷载。当土层中有大孤石、大树干等障碍物时，沉桩将会遇到困难，不宜采用预制桩。

5.4.1　预制桩的构造

1. 钢筋混凝土桩

(1)钢筋混凝土管桩。有普通钢筋混凝土管桩和预应力混凝土管桩两种，都是在工厂用离心旋转法制造的，管节长度等参数见表 5-3。

表 5-3　我国目前厂制的钢筋混凝土管桩

类型	壁厚(mm)	管节长度(m)	混凝土强度等级
普通钢筋混凝土管桩	80	6、8、10	一般不应低于 C25
预应力混凝土管桩	80、90、100	8、10 以及短节桩	一般不应低于 C40

注：短节桩——两节短节桩节长之和等于一个标准节长。

普通钢筋混凝土管桩如图 5-13 所示，节端有法兰盘，可在工地用螺栓接长，一般可拼接到 16～30 m，个别情况可接长到 40～50 m。桩端接以预制的桩尖(桩靴)，也是用法兰盘和螺栓与管节连接。主筋采用 HPB235 钢筋或 HRB335 钢筋，主筋直径可采用 12～22 mm，根数不少于 8 根，净保护层厚质不应小于 2 cm，螺旋钢筋直径可采用 6～10 mm，间距为 50～200 mm。

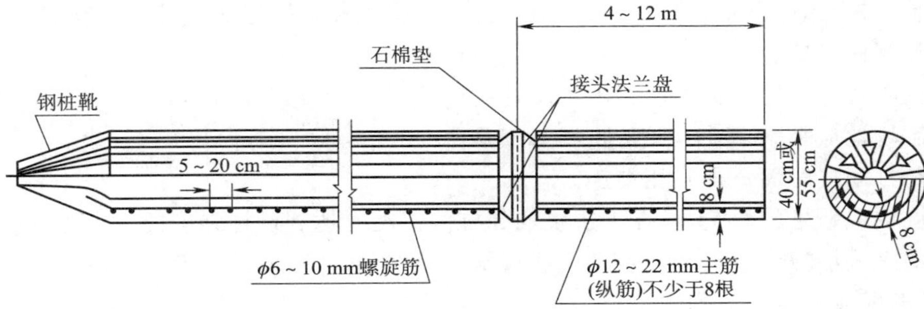

图 5-13　工厂预制的普通钢筋混凝土管桩

预应力混凝土管桩主筋用 ϕ12 mm 的 HRB400 钢筋或 44Mn2Si 热轧 ϕ12 mm 钢筋。在桩节端采取加设钢板套箍和加密螺旋钢筋等措施来提高桩的耐打性。由于预应力混凝土管桩具有耐打性强、用钢量少，且可避免由于吊运、打桩及运营期间产生垂直桩轴的横向裂纹，从而提高了耐久性。

(2)普通钢筋混凝土方桩。普通钢筋混凝土方桩一般多为实心，方桩的边长一般为 25～55 cm，工厂预制桩受到运输条件限制，桩长一般不超过 13.5 m。若受到施工条件限制可分节制造，采用套筒、暗销或榫接等接头形式，用焊接、锁定或胶接的方法拼接。对于大尺寸的方桩，为了减轻自重，可采用空心的。桩的下端带有桩尖，桩身混凝土强度等级不应低于 C25，配筋率不宜小于 0.8%。

2. 钢桩

钢桩有钢管桩、H 形钢桩、钢轨桩、螺旋钢桩等。由于钢材昂贵，用钢量多，且防锈措施较麻烦，故钢桩在我国铁路桥梁中应用较少。

3. 木桩。木桩应直，桩顶应削平，并与桩轴相垂直。桩顶应安上铁箍。桩顶应按规格加工，如要穿过硬土层，应安上铁桩靴。在以往铁路桥梁中所用的木桩一般直径为 22～34 cm，长 6～18 m。由于木桩在干湿交替环境中极易腐烂，使用年限不长，故目前在我国铁路桥梁工程中已很少采用。

5.4.2 预制桩施工

1. 桩的制作、存放与搬运

(1)桩的制作应符合下列规定。

1)钢筋混凝土桩和预应力混凝土桩现场制作应符合下列规定:

①浇筑混凝土及预应力张拉工艺,应符合有关规定。

②混凝土应连续浇筑,不得中断,并应填写制桩记录。桩的吊运应在桩身混凝土达到设计要求的吊运强度,且不低于设计强度的70%方可进行。

③桩节间的连接部件,应符合设计强度和耐久性要求;采用法兰盘连接时,接头位置不受限制;采用钢套筒焊接接头时,接头方法及位置应符合设计要求,设计对接头位置无要求时,在一个墩台桩基中,同一水平面内的接头数不应大于基桩总数的25%。法兰盘和桩靴的中心必须在桩的中轴线上,接桩铁件应做防锈处理。

④验收成桩时,应具备材料试验记录、混凝土试验单和制桩记录。桩上应标明基桩编号及节段长度和制作日期。

2)现场用重叠法浇筑钢筋混凝土桩时,应符合下列规定:

①预制场地应平整、坚实,并防止浸水沉陷。

②桩与桩间接触面不得互相粘连。

③上层桩或邻桩的浇筑,应在下层桩或邻桩的混凝土达到设计强度的50%后方可进行。

④桩的重叠层数应根据地面容许荷载和施工条件确定,一般不宜超过3层。

(2)桩的存放应符合下列规定。

1)应按桩的种类和使用顺序堆放;堆放场地应平整、坚实,堆放层数不宜超过4层。

2)当两点支垫时,堆放桩的支垫木应设在距两端0.21倍桩长处;当三点支垫时,应设在距两端0.15倍桩长和中点处。

3)每层垫木必须保持在同一平面上,各层垫木应在同一竖直线上。

4)雨季和春融期间,应防止因地面软化发生不均匀下沉造成基桩断裂和损坏。

(3)起吊和搬运应符合下列规定。

1)起吊时,桩的吊点位置和混凝土强度应符合设计要求;应平稳提升,使各吊点同时受力。一个吊点吊桩时,吊点应设在距桩上端0.3倍桩长处,在起吊过程应用钢丝绳捆绑并控制桩的下端。

2)桩在起吊、搬运和堆码时,应防止冲撞和发生附加弯矩。

3)用驳船运桩,装卸时应对称施作,保持驳船稳定。

2. 沉桩设备

把桩沉入土中所需的机具主要有打桩锤、打桩架、射水沉桩用机具等。

(1)打桩锤。目前常用的打桩锤有单动汽锤、双动汽锤、柴油锤和振动锤等。各类桩锤的适用情况见表5-4。

表5-4 各种类型打桩锤的适用情况表

类型	适用情况
单动汽锤	适用于除木桩外的各类桩
双动汽锤	适宜用于相对较轻型的桩;使用压缩空气时可在水下沉桩;可用于沉拔钢板桩

续上表

类型	适用情况
柴油锤	导杆式锤适用于木桩、钢板桩；筒式锤宜用于混凝土管柱、钢管桩；不适宜在过硬或过软的土中沉桩
振动锤	适宜于沉拔木桩、钢板桩或混凝土管桩；宜用于砂土、塑性黏土及松软砂黏土；在卵石夹砂及紧密黏土中效果较差

1)单动汽锤：如图 5-14 所示，主要由汽缸和活塞组成。汽缸提升靠蒸汽或压缩空气，控制配合阀便能使汽缸提升或下落，靠汽缸的自重打桩。单动汽锤构造较简单，施工中很少出故障，但锤击频率不高，每分钟 15～30 次，至多 40～60 次。冲击部分重量一般有 15～60 kN 多种规格，重型者 60～150 kN。

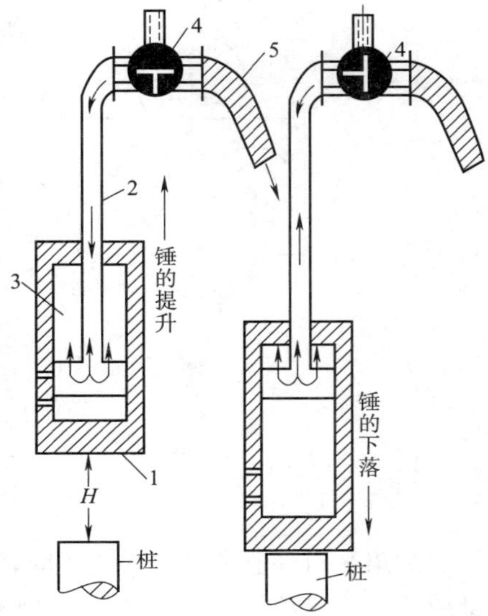

图 5-14　单动汽锤

1—外壳；2—活塞及活塞杆；3—气缸；4—配合阀；5—输气管

2)双动汽锤：打桩时，其外壳(汽缸)固定于桩头上，汽缸里的活塞连同冲击锤组成锤击部分。由于构造上使得锤的下落不仅靠自重，同时还有蒸汽(或压缩空气)作用，故称双动汽锤，锤的下降速度比单动汽锤快，锤击频率较高，重型锤 90 次/min 左右，轻型锤可达 300 次/min 左右。但其锤击能量不大，故宜用于轻型桩。如果将双动汽锤倒装于桩上，则可用于拔桩，故常用其来沉、拔钢板桩围堰的钢板桩。

3)柴油锤：其构造与前述桩锤截然不同，它本身既是桩锤又是动力发生器，其工作原理同柴油机(工作过程如图 5-15 所示)。故不必配备产生蒸汽或压缩空气的一套笨重的动力设备。柴油锤分筒式和杆式两种。国产东方型筒式柴油锤其锤击活塞重 35 kN，每分钟锤次数 40～60 次。

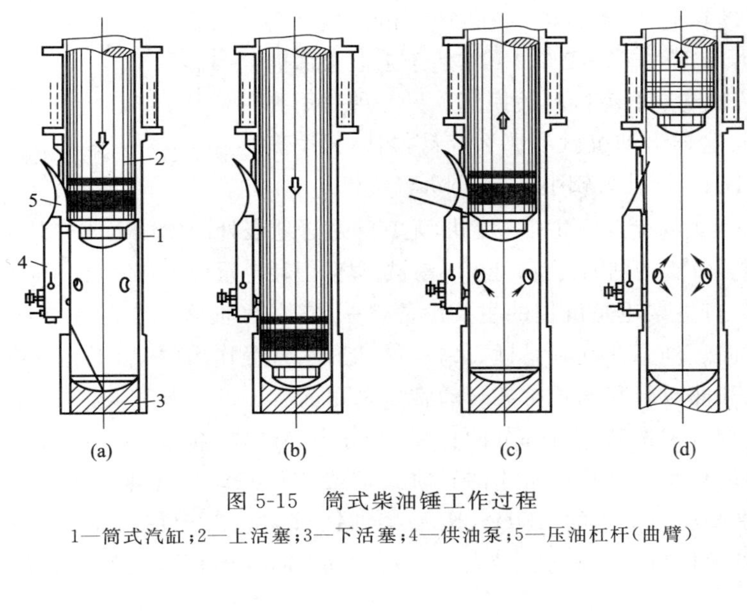

图 5-15　筒式柴油锤工作过程

1—筒式汽缸；2—上活塞；3—下活塞；4—供油泵；5—压油杠杆(曲臂)

4)振动锤主要是由电动机、传动齿轮或链条以及振动箱所组成。振动箱下的支座是刚性地连接在桩头上。箱中装有成对负荷轴,轴上带有偏心轮,由电动机通过齿轮或链条带动朝着相反方向等速地旋转,如图 5-16 所示,使各对偏心轮始终位于对称位置。这样,由它产生的离心力的合力也就永为竖向。故当每对偏心轮转动一周,即产生一周正弦型上下振动力,并通过刚性连接直接传到桩上,再加上锤、桩等重量的作用,桩便会被快速地打入土中。

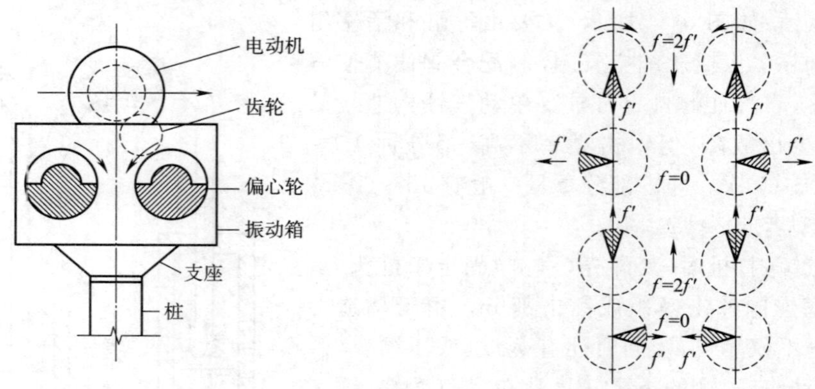

(a) 结构　(b) 偏心锤位置和离心力

图 5-16　整体式单频振动锤

如果各对偏心轮的转速全相同,则产生如上述的正弦型振动,即所谓的“单频率”振动,其振动力系上下对称。如果在上述基础上另加一对或数对静力矩较小但转速快一倍的偏心轮,则由这两者叠加而成的振动合力如图 5-17 所示,这种振动叫作“双频”振动,其向下振动力大于向上者,故更利于沉桩。这种锤若倒过来,则可用于拔桩,例如,在折除钢板桩围堰时,拔出钢板桩。

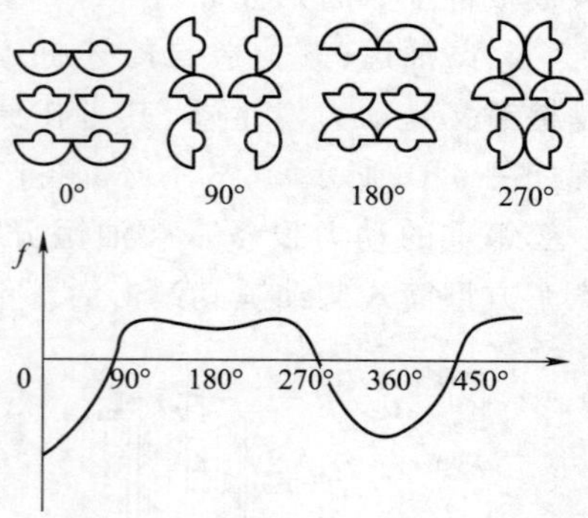

图 5-17　双频振动锤振动力的变化曲线

从构造上区分有整体式,如图 5-16 所示,其电动机是刚性地连接在振动箱上,频率为 400～600 次/min,振动力较大,最大振动力可达 1 600～2 500 kN,适于下沉很深的大口径管桩,但其缺点是电动机易被振坏。另一种是用弹簧把电动机垫开,这样电动机就不那么容易损坏,频率多为 1 000 次/min 左右,振动力较小,适于下沉轻型桩。

总之,振动锤最大的优点是沉桩速度快,尤其穿过近地表处的砂性土或软黏土层,几分钟内就下沉十几米,不需要笨重的辅助设备,桩也不易被打坏,但耗电量很大,必须有相应的动力电源。

(2)打桩架。打桩架也是沉桩的主要设备之一,它在沉桩施工中除起导向作用外(控制桩锤沿着导杆的方向运动),还起到吊锤、吊桩、吊插射水管等作用(相当于起重机)。桩架可分为自行移动式桩架和非自行移动式桩架。通常多采用前者。

自行移动式打桩架按其走行部分的特征,可分为导轨式、履带式和轮胎式三种。

下面仅介绍两种桥梁工程中常用的导轨式桩架,图 5-18 为 60 kN 的单动汽锤用的桩架,图 5-19 为我国原大桥局生产的 BDH—R_1 型柴油锤桩架。由于它们能在水平面内作 360°旋转,能后倾成各种角度以便打斜桩,最大后倾可达 1∶3,导向杆可延伸到底盘以下等,它们也被称为万能打桩架，其机械化程度高，生产效率也高，适于打大量重型桩的桩基工程。

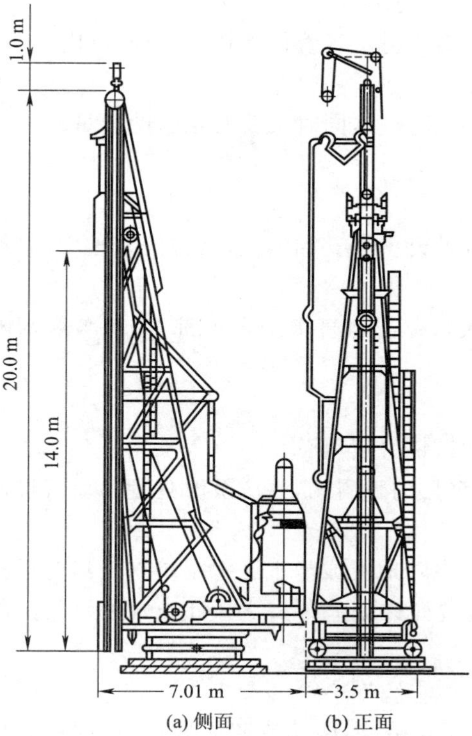

图 5-18　钢制万能桩架

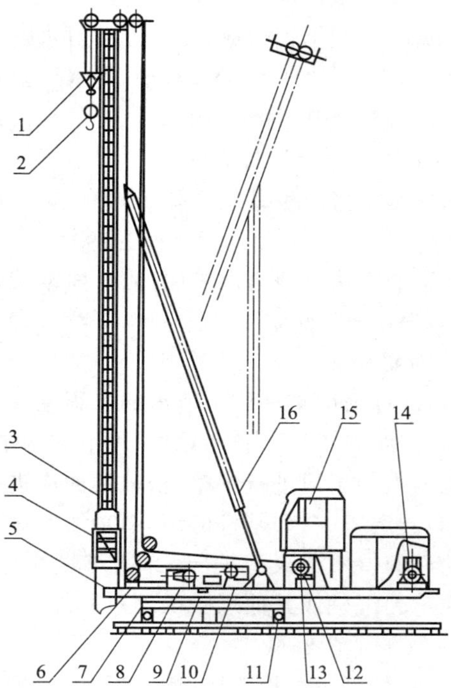

图 5-19　BDH—R_1 型柴油锤桩架

1—主钩；2—副钩；3—立柱；4—升降梯；5—水平伸缩小车；6—上平台；7—下平台；8—升降梯卷扬机；9—水平伸缩机构；10—副吊桩卷扬机；11—行走机构；12—吊锤卷扬机；13—主吊装卷扬机；14—电气设备；15—操纵室；16—斜撑

(3)桩帽。打桩时，要在锤与桩之间设置桩帽。它既要能起缓冲保护桩顶的作用，又能保持沉桩效率。因此，在桩帽上方（锤与桩帽接触一方）填塞硬质缓冲材料，如橡木、树脂、硬桦木、合成橡胶等，厚约 150～250 mm。在桩帽下方（桩帽与桩接触一方）应垫以软质缓冲材料，如麻饼（麻编织物）、草垫、轮胎等，统称为桩垫，桩垫的厚度和软硬是否恰当，将直接影响沉桩效率。

(4)送桩。遇到以下情况需要送桩：当桩顶设计高程在导杆以下，此时送桩长度应为桩锤可能达到最低高程与预计桩顶沉入高程之差，再加上适当的富余量；当采用管桩内射水沉桩时，为了插入射水管，需用侧面开有槽口（宽 0.3 m，高 1～2 m）的送桩，如图 5-20 所示。送桩通常用钢板焊成的钢筒送桩。

(5)射水设备。射水多作为沉桩辅助措施与锤击或振动沉桩相配合，例如当桩重锤轻，或遇到砂土、砂夹卵石层用锤击下沉有困难时，可采取锤击与射水相配合的措施来沉桩。下沉空心桩时一般用

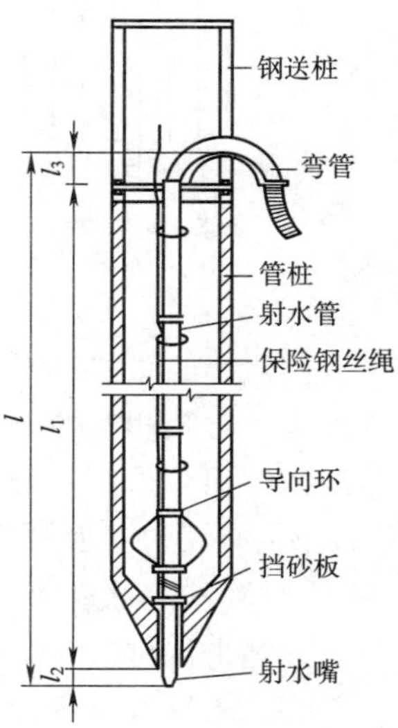

图 5-20　射水沉桩

内射水。当桩下沉较深或穿过土层较硬,桩身周围摩阻力较大使用内射水配合锤击难以下沉至设计高程时,可再加外射水。但实心桩则只能采用外射水。

射水设备包括水泵站、输水管路、射水管及射水嘴。射水管管径多在 76 mm 以内,用带法兰盘接头的无缝钢管做成,下端接有射水嘴。

射水效果取决于水压和水量,即水压要大到能冲散土层,同时又要有足够的水量使冲散的土颗粒沿桩侧上升,冲出地面。

3. 主要工序及沉桩方法

用预制桩修筑桩基的主要工序有:桩位放样,沉桩设备架立和就位,将桩沉入土中,修筑承台等。

沉桩的方法有锤击沉桩(打入)、振动沉桩(振入)、锤击与射水配合沉桩、振动与射水配合沉桩、静力压桩(压入)。

4. 沉桩施工准备

(1)沉桩前应掌握施工所需的工程地质、水文和试桩等资料。

(2)查明施工区(高空、地面、地下和水中)妨碍沉桩的障碍物,并应及时处理。对沉桩设备移动范围内的场地进行平整,松软地面应进行加固。

(3)测定墩、台和基桩的纵、横轴线并做好记录,在陆地上或静水区每根桩基轴线与设计位置的允许偏差不得大于 2 cm;单排桩轴线与设计位置允许偏差不得大于 1 cm,轴线的控制点应设在不受沉桩或其他影响的地点并加标志。

5. 沉桩工艺要点

(1)合理确定沉桩顺序(图 5-21)。一般应从中间开始,向两端或四周进行,有困难时也可分段进行。这样做的目的是使土的挤出现象比较缓和,使各桩的入土深度不致过于悬殊,以免造成不均匀沉降。

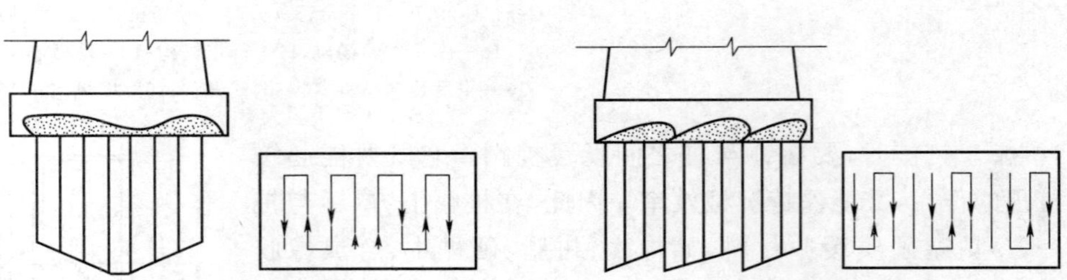

(a) 从中间向两端沉桩 (b) 分段进行沉桩

图 5-21 正确的沉桩顺序

(2)合理布置桩的吊点(图 5-22)。桩在吊运和吊立时的受力情况和一般受弯构件相同,应按正负弯矩相等的原则确定吊点位置,吊运时一般多采用两个吊点,而将桩吊立到打桩机的导向架时则多采用一个吊点。采用两吊点和一吊点的位置和桩截面最大弯矩的计算公式如图 5-22 所示,其中 q 为桩单位长度的重量。

(3)沉桩注意事项。

1)锤击沉桩。

①锤击沉桩应重锤低击,不应采用大能量锤击沉桩,防止桩头、桩身损坏。选择锤型时应依据桩重及类型、设计荷载、地质情况、设备条件和对邻近建筑物产生的影响等因素确定。应

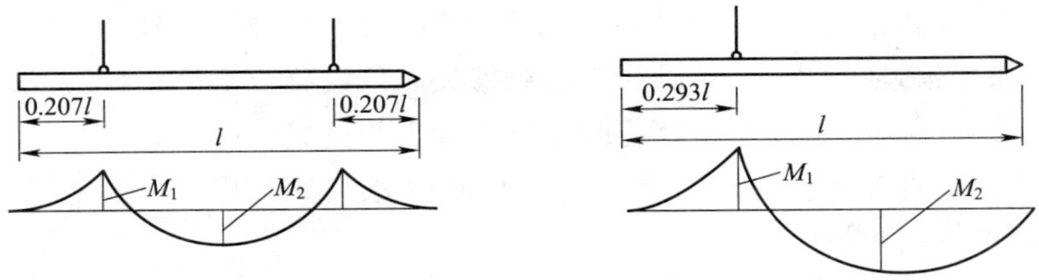

$M_1=M_2=0.021\,4ql^2$
(a) 两点吊立

$M_1=M_2=0.042\,9ql^2$
(b) 一点吊立

图 5-22　预制桩的吊点位置和桩身弯矩图

采用与桩和锤相适应的桩帽及适合桩帽大小的弹性衬垫，桩帽及其上下衬垫的顶面和底面应平整并与桩的中轴线垂直。

②采用送桩沉桩时，桩与送桩的纵轴线应保持在同一直线上，送桩紧接桩顶部分应有保护桩顶的装置。送桩应有足够的强度、刚度和长度。安放送桩前，应截除桩头损坏部分并保持桩顶平整。

③锤击沉桩开始时，应用较低落距，并从纵横两方向观察、控制桩位和桩的竖直度或倾斜度，待桩入土一定深度并确认位置正确方向无误后，再按规定落距进行锤击。坠锤落距不宜大于 2 m，单打汽锤落距不宜大于 1 m，柴油锤应使锤芯冲程正常。在桩的沉入过程中，应观察并保持桩锤、桩帽和桩身在同一轴线上。锤击沉桩应连续进行，不得中途停顿。

④钢筋混凝土桩和预应力混凝土桩，在预计或有迹象进入软土层时，应改用较低落距锤击。

⑤当落锤高度已达规定最大值和每击贯入度小于或等于 2 mm 时，应立即停锤。当沉桩深度尚未达到设计要求时，应查明原因采用换锤或辅以射水等措施，但桩尖距设计高程不大于 2 m 时一般不应采用射水下沉。

⑥桩尖设计位于硬塑及半干硬状态的黏性土、碎石土、中密状态以上的砂类土或风化岩层时，根据贯入度的变化和工程地质资料，确认桩尖已深入设计土层，贯入度符合要求时，即可停锤。但设计考虑硬层有可能冲刷时，应采取措施使桩尖达到设计要求高程。

⑦桩尖设计位于一般土层时，应以桩尖设计高程为主、贯入度为辅控制沉桩施工。当桩尖达到设计高程，但贯入度与试桩所确定的最终贯入度或与地质资料对比有出入时，应与设计部门研究停锤控制标准。

⑧水上沉桩，可用固定平台、浮式平台或打桩船施工。有潮汐的水域，宜用固定平台或专用打桩船施工。如采用打桩船施工，当波浪超过 2 级(波峰高 0.25～0.50 m)、流速大于 1.5 m/s 或风力超过 5 级(风速大于 8.0～10.7 m/s)时，均不宜沉桩。当其他船舶通过施工区，船行波影响打桩船稳定时，应暂停沉桩；已沉好的水中桩，宜用钢制杆体将相邻桩连成一体加以防护，并在水面设置标志；严禁在已沉好的桩上系缆。

⑨使用打桩船进行沉桩时，对锚碇布置、船的停位及移动顺序等均应做出设计，施工过程应保持船体平衡。

⑩锤击沉桩应考虑锤击振动对新浇混凝土的影响，当距离在 30 m 范围内的新浇混凝土强度未达到 5 MPa 时，不得进行锤击沉桩。若出现如下异常现象应及时检查、处理：桩突然急剧下沉，或同时发生倾斜和移位(一般是桩身断裂、接头断裂或桩尖劈裂所致)；桩突然难以下

沉、桩锤严重回跳(可能是桩尖遇障碍物或硬土层,此时切不可强行硬打,宜适当延续锤击视其能否突破障碍,如无效,应拔出,更换成开口钢靴桩尖原位或移位下沉);桩头、法兰盘附近混凝土出现裂纹或剥落(可能由于锤重不合适或桩身混凝土质量欠佳所致)。

2)振动沉桩。大直径薄壁管柱用锤击是打不动的,故一般都用振入法施工,振入法也适用于钢筋混凝土管桩及钢板桩等。

振动沉桩一般在砂土中效果最佳。但在砂夹卵石或黏性土中,则应与射水配合,其配合方法是:初期可单靠自重或射水下沉;当下沉缓慢或停止时,可用振动,并同时射水;随后振动和射水交替进行,即振动持续一段时间后桩下沉速度由大变小时,如每分钟下沉小于 5 cm,或桩顶冒水,则应停止振动,改用射水,射水适当时间后,再进行振动下沉。要特别注意合理地控制振动持续时间,不得过短,也不得过长,振动持续时间过短,则土的结构未能破坏,过长,则容易损坏电动机及磨损振动锤部件,一般不宜超过 10～15 min。

无论哪种情况,当桩下沉到距设计高程 1～1.5 m 时,即应停止射水而仅用锤击或振入将桩沉到设计高程,以保护桩底土的结构和承载力。

3)压入法(静力压桩)。静力压桩通常适用于可塑状态黏性土,但不宜用于坚硬状态的黏土和中密以上的砂土;当有夹砂层时,应采取相应的施工措施。该法优点是无噪声、无振动,适于城市施工,沉桩时桩仅受静压力,故减少了桩身、桩头的破损率。其缺点是受加压设备能力的限制,仅能在土层较软地基上压入承载力不大的桩。

施工注意事项如下:

①压桩前应根据压桩地区的土层、地质情况估算压桩阻力,根据压桩阻力选择压桩设备。

②压桩所用量测压力仪表应注意保养,及时检修和定期标定,保证正确反映压力值。

③施工过程中,应保持压桩力和桩轴线重合,若有偏移,应及时调整。

④压桩时应避免中途停歇,如必须停歇时应减少停歇时间,防止再压时启动阻力过大。

⑤静压沉桩深度控制应按设计高程、压桩力和稳压下沉量相结合的原则,并根据地质条件和设计要求综合确定。

(4)沉桩允许误差。打入桩(预制混凝土方桩、预应力混凝土空心桩、钢桩)的桩位偏差应符合表 5-5 的要求,斜桩的倾斜度偏差不得大于倾角(桩轴线与竖直线的夹角)正切值的 15%。

表 5-5 打入桩桩位的允许偏差

项目	允许偏差(mm)
带有基础梁的桩: (1)垂直基础梁的中心线 (2)沿基础梁的中心线	 100+0.01H 150+0.01H
桩数为 1～3 根桩基中的桩	100
桩数为 4～16 根桩基中的桩	1/2 桩径或边长
桩数大于 16 根桩基中的桩: (1)最外边的桩 (2)中间桩	 1/3 桩径或边长 1/2 桩径或边长

注:H 为施工现场地面高程与桩顶设计高程的距离。

预制桩钢筋骨架的允许偏差规定见表 5-6。混凝土预制桩的表面应平整、密实,制作允许偏差应符合表 5-7 的规定。

表 5-6　预制桩钢筋骨架的允许偏差

项目	允许偏差(mm)
主筋间距	±5
桩尖中心线	10
箍筋间距或螺旋筋的螺距	±20
吊环沿纵轴线方向	±20
吊环沿垂直于纵轴线方向	±20
吊环露出桩表面的高度	±10
主筋距桩顶距离	±5
桩顶钢筋网片位置	±10
多节桩预埋铁件位置	±3

表 5-7　混凝土预制桩制作允许偏差

桩型	项目	允许偏差(mm)
钢筋混凝土实心桩	横截面边长	±5
	桩顶对角线之差	≤5
	保护层厚度	±5
	桩身弯曲矢高	不大于 1‰桩长且不大于 20
	桩尖偏心	≤10
	桩端面倾斜	≤0.005
	桩节长度	±20
钢筋混凝土管桩	直径	±5
	长度	±0.5%桩长
	管壁厚度	−5
	保护层厚度	+10，−5
	桩身弯曲(度)矢高	1‰桩长
	桩尖偏心	≤10
	桩头板平整度	≤2
	桩头板偏心	≤2

(5)混凝土预制桩的接桩。混凝土预制桩的连接方法有焊接、法兰接及硫磺胶泥锚接三种，前两种可用于各类土层；硫磺胶泥锚接适用于软土层，且对重要建筑桩基或承受拔力的桩宜慎重选用。焊接接桩的钢板宜用低碳钢，焊条宜用 E43；法兰接桩的钢板和螺栓宜用低碳钢；硫磺胶泥锚接桩的硫磺胶泥配合比应通过试验确定，其物理力学性能指标应符合规范要求。采用焊接接桩时，应先将四角点焊接固定，然后对称焊接，并确保焊缝质量和设计尺寸。

6. 混凝土预制桩的沉桩。混凝土预制桩的沉桩涉及到打(压)桩机械、打桩顺序、对相邻建筑物的影响以及由打桩引起的挤土效应而导致孔隙水压力的增加等因素，故应遵循一定的原则和要求。

沉桩前必须处理架空线(高压线)和地下障碍物,场地应平整,排水应畅通,并满足打桩所需的地面承载力。

桩锤的选用应根据场地条件、桩型、桩的密集程度、单桩竖向承载力及现有的施工条件等决定。

桩打入时桩帽或送桩帽与桩周围的间隙应为 5～10 mm;锤与桩帽、桩帽与桩之间应加设弹性衬垫,如硬木、麻袋、草垫等;桩锤、桩帽或送桩应和桩身在同一条轴线上。

对于密集桩群,自中间向两个方向或向四周对称施打;当一侧毗邻建筑物时,由毗邻建筑物处向另一方向施打;根据基础的设计高程,宜先深后浅;根据桩的规格,宜先大后小,先长后短。

(7)桩停止锤击的控制原则如下。

1)桩端(指桩的全段面)位于一般土层时,以控制桩端设计高程为主,贯入度可作参考。

2)桩端达到坚硬、硬塑的黏性土、中密以上粉土、碎石类土、风化岩时,以贯入度控制为主,桩端高程可作参考。

3)贯入度已达到而桩端高程未达到时,应继续锤击 3 阵,按每阵 10 击的贯入度不大于设计规定的数值加以确认,必要时施工控制贯入度应通过试验与有关单位会同协商确定。

当遇到贯入度剧变,桩身突然发生倾斜、位移或有严重回弹,桩顶或桩身出现严重裂缝、破碎等情况时,应暂停打桩,并分析原因,采取相应措施。

当采用内(外)射水法沉桩时,射水法打桩适用于砂土和碎石土;沉桩至最后 1～2 m 时,应停止射水,并用锤击至规定高程,停锤控制标准可按有关规范执行。

(8)为避免或减小沉桩挤土效应和对邻近建筑物、地下管线等影响,施打大面积密集桩群时,可采取下列辅助措施。

1)预钻孔沉桩,孔径约比桩径(或方桩对角线)小 50～100 mm,深度视桩距和土的密实度、渗透性确定,深度宜为桩长的 1/3～1/2,施工时应随钻随打;桩架宜具备钻孔锤击双重性能。

2)设置袋装砂井或塑料排水板,以消除部分超孔隙水压力,减少挤土现象。袋装砂井直径一般为 70～80 mm,间距 1～1.5 m,深度 10～12 m;塑料排水板的深度和间距与袋装砂井相同。

3)设置隔离板桩或地下连续墙。

4)开挖地面防振沟可消除部分地面振动,可与其他措施结合使用,沟宽 0.5～0.8 m,深度按土质情况以边坡能自立为准。

5)限制打桩速率。

6)沉桩过程应加强邻近建筑物、地下管线等的观测、监护。

(9)基桩的复打应符合下列规定。

1)对发生“假极限”现象的桩、射水下沉的桩和有上浮现象的桩,均应复打。

2)复打前的“休息”天数及复打的要求,应符合有关规定。

5.5 钻(挖)孔桩的构造和施工

钻(挖)孔灌注桩具有施工机具成熟、技术简单、适用于各种土层等优点,已成为一种使用广泛的基础形式。目前在我国铁路桥梁基础尤其是高速铁路桥梁基础中，钻（挖）孔桩基础应用相当普遍。

5.5.1　钻（挖）孔桩的构造

钻孔灌注桩的设计桩径（即钻头直径）一般采用 0.8 m、1.0 m、1.25 m 和 1.5 m，挖孔灌注桩的直径或边宽则不宜小于 1.25 m。

主筋宜采用光圆钢筋（挖孔灌注桩不考虑此项要求），必要时也可采用螺纹钢筋。主筋直径不宜小于 16 mm，净距不宜小于 120 mm，任何情况下净距不应小于 80 mm，主筋净保护层厚度不应小于 60 mm。桩身主筋尽量不用束筋，在满足最小间距的情况下，尽可能采用单筋、小直径钢筋，以提高桩的抗裂性。若须采用束筋，每束不宜多于两根。箍筋直径可采用8 mm，其间距为 200 mm，摩擦桩下部可增大至 400 mm。为增大钢筋笼的刚度，顺钢筋笼长度每隔 2～2.5 m加一道直径为 16～22 mm 的骨架钢筋。桩身主筋可按桩身内力分段配筋。对于埋入地面线或局部冲刷线以下长度 $h \geqslant 4.0/\alpha$（α 为桩的水平变形系数）的摩擦桩，从理论计算和试验说明在 $h=4.0/\alpha$ 处桩身弯矩很小（接近于零）。主筋层配置到 $h=4.0/\alpha$ 以下 2 m 处。

若在施工中为了预防钢筋笼被混凝土顶起，最好还是将一部分主筋伸至桩底，且其下端做成弯钩状。

5.5.2　钢筋笼制作与安装

1. 钢筋笼制作概述

钢筋笼传统加工方法以人工操作为主，除钢筋原材料切头、车丝由机器和人工辅助完成，其余工序如主筋定位、螺旋筋安装、定位等都是由人工操作完成。因此钢筋笼生产效率低，加工精度不够，合格率较低，两节钢筋笼因主筋定位误差较大造成对接安装较困难。当钢筋笼生产规模较大时，应采用工厂化、自动化生产。钢筋笼主筋连接接头采用滚轧直螺纹钢筋连接接头，主筋与箍筋连接宜点焊。钢筋笼制作成型后分节倒运至桩孔旁，吊机吊装入孔，在孔口进行对接，直至全部安装完毕。孔口采用定位型钢与桩基钢筋笼四根加长主筋焊接精确定位。

2. 原材料

（1）钢筋。

1）钢筋进场应按现行规范的规定进行屈服点、抗拉强度、延伸量和冷弯试验及焊接试验。钢筋必须按不同钢种、等级、牌号、规格及生产厂分批验收，分别堆存，且应立牌便于识别。

2）钢筋应存放于地面以上 0.5 m 的平台、枕木或其他支承上，应保护其不受机械损伤及由于暴露于大气而产生锈蚀和表面破损；钢筋应无灰尘、有害的锈蚀、松散锈皮、油漆、油脂、油或其他杂质；钢筋原材料应无有害的缺陷，例如裂纹及剥离层。

3）各种类型钢筋，应按规格、型号、品种堆放整齐，挂好标志牌，堆放场所应有遮盖，避免锈蚀和污染。

4）转运钢筋时应小心装卸，不应随意抛掷，避免钢筋变形。

（2）连接套筒。

1）钢筋机械连接套筒性能应符合《钢筋机械连接通用技术规程》（JTJ 107—2003）的要求。

2）钢筋机械连接套筒在运输和储存中，应防止锈蚀和油污。套筒应有保护盖，保护盖上应注明规格。

3. 钢筋笼制作

(1)钢筋下料。

1)钢筋下料前,应经过认真研究,计算出各种不同直径的钢筋最优的下料长度,下料过程中要考虑到钢筋接头位置应错开,以及墩身钢筋的预埋长度,并要求在保证满足规范要求的基础上,做到充分利用原材料,降低损耗。

2)为保证丝头加工的质量,钢筋下料应采用砂轮切割机切割,不宜用普通切筋机或电焊方法切断。

3)钢筋端面宜平整并与钢筋轴线垂直,不得有马蹄形或扭曲,如有不平,应重新进行切割。

4)钢筋端部不得有弯曲,出现弯曲应调直。

5)用低碳钢热轧圆盘条制成的箍筋,制作前应首先用调直机进行调直。

6)钢筋下料应注意以下事项:

①按规范要求钢筋接头位置应错开,以保证接头长度区段内的钢筋接头数量不大于50%;在同一根钢筋上应尽量少设接头。

②在"接头长度区段"内,同一根钢筋上不得超过一个接头。

注:两焊(连)接接头在钢筋直径的35倍范围内且不小于500 mm以内,均视为"接头长度区段"。

(2)钢筋丝头加工、质量检验与控制。

1)钢筋丝头加工。

①加工人员必须由厂家进行技术培训,经考核合格后方可上岗操作。

②正式加工前,设备由厂家人员进行调试及成型试验,还须进行钢筋连接接头工艺试验,符合要求后开始加工。厂家必须配备人员进行现场指导。

③加工丝头前,应调直钢筋,并用钢筋切割机切平钢筋接头。

2)钢筋丝头质量检验。剥肋滚轧直螺纹现场质量控制的核心是丝头加工质量的控制,因此加工丝头的检验至关重要。丝头检验有四个要素:剥肋光圆尺寸、螺纹中径尺寸、螺纹加工长度、螺纹牙型。每项检验用的量具、检验方法及要求详见表5-8。

表5-8 钢筋丝头质量检验

检验项目	量具	检验方法及要求
外观质量	目测	牙型饱满、牙顶宽超过0.6 mm,秃牙部分累计长度不超过一个螺纹周长
外形尺寸	卡尺或专用量具	丝头长度应满足设计要求
螺纹大径	光面轴用量规	通端量规应能通过螺纹的大径,而止端量规则不应通过螺纹大径
螺纹中径及小径	通端螺纹环规	能顺利旋入螺纹并达到旋合长度
	止端螺纹环规	允许环规与端部螺纹部分旋合,旋入量不应超过$3P$(P为螺距)

①对加工的钢筋螺纹丝头,必须逐个进行目测检查,加工人员每加工10个用检具检查一次。

②经自检合格的丝头,应由质检员随机抽样检验,以一个工班内生产的丝头为一个检验批,随机抽检10%,且不得少于10个。当合格率小于95%应加倍抽检,复检中合格率仍小于95%,应对该班生产的钢筋丝头逐个进行检验,并剔除不合格的丝头,查明原因解决后重新加工丝头。

③丝头加工完毕经检验合格后，立即将标准丝戴好保护帽，加长丝拧上连接套，防止丝头损坏及锈蚀。按规格分类堆码整齐，设置标识。

3)丝头加工的质量控制要点。丝头的加工质量直接影响钢筋笼接头质量，丝头加工质量控制要点如下：

①轧丝机内设有控制丝头长度的限位器，轧丝时将钢筋端布置于该限位器处，但应经常检查钢筋端部位置，一旦有所滑动及时进行调整。

②控制丝头直径方法：经常调节丝头车丝刀片，若调节过紧则螺纹直径过小，若调节过松则螺纹直径过大，故用环通规和环止规检查调整好的刀片位置，合格后方进行车丝，并对加工后的每个丝头进行直径大小检查，对不合格的接头切掉重新车丝。

③控制不完整螺纹长度方法，及时更换车丝刀片。

④丝头加工完毕后，在加长丝中点处用油漆做好标记，以便于进行安装质量检验。

(3)钢筋笼制作成型。

1)先安放定位模具上的主筋，确保接头处不得有空隙。接头连接步骤及方法如图5-23。

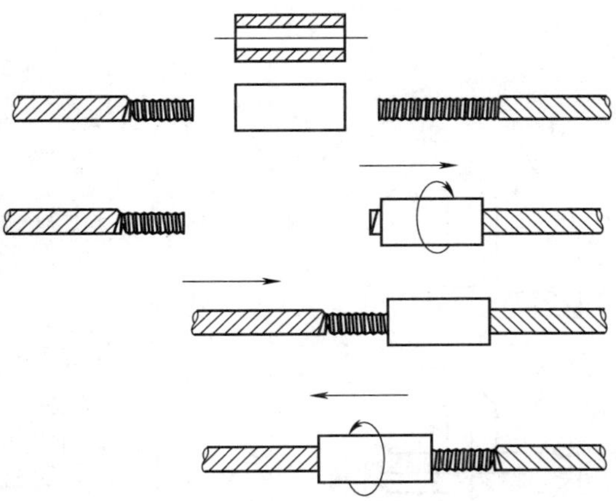

图5-23　连接步骤及方法

2)在已经安放好的主筋上按设计尺寸均用石笔画好位置，安放加强筋，这样能保证加强筋与主筋垂直。主筋与加强筋逐点进行部分点焊，以固定位置。

3)安放其余主筋时，则先在加强筋上用石笔按设计尺寸画好位置，再逐根安装，这样能较好的保证主筋位置准确并顺直。

4)每节钢筋笼主筋安装完毕后，检查主筋顺直与否，合格后方可进行主筋与加强筋之间的补焊。

5)箍筋安装之前，先用石笔在部分主筋上按设计图纸尺寸画好位置，复核无误后再进行安装，箍筋与主筋之间选用部分点焊，点焊过程中应控制电流大小，使点焊既要牢固又要不烧伤主筋。

6)声测管的安装。

①声测管的安装，除在底节钢筋笼加工时，焊接或绑扎在钢筋笼上外，其余各节均预先绑扎在钢筋笼内，待墩位上每节钢筋笼对接完后，声测管用连接头连接，固定牢靠，要求位置准确、间距均匀、轴线顺直，保证成桩后的检测管互相平行。

②为防止灌注水下混凝土时水泥浆进入检测管，影响检测探头的下放，检测管底部、顶部用钢板焊接密封好，在钢筋笼内安装声测管时，需向管内注满清水以减小孔内、外压力，增加声测管安全。

7)主筋接头采用套筒直螺纹连接接头拼装时，要求两个丝头之间没有间隙，制作完成后并在相对应部位用油漆做好标记，以方便在墩位上的对应拼装。

8)钢筋笼制作时，现场技术员应进行技术指导及质量监控，制作完毕并自检合格后由质检员现场验收，质检员现场验收合格后填写相关资料后向监理方报检。监理现场检验合格后方可分节段拆开并吊装运输至储存地存放及覆盖。钢筋笼各项加工允许偏差应符合规范要求。

9)钢筋笼制作检验完毕后，笼身应有分墩台、分孔号及检查状态的标牌。

5.5.3　钻孔桩施工

钻孔桩施工根据不同的地质条件可分别选用冲击钻机、回旋钻机、旋挖钻机以及套管钻机等不同的钻孔设备。

1. 主要工序和钻孔方法

用钻孔桩施工桩基的主要工序有:场地准备、桩位放样、埋设护筒、钻孔、清孔、下钢筋笼、灌注混凝土或水下混凝土成桩、修筑承台等。

钻孔方法有:冲击式钻孔、冲抓式钻孔及旋转式钻孔。上述三种钻孔方法分别采用相应的冲击式钻头(图 5-24 和图 5-25)、冲抓式钻头(图 5-26)、旋转式钻头(图 5-27)进行钻孔,各种类型钻头适用土层情况见表 5-9 及表 5-10。

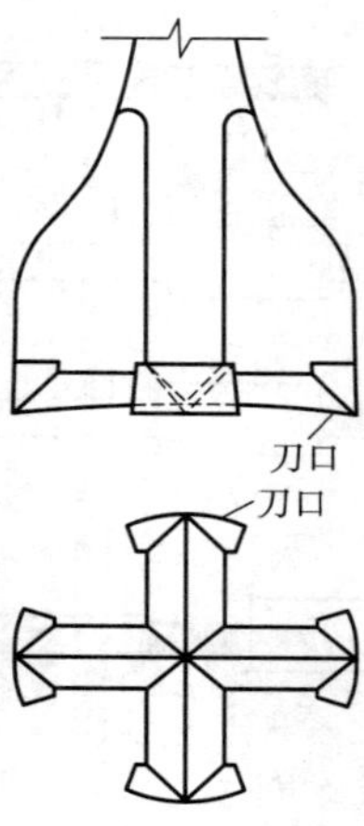

图 5-24　25～40 kN 的十字型冲击式钻头

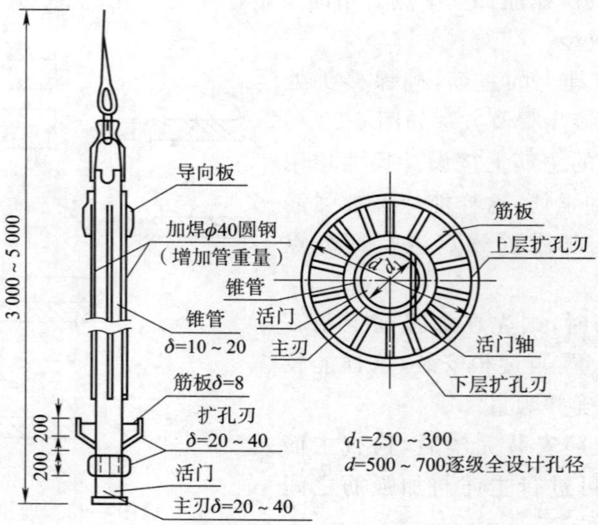

图 5-25　管形冲击式钻头(单位:mm)

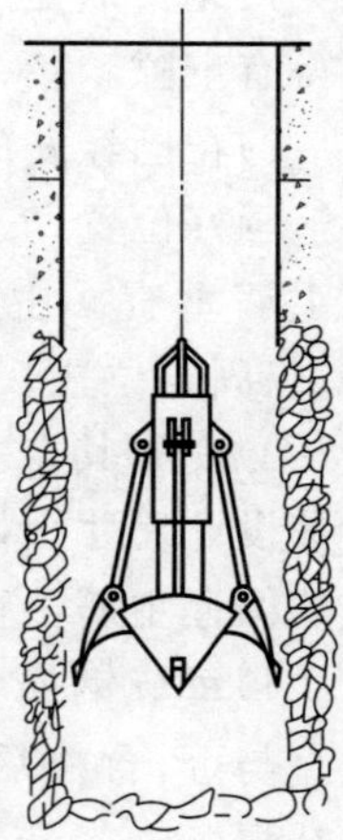

图 5-26　15～24 kN 的四瓣式冲抓钻头

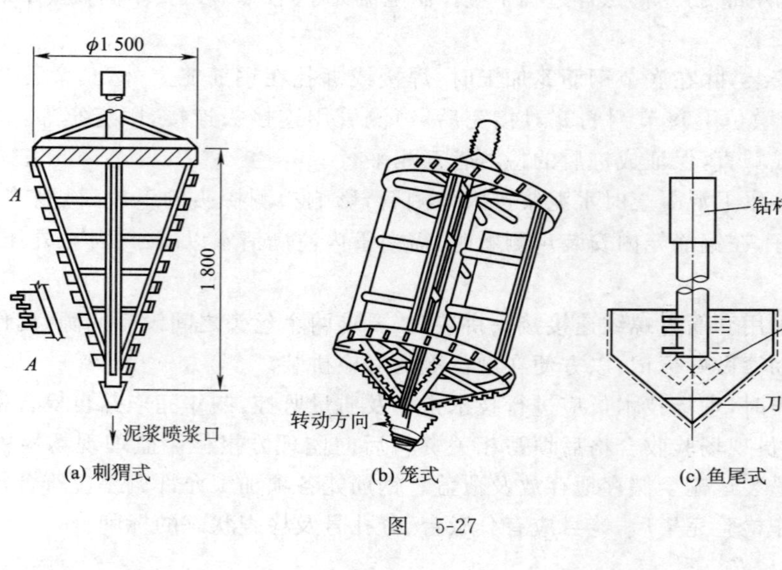

(a) 刺猬式　(b) 笼式　(c) 鱼尾式

图　5-27

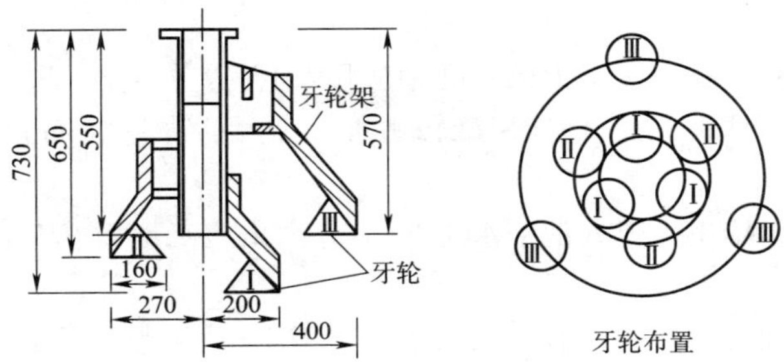

(d) 牙轮式

图 5-27　各种旋转式钻头(单位:mm)

表 5-9　各类型钻头及适用情况

钻头类型	适用地层情况
冲击式钻头	在砂黏土、黏砂土、砂砾石、卵漂石和软硬岩层均可使用
冲抓式钻头	适用于黏性土、砂性土、砂黏土夹卵石碎石以及粒径 50～100 mm 颗粒的含量在 40%以内的卵石层(但孔深超过 20 m 时,效率较低,宜改用冲击钻)
旋转式钻头	适用于黏性土、砂性土、卵石含量较少的砂夹卵石土。其中的牙轮钻则适用于岩层或硬土层

表 5-10　各旋转式钻头适用土层情况

类型	适用地层情况
刺猬式	该钻头受到阻力较大,只适用于孔深 50 m 以内的黏性土,砂性土和夹有粒径在 25 mm 以下砾石的土层
笼式	该钻头导向性能好,扩孔率小,钻进平稳,适用于黏性土和砂土
鱼尾式	此种钻头在砂卵石或风化岩层中有较高的钻进效果,但在黏土层中容易“包钻”,故不宜用于黏土层
牙轮钻	适用于岩层或硬土层

2. 钻孔桩施工要点

(1)场地准备。在旱地施工时,包括平整和夯实场地,以防钻机机座发生不均匀沉陷。在浅水中,宜采用筑岛,岛面应高出施工水位 0.75～1.0 m,若有条件改河则可改水中施工为旱地施工。

钻孔场地要求:

1)在旱地上应清除杂物,换除软土,平整压实。场地位于陡坡时,可用枕木或型钢等搭设工作平台。

2)在浅水中宜用筑岛或围堰法施工,筑岛面积应依据钻孔方法、设备大小等决定。

3)钻孔场地在深水中或淤泥较厚时,可搭设水上工作平台施工,平台搭设应符合有关规定。

4)采用旋转法或冲击法钻孔时,应在场地布置中安排泥浆循环净化系统。

(2)埋设护筒。护筒的作用是固定桩位、给钻头导向、保护孔口不发生坍塌;必要时可人为地提高孔内水位以作为保护孔壁的一项措施。护筒的埋设方法有填筑式和挖埋式两种,当地下水位较高时可采用填筑式。钻孔前应设置坚固不漏水的护筒其要求为:

1)钢护筒在旱地或水中均可使用,筒壁厚度可根据钻孔桩径、埋深和埋设方法选定,一般钻孔桩施工所用钢护筒壁厚可为 4～12 mm,必要时可根据钻孔桩孔径、埋设方法和深度通过计算确定。

2)钢筋混凝土护筒可在水深不大的钻孔中使用,筒壁厚度为 8～10 cm。

3)护筒内径应大于钻头直径,当使用旋转钻机时应大于钻头 20 cm,使用冲击钻机时应大于钻头 40 cm。

4)护筒顶面宜高出施工水位或地下水位 2 m,并高出施工地面 0.5 m,其高度尚应满足孔内泥浆面高度的要求。

5)在岸滩上护筒埋置深度为:黏性土、粉土不小于 1 m,砂类土不小于 2 m,当表层土松软时,宜将护筒埋置在较坚硬密实的土层中至少 0.5 m;埋设时应在护筒四周回填黏土并分层夯实;可用锤击、加压或振动等方法下沉护筒。

6)在水中筑岛护筒宜埋入河床面以下 1 m 左右,在水中平台上设置护筒,可根据施工最高水位、流速、冲刷及地质条件等因素确定埋深,必要时打入不透水层;在水中平台上下沉护筒,应有足够的导向设备控制护筒位置。

7)护筒顶面中心与设计桩位允许偏差不得大于 5 cm,倾斜度不得大于 1%。

(3)钻孔。应根据地质条件选用合适的钻头和钻孔方式。应采取防止发生塌孔的措施,通常除采用泥浆护壁作为主要防塌孔措施之外,还要特别注意,预先做好护筒底面处的防塌孔措施,因为该处的特殊条件使其成为极易发生塌孔的部位。若在软土、淤泥和可能发生流砂的土层钻孔时,应谨慎一些,先作施工工艺试验,取得经验后再全面展开施工。

1)钻孔桩水上施工作业平台。

①平台应能支撑钻孔机械、护筒加压、钻孔操作及浇筑水下混凝土等施工过程中的所有静、活荷载,并保持坚固稳定,同时应满足各项有关施工作业和施工设备安全进、退场的要求。

②工作平台可利用浮吊或打桩船打入钢筋混凝土桩或钢管桩作为基桩,顶面纵横梁和支撑架可用木料、型钢、万能杆件、钢桁架或其他材料搭设。当水流流速不大,且河床地质条件较好,承载力较高时,也可部分利用钻孔桩钢护筒加高兼作基桩设置作业平台,但钢护筒刚度、埋深等必须同时满足基桩的设置要求。

③当水流平稳时,钻机可设在组合船舶或浮箱上钻孔,但必须锚碇稳固。

④当水流流速较大,但河床较平顺时,可采用薄壁浮运沉井。就位后灌水下沉,落床,在其顶面搭设工作平台。

⑤水上工作平台的设置应考虑泥浆的循环、过滤和排放的要求。

2)桩孔定位。桩基中心位置测设完成后,应在纵横向设护桩,以备对桩位进行复核。

安装钻机前,对主要机具及配套设备进行检查、维修,底架应平整,保持稳定,不得产生位移和沉陷。钻机顶端应用缆风绳对称拉紧,钻头或钻杆中心与护筒中心的偏差不得大于 5 cm。

3)泥浆护壁。泥浆的护壁机理是:由于充填于钻孔内的泥浆比重(即相对密度)比地下水大,且通常保持孔内泥浆液面略高于孔外地下水位,故孔内泥浆的液柱压力既足以平衡孔外地下水压而成为孔壁土体的一种液态支撑,又促使泥浆渗入孔壁土体并在其表面形成一层细密而透水性很小的泥皮,从而维护了孔壁的稳定。在钻孔桩施工中,泥浆除起护壁作用之外,还起悬浮钻渣、利于钻进,在正循环钻孔时还起了排渣作用,为此,钻孔桩施工应根据地层情况及钻孔方法制造泥浆护壁,并应符合下列规定:

①在砂类土、碎(卵)石类土或黏土夹层中钻孔时,应制备泥浆护壁;在黏性土中钻孔当塑

性指数大于15，浮渣能力能满足施工要求时，可利用孔内原土造浆护壁；冲击钻机钻孔，可将黏土加工后投入孔中，利用钻头冲击造浆。

②泥浆性能指标应符合下列规定。

a. 比重：正循环旋转钻机、冲击钻使用管形钻头钻孔时，入孔泥浆比重可为1.1～1.3；冲击钻机使用实心钻头时，孔底泥浆比重不宜大于：黏土、粉土1.3；大漂石、卵石层1.4；岩石1.2；反循环旋转钻机入孔泥浆比重可为1.05～1.15。

b. 粘度：入孔泥浆粘度，一般地层为16～22 s；松散易坍地层为19～28 s。

c. 含砂率：新制泥浆不大于4%。

d. 胶体率：不小于95%。

e. pH值：应大于6.5。

③泥浆原料宜选用优质黏土，有条件时，应优先采用膨润土造浆。为提高泥浆粘度和胶体率，可在泥浆中掺入烧碱或碳酸钠等添加剂，其掺量应经过试验确定，它们的作用是提高悬液中低价阳离子的浓度，通过离子交换作用去置换粘粒界面吸附层中的高价阳离子，从而加厚结合水膜厚度，达到促使颗粒分散和防止凝聚下沉。对于泥浆调制、维护、再生都有良好的作用。也可以加入惰性物质，如重晶石粉、珍珠岩粉、石灰石粉等。在泥浆中掺入惰性物质，目的在于增加泥浆的比重。

4)钻孔施工的基本要求。

①钻孔前，按施工设计所提供的地质、水文资料绘制地质剖面图，挂在钻台上。针对不同地质层选用不同的钻头、钻进压力、钻进速度及适当的泥浆比重。

②无论采用何种方法钻孔，开孔的孔位必须准确，应使初成孔壁竖直、圆顺、坚实。

③钻孔时，孔内水位宜高于护筒底脚0.5 m以上或地下水位以上1.5～2.0 m，在冲击钻进中取渣时和停钻后，应及时向孔内补水或泥浆，保持水头高度和泥浆比重及粘度。

④钻进过程中，钻头起、落速度宜均匀，不得过猛或骤然变速，孔内出土不得堆积在钻孔周围。

⑤钻孔作业应连续进行，因故停钻时，有钻杆的钻机应将钻头提离孔底5 m以上，其他钻机应将钻头提出孔外，孔口应加护盖。

⑥钻孔过程中应经常检查并记录土层变化情况，并与地质剖面图核对；钻孔达到设计深度后，应对孔位、孔径、孔深和孔形进行检查，并按规定填写钻孔记录表。

⑦孔位偏差不得大于10 cm。

5)冲击钻机钻孔规定。

①冲击钻机适用于卵石、坚硬漂石、岩层及各种复杂地质的桩基施工。在碎石类土、岩层中宜用十字形钻头，在黏性土、砂砾类土层中宜用管形钻具；卷扬机的起重能力应满足钻头、钢丝绳和吊具重量以及泥浆吸附作用的要求。

②吊钻头的钢丝绳必须选用同向捻制、柔软优质、无死弯、无断丝者，安全系数不应小于12，钢丝绳与钻头间应设转向装置并连接牢固，主绳与钻头的钢丝绳搭接时，两根绳径应相同，捻扭方向必须一致。

③开始钻孔时，应采用小冲程开孔，使初成孔坚实、竖直、圆顺，能起导向作用，并防止孔口坍塌。当钻进深度超过钻头全高加正常冲程后，方可进行正常的冲击钻孔。钻进过程中，应勤松绳、适量松绳，不得打空锤；应勤抽渣，使钻头经常冲击新鲜地层。每次松绳量应根据地质情

况、钻头形式和钻头重量决定。

④钻孔工地应有备用钻头,检查发现钻孔钻头直径磨损超过 15 mm 时,应及时更换修补;更换新钻头前,应先检孔到孔底,确认钻孔正常时方可放入新钻头。

⑤为防止冲击振动导致邻孔孔壁坍塌或影响邻孔已浇筑混凝土强度,应待邻孔混凝土强度达到 2.5 MPa 后方可施钻。

6)旋转钻机钻孔规定。

①旋转钻机按照泥浆的循环方式分正循环钻机和反循环钻机。正循环钻机适用于黏土、粉土、砂性土等各类土层。反循环钻机适用于黏性土、砂性土、卵石土和风化岩层,但卵石粒径小于钻杆内径的 2/3,且含量不大于 20%,可根据地质条件、钻孔直径及钻进深度选用钻机和钻头。

②旋转钻机的起重滑轮和固定钻杆的卡机,应在同一垂直线上,保持钻孔垂直。

③开钻前应在护筒内存进适量泥浆,开钻时宜低挡慢速钻进,钻至护筒下 1 m 后再以正常速度钻进;钻进过程中,应经常检查土层变化,对不同的土层采用不同的钻速、钻压、泥浆比重和泥浆量;在砂土或软土等容易坍孔的土层中钻孔时,宜采用慢速轻压钻进,同时应提高孔内水头和加大泥浆比重。

④使用反循环钻机时,应将钻头提离孔底约 20 cm,待泥浆循环畅通方可开始钻进。

⑤使用潜水钻机钻孔,应按钻孔孔径和地质条件选择钻头,钻头切削方向应与主轴旋转方向一致;钻进时,应按土质软硬控制进尺,钻机应控制在额定电流范围内;钻机运行中如发现不正常情况时,应立即停机检查,找出原因,清除故障。

7)套管钻机钻孔规定。

①套管钻机适用于砂类土或黏性土层钻孔。

②当地下水位以下有厚大于 5 m 的细砂时,应选用上拔力较大的钻机;钻机就位后应将机身支平支牢,确保套管垂直度满足要求。

③套管钻机在开孔下压套管时,钻进速度宜慢,并应反复上提下压校正套管位置和垂直度。

④在中密或密实的土层中钻孔,宜随钻进随下套管;在松散的土层中钻孔,应先下套管并深于抓土面 1.0~1.5 m,然后钻进;在地下水位较高的粉、细砂土层中钻孔,应随时向套管中补水,保持套管内水位不低于地下水位。

⑤钻孔作业过程中,应观察主机所在地面和支腿支承处地面变化情况,发现下沉现象应及时停机处理,停机时间较长时,应将套管口保险钩挂牢。

8)旋挖钻机钻孔规定。

①旋挖钻机是自备动力的履带自行式钻机,具有钻进速度快、成孔质量高、环境污染小的特点,适用于各种土质地层、砂性土、砂卵砾石层和中等硬度以下基岩的施工。施工前应根据不同的地质条件选用不同类型的钻头。

②钻孔时,孔口护筒应高出地面 50 cm,并及时向孔内补充浆液,以保持足够的泥浆压力;套管跟随钻进时,套管底口应与钻头旋挖深度相适应,确保不超挖。

③当地质条件许可时,可不进行泥浆护壁,实现干挖成孔;当遇有较大的冻结层上水和冻结层下水时,可向孔内投入稳定液或泥浆,利用旋挖过程所产生的离心力将浆液挤入孔壁进行护壁。

④钻孔作业过程中，应经常观察钻机所在地面变化情况，发现沉陷或变形现象，应及时停机处理。停机时间较长时，应将套管口保险钩挂牢。

9)钻进过程监控。钻进过程中及时滤渣，经常检查泥浆的各项指标，同时经常注意地层的变化，在地层的变化处均应捞取渣样，判断地质的类型，记入记录表中，并与设计提供的地质剖面图相对照，钻渣样应编号保存，以便分析备查。

10)钻孔异常情况处理。

①钻孔中发生坍孔后，应查明原因和位置，进行分析处理。坍孔不严重时，可采用加大泥浆比重、加高水头等措施后继续钻进；坍孔严重时，可回填重钻。用冲击法钻孔时，可投入黏土块夹小片石，用低锤冲击，将黏土块和小片石挤入孔壁，制止坍孔。

②钻孔中发生弯孔和缩孔时，可将旋转钻机的钻头提起到偏斜处进行反复扫孔，直到钻孔正直；当发生严重弯孔、梅花孔和探头石时，应采用小片石或卵石与黏土混合物回填到偏斜处，待填料沉实后再重新修孔。

③发生卡钻时，不宜强提，应查明原因和钻头位置，采取晃大绳及其他措施，使钻头松动后再提起。

④发生掉钻时，应查明情况尽快处理。

⑤处理卡钻和掉钻时，严禁人员进入没有护筒或其他防护设施的钻孔内；必须进入有防护设施的钻孔时，应探明孔内无有害气体和备齐防毒、防溺等安全设施后，方可进入。

(4)桩孔检查。当钻孔深度达到设计要求时，对孔深、孔径、孔位和孔形等进行检查，检查方法可采用笼式测孔器或超声波检测。确认满足设计要求后，方可进行孔底清理和浇筑水下混凝土的准备工作。

(5)排渣。在钻进过程中应及时排除钻渣，当采用冲击式钻孔法时，通常采用掏渣筒自孔内提取钻渣；对于旋转式钻孔法，通常采用循环泥浆排除钻渣。按泥浆循环方式的不同，旋转式钻孔工艺分为正循环和反循环。正循环法泥浆由泥浆泵从泥浆池泵入钻杆内腔，经钻头出浆口射出，泥浆携带钻渣沿钻孔上升至孔口，由护筒上预留的孔口溢流入泥浆槽并流入沉淀池中，经净化后再流回泥浆池供再次使用。反循环泥浆的流向与正循环相反，其泥浆由泥浆池流入钻孔内与钻渣混合，由真空泵将钻渣与泥浆混合物自钻头的进渣孔抽吸入钻杆并经泵送至泥浆沉淀池，净化后再送至泥浆池供再次使用。反循环法需用反循环钻机，此法的优点是靠泵排渣，故效果好，钻进速度比正循环法可快 4～5 倍；所需的泥浆比重较正循环低，故耗费制浆的黏土量小，可免去正循环成孔后所需的颇为费时的清孔换浆工序。其缺点是泥浆泵损耗较严重。这种反循环旋转钻孔工艺适用于黏性土、砂性土、砂卵石和风化岩层，但卵石粒径不得超过钻杆内径的 2/3，适用孔深在 35 m 以内。

(6)清孔。在终孔后(达设计高程)，灌注水下混凝土之前，应清除孔底沉渣，即清孔，以保证桩底承载能力。

清孔的方法有：用掏渣筒掏渣清孔，此法适用于冲击、冲抓成孔的摩擦桩及在不稳定土层中清孔；用吸泥清孔法，将高压空气经射风管射入孔底翻起沉渣，用吸泥机排出孔外，还应及时向钻孔内补水以防孔内水头下降而导致孔壁坍塌；此法适用于不易坍塌的土层及岩层；循环泥浆换浆清孔法，当采用正循环旋转钻孔时，在终孔停钻后，将钻头向上提离孔底 10～20 cm，空转并继续保持正常的泥浆循环，使孔内泥浆含砂量逐步减少。换浆清孔时间一般需 4～6 h。

清孔应符合下列规定：

1)严禁采用加深钻孔深度的方法代替清孔。

2)无论采用何种方法清孔,在抽渣或吸泥时,应及时向孔内注入清水或新鲜泥浆保持孔内水位。

3)清孔应符合下列标准。

①孔内排出或抽出的泥浆手摸无 2～3 mm 的颗粒。

②泥浆比重不大于 1∶1。

③含砂率小于 2%。

④粘度为 17～20 s。

⑤浇筑水下混凝土前允许沉渣厚度应符合设计要求,设计无要求时,柱桩不大于 10 cm,摩擦桩不大于 30 cm。否则应进行二次清孔。

⑥柱桩在浇筑水下混凝土前应用射水或射风冲射钻孔孔底 3～5 min,将孔底沉淀物翻动上浮,然后立即浇筑水下混凝土。射水(风)压力应比孔底压力大 0.05 MPa。

(7)吊装钢筋笼。

1)清孔达标后应及时吊装钢筋笼,钢筋笼的原材料、加工、接头和安装除应符合现行铁路混凝土施工标准的有关规定外,尚应符合下列规定:

①钢筋笼主筋接头可采用双面搭接焊,当需吊装搭接时也可采用单面焊或冷挤压套筒连接。每一截面上接头数量不超过 50%,加强箍筋与主筋连接全部焊接。

②钢筋骨架的保护层厚度可用焊接钢筋或同强度等级混凝土旋转垫块。设置密度按竖向每隔 2 m 设一道,每一道沿圆周布置 4～6 个。

③钢筋笼制作完成后宜整体吊装入孔,吊装过程严防孔壁坍塌。钢筋笼入孔后,应准确、牢固定位,上端应均匀设置吊环或固定杆件。

④钢筋笼吊装入孔后不影响清孔时,应在清孔前进行吊放。

⑤声测管的设置应符合设计要求,确保接头严密不漏水(浆)。

2)钢筋笼安装中还应注意如下事项:

①如果要缩短清孔完毕至开始灌注水下混凝土的时间,钢筋笼吊装就位可在清孔之前进行。

②钢筋笼运输时配备专用托架,平板车或汽车运至现场,在孔口利用吊机吊放。为保证钢筋笼在起吊过程中不变形,钢筋主筋与加强箍筋必须全部焊接,加强箍筋内加焊十字撑(下放时拆除),对称设置吊点。

③底节钢筋笼下放时,先割除钢筋笼内支撑,吊机缓慢下放,直至底节钢筋笼悬挂至孔口上。悬挂好底节钢筋笼后,解除吊具,起吊第二节钢筋笼。第二节钢筋笼底起吊至底节钢筋笼顶 1 m 处,然后开始缓慢下放,在下放过程中,人工调整第二节钢筋笼位置,使第二节钢筋笼与底节钢筋笼接头、声测管大致对齐,当下放至有一个对接接头接触之后,即停止下落,通过吊机摆动和人工摆动,使每个接头接触,顶紧,然后拧上连接套筒。如果在安装过程中两节钢筋笼出现一边对齐,一边有间隙的情况,应用葫芦把有间隙的一边用力收紧,直到接头对齐,中间没有间隙为止,然后将套筒拧紧。确保接头位于连接套中央。完成其余节段的钢筋笼对接工作。下放时应检查钢筋笼垂直度,确保上、下节钢筋笼对接时中心线保持一致。

④钢筋现场连接施工工艺要求:钢筋连接前,先将钢筋丝头上的塑料保护帽或连接套筒上的塑料密封盖取下并回收,检查钢筋和套筒规格是否一致、等级是否符合要求以及钢筋、套筒

的螺纹丝扣是否干净而且完好无损，如有杂物需用铁刷清理干净；钢筋接头拧紧后应用力矩扳手按现行规范规定的拧紧力矩进行检查；接头质量检验与控制应符合规范要求。

⑤下放钢筋笼应轻放、慢放，若遇阻碍，应查明原因，进行处理。严禁高起猛落，强行下放，以防碰撞而引起坍塌。下放过程中，要注意观察孔内水位情况，如发现异常现象马上停放，检查是否坍孔。

⑥钢筋笼安装时，所有声测管内应充满清水，以防因个别管接头不密封导致泥浆进入孔内堵塞管路；有利于清除钢筋浮力；有利于抵消管外泥浆或混凝土对管壁的压力作用，以防钢筋变形。

⑦钢筋笼下放过程中安装加强保护层。钢筋笼下放至设计高程后，应放出设计桩中心位置十字线(可利用护桩拉线)、钢筋笼平面中心位置，再调整钢筋笼使二心在同一垂直线上。

⑧钢筋笼安装就位后，立即将钢筋笼吊筋与分配梁、分配梁与钢护筒焊接固定，防止混凝土浇筑过程中钢筋骨架上浮。

⑨钢筋笼入孔后，定位要准确，固定要牢固，平面位置和骨架顶端应符合规范要求。

(8)灌注水下混凝土。灌注水下混凝土是关键工序，通常采用直升导管法。混凝土的坍落度以18～22 cm为宜。钻孔桩孔口浇筑混凝土工作平台应在吊放导管前搭设，平台应坚固稳定，高度满足导管吊放、拆除和充满混凝土后的升降要求。

1)浇筑水下混凝土导管及漏斗应符合下列规定：

①水下混凝土导管在平面上的布设根数和间距，应根据每根导管的作用半径和桩底面积确定。

②导管内壁应光滑，内径一致，接口严密；直径可采用20～30 cm，中间节长度宜为2 m等长，底节可为4 m,。漏斗下可用1 m长导管。

③使用前应试拼试压，不得漏水，并编号，按自下而上标示尺度；导管组装后轴线偏差不宜大于孔深的0.5%，亦不大于10 cm；组装时，连接螺栓的螺帽宜在上；试压的压力宜为孔底静水压力的1.5倍。

④导管长度可根据孔深和孔口工作平台高度等因素确定，漏斗底距钻孔口应大于一节中间导管长度；漏斗容量应满足首批混凝土浇筑量要求。

⑤导管接头法兰盘宜加锥形活套，底节导管下端不得有法兰盘，有条件时可采用螺旋丝扣型接头，但必须有防止松脱装置。

⑥导管应位于钻孔中央，在浇筑混凝土前应进行升降试验，导管吊装升降设备能力应与全部导管充满混凝土后的总重量和摩阻力相适应，并留有一定的安全储备。

⑦导管底端距孔底的距离应能使混凝土球塞或其他隔水物沿导管流入水中，同时将导管内的水、空气和球塞或其他隔水物排出管外。

2)水下混凝土浇筑除应符合现行铁路混凝土施工标准的有关规定外，尚应符合下列规定：

①混凝土的初存量应满足首批混凝土入孔后，导管埋入混凝土中的深度不得小于1 m并不宜大于3 m；当桩身较长时，导管埋入混凝土中的深度可适当放大；漏斗底口处必须设置严密的隔水装置，具有良好的隔水性能并能顺利排出。

②水下混凝土应连续浇筑，中途不得停顿，拆除导管的间断时间应尽量缩短，每根桩的浇筑时间宜安排在8 h内完成；混凝土浇筑完毕，位于地面以下及桩顶以下的护筒，应在混凝土初凝前拔出。

③套管钻机成孔后,在浇筑混凝土过程中,应经常转动和逐渐提升套管,套管刃脚埋入混凝土不宜小于 1.5 m,也不宜大于 5 m,混凝土浇筑完毕,应将套管立即拔出。

④在混凝土浇筑过程中,应测量孔内混凝土顶面位置,一般宜保持导管埋深在 2~6 m 范围。当混凝土内掺有缓凝剂,浇筑速度较快、导管较坚固并有足够的起重能力时,可适当加大埋深,但不宜超过 8 m。当混凝土浇筑面接近设计高程时,应用取样盒等容器直接取样确定混凝土的顶面位置,保证混凝土浇筑面高出桩顶设计高程 0.5~1.0 m。

⑤在浇筑过程中,应防止混凝土拌和物从漏斗顶溢出或从漏斗外掉入孔底,使泥浆内含有水泥而变稠凝结,致使测探不准确。浇筑过程中,应注意观察管内混凝土下降和孔内水位升降情况,及时测量孔内混凝土面高度,正确指挥导管的提升和拆除。

⑥在浇筑将近结束时,由于导管内混凝土柱高减小,超压力降低,而导管外的泥浆及所含渣土稠度增加,相对密度增大,此时可在孔内加水稀释泥浆,并掏出部分沉淀土,使浇筑工作顺利进行。

3)当混凝土面升到钢筋骨架下端时,为防钢筋骨架被混凝土顶托上升,可采取以下措施。

①使用缓凝剂等增大其流动性。

②当混凝土面接近和初进入钢筋骨架时,应使导管底口处于钢筋笼底口 3 m 以下和 1 m 以上处,并慢慢浇筑混凝土,以减小混凝土从导管底口出来后向上的冲击力。

③当孔内混凝土进入钢筋骨架 4~5 m 以后,适当提升导管,减小导管埋置长度,以增加骨架在导管口以下的埋置深度,从而增加混凝土对钢筋骨架的握裹力。

5.5.4 挖孔桩施工注意事项

挖孔桩基础适用于无地下水或有少量地下水的土层和风化软质岩层。

1. 施工准备

(1)平整场地,修通弃土道路,接通水电,备好机具、料具。

(2)做好孔口防排水设施。

(3)施测墩台及孔位控制中线,做好护桩。

(4)对挖孔场地进行围护,防止土石等杂物滚入孔内。孔口附近堆放机具材料以不增加孔壁压力为宜。

2. 支护注意事项

(1)孔口护壁可用钢护筒或混凝土护壁,高度根据地层情况确定,地面上外露 20~30 cm,应安设牢固。

(2)挖孔时必须采取孔壁支护,支护方式可采用就地浇筑混凝土或便于拆装的钢、木支撑。支护结构应通过检算。无法拆除的木框架支撑不得用于摩擦桩。

(3)护壁混凝土强度不得低于 15 MPa,当作为桩身混凝土的一部分时,不得低于桩身混凝土的强度等级。

(4)挖孔和施作护壁必须交替连续作业,不宜中途停顿,以防坍孔。

(5)遇有局部或厚度不大于 1.5 m 的流动性淤泥和可能出现涌砂时,应加强护壁或降水措施,必要时采用钢护筒防护。

3. 孔内爆破注意事项

(1)应采用浅眼爆破。炮眼深度,硬岩层不得超过 0.4 m,软岩层不得超过 0.8 m;装药量不得超过炮眼深度的1/3,孔内爆破应采用导爆管或电雷管起爆。

(2)爆破前,对炮眼附近的支撑应采取防护措施。护壁混凝土强度未达到2.5 MPa前,不得进行爆破作业。

(3)放炮后,施工人员下孔前,应测试确认孔内有害气体排除后,方可下孔操作。

(4)一孔内进行爆破作业时,其他孔内不得留有施工作业人员,必须全部撤离至安全地带。

4. 其他注意事项

(1)同一墩台各桩开挖顺序,可视地质条件、桩位布置及其间距而定。桩间距较大、地层紧密不需爆破时,可对角开挖,反之宜单孔开挖。桩孔为梅花式布置时,宜先挖中孔,再挖其他各孔。

(2)挖孔过程中,应经常检查孔的净空尺寸、平面位置。

(3)挖孔施工过程中,必须有可靠的安全措施。

(4)孔内应经常检查有害气体浓度,当二氧化碳浓度超过0.3%,其他有害气体超过允许浓度或孔深超过10 m时,均应设置通风设备。

(5)挖孔至设计高程后,孔底应清除积水,并应进行孔底处理,做到平整、无松渣和泥污等软层。当地质条件与设计不符时,应会同有关单位妥善处理。成孔检验合格后,应立即安装钢筋笼、浇筑混凝土。

(6)钢筋笼制作与安放、混凝土浇筑注意事项参考钻孔桩的有关施工要点。

5.5.5 岩溶地区钻(挖)孔桩注意事项

岩溶地区桩基础根据不同地质水文情况可采用冲击钻钻孔桩、挖孔桩等施工方法。对于由土石粒径较大、风化不很严重的砾石、碎石、卵石、漂石等土壤或基岩组成,且软硬差别较小,当地下水含量较丰富或有害气体含量超限不能采用挖孔施工时可采用冲击钻钻孔施工。对于由粒径大小参差不齐、分布无规律、软硬不均的含有大量大块石、卵石、漂石的间隔土构成,并伴有溶沟、溶槽、洞穴、石芽等发育的岩溶地质构造和含有一定地下水层时可采用挖孔桩施工。施工前应根据桩位处地质、水文等资料,制定相应的专项施工方案和施工技术措施。

(1)钻孔桩施工通过岩溶地层时应符合下列规定:

1)采用投入黏土块、碎石、片石等加大泥浆稠度,并使之挤入松散破碎土层、溶洞及其裂缝中,保持孔壁稳定。同时应及时向孔内补水,保持孔内水位高度,防止坍孔。

2)密切注意观察钻机工作情况、周围地表沉降和护筒内水位变化,防止异常情况发生。

3)接近岩溶时主绳应采用较小松绳量,防止击穿岩壳时卡钻。

4)钻孔过程中应及时抽渣,并对钻渣取样分析,核对设计地质资料。当钻至设计桩底高程时,应联系设计部门进行桩底地质确认。

5)清孔采用抽渣吹风法。

(2)挖孔桩施工通过岩溶地层时应符合下列规定:

1)必须针对岩溶地区复杂的地质构造,制定周密可靠的安全技术措施。

2)宜采用现浇混凝土或钢筋混凝土护壁,保证孔壁安全。

3)应备齐装泥麻包、碎石和压浆设备及材料,出现涌水时及时封堵,处理安全后方可继续下挖。

4)通过溶沟、溶槽、洞穴时应根据设计对桩孔外空洞部分进行封闭处理。

5)挖至设计桩底高程时,应联系设计部门进行桩底地质确认。

5.6 桩基检测技术

桩基工程为地下隐蔽工程,为确保桩基工程质量,应对桩基进行必要的检测,验证桩基能否满足设计要求,保证正常使用。为控制和检验桩基质量,施工每道工序均应检验,及时发现和解决问题,并认真做好施工和检测记录,以对桩基质量作出评价。

根据桩的类型和施工方法不同,所需检验的内容和侧重点也有所不同,下面对通常均涉及的桩基质量检验及检测技术进行介绍。

5.6.1 桩的几何受力条件检验

桩的几何受力条件主要是指有关桩位的平面布置、桩身倾斜度、桩顶和桩底高程等,要求这些指标在容许误差的范围之内。例如桩的中心位置误差不宜超过 50 mm,桩身的倾斜度应不大于 1/100 等,以确保桩在符合设计要求的受力条件下工作。

5.6.2 桩身质量检验要求

桩身质量检验是指对桩的尺寸、构造及其完整性进行检测,验证桩的制作或成桩的质量。

1. 沉桩(预制桩)质量检验

沉桩(预制桩)制作时应对桩的钢筋骨架、尺寸、混凝土强度等级和浇筑方面进行检测,验证是否符合选用的桩标准图或设计图的要求。检测的项目有主筋间距、箍筋间距、吊环位置与露出桩表面的高度、桩顶钢筋网片位置、桩尖中心线、桩的横截面尺寸和桩长、桩顶平整度及其与桩轴线的垂直度、钢筋保护层厚度等。对混凝土质量应检查其原材料质量与计量、配合比和坍落度、桩身混凝土试块强度及成桩后表面有否产生蜂窝麻面及收缩裂缝的情况。一般桩顶与桩尖不容许有蜂窝和损伤,表面蜂窝面积不应超过桩表面积的 0.5%,收缩裂缝宽度不应大于 0.2 mm。长桩分节施工时需检验接桩质量,接头平面尺寸不允许超出桩的平面尺寸,注意检查电焊质量。

2. 钻孔灌注桩质量检验

钻孔灌注桩的尺寸取决于钻孔的大小,桩身质量与施工工艺有关,因此桩身质量检验应对钻孔、成孔与清孔,钢筋笼制作与安放,水下混凝土配制与灌注三个主要过程进行质量监测与检查。检验孔径应不小于设计桩径;孔深应比设计深度稍深,摩擦桩不小于设计规定,端承桩(柱桩)不小于 0.05 m;孔内沉淀土厚度应不大于设计规定。对于摩擦桩,当设计无要求时,对直径≤1.5 m 的桩,允许偏差≤300 mm;对桩径>1.5 m、桩长>40 m 或土质较差的桩,桩径允许偏差≤500 mm。还应检验成孔有无扩孔、颈缩现象;钢筋笼顶面、底面高程与设计值的误差是否在±50 mm 范围内等。

5.6.3 桩身质量检验方法

成孔后的钻孔灌注桩桩身结构完整性检验方法很多,常用的有以下几种方法。

1. 低应变动测法

(1)反射波法。它是用锤敲击桩顶,给桩一定的能量,使桩中产生应力波,通过检测和分析应力波在桩体中的传播历程,便可分析出基桩的完整性。

(2)水电效应法。在桩顶安装一高约 1 m 的水泥圆筒,筒内充水,在水中安放电极和水听器,电极高压放电，瞬时释放强电流产生声学效应，给桩顶一冲击能量，由水听器接收桩土体系的响应信号，对信号进行频谱分析，根据频谱曲线所含有的桩基质量信息，判断桩的质量和承载力。

(3)机械阻抗法。它是把桩土体系看成一线性不变振动系统，在桩头施加一激励力，就可在桩头同时观测到系统的振动响应信号，如位移、速度、加速度等，并可获得速度导纳曲线(导纳即响应与激励力之比)。分析导纳曲线，即可判定桩身混凝土的完整性，确定缺陷类型。

(4)动力参数法。该方法是通过简便地敲击桩头，激起桩土体系的竖向自由振动，按实测的频率及桩头振动初速度或单独按实测频率，根据质量弹簧振动理论推算出单桩动刚度，再进行适当的动静对比修正，换算成单桩的竖向承载力。

(5)声波透射法。它是将置于被测桩的声测管中的发射换能器发出的电信号，经转换、接收、放大处理后存储，并把它显示在显示器上加以观察、判读，即可作出被测桩混凝土的质量判定。

通过以上检测方法，可将灌注桩的桩身质量分为以下四类：

优质桩：动测波形规则衰减，无异常杂波，桩身完好，达到设计桩长，波速正常，混凝土强度等级高于设计要求。

合格桩：动测波形有小畸变，桩底反射清晰，桩身有小畸变，如轻微缩颈、混凝土局部轻度离析等，对单桩承载力没有影响。桩身混凝土波速正常，达到混凝土设计强度等级。

严重缺陷桩：动测波形出现较明显的不规则反射，对应桩身缺陷如裂纹、混凝土离析、缩颈1/3桩横截面以上，桩身混凝土波速偏低，达不到设计强度等级，对单桩承载力有一定的影响。该桩要求设计单位复核单桩承载力后提出处理意见。

不合格桩：动测波形严重畸变，对应桩身缺陷如裂缝、混凝土严重离析、夹泥、严重缩颈、断裂等。这类桩一般不能使用，需进行工程处理。

工程上还习惯于将上述四种判定类别按Ⅰ类桩、Ⅱ类桩、Ⅲ类桩、Ⅳ类桩划分。

2. 钻芯检验法

钻芯验桩就是利用专用钻机，从混凝土结构中钻取芯样以检测混凝土强度的方法。它是大直径基桩工程质量检测的一种手段，是一种既简便又直观的必不可少的验桩方法，它具有以下特点：

(1)可检查基桩混凝土胶结、密实程度及其实际强度，发现断桩、夹泥及混凝土稀释层等不良状况，检查桩身混凝土灌注质量。

(2)可测出桩底沉渣厚度并检验桩长，同时直观认定桩端持力层岩性。

(3)用钻芯桩孔对出现断桩、夹泥或稀释层等缺陷桩进行压浆补强处理。

由于以上特点，钻芯验桩法被广泛应用于大直径基桩质量检测工作中，它特别适用于大直径大载荷端承桩(柱桩)的质量检测。对于长径比较大的摩擦桩，则易因孔斜使钻具中途穿出桩外而受限制。

5.6.4　桩身强度与单桩承载力检验

桩的承载力取决于桩身强度和地基强度。桩身强度检验除了保证上述桩的完整性外，还要检测桩身混凝土的抗压强度，预留试块的抗压强度应不低于设计采用混凝土相应的抗压强度，对于水下混凝土应高出20%。钻孔桩在凿平桩头后应抽查桩头混凝土质量，检验抗压强度。对于大桥的钻孔桩有必要抽查、钻取桩身混凝土芯样检验其抗压强度。

单桩承载力的检测,在施工过程中,对于打入桩习惯用最终贯入度和桩底高程进行控制,而钻孔灌注桩还缺少在施工过程中监测承载力的直接手段。成桩可做单桩承载力的检验,常采用单桩静载试验或高应变动力试验确定单桩承载力。

国内外工程实践证明,用静力检验法测试单桩竖向承载力,尽管检验仪器、设备笨重、造价高、劳动强度大、试验时间长,但迄今为止还是其他任何动力检验法无法替代的基桩承载力检测方法,其试验结果的可靠性也是明显的。而对于动力检验法确定单桩竖向承载力,无论是高应变法还是低应变法,均是近几十年来国内外发展起来的新的测试手段,目前仍处于发展和继续完善阶段。对于大桥与重要工程,地质条件复杂或成桩质量可靠性较低的桩基工程,均需做单桩承载力的检验。

5.6.5 桩基静载检测技术

桩基静载检测分为单桩竖向抗压、抗拔和水平静载试验。

1. 单桩竖向抗压静载试验

(1)试验目的。采用接近于竖向抗压桩实际工作条件的试验方法,确定单桩竖向(抗压)极限承载力,作为设计依据,或对工程桩的承载力进行抽样检验和评价。当埋设有桩底反力、桩身应力、应变测量元件时,可直接测定桩周各土层的极限侧阻力和极限端阻力。

(2)试验要求。

1)静力试桩数量:采用现场静载试验确定单桩竖向极限承载力时,在同一条件下的试桩数量不宜小于总桩数的1%,且不应小于3根,工程总数在50根以内时不应小于2根,对于工程量较大的工程可按设计要求的数量进行试桩。

2)从成桩到开始试验的间歇时间:在桩身强度达到设计要求的前提下,对于砂类土,不应少于10 d;对于粉土和黏性土,不应少于15 d;对于淤泥和淤泥质土,不应少于25 d。

3)试桩制作要求:试桩顶部一般应予以加强,可在桩顶配置加密钢筋网2~3层,或以薄钢板圆筒作为加劲箍与桩顶混凝土浇成一体,用高强度等级的砂浆将桩顶抹平。对于预制桩,若桩顶未破损可不另作处理。为安设沉降测点和仪表,试桩顶部露出试坑地面的高度不宜小于600 mm,试坑地面宜与桩承台底设计高程一致。试桩的成桩工艺和质量控制标准应与工程桩一致。为缩短试桩养护时间,混凝土强度等级可适当提高,或掺入早强剂。

试桩、锚桩和基准桩之间的中心距应符合表5-11的规定。

表5-11 试桩、锚桩和基准桩之间的中心距

试验装置	试桩与锚桩(或压重平台支墩边)	试桩与基准桩	基准桩与锚桩(或压重平台支墩边)
锚桩横梁反力装置 压重平台反力装置	≥4d且>2.0 m	≥4d且>2.0 m	≥4d且>2.0 m

注:d为试桩或锚桩的设计直径,取其较大者。

(3)试验装置。试验加载装置一般采用油压千斤顶加载,千斤顶的加载反力装置可根据现场实际条件有下列几种形式。

1)锚桩横梁反力装置(图5-28):锚桩、反力梁装置能提供的反力应不小于预估最大试验荷载的1.2倍。采用工程桩作锚桩时,锚桩数量不得少于4根,并应对试验过程错桩上拔量进行监测。

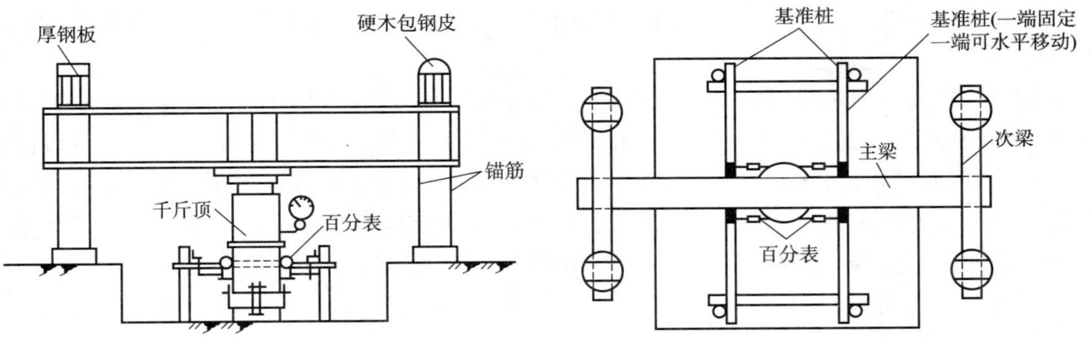

图 5-28　竖向静载试验装置

2)压重平台反力装置：压重不得少于预估试桩破坏荷载的 1.2 倍；压重应在试验开始前一次加上，并均匀稳固放置于平台上。

3)锚桩压重联合反力装置：当试桩最大加载量超过锚桩的抗拔能力时，可在横梁上放置或悬挂一定重物，由锚桩和重物共同承受千斤顶加载反力。

4)地锚反力装置：对于单桩极限承载力较小的摩擦桩可用土锚作反力；对于岩面浅的嵌岩桩，可利用岩锚提供反力。

5)千斤顶：平放于试桩中心，当采用 2 个以上千斤顶加载时，应将千斤顶并联同步工作，并使千斤顶的合力通过试桩中心。

6)荷载与沉降的量测仪表：荷载可用放置于千斤顶上的应力环、应变式压力传感器直接测定，或采用并联于千斤顶的压力表测定油压，根据千斤顶率定曲线换算荷载。试桩沉降一般采用百分表或电子位移计测量。对于大直径桩应在其 2 个正交直径方向对称安置 4 个位移测试仪表，中等和小直径桩径可安置 2 个或 3 个位移测试仪表。沉降测定平面离桩顶距离不应小于 0.5 倍桩径，固定和支承百分表的夹具和基准梁在构造上应确保不受气温、振动及其他外界因素影响而发生竖向变位。

(4)资料整理。把基桩的构造、尺寸、地层剖面、土的物理力学指标等整理成表，并应对成桩和试验过程出现的异常现象作补充说明。单桩竖向抗压静载试验记录表和单桩竖向抗压静载试验荷载、沉降汇总表可参阅有关规范。绘制荷载与沉降的关系曲线（Q-s 曲线）和沉降量和时间的关系曲线（s-lg$t$ 曲线）。

当进行桩身应力、应变和桩端反力测定时，测试数据的测读时间宜符合试验加载观测时间间隔，同时应整理出有关数据的记录表和绘制桩身轴力分布、摩阻力分布、桩端反力等与各级荷载关系曲线。

(5)单桩竖向抗压极限荷载的确定。

1)单桩竖向抗压极限承载力可按下列方法综合分析确定。

①根据沉降随荷载的变化特征确定极限承载力：对于陡降型 Q-s 曲线取 Q-s 曲线发生明显陡降的起始点的荷载值。

②根据沉降量确定极限承载力：对于缓变型 Q-s 曲线一般可取 $s=40\sim60$ mm 对应的荷载。对于大直径桩可取 $s=0.03D\sim0.06D$（D 为桩端直径，大桩径取低值，小桩径取高值）所对应的荷载值；对细长桩（$L/d>80$）可取 $s=60\sim80$ mm 对应的荷载；当桩长大于 40 m 时，宜考虑桩身的弹性压缩。

③根据沉降随时间的变化特征确定极限承载力:取曲线尾部出现明显向下弯曲的前一级荷载值。

2)单桩竖向极限承载力应根据试桩位置、实际地质条件、施工情况等综合确定。当各试桩条件基本相同时,单桩竖向极限承载力对于参加统计的试桩,当满足其极差不超过平均值的30%时,可取其平均值作为单桩竖向极限承载力。若极差超过平均值的30%时,宜增加试桩数量并分析离差过大的原因,同时结合工程具体情况确定极限承载力。对于桩数为3根或3根以下的柱下承台,或工程桩抽检数量少于3根时,应取低值。

2. 单桩水平静载试验

(1)试验目的。

1)桩顶自由的单桩静载试验,采用接近于水平受力桩的实际工作条件的试验方法确定单桩的水平承载力和地基土的水平抗力系数,以及对工程桩的水平承载力进行检验和评价。

2)当埋设有桩身应力测量元件时,可测定出桩身应力变化,并由此求得桩身弯矩分布。

(2)试验要求。

1)试桩间歇时间。钢筋混凝土预制桩沉桩到开始试验的间歇时间:对于砂土不少于3 d,对于黏性土不应少于14 d;钻孔灌注桩从灌注混凝土到开始试验的时间一般不少于28 d。

2)沉桩时桩顶中心偏差不大于1/8d(d为桩径),且不大于10 cm,轴线倾斜度不大于1/100。对于埋设有测量元件的试桩应严格控制方向,应使最终实际受荷方向与设计方向之间的夹角小于±10°。

(3)试验设备与仪表装置。千斤顶施加水平力,水平力作用线应通过地面高程处(地面高程应与实际工程桩基承台底面高程一致)。在千斤顶与试桩接触处宜安置一球形铰座,以保证千斤顶作用力能水平通过桩身轴线。

桩的水平位移宜采用大量程百分表测量。每一试桩在力的作用水平面上和在该平面以上50 cm左右各安装一只或两只百分表(下表测量桩身在地面处的水平位移,上表测量桩顶水平位移,根据两表位移差与两表距离的比值求得地面以上桩身的转角)。如果桩身露出地面较短,可只在力的作用水平面上安装百分表测量水平位移。

固定百分表的基准桩宜布置在试桩侧面靠位移的反方向,与试桩的净距不少于1倍试桩直径。

单桩水平静载试验装置如图5-29所示。

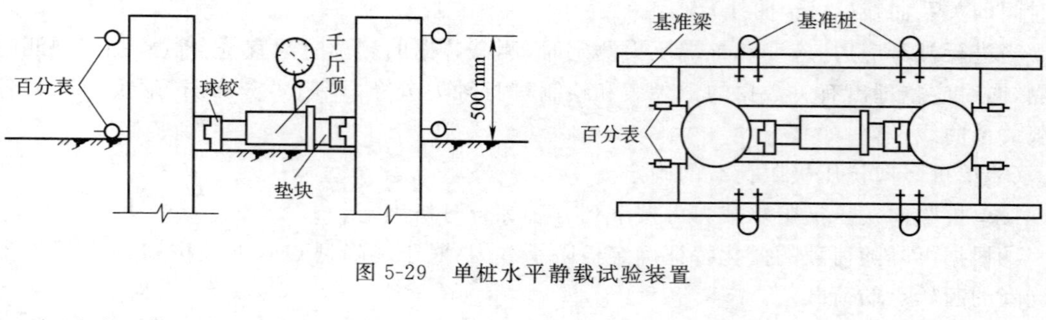

图5-29 单桩水平静载试验装置

(4)试验工作。

1)试验加载方法。对于承受反复水平荷载作用的桩基或需要测量桩身应力、应变的试桩宜采用单向多循环加卸载法。对于个别受长期水平荷载的桩基也可采用慢速维持荷载法(稳定标准可参照竖向静载试验)进行试验。

2)多循环加卸载试验法，按下列规定进行加卸载和位移观测。

荷载分级：取预估水平极限承载力的 1/10～1/15 作为每级荷载的加载增量。根据桩径大小并适当考虑土层软硬，对于直径 300～1 000 mm 的桩，每级荷载增量可取 2.5～20 kN。

3)加载程序与位移观测。每级荷载施加后，恒载 4 min 测读水平位移，然后卸载至零，停 2 min，测读残余水平位移，至此完成一个加卸载循环，如此循环 5 次完成一级荷载的试验观测。加载时间应尽量缩短，测量位移的间隔时间应严格准确，试验不得中途停歇。

4)终止试验的条件。

①桩身折断。

②水平位移超过 30～40 mm(软土取 40 mm)。

③桩侧地表出现明显裂缝或隆起。

④水平位移达到设计要求的水平位移允许值。

(5)单桩水平静载试验报告内容及资料整理。单桩水平静载试验概况应整理成表格形式，对成桩和试验过程发生的异常现象应作补充说明。

3. 单桩竖向抗拔静载试验

(1)试验目的。

1)采用接近于竖向抗拔桩的实际工作条件的试验方法，确定单桩抗拔极限承载力。

2)当埋设有桩身应力、应变测量传感器或桩端埋设有位移传感器时，可直接测定桩周各土层的抗拔侧阻力或桩端上拔量。

(2)试验要求可参照单桩竖向抗压试验的有关规定

(3)试验装置。

1)试验加载装置。一般采用油压千斤顶加载，千斤顶的加载反力装置可根据现场实际条件确定，试验反力装置宜采用工程桩提供支座反力，也可根据现场情况采用天然地基提供支座反力。反力系统应具有 1.2 倍的安全系数并符合下列规定：

①采用工程桩提供反力时，反力桩顶面应平整并具有一定的强度。

②采用天然地基提供反力时，施加于地基的压应力不宜超过地基承载力特征值的 1.5 倍；反力梁的支点重心应与支座中心重合。

2)荷载与沉降量测仪表的技术要求与单桩竖向抗压试验相同。

(4)试验加载测试。

1)试验加载方式。试验加载方式一般采用慢速维持荷载法，即逐级加载，每级荷载达到相对稳定后加下一级荷载，直到试桩破坏，然后分级卸载到零。当考虑结合实际工程桩的荷载特征时，也可采用多循环加卸载法(每级荷载达到稳定后卸载到零)。

2)慢速维持荷载法的加荷分级、试验方法及稳定标准可按单桩竖向抗压试验有关规定执行，并仔细观察桩身混凝土开裂情况。

3)试验终止条件。当出现下列情况之一时，即可终止加荷。

①某级荷载作用下，桩的上拔量为前一级荷载作用下上拔量的 5 倍。

②累计上拔量超过 100 mm。

③桩顶上拔荷载为桩受拉钢筋抗拉强度的 0.9 倍。

④对于工程检验桩，已达到设计要求的最大上拔量。

(5)资料整理。

1)单桩竖向抗拔静载试验概况及其检测数据整理参照相关规范。

2)绘制上拔荷载 U 与上拔量 Δ 的关系曲线(U-Δ 曲线)以及上拔量和时间的关系曲线(Δ-lg$t$)曲线。

3)当进行桩侧摩阻力或桩底上拔位移测定时,测试数据的测读时间宜按单桩竖向抗压试验有关规定执行,同时应整理出有关数据的记录表和绘制桩身轴力分布、摩阻力分布等与各级荷载关系曲线。

(6)单桩竖向抗拔极限荷载的确定。

1)单桩竖向极限承载力按下列方法综合分析确定。

①根据上拔量随荷载的变化特征确定:对于陡变型 U-Δ 曲线,取陡升起始点对应的荷载值。

②根据上拔量随时间的变化特征确定:取 Δ-lg$t$ 曲线斜率明显变陡或曲线尾部明显弯曲的前一级荷载值。

③当某一级荷载下抗拔钢筋断裂时,取其前一级荷载为该桩的抗拔极限承载力。

2)单桩竖向抗拔极限承载力统计值的确定应根据试桩位置、实际地质条件、施工情况等综合确定。当各试桩条件基本相同时,单桩竖向抗拔极限承载力对于参加统计的试桩,当满足其极差不超过平均值的 30%时,可取其平均值作为单桩竖向抗拔极限承载力。极差超过平均值的 30%时,宜增加试桩数量并分析离差过大的原因,同时结合工程具体情况确定单桩抗拔极限承载力。对于桩数为 3 根或 3 根以下的桩下承台,或工程桩抽检数量少于 3 根时,应取低值。

(7)单桩竖向抗拔承载力特征值的确定。确定单桩竖向抗拔承载力特征值,可将单桩竖向抗拔极限承载力统计值除以安全系数 2 即得。当工程桩不允许带裂缝工作时,取桩身开裂的前一级荷载作为单桩竖向抗拔承载力特征值,并与按极限荷载一半取值确定的承载力特征值相比取小值。

5.7 深水桩基础

5.7.1 深水桩基础的优缺点及适用情况

1. 深水桩基础的优缺点

一般来说,桥梁深水桩基础是桥梁深水基础中最为经济的基础形式。与沉井、沉箱基础相比,桩基的优点:其所需沉入的深度要比沉井、沉箱所需下沉的深度小;当沉井、沉箱与桩的深度相等时,桩基的用料约比沉井、沉箱基础的用料少 40%~60%。因此,桩基的造价要比沉井、沉箱基础低。

然而,伴随优点而产生的缺点则是刚度比沉井、沉箱基础小。尤其是在流速大、冲刷深的情况下,桩径将会随着冲刷深度的增大而增大。

2. 使用桥梁深水桩基的目的

(1)通过桩把荷载直接传至水下软土层以下的坚硬土层或岩层上(柱桩)。

(2)通过桩的表面摩阻力把荷载传向土体(摩擦桩)。

(3)将桩打入冲刷层以下或陡坡层以下的稳定土层中,以保证基础的稳定可靠。

(4)抵抗力矩或水平力所产生的基础底的拉力,以使基础嵌固在地基中(抗拔桩)。

(5)抵抗大的水平或斜向作用力(斜桩或锚桩)。

(6)通过桩穿过不稳定土层如膨胀土层或高压缩土层而将基础建于稳定土层上。

3. 深水桩基础的适用情况

(1)上覆土层强度低、压缩性大或其他不稳定土(如冰胀土或膨胀土),而其下在适宜深度处有较好土层。

(2)在地震区,上覆土为液化土层,其下有抗振动稳定的土层。

(3)桥墩基础需承受较大的水平荷载。

(4)上覆土层有被水冲走且冲刷深度较深。

另外,对沉降敏感的桥梁基础,采用深桩或柱桩将会得到很好的效果。但是,在含有大量石块或其他障碍物的地层中,则不宜采用打入桩基础。

5.7.2 深水桩基础的构造

桩基础是由承台座板(简称承台)把一组(最少2根)桩连接在一起的基础。承台多为现浇的钢筋混凝土结构,是一个变形远小于位移的刚性板或梁。

桥梁深水桩基础的形式,可按承台而分成:水上高承台桩基础;水下高承台桩基础;低承台桩基础;高低双层承台基础。

承台高度的规定即深水桩基础形式的选择,应根据桥墩基础受力情况、地形、地质、水文(水深、流速、冲刷、夹砂、流冰、流石等)以及施工条件与工期等因素来确定。

在有流冰的河流中,承台底面的高度低于最低冰层底面以下(一般为0.25 m);在通航河流中,承台宜适当降低;在有夹砂、流石的水流中,为防止桩身冲坏磨损,宜采用低承台桩基,当采用高承台桩基时,则需对桩进行防护,或加固、加粗桩身;在侵蚀性的水中,桩身应采取必要的防腐措施。若地基土为不透水性黏土,常采用低承台桩基,以便桩基中的桩处于侵蚀性小的土中。

5.7.3 深水桩基础的类型与防护

1. 桩的类型

通常,桥梁深水桩基所用桩类型的分类,既可按材料分成钢筋混凝土桩、预应力钢筋混凝土桩、复合桩和钢桩,又可按其成桩方法分成打入桩(包括振入、压入、旋入)、钻孔灌注桩及钻孔埋设预制桩三大类。

(1)预制钢筋混凝土桩与预应力钢筋混凝土桩。

1)形式与构造。常用的钢筋混凝土桩的断面尺寸为20 cm×20 cm~45 cm×45 cm,长度为8~25 m。一般来说,桥梁深水桩基础所用的钢筋混凝土桩或预应力钢筋混凝土桩多为上下无变化的均匀断面,而不采用上大下小的锥形桩;当水平力很大或桩的自由长度很长需要用加大桩的断面尺寸来增大基础的刚度时,为了便于运输和打设,一般均将大断面的钢筋混凝土桩或预应力钢筋混凝土桩制成空心或管形断面以减轻其自重。

因为预制钢筋混凝土桩及预应力钢筋混凝土桩的断面尺寸与含筋量,常由起吊时弯曲应力所控制,所以起吊吊点必须设置在能使正负弯矩大致相等的位置处。

2)拼接接头。预制钢筋混凝土桩与预应力钢筋混凝土桩多需用工地接头在施工过程中予以拼接接长。接头的好坏,不仅影响到桩的强度,而且还将关系到沉桩的效率和基础的造价。因此,世界各国都对其进行了不少的研究。研究的重点是如何减少接桩时间,同时又能提高接头强度。理想的接头除应具备与原桩同等强度的抗压、抗拉、抗弯能力外,还应具有便于工地拼接的性能。

目前，国外的桩接头种类较多，归纳起来可分以下五大类：

①机械接头，包括套筒接头、环箍接头、X形榫接头等。

②焊接接头，包括平板对焊、套筒对焊等。

③螺栓接头。

④胶接接头。

⑤后张预应力接头。

(2)钻孔灌注桩。钻孔灌注桩(简称钻孔桩)是先在地基土中钻或冲(打)一个孔，然后再在孔内灌注混凝土而制成的桩。

钻孔桩优点如下：

1)可以将桥梁下部结构的荷载传递至很深的良好的持力层上。

2)可以穿透较硬的胶结砂、砾层和卵石及大漂石层，也可穿过地质复杂的溶洞等。

3)没有打桩产生的噪声与振动影响。

4)施工设备简单、轻便，易于操作，造价较低。

5)桩底地基处理，与较大的沉井相比，易于检查、监测、试验与判明。

缺点是水下清基难以彻底，遗留残渣将会大大降低其承载力。另外，孔壁易于坍落也是其缺点之一。

(3)复合桩。一般是指把两种材料制成的两节桩复合组成一根桩，或用几根细桩与一根粗桩结合，称之为复合桩。

钻孔桩可达深度不够，采用打入钢桩加深的复合桩，如图 5-30(a)所示；沉桩设备能力不足，无法将大直径的预制桩或管桩沉至应达深度时，所采用的在大桩内加打若干小直径桩的复合桩，如图 5-30(b)所示。例如南京长江大桥即曾有在大管桩内接力下沉四根小管桩的方案。

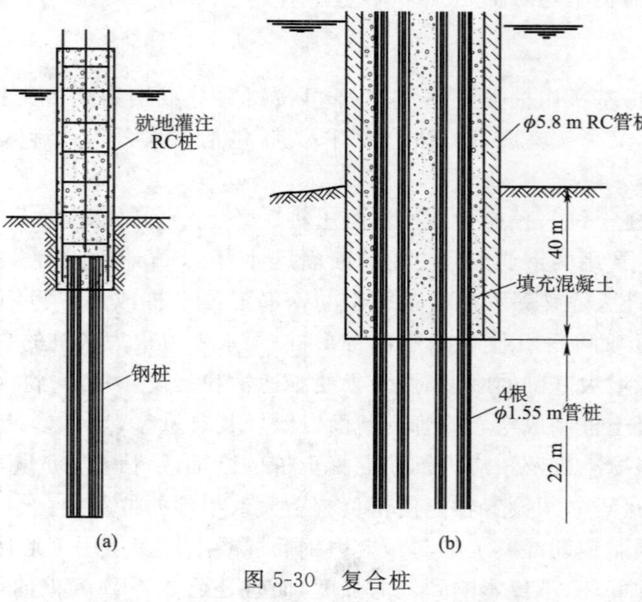

图 5-30 复合桩

(4)钢桩。为了减少打设长桩时的桩重和避免长桩易被打断的缺点，桥梁深水桩基也可选用钢桩。最常用的钢桩形式有钢管桩和 H 型钢桩。在没有现成的钢管桩和 H 型钢桩时，也可采用各种型钢焊制成的组合桩，如图 5-31 所示。

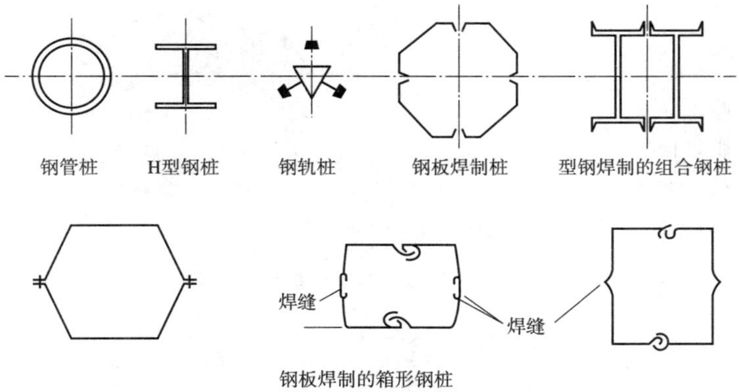

图 5-31　钢管桩、H 型钢桩及用各种型钢焊制而成的组合桩

接长 H 型钢桩的拼接接头，既可用焊接亦可用铆接或栓接，如图 5-32 所示。而接长钢管桩的接头则只能采用内套筒对接焊的接头和外套筒角接焊的接头。

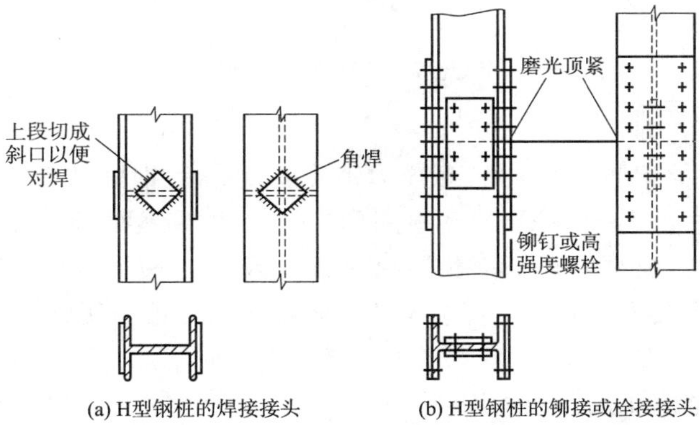

图 5-32　H 型钢桩的接头形式

因为在一定的打桩条件下，提高工地拼接接长的效率就意味着提高打桩效率，所以改进拼接接头的方法便成了现代打桩技术进步的标志。例如 H 型钢桩，现已改用预制好的 H 形插入式接头来代替传统的拼接板接头，如图 5-33 所示。对于钢管桩，早已改用一预先焊在先打管节桩头上的耐打套筒接头。由于这种接头的工地焊缝减少了一半和避免了工地仰焊焊缝，致使接头的效率和质量都得到很大提高，如图 5-34 所示。更值得借鉴的是，国外已有一种不需焊接的套管式接头，如图 5-35 所示，可供参考。

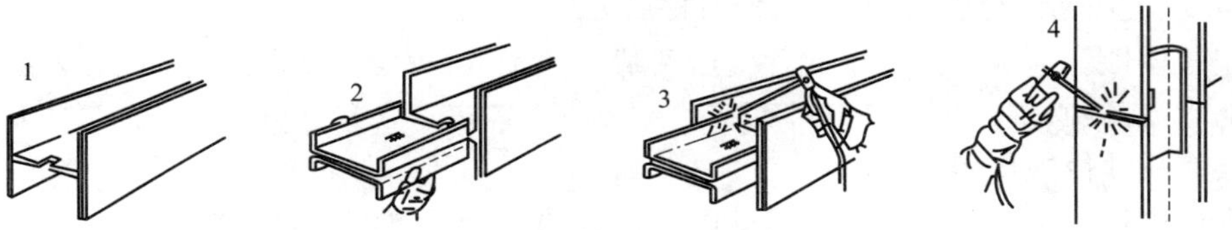

图 5-33　插入式 H 型钢钢桩接头

1—在接长的 H 型钢桩腹板上切一 2 cm×54 cm 的切口；2—插入预制的接头；3—在翼缘处焊好角焊缝；4—将有接头的 H 型钢桩插在已打好的 H 型钢桩上，并将所有角焊缝焊好，然后将对接焊缝焊好

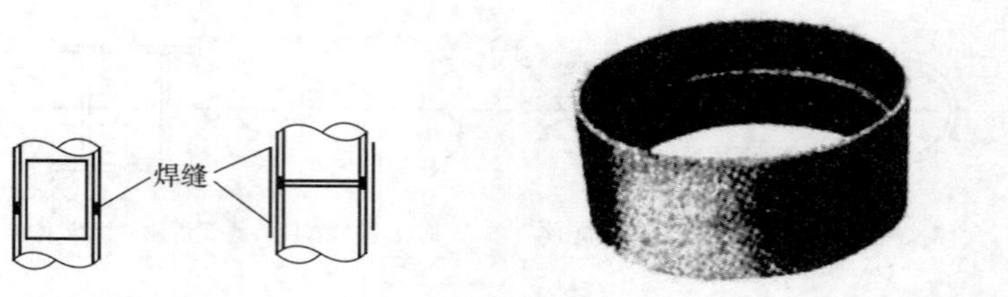

(a) 内套筒　　(b) 外套筒　　(c) 可以预先焊在先打管节上的耐打套筒接头

图 5-34　钢管桩接头

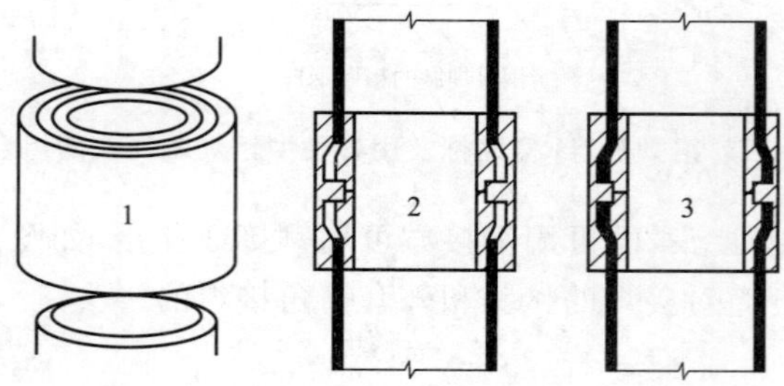

图 5-35　不需焊接的套管接头

2. 桩的防护

桥梁深水礅基中的钢筋混凝土桩、预应力钢筋混凝土桩、钢桩以及钻孔桩都有一个环境水对混凝土、钢筋及钢材的腐蚀、侵蚀与磨损问题。例如:在新鲜的流水中,混凝土将会受到波浪、流砂、流冰及其他漂流物的磨损和撞击;在冰冻地区,还会受到冻胀、冻融损害;在海水或其他不良水质条件中,混凝土桩和钢桩都会受到不同程度的侵蚀与腐蚀作用。下面就水质条件对混凝土、钢筋、钢材的侵蚀与腐蚀问题及防护措施作一介绍。

(1)水质条件对混凝土的侵蚀作用。

1)碳酸性侵蚀。碳酸性侵蚀的机理有两个:一是由于水中含有过多的游离 CO_2,当超过与 H_2CO_3 平衡所需的量时,就能溶解混凝土中的部分从而形成溶解性侵蚀作用;二是由于在 $CaCO_3$ 溶解中,能从混凝土内溶滤出氢氧化钙,从而产生了溶滤性侵蚀作用。除水质条件外,碳酸性侵蚀还与桩的尺寸、混凝土的质量,尤其是透水性、水泥品质等有关。

2)一般酸性侵蚀。当 pH 值 6.8 时,水即具有酸性侵蚀。

3)硫酸盐侵蚀。当水中的 SO_4^{2-} 离子含量很大时,即会对桩产生硫酸盐侵蚀。其破坏机理为:当水渗入混凝土后,水中的硫酸盐与水泥中的铝酸三钙就会化合成为硫代铝酸钙,由于它的结晶体所占体积比原来大,致使混凝土膨胀而破坏。水是否对混凝土具有硫酸盐侵蚀,除 SO_4^{2-} 含量外,还取决于制桩的水泥品种与桩所处的条件。

4)镁盐侵蚀。当水中镁离子的含量达到某一数量后,就会产生镁盐侵蚀。镁离子的含量标准将随水泥品种、桩的尺寸等条件而变。一般只要镁离子含量达到 750 mg/L 或更大时,即认为水具有镁盐侵蚀作用。

5)水流磨损。由于水流所夹带的砂砾对桩身的不断冲击摩擦,致使混凝土表面产生磨损破坏现象。

(2)水质条件对桩内钢筋的腐蚀。桩内钢筋腐蚀的原因,除桩身混凝土本身的缺陷造成的钢筋裸露所遭致的直接腐蚀之外,其他原因还有:侵蚀性水先破坏了桩的混凝土保护层,然后又腐蚀裸露的钢筋;侵蚀性水改变了混凝土的液相成分,从而降低了混凝土对钢筋的保护性能,致使钢筋在混凝土的内部产生腐蚀。

然而,水对钢筋之所以会产生腐蚀的根本原因则是氯化物的存在。因为氯离子是一种腐蚀钢筋的活化剂,它不仅会破坏保护钢筋表面的钝化膜,还会产生铁的溶解即加速钢筋的电化学锈蚀过程(阳极锈蚀作用)。在水与氧并存的情况下,这一电化学过程将会大大加快。

(3)水质条件对钢桩的腐蚀。钢桩在水中的锈蚀作用与混凝土桩裸露的钢筋一样也是一个电化学过程,常用一般酸性侵蚀即 pH 值的大小来界定它的锈蚀程度。根据观测当 pH 值等于 7 时,锈蚀缓慢,当达到 10 时,锈蚀速度显著减慢而接近于零。因此,规定 pH 大于 11.5 时,可不考虑锈蚀问题;pH 值小于 5 且有氧气存在时,为锈蚀非常严重条件。

(4)防护措施。

1)对于钢筋混凝土桩和预应力钢筋混凝土桩,其防护措施可按表 5-12 和表 5-13 中所列的办法进行选择。表 5-14 是各种桩的水泥用量与水胶比的选用参考。

表 5-12　防止混凝土遭受硫酸盐侵蚀的一般性措施

侵蚀等级	需采取的错施	
轻微	按正常的质量优良要求标准	增加水泥用量,减小水胶比
中等	用普通硅酸盐水泥或抗硫酸水泥	
显著	必须使用抗硫酸水泥	
强烈	必须使用抗硫酸水泥,并需加适当的防护套或涂层	

表 5-13　防护混凝土桩遭受侵蚀的各种措施

要求或措施	在一般情况或条件下	在中等侵蚀情况或条件下	在显著侵蚀情况或条件下	在强烈侵蚀情况或条件下
密实不透水混凝土	可	可	可	可
普通硅酸盐水泥	可	可	不可	不可
抗硫酸水泥	不可	可	可	可
特殊水泥或火山灰水泥	不可	可	可	可
规定最少水泥用量与最大水胶比值	可	可	可	可
特殊骨料	不可	例如:在酸性情况中采用石灰岩作为粗骨料		
增设牺牲厚度	不可	根据自身情况		不可
规定最小保护层厚度	可	可	可	可
采用永久防护套	不可	不可	不可	可
刚性 PVC 柔性 PVC	不可 不可	不可 不可	不可 不可	可 可
采用防护涂层——环氧树脂或沥青	不可	不可	不可	可

表 5-14　水泥用量与水胶比的经验值

桩的种类	一般情况	中等侵蚀条件下	显著及强烈侵蚀条件下
预制桩	450～475 kg/m^3 0.4～0.5	450～475 kg/m^3 0.4	450～475 kg/m^3

续上表

桩的种类	一般情况	中等侵蚀条件下	显著及强烈侵蚀条件下
打套管成孔就地灌注桩*	280～370 kg/m³ 0.25～0.6	330～450 kg/m³ 0.3～0.55	370～500 kg/m³ 0.3～0.45
钻挖成孔灌筒内就地灌注桩	300～450 kg/m³ 0.5～0.55	550～450 kg/m³ 0.475～0.5	380～500 kg/m³ 0.45～0.5
泥浆护壁钻孔水下灌注混凝土	350～450 kg/m³ 0.5～0.6	350～450 kg/m³ 0.475～0.5	400～500 kg/m³ 0.43～0.45

注：* 包括标准及振动套管成孔的弗兰克式桩。

2)钢桩防止锈蚀的常用办法如下：

(1)增加牺牲厚度法。

(2)加设混凝土保护层法。由于土中缺乏氧气，打入土中的钢桩加设混凝土保护层，往往会得到较好效果。

(3)阴极防腐及采用特殊钢材法。此两种方法，桥梁深水桩基中采用不多。

5.8 桩基承台施工

1. 施工流程及一般规定

桩基承台是建筑在桩基上的基础平台。平台一般采用钢筋混凝土结构，起承上传下的作用，把墩身荷载传到基桩上。

(1)施工流程。桩基承台施工流程：施工准备→基坑开挖→桩头处理→模板安装→钢筋绑扎→浇筑承台混凝土→混凝土养生→拆模→基坑回填。

在水中修建承台时，可根据设计要求和水文条件采取不同的防水结构施工。当设计承台底面位于河床以下时(低承台)，可采用钢板桩围堰、双壁钢围堰修建承台；当设计承台底面位于低水位以上时(高承台)，可采用吊箱围堰修建承台。

(2)施工一般规定。

桩基承台施工应符合下列规定：

1)承台混凝土应在无水条件下浇筑，可根据地质、地下水位和水深条件采用排水或防水措施。

2)承台底面以上到设计高程的桩基顶部范围，应将桩顶锤击面破损部分清除并露出新鲜混凝土面；桩体埋入承台长度及桩顶主筋锚入承台的长度应符合设计要求。

3)绑扎承台钢筋前，应核实承台底面高程及每根桩体埋入承台长度并对基底面进行修整。当基底为软弱土层时，应按设计要求采取适当措施，并确保承台底面的设计高程。

4)当采用基桩顶主筋伸入承台连接时，承台底层钢筋网在越过桩顶处不得截断；当采用基桩顶直接埋入承台连接，承台底层钢筋网碰及桩身时，可调整钢筋间距或在桩身两侧改用束筋越过，确需截断时，应在截断处增设附加等强度钢筋连续绕过。

5)承台混凝土宜一次连续浇筑。

6)高承台结构中，当承台及墩、台混凝土浇筑完成后，应将承台顶面以上的钢结构切除，不得危及通航安全，避免漂浮物的堆积。

承台混凝土满足设计强度拆除模板及围堰后，基坑应按设计要求的填料和质量及时回填。

2. 钢板桩围堰施工承台

(1)插打钢板桩应有导向设备，导向围笼可一次下沉到位，也可在直桩基础中先将围笼整体高出水面，插打定位桩后与定位桩组成稳定的施工平台，利用平台先进行基桩作业，再将围笼下沉到位，插打钢板桩。

(2)钢板桩围堰合龙到封底完成过程中，应经常检查围堰外河床冲刷情况，必要时应抛石防护。

(3)在围堰内吸泥至设计封底底面高程后，应整平基底、清除淤泥、浇筑水下封底混凝土。待达到要求的强度后抽水，浇筑承台和墩、台身混凝土。

(4)钢板桩的导向围笼制造、组拼、起吊、浮运、定位、锚碇及下沉应符合设计要求；钢板桩施工的其他要求也应符合有关规范规定。

3. 双壁钢围堰施工承台

(1)双壁钢围堰系由内外壁板、竖向加劲肋及水平环形桁架组成的整体钢壳，壁内设竖向隔舱板，为全焊水密结构。

围堰的尺寸、强度、刚度、结构稳定性和锚碇方法等应满足设计及施工要求，围堰顶面可作为施工平台。

(2)双壁钢围堰可分节制造，每节又分块做成数个基本单元并编号，块件大小可根据制造设备、运输条件和工地安装起吊能力决定。

(3)拼焊质量应符合下列规定。

1)上下隔舱板以及各相邻水平环形板应对齐。

2)上下竖向肋角必须与水平环形板焊牢；相邻块体、外壁板对接应准确，相互错开允许偏差为 1 mm，接缝缝隙为 2 mm；当拼缝不能对接焊时，可采用搭接焊或贴板焊接，但必须满焊并保证水密。

3)所有壁板和隔舱板的工地焊缝应做煤油渗透试验，不合格者铲除重焊。

(4)出厂前，应按设计检验块件结构尺寸和块件的焊接质量，必要时应做水压试验，发现焊缝渗漏处应将焊缝铲除烘干后重焊。每节钢围堰拼装完成后，总体尺寸符合设计要求。

(5)双壁钢围堰的底节，可在岸边的拼装船上组拼，拼装船应在设计荷载作用下，保持船体的稳定。组拼前应在船面上准确放出围堰各单元的轮廓位置，沿周边逐件组拼，操作时应待全部点焊完成后，方可全面焊接。

(6)锚碇、导向船及起吊设备应按设计要求，提前作出安排。

1)底节钢围堰在岸边拼装船上组拼的同时，应将墩位和上下游定位船的锚碇设施，按设计要求的位置抛设完成。

2)在岸边组拼导向船，并用连接梁将导向船与围堰底节拼装船连成牢固的整体。

3)在导向船上设置起吊设备，由起吊塔架、吊点结构、滑轮组、卷扬机和相应的电器设备等组成，当底节围堰一次起吊重量较大时，可在导向船连接梁上设辅助吊点，起吊设备总起吊能力应大于底节围堰及其附加荷载。

(7)浮运就位和起吊下水按下列步骤进行。

1)底节围堰拼装完毕经检查合格后，拼装船与导向船组用拖轮拖运至上游定位船附近，连接锚绳及拉缆，导向船与拼装船组顺流至墩位初步定位。

2)系好围堰上、下层拉缆,绞紧锚绳和收紧定位船与导向船间的拉缆。

3)安装测试供电和通信设施。

4)利用导向船上的起吊设备将底节围堰吊离拼装船面约 10 cm,观察 10 min,若无异常现象,则继续提升至适当位置,将拼装船向下游方向退出。

5)拼装船退出后,底节围堰利用起吊设备缓慢平稳地落入水中,通过导向船的导向架、锚绳和拉缆共同作用,底节围堰可稳定、垂直地悬浮于墩位处。

(8)悬浮状态下围堰的接高和下沉。

1)底节钢围堰下水后,及时向围堰内对称注水,保持垂直状态下沉至一定高度后,按单元体的编号对称拼装接高,再注水下沉,再拼装接高,交替施工,在拼装注水下沉过程中,围堰内外和相邻单元体的水头差,必须满足设计要求。

2)随围堰接高和注水下沉过程,围堰上层拉缆亦应随之拆除、安装,交替倒换上移,并随时调整拉缆受力状态。

3)围堰刃脚接近河床时,应提前测量墩位处的河床状况,按冲刷及水位的实际情况,调整围堰落河床时的高度。

(9)围堰落河床的准确定位。

1)围堰落河床宜安排在低水位、小流速的情况下进行。

2)围堰落河床前,应对所有锚碇设备进行一次全面检查和调整,用调整锚绳和拉缆的办法,使围堰准确定位。

3)围堰落河床前,墩位河床高差较大时,可抛填小片石调平,使围堰刃脚平稳着床。

4)围堰定位后,应及时对称向围堰内注水,进入稳定深度后,解除所有拉缆。

(10)围堰下沉。

1)围堰进入稳定深度后,应继续接高,并在围堰内注水(或按设计要求浇筑混凝土),增加围堰下沉重量,或辅以吸泥(或配合高压射水),使围堰下沉,如此接高、注水、吸泥、下沉交替施工,直至刃脚达到设计高程,同时围堰顶面高程尚应满足承台和墩台身施工期间不被水淹没。

2)围堰下沉时,应根据围堰位移和倾斜情况及时调整吸泥位置,并经常观测围堰内外水头差及时补水,防止翻砂。

3)围堰下沉完毕,应对其平面位置、高程进行检测,堰底泥砂清理干净,经检验合格后,方可浇筑封底混凝土。

(11)双壁钢围堰落底的允许偏差应满足设计要求,设计无要求时应符合下列规定。

1)围堰底面平均高程符合设计要求。

2)围堰最大倾斜度不大于围堰高度的 1/50。

3)围堰顶、底面中心位移不大于 25 cm 再加围堰高度的 1/50;平面扭转角不大于 2°。

4. 吊箱围堰施工承台

(1)吊箱围堰是由钢板、加劲肋焊成的侧、底板和支撑体系组拼成的带底的箱式水密结构,应进行专门设计,除结构尺寸、强度、刚度、吊装方法应满足施工要求外,尚应满足抗浮力、防漏水和整体吊运的要求。

(2)吊箱底板结构除应满足浇筑水下封底混凝土和抽水浇筑承台混凝土时受力要求外,尚应根据成桩的实际偏差确定箱底高程处的预留桩孔位置,并不得伤及底板的加劲肋和横梁;封底前应将底板与桩身间的缝隙封堵。

(3)围堰侧板可采用单壁,并做成拆装式,当利用侧板作承台外模时,应保证承台的设计尺寸。

(4)吊箱围堰可视水深情况,采取在浮箱上或工作平台上组拼成整体,再浮运、吊装到已沉好的定位桩上,或采取在桩基外侧搭设工作平台进行组拼、吊装到定位桩上。

吊箱围堰的定位桩,可利用正式桩,也可在桩基范围以外另打定位桩,利用吊装后的吊箱围堪搭设工作平台,再进行桩基施工。

(5)测量墩、台纵、横向中心线和每根基桩中心线及高程的工作平台,应稳固、安全、拆装方便并满足测量精度的要求。

围堰的定位桩,应按围堰安装要求认真整修。

(6)吊箱围堰封底水下混凝土的厚度,应按抽水时围堰不上浮和混凝土强度应满足受力要求的原则计算确定,但不宜小于1 m。在水位变化较大的施工环境中,尚应考虑当发生施工水位低于吊箱底面情况下浇筑承台混凝土时吊箱不得下沉。水下混凝土的施工应符合有关规定。

第6章 沉井基础与组合基础施工

6.1 沉井施工的有关规定

6.1.1 一般规定

沉井施工前，应根据水文和地质资料制订施工方案，并对洪汛、凌汛、潮汐、河床冲刷、通航、漂流物、山洪及泥石流等情况进行调研，制订相应的安全措施。

在堤防、建筑物附近下沉时，应按设计文件的防护设计及安全要求施工，并注意观察。沉井浮运设施必须经过检查试运转并符合施工工艺设计要求。模板、钢筋和混凝土施工应符合现行铁路混凝土与砌体工程施工质量验收标准的有关规定。

沉井基础施工流程如图6-1所示。

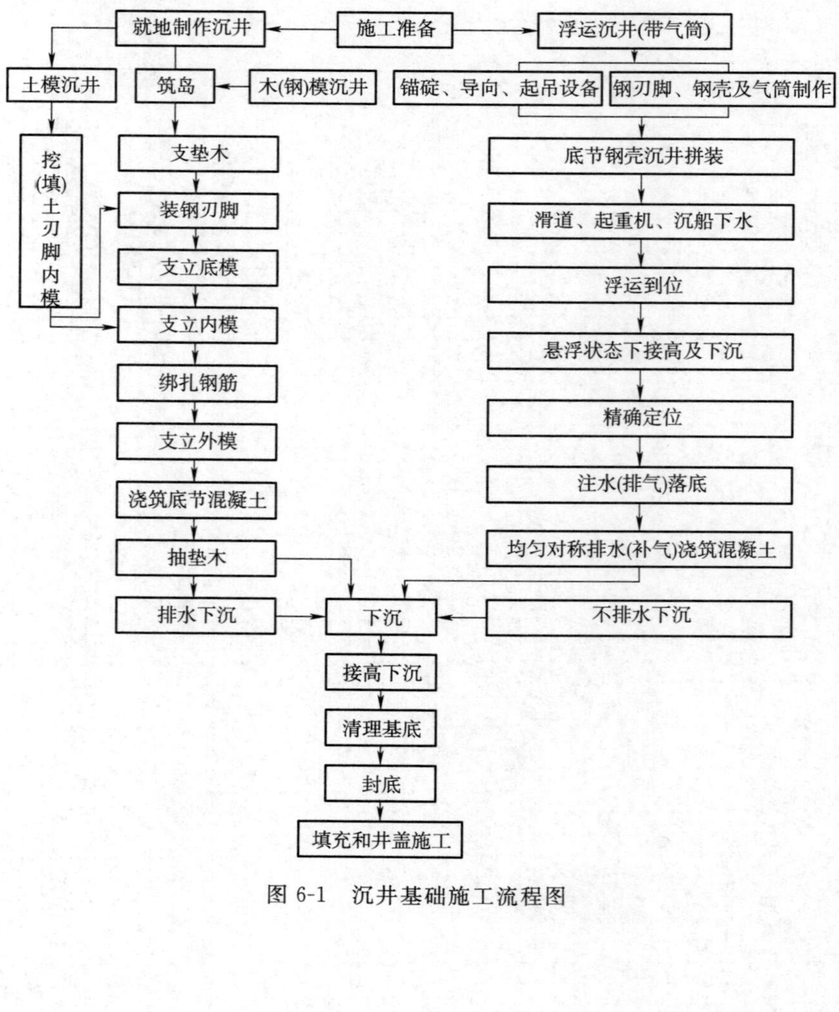

图6-1 沉井基础施工流程图

6.1.2　沉井制作

1. 就地制作沉井

(1)在浅水中或可能被水淹没的旱地，应筑岛制作沉井；在旱地，可在整平夯实的地面上制作沉井；当地下水位低、土壤较好时，可先开挖基坑至地下水位以上适当高程再制作沉井。

(2)制作沉井处的地面及岛面承载力应符合设计要求。当地面以下的软弱地层不能满足承载力要求时，应采取换填、打砂桩、填筑反压土体等加固措施。

(3)筑岛应符合下列规定。

1)筑岛材料应用透水性好、易于压实的土(砂类土、砾石、较小的卵石)，且不应含有影响岛体受力及抽垫下沉的块体(包括冻块)。

2)筑岛的尺寸应满足沉井制作及抽垫等施工的要求：无围堰筑岛护道宽度不宜小于 2 m，临水面坡度可采用 1∶2；有围堰筑岛确定护道宽度时，应满足沉井重量等荷载产生的对围堰侧压力的要求。

3)岛面应高出施工水位 0.5 m 以上，有流冰时应适当加高。

4)在斜坡上或靠近堤防两侧筑岛时，应制定防止滑移的措施。

(4)采用土内模支承制作底节沉井应符合下列规定。

1)填筑土模宜采用黏性土；当地下水位低，土质较好时，可采取开挖基坑而形成土模。

2)刃脚部分的外模应能承受井壁混凝土的重量在刃脚斜面上的水平分力。

3)土模顶面的高度及承载力，应根据土质及荷载计算确定，对有隔墙的沉井，可填筑至隔墙底部。

4)应有良好的排水措施。

5)土模表面应用水泥砂浆、油毡或塑料薄膜等作保护层。

6)拆除土模及开始挖土下沉时，不得先挖沉井外围的土，土模的残留物应予清除。

(5)采用模板及支垫支撑制作底节沉井应符合下列规定。

1)支垫布置应满足设计和抽垫的要求并进行分区编号；垫木下应用砂填实，其厚度不宜小于 0.3 m，垫木间用砂填平；调整垫木高程时，不得在其下垫塞木块、木片或石块等物。

2)各垫木的顶面应与刃脚的底面相吻合。

3)模板及支撑应具有足够的强度、刚度和稳定性，模板应光滑平顺，其上口尺寸不得大于下口尺寸；内隔墙与井壁连接处的垫木应相互搭接连成整体，底模支撑应支在垫木上。

4)沉井混凝土应沿井壁对称浇筑，并逐层振捣，浇筑完成 12 h 后即应覆盖并洒水养护，但应防止洒水过程中发生不均匀下沉。

5)底节沉井混凝土强度达到 70%以上方可拆除隔墙底面和刃脚斜面的模板和支撑，沉井的直立侧模当混凝土强度达到 2.5 MPa 时即可拆除，但应防止沉井表面及棱角受损。

6)沉井模板支撑拆除后，应测量沉井中线和刃脚高程，并形成记录。

(6)底节沉井抽垫应符合下列规定。

1)混凝土强度应满足设计对沉井抽垫受力的要求，并将抽垫次序和垫木编号用油漆标明在沉井外壁上。

2)抽垫前应将沉井内外杂物清除，并准备适量待回填的砂土。

3)抽垫应统一指挥，按规定的联系方式分区、对称、同步地进行；抽出垫木后，应随即用砂土回填捣实,防止沉井偏斜。

4)定位支垫处的垫木,应最后同时抽出。

2. 浮运沉井

(1)浮运沉井的制造除应符合施工工艺设计要求外,尚应符合下列规定。

1)沉井的底节应做水压试验,其余各节应经水密检验合格后方可下水。

2)沉井的气筒应按受压容器的有关规定检验合格后方可使用。

3)沉井的临时性井底,除做水密检验合格外,尚应满足在水下拆除方便的要求。

(2)浮运沉井下水前,应对所经水域和沉井位置的河床进行探测,掌握河床、水文、气象及航运等资料,并与有关单位取得联系,检查锚碇设备及定位船、导向船等施工设备的准备情况;在汛期对锚碇设备、特别对导向船和沉井的边锚绳的受力状态必须经常检查。

(3)沉井的底节,可采用滑道、起重机具和沉船等方式入水,当采用沉船方式时,应有在船顶面即将淹没时使沉船体系平稳下沉的措施。

(4)沉井底节入水后的初步定位位置,应根据水深、流速、河床面土质及高低状况、沉井尺寸及形状等因素,并考虑沉井在悬浮状态下接高和下沉过程中,墩位处的河床面受冲淤的影响,综合分析确定,可设在墩位上游适当位置。

(5)沉井落河床定位应符合下列规定。

1)沉井落河床前应对所有锚碇设备进行全面检查和调整,并注意潮水涨落对锚碇的影响;同时应详细探明墩位处河床面的状况。

2)沉井落河床宜安排在枯水期、低潮位和流速平稳时进行。

3)沉井落河床位置应根据河床面高差、冲淤情况、地层及沉井入土下沉深度等因素确定,宜向河床面较高一侧偏移适当尺寸。

4)沉井落河床后,应尽快下沉,并随时观测沉井的倾斜、位移及河床冲刷情况,必要时采取调整措施。

6.1.3 沉井下沉及接高

(1)在渗水量小的稳定土层中下沉第一节沉井时,可采用排水开挖下沉;易涌水翻砂的地层,可采用机械抓土和吸泥等不排水下沉。当下沉困难时,在结构受力允许情况下,可采用高压射水、降低井内水位和压重等措施下沉。

(2)沉井下沉应符合下列规定。

1)沉井应连续下沉,减少中途停顿的时间,在下沉过程中应掌握土层情况,做好下沉记录。随时分析判断土层摩阻力与沉井重量的关系,选用最有利的下沉方法。

2)沉井下沉时,应防止内隔墙受到支承。井内除土应先从中间开始,均匀、对称地逐步向刃脚处挖土。采用排水下沉的底节沉井,支承位置的土应在分层除土中最后同时挖除。

3)沉井下沉过程特别是下沉初期,应随时调整倾斜和位移。应根据土质、沉井大小和入土深度等因素,控制井孔内除土深度和井孔间的土面高差。

4)弃土不应靠近沉井或污染环境;在水中下沉时,应检查河床因冲刷或淤积引起的土面高差,必要时应对河床面采取防护措施或利用出土调整。

5)在不稳定的土层或砂土中下沉时,应保持井内水位高于井外一定的水位差,防止翻砂,必要时可向井内补水。

(3)沉井接高应符合下列规定。

1)沉井接高前应尽量调平，接高时井顶露出水面不得小于 1.5 m，井顶露出地面不得小于 0.5 m。接高上节模板时，支撑不得直接撑在地面上，并应考虑沉井因接高加重下沉时，模板支撑不致接触地面。

2)应防止沉井在接高加重时突然下沉或倾斜，必要时可在刃脚下回填或支垫。接高时应均匀加重。

3)接高后的各节沉井中轴线应为一直线。

4)混凝土施工接缝应按设计要求布置接缝钢筋，浇筑混凝土前应清除浮浆并凿毛。

(4)浮运沉井接高和下沉还应符合下列规定。

1)沉井悬浮于水中，施工各阶段应随时检算沉井的稳定性和出水高度；在接高和下沉中，当实际情况与设计条件不符时，应通过计算加以调整。

2)接高沉井前，应向沉井内注水或从气筒内排气，必须均匀对称地加载，使沉井顶面高出水面 1.5 m 以上；在均匀对称的浇筑混凝土的过程中，应同时向井外排水或向气筒内补气，以维持沉井的入水深度，并随时检查和调整固定沉井位置的锚碇设备。

3)应随时测量墩位处河床冲刷情况，必要时采取防护措施。

4)带气筒的浮式沉井，气筒应加防护。

5)带临时性井底的浮式沉井及浮式双壁沉井，应控制各灌水隔舱间的水头差不超过设计要求。

(5)纠正沉井倾斜和位移应符合下列规定。

1)纠偏前应先摸清情况，分析原因，然后采取相应措施。当有障碍物时，应首先排除。

2)纠正倾斜时，可采取偏除土、偏压重、顶部施加水平力或刃脚下支垫等方法。

3)纠正位移时应按下列情况进行：

①当沉井倾斜方向有利于纠正位移时，应继续下沉，待沉井底面中心接近设计中心，再纠正倾斜。

②当沉井垂直或沉井倾斜方向不利于纠正位移时，沉井应调至有利方向倾斜下沉，直至沉井符合要求。

(6)沉井下沉排除障碍物可按下列方法进行。

1)遇孤石时可采取潜水员水下排除或爆破等方法。在水下爆破时，每次总装药量不应超过 0.2 kgTNT 当量。井内无水时，通过计算后，可适当加大装药量。

2)遇铁件时，可采取水下切割排除。

3)施工前已经查明在沉井通过的地层中夹有胶结硬层时，可采取钻孔投放炸药爆破的办法预先破碎硬层。

(7)当沉井顶在施工水位或土面以下时，应设井顶防水(土)围堰，可根据施工水位抽水高度、入土深度、沉井类型及井孔布置等因素，采用钢板围堰、混凝土围堰或砌砖围堰，并应符合下列规定。

1)围堰平面尺寸和高度应满足沉井在允许偏差范围内，安装墩台身模板和支撑的需要，并应防止施工水位(含波浪高、壅高和冲高)的水流从上游侧灌入围堰。

2)围堰各部结构，除应满足抽水或入土时的受力要求外，尚应便于浇筑沉井顶盖及墩台身混凝土过程中分批拆除的要求，直到墩台身完成后全部清除。

3)沉井顶须沉入土中的沉井，其井顶防水围堰底部与沉井顶应连接牢固。

6.1.4 沉井基底清理、封底及填充

不排水情况下清理基底应符合下列规定,并填写检查记录:

(1)沉井下沉至设计高程后,基底面地质应符合设计要求,当地质不符时,应联系设计单位确定处理方案。

(2)基底面应整平,整平后的基底面距隔墙底面的高度及刃脚斜面露出的高度,应满足设计要求的最小高度。

(3)基底浮泥或岩面残留物(风化岩碎块、卵石、砂等)均应清除,基底与封底混凝土间不得产生有害夹层。清理后的有效面积(即沉井底面积扣除在刃脚斜面下一定宽度内不能完全清除干净的面积)不得小于设计要求。

(4)隔墙底部及封底混凝土高度范围内井壁上的泥污应清除。

沉井采用水下混凝土封底时,应符合有关水下混凝土的规定。沉井应待封底混凝土强度满足受力要求后,方可抽水并用设计要求的材料进行填充和施工井盖板。

封底混凝土在浇筑过程中发生故障或对封底记录有疑问时,应钻孔取样检查鉴定。

6.2 沉井基础施工

6.2.1 概　　述

沉井是桥梁工程中广泛采用的一种无底无盖,形如井筒的基础结构物。沉井在施工时作为基础开挖的围堰,依靠自身重量,克服井壁摩阻力逐渐下沉,直至到达设计位置。同时,沉井经过混凝土封底,并填充井孔后成为墩台的基础。对于桥梁深水基础,当上部荷载较大,基础需要埋置较深时,沉井基础也是常用的基础类型之一。

沉井基础宜在如下情况下采用:

(1)承载力较高的持力层位于地面以下较深处,如采用明挖基坑,开挖量大,地形受到限制,支撑困难。

(2)山区河流中,冲刷大,或河中有较大的卵石不便于桩基施工。

(3)岩层表面较平坦,覆盖层不厚,但河水较深。

沉井基础的特点:埋置深度可以很大、整体性强、稳定性好、刚度大、承载力大;施工设备简单,工艺简单,可以几个沉井同时施工,缩短工期。此外,沉井不适用于岩层表面倾斜过大的地方。

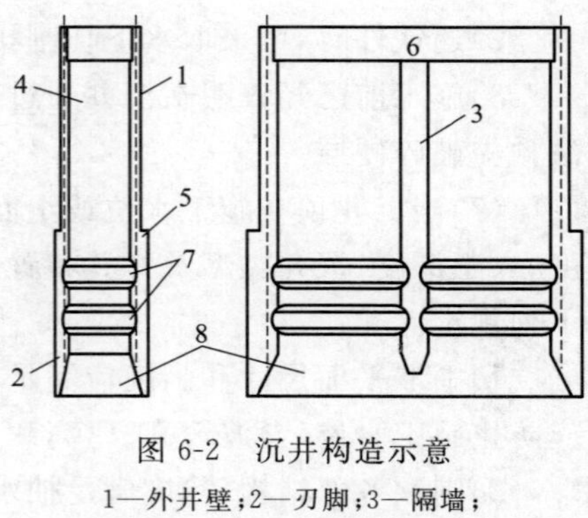

图 6-2　沉井构造示意

1—外井壁;2—刃脚;3—隔墙;4—井孔(取土通道);5—预埋冲刷管;6—顶盖板;7—凹槽;8—封底混凝土

沉井可分为混凝土沉井、钢筋混凝土沉井、钢沉井和竹筋混凝土沉井等。其中最常用的是钢筋混凝土沉井,可以做成重型的就地制造、下沉的沉井,其构造如图 6-2 所示,也可做成薄壁浮运沉井及钢丝网水泥沉井。混凝土沉井一般只适用于下沉深度不大(4～7 m)的松软土层,多做成圆形,使混凝土主要承受压应力。钢沉井适于制造空心浮运沉井。竹筋混凝土沉井,可以就地取材,节

约用钢，适用于我国南方盛产竹材的地方。

按下沉方法，沉井可分为就地下沉沉井和浮运沉井两类。它们的施工一般工艺流程如图 6-3 所示。该工艺流程系针对完全靠自身重量，克服井壁与地层间的摩阻力使井筒下沉的方法，称纯自沉沉井工法。该工法设备简单，成本低，特别在软土地层中应用较多。但是该工法对于硬土层、卵砾层沉井下沉困难，易发生倾斜和偏心过大。为此，近年来开发了靠地锚反力，强行把井筒压入土层的压入式工法；刃脚钢靴外撇、卵石导槽的所谓 SS 沉井工法和自动化沉井工法（SOCS 工法）。SOCS 工法采用预制管片拼接井筒，自动挖土排出，自动压沉井筒的高精度沉井工法。

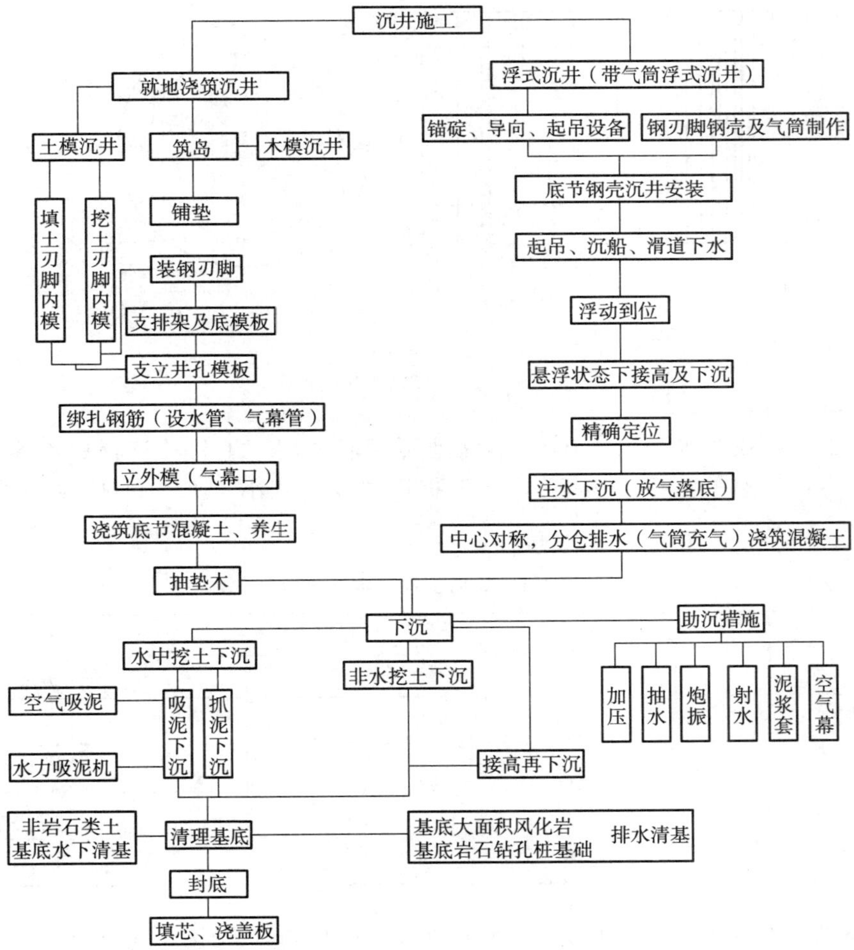

图 6-3　沉井施工一般工艺流程图

6.2.2　就地下沉沉井的制造和下沉

1. 场地准备

制作沉井前，应先平整场地，并要求地面及岛面承载力符合设计要求。如不能满足承载力要求时，应采取换填、打砂桩、填筑反压土体等加固措施。

(1)在无水区的场地。在无水地区,如天然地面土质较好,只需将地面杂物清除干净和整平,就可在墩台位置上制造和下沉沉井。如土质松软,则应换土或在其上铺填一层厚度不小于0.5 m的砂或砂加卵石并夯实,以免沉井在混凝土浇灌之初,因地面沉降不均产生裂缝。有时为减少沉井在土中的下沉量,可先开挖一个基坑,使其坑底高出地下水面0.5～1.0 m,然后在坑底上制造沉井。

(2)在岸滩或浅水地区的场地。在岸滩或浅水地区,需先筑造无围堰土岛,如图6-4所示。筑岛施工时,应考虑筑岛后压缩流水断面,加大流速和提高水位的影响。

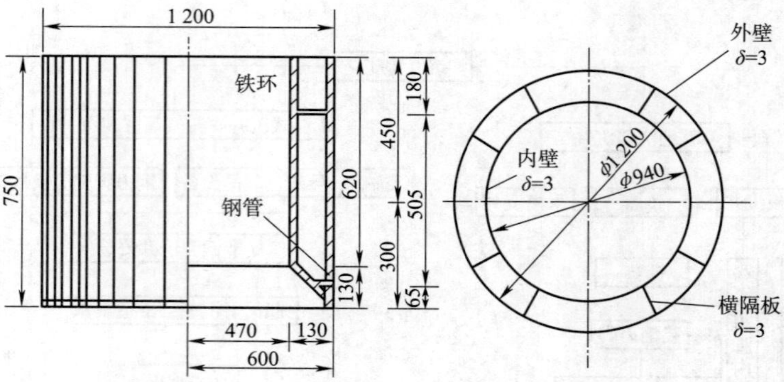

图 6-4 人工土岛(单位:mm)

无围堰土岛一般在水深位于1.5 m,流速不大时适用。土料的选择由流速大小而定。筑岛土料与容许流速的关系见表6-1。土岛护道宽度不宜小于2.0 m,临水面坡度可采用1∶2。

表 6-1 筑岛土料与容许流速

筑岛土料	容许流速(m/s)	
	土表面处	平均流速
细砂(粒径0.05～0.25 mm)	0.25	0.3
粗砂(粒径1.0～2.5 mm)	0.65	0.8
中等砾石(粒径25～40 mm)	1.0	1.2
粗砾石(粒径40～75 mm)	1.2	1.5

(3)在深水或流速较大地区的场地。水深在3.5 m以内,流速为1.5～2.0 m/s的河床上,可用草(麻)袋装砂砾堆成有迎水箭的围堰;当流速为2.0～3.0 m/s时,河床坚实平坦,不能打桩者,宜用石笼或木笼堆成有迎水箭的围堰,在内层码草袋,然后再填砂筑岛。

当水深在3～5 m之间,流速很大,如果河床为能打入板桩的地层,可以选择采用木板桩围堰。

钢板桩围堰筑岛多用于水深一般在15 m以内、流急、地层较硬的河流。围堰筑岛的护道宽度,应满足沉井重量等荷载和对围堰所产生的侧压力的要求。

筑岛材料应用透水性好、易于压实的土(砂类土、砾石、较小的卵石),且不应含有影响岛体受力及抽垫下沉的块体(包括冻块);岛面及地基承载力应满足设计要求;岛面应高出施工水位 0.5 m 以上,有流冰时应适当加高;在斜坡上筑岛,应制定防止滑移的措施。

2. 底节沉井的制造

底节沉井的制造包括场地整平夯实、铺设垫木、立沉井模板及支撑、绑扎钢筋、浇筑混凝土、拆模及抽垫等工序。

(1)铺垫木。制造沉井前,应先在刃脚处对称地铺满垫木,并使长短垫木相间布置,如图 6-5 所示。垫木底面压应力应不大于 0.1 MPa,垫木一般为枕木或方木。

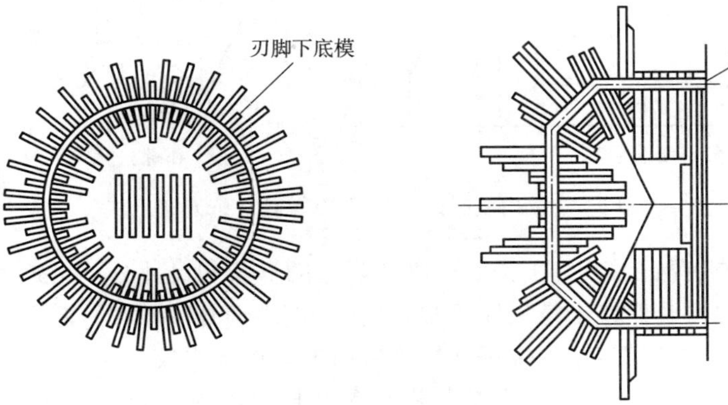

图 6-5　垫木布置示例

为抽垫方便,沉井垫木应沿刃脚周边的垂直方向铺设。垫木下须用砂填实,其厚度不宜小于 0.3 m。垫木间也应用砂填平。各垫木的顶面应与刃脚的底面相吻合。

(2)立模板及支撑、绑扎钢筋。如有钢刃脚时,垫木铺好后要先拼装就位,然后立内模,其顺序为刃脚斜坡底模,隔墙底模,井孔内模;再绑扎与安装钢筋;最后安装外模和模板拉杆。外模板接触混凝土的一面要刨光,使制成的沉井外壁光滑,以利下沉。钢模板,周转次数多,强度大。

模板及支撑应具有足够的强度、刚度和稳定性;模板应光滑平顺,其上口尺寸不得大于下口尺寸;内隔墙与井壁连接处支垫应连成整体,底模支撑应支在垫木上,以防止不均匀沉陷。

(3)混凝土灌注与养生。沉井混凝土应沿井壁四周对称灌注,避免因偏载产生不均匀沉陷,并逐层振捣,最好一次灌完。

混凝土灌注完成 12 h 后,即可遮盖浇水养护。下沉底节沉井时,混凝土强度必须达到 100%设计强度,其余各节允许达到 70%设计强度。

(4)拆模及抽垫。在混凝土强度达到 2.5 MPa 以上时,方可拆除直立的侧面模板,且应先内后外;达到设计强度 70%以上后,方可拆除其他部位的支撑与模板。

拆模的顺序是:井孔模板、外侧模板、隔墙支撑及模板、刃脚斜面支撑及模板。撤除垫木必须在沉井混凝土已达设计强度后进行。抽垫应分区、一次、对称、同步地进行。

撤除垫木的顺序是:先撤内壁下垫木,再撤短边下垫木,最后撤长边下垫木。长边下的垫木是隔一根撤一根,然后以四个定位垫木(应用红漆表明)为中心,由远而近对称地撤。最后同时撤除四个定位支垫处垫木。每撤出一根垫木，在刃脚处随即用砂土回填捣实，以免沉井开裂、移动或倾斜。

(5)土内模制造沉井刃脚。采用土内模制造沉井刃脚，不但可节省大量垫木以及刃脚斜坡和隔墙地底模，并可省去撤除垫木的麻烦。

土模分填土和挖土内模，如图 6-6 所示。

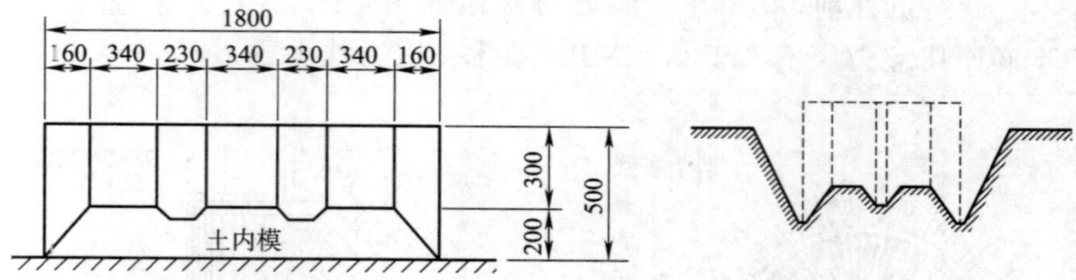

图 6-6　土内模制造沉井刃脚(单位:mm)

填土内模施工是先用黏土、砂黏土按照刃脚及隔墙的形状和尺寸分层填筑夯实，修整表面与设计尺寸相符。为防水及保持土模表面平整，可在土模表面抹一层 2～3 cm 厚的水泥砂浆面层。当地下水位低，土质较好时，可采用开挖基坑而形成挖土内模。

拆除土模及开始挖土下沉时，不得先挖沉井外围的土，土模的残留物应予清除。

3. 沉井下沉

(1)下沉施工方法。撤完垫木后，可在井内挖土消除刃脚下土的阻力，使沉井在自重作用下逐渐下沉。井内挖土方法可分为排水挖土和不排水挖土，如图 6-7 所示。只有在稳定的土层中，且渗水量较小[每平方米沉井面积渗水量不大于 1.0 $m^3/(m^2\cdot h)$]，不会因抽水引起翻砂时，才可边排水边挖土。否则，只能进行水下挖土。

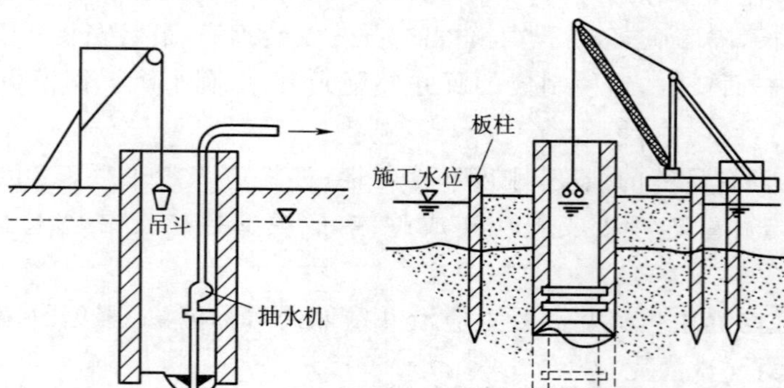

图 6-7　沉井下沉施工法

挖土方法和机具应根据工程的具体条件，合理选择。在排水下沉时，可用抓土斗或人工挖土。用人工挖土时，必须切实防止基坑涌水翻砂，特别应查明土层中有无承压水层，以免在该土面附近挖土时，承压水突破土层涌进沉井，危及人身安全和埋没机具设备。不排水下沉时，可使用空气吸泥机、抓土斗、水力吸石筒、水力吸泥机等。下沉辅助措施有：高压射水、炮振、压重、降低井内水位及空气幕或泥浆套等。

在下沉过程中应注意：正确掌握土层情况，做好下沉测量记录，随时分析和检验土的阻力与沉井重量关系；在正常下沉时应均匀挖土，不使内隔墙底部受到支承；在排水下沉时，设计支承位置处的土，应在分层挖土中最后挖除；为防止沉井下沉时偏斜，应控制井孔内除土深度和井孔间的土面高差；随时调整偏斜，在下沉初期，尤其重要；弃土应远离沉井，以免造成偏压；在水中下沉时，应注意河床因冲刷和淤积引起的土面高差，必要时应在井外除土调整；在不稳定的土层或砂土中下沉时，应保持井内水位高出井外 1～2 m，防止翻砂，必要时要向井孔内补水；下沉至设计高程以上 2 m 前，应控制井孔内挖土量，并调平沉井。

沉井下沉进度随沉井入土深度、地质情况、沉井大小及形状、施工机具设备能力大小及选择适宜的施工方法等情况而异，其变化幅度很大，特别是土质结构复杂，影响更大。根据部分沉井下沉统计资料：筑岛沉井自抽垫下沉至沉到设计高程、浮式沉井自落入河床至沉到设计高程的全部作业时间内，其平均综合下沉进度为：砂土中 0.3～0.4 m/d；卵石中 0.15～0.25 m/d；砂黏土及黏砂土互层中 0.20～0.30 m/d；黏土中 0.10～0.20 m/d。

(2)接筑沉井和井顶围堰。当第一节沉井顶面沉至离地面只有 0.5 m 或离水面只有 1.5 m 时应停止挖土下沉，接筑第二节沉井。这时第一节沉井应保持竖直，使两节沉井的中轴线重合。为防止沉井在接高时突然下沉或倾斜，必要时在刃脚下回填。接高过程中应尽量对称均匀加重。混凝土施工接缝应按设计要求布置接缝钢筋，清除浮浆并凿毛。之后，每当前一节沉井顶面沉至离地面 0.5 m 或离水面 1.5 m 时，即接筑下一节沉井。

若沉井沉至接近基底高程时，井顶低于土面或水面，则需事先修筑一临时性井顶围堰，以便沉井下沉至设计高程，封底抽水，在围堰内修筑承台及墩身。围堰的形式可用土围堰、砖围堰。若水深流急，围堰的高度在 5.0 m 以上时，宜采用钢板桩围堰或钢壳围堰。

(3)沉井纠偏方法。在沉井下沉过程中，应不断观察下沉的位置和方向，如发现有较大的偏斜应及时纠正。否则，当下沉到一定深度后，就很难纠正了。采纳纠正措施前，必须摸清情况，分析原因，如有障碍物，应首先排除。

1)偏除土纠偏。当沉井入土不深，采用此法效果较好。纠正倾斜时，可在刃脚较低一侧加撑支垫，在刃脚较高一侧除土。随着沉井的下沉，倾斜即可纠正。纠正位移时，可偏除土使其向偏位的方向倾斜，然后沿倾斜方向下沉，直至沉井底面中心与设计中心位置相合或相近，再纠正倾斜。

2)井顶施加水平力，在低的一侧刃脚下加设支垫纠偏。由滑车组在高的一侧沉井顶部施加水平拉力，通过挖土沉井逐渐下沉纠正偏斜。

3)井顶施加水平力、井外射水、井内偏除土纠偏。在刃脚高的一侧沉井顶，由滑车组加拉力，并在同一侧井外射水、井内吸泥实现纠偏。

4)增加偏土压纠偏。在沉井的一侧抛石填土，增加该侧土压力，可使沉井向另一侧倾斜，达到纠偏的目的。

5)沉井位置扭转的纠正。在沉井两对角偏除土，另两对角偏填土，可借助不相对的土压力形成扭矩，使沉井在下沉过程中逐渐纠正其位置。

(4)沉井基底清理、封底及浇筑。沉井下沉到设计高程后，如水可以排干，则可直接检验，否则应由潜水工水下检验。当检验符合要求后，便可清理和处理沉井井底，以保证沉井底面与地基面有良好的接触，没有软弱夹层。

当为排水挖土下沉时,与敞坑开挖地基处理相同,比较简单。需水下清基时,可用射水、吸泥和抓泥交替进行,将浮泥、松土和岩面上的风化碎块等尽量清除干净。清理后的有效面积(扣除刃脚斜面下一定宽度内不可能完全清除干净的沉井底面积)不得小于设计要求。

沉井水下混凝土封底时,与围堰内水下混凝土封底要求相同。水下封底混凝土,达到设计要求强度时,把井中水排干,再填充井内圬工。若井孔不填或仅填砂土,则应在井顶灌制钢筋混凝土顶盖,以支托墩台。接着就可砌筑墩台身,当墩台身砌出水面或土面后就可拆除井顶围堰。

沉井清基后底面平均高程、沉井最大倾斜度、中心偏移及沉井平面扭转角,应符合施工规范的要求。

6.2.3　泥浆套沉井工法下沉沉井

1. 方法概述

靠沉井自重克服井壁摩阻力以使沉井下沉的方法,一般来说是一种很不合理的方法,因为把混凝土当作压重来用,不仅不经济,而且还将增加地基的额外负担。因此,当基础在稳定性方面不要求以过大的自重来平衡水平力与力矩时,可以采用泥浆套技术来减少下沉摩阻力(可减少至 3～5 kPa),即泥浆套沉井基础。泥浆套沉井基础,是 20 世纪 60 年代发展起来的新工艺型基础。它不仅可以降低井壁侧摩阻力,减少井壁的圬工数量,使薄壁沉井得以采用,而且加大了沉井下沉的深度和提高沉井的下沉效率,因而,使沉井具有轻(井壁薄、自重轻)、快(润滑、进度快)、稳(倾斜小、易纠正)、省(圬工量少)的特点,表现出显著的经济效果,并为沉井施工拼装化的发展提供了条件。用泥浆套下沉的沉井结构中,为压住泥浆在沉井四周外壁形成完好的泥浆套,需设置压浆管、泥浆射口挡板和泥浆地表围圈。如图 6-8 所示。

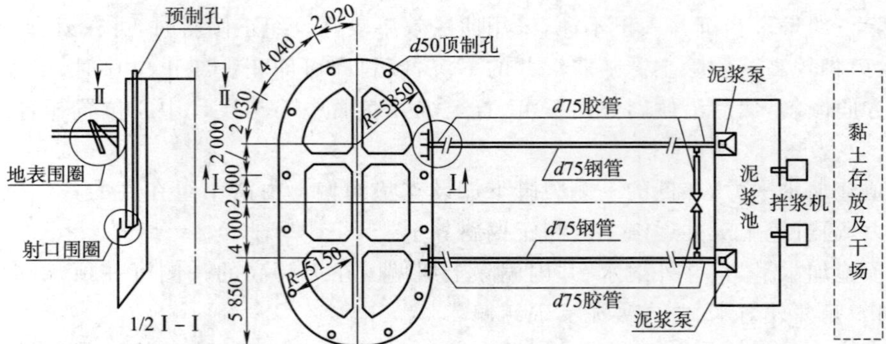

图 6-8　泥浆套沉井工法(单位:mm)

2. 泥浆套的构造

泥浆套的构造主要包括:泥浆排射孔、射口挡板、压浆管、地表防护围圈、压浆泵与泥浆搅拌机等。

3. 泥浆套施工工艺及设施

当对水中的筑岛沉井拟采用泥浆套下沉时，其搅拌机、储浆池和压浆泵均可装设在驳船上，其主要施工工艺及设备如下。

(1)泥浆制备。泥浆制备的程序为：存放黏土→风干→碾碎→配料→搅拌→筛滤→储浆。黏土经风干碾碎后，清除石子及杂物，按试验的配合比配料，然后进行搅拌，并掺入化学处理剂。然后，将搅拌好的泥浆经筛网过滤后，流入储浆池备用。储浆池的容量，一般为每节沉井按理论计算所需的体积。泥浆实际用量一般为理论用量的 1.5～2.0 倍。

(2)压浆管路及围圈。泥浆套施工操作主要设施有：压浆管路、泥浆管射口围圈、井壁地表围圈。

1)压浆管路。压浆管路包括输浆管和压浆管。

①输浆管：用直径 50 mm 左右的钢管或胶管，一端连接压浆机，一端通至井顶，并与三通相连。三通上装有胶管和闸阀，胶管再分别与井顶各压浆孔口的管头相连，如图 6-9 所示。当某一孔道需压浆时，只需将相应闸阀打开，即可压浆。图中 N_5 和连接螺栓预埋在井顶混凝土内，沉井接高时卸下 N_8，即可倒到上一节井顶使用。

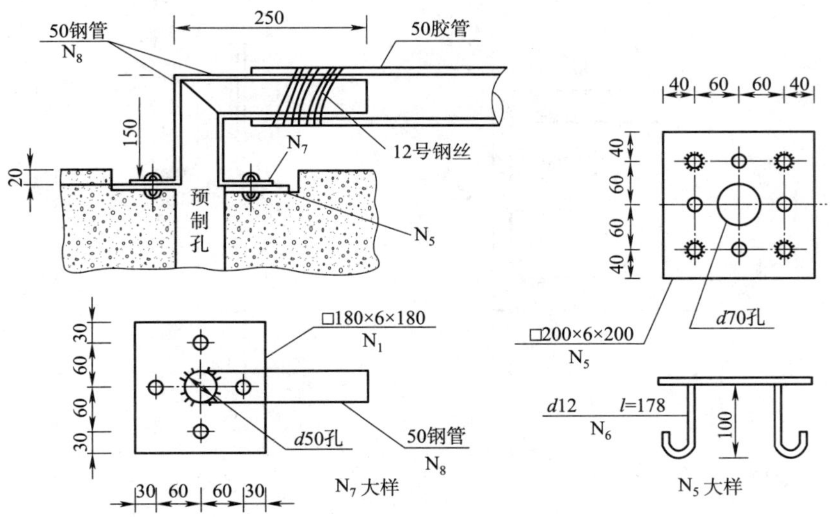

图 6-9　井顶压浆管与输浆管连接示意(单位：mm)

②压浆管：压浆管道的布置分为内管法和外管法。内管法，就是用高强胶管内插穿钢芯在沉井井壁中预制管道，浇完井壁混凝土后约 4 h，将胶管拔动提起，待 1～2 d 后再拔除胶管形成压浆孔道。外管法，又分为井外外管法和井内外管法。井外外管法，就是将压浆管顺井壁外侧直插入泥浆套内进行压浆；井内外管法，则是将压浆管从井孔内插下，在接近沉井台阶高度处，穿过井壁将压浆管出口引至泥浆套内，如图 6-10 所示。

2)泥浆管射口围圈。采用内管法及井内外管法设置压浆孔道，出口一段采用铁皮弯管，射口设在底节沉井顶部台阶处，射口方向与井壁周边成 45°斜角。为防止压浆时，泥浆直接冲击土壁和减少压浆孔出口堵塞，一般均在射口处设一短角钢防护，此即泥浆管射口围圈，如图 6-11 所示。

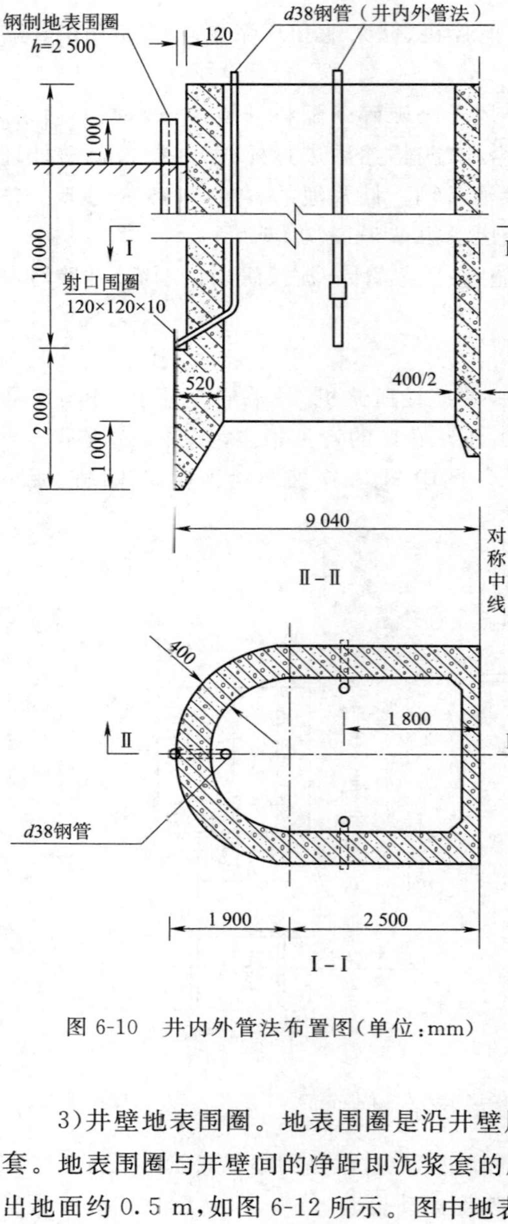

图 6-10　井内外管法布置图(单位:mm)

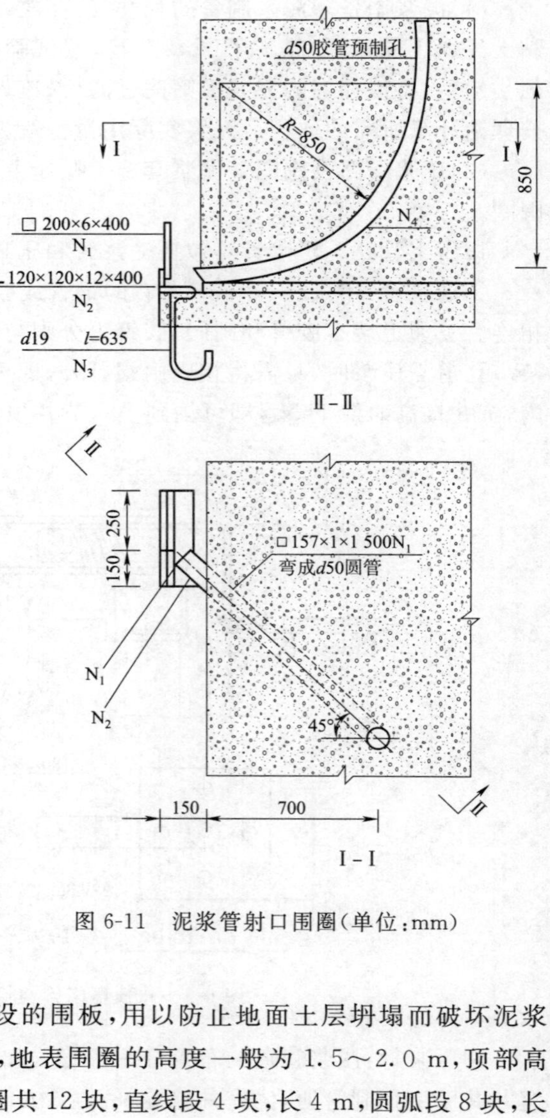

图 6-11　泥浆管射口围圈(单位:mm)

3)井壁地表围圈。地表围圈是沿井壁周埋设的围板,用以防止地面土层坍塌而破坏泥浆套。地表围圈与井壁间的净距即泥浆套的厚度,地表围圈的高度一般为 1.5～2.0 m,顶部高出地面约 0.5 m,如图 6-12 所示。图中地表围圈共 12 块,直线段 4 块,长 4 m,圆弧段 8 块,长 4.71 m,图中所示为圆弧段结构尺寸。

(3)压浆。压浆可采用泥浆泵压浆,压浆压力:启动时约为 0.7 MPa,正常后保持 0.1～0.3 MPa。在处理故障时,其启动压力可提高到 1.2～2.0 MPa。压浆一般是一个孔一个孔的压注,并随沉井下沉而不断补浆,使泥浆面保持略低于地表围圈顶即可。压浆时,泥浆流动半径约为 5 m 左右,流动坡度为 3%～10%。

(4)泥浆套所用泥浆的性能指标。泥浆套所用泥浆应具有固壁、触变、稳定等性能,其主要指标见表 6-2。

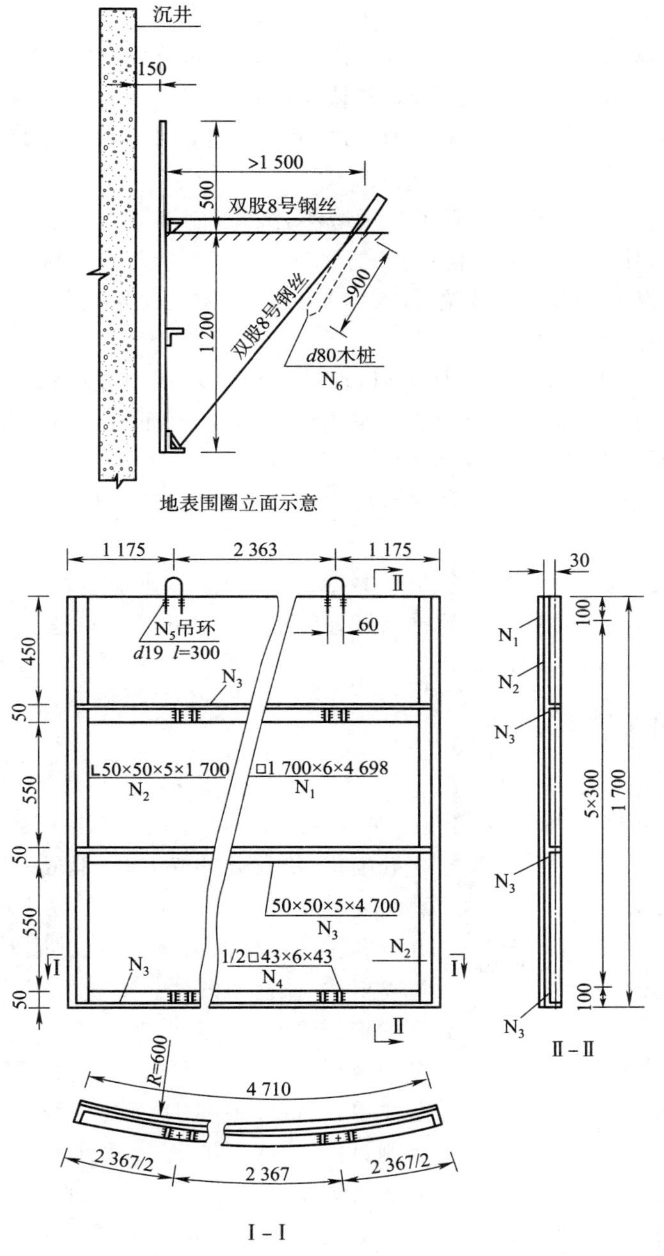

图 6-12　井壁地表围圈实例(单位:mm)

表 6-2　沉井泥浆套所用泥浆的性能指标

项目	使用测定仪表	指标	项目	使用测定仪表	指标
比重	(根据计算井壁压力时选用值)	1.1～1.3	静切力	1007 型电动旋转式静切力计	大于 10^{-3} N/cm^2
粘度	1006 型野外粘度计	大于 100 s	胶体率		100%
失水量	1009 型失水量测定器	大于 8 ml	含砂量	1004 型含砂量测定器	小于 4%
泥皮厚	1009 型失水量测定器	小于 3 mm	pH 值	(泥浆液氢离子浓度)酸碱试纸	6～8

4. 泥浆套下沉沉井注意事项

(1)在采用泥浆套下沉沉井施工操作中,最忌将泥浆套破坏,因为其一旦破坏很难予以恢复,故在施工操作中应防止大量翻砂、倾斜和缺浆现象。

(2)采用吸泥机取土时,应注意给井内注水,并保持井内水位高于井外,以防止翻砂涌水破坏泥浆套。

(3)由于采用泥浆套下沉沉井,侧面阻力减小,沉井在下沉中较易产生倾斜,所以一方面井内除土要对称均匀,使沉井下沉平稳;另一方面沉井下沉过程有小量倾斜要随时调整。沉井倾斜所引起的最大水平位移值超过泥浆套厚度,就会破坏地表围圈和泥浆套。

(4)当泥浆面迅速下降,有漏失现象时,应压入流动度小、粘度及静切力大的泥浆以稳定其漏失现象。若泥浆仍继续漏失,则不宜大量压浆,应及时让沉井下沉,切断通路,然后再压入稠浆。

(5)在泥浆套下沉沉井施工最后阶段,应提前停止压浆,防止最后沉井继续不断下沉难于控制。

(6)沉井沉至设计高程后,为恢复土对井壁的固着作用,则应破坏泥浆套,排除泥浆,可用沿井壁布置的排浆孔,此孔在沉井下沉期间是堵塞或用阀门关闭的,如图 6-13 所示。

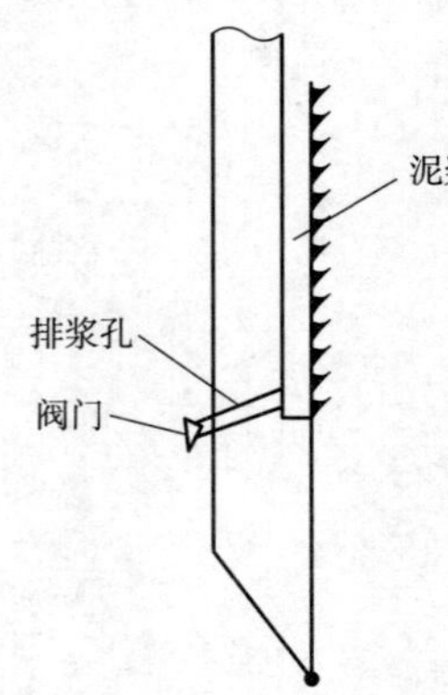

图 6-13　排浆孔示意图

6.2.4　空气幕沉井工法下沉沉井

1. 工作原理

用空气幕下沉沉井的方法,是向预先埋设在井壁四周上的气管中压入高压气流,气流由喷气孔喷出,沿沉井外壁上升,形成一圈压气层(又叫空气幕),使其周围土松动或液化,黏土则形成泥浆,减小了井壁和土间的摩擦力,促使沉井顺利下沉。此法也叫空气喷射法、壁后压气法。空气幕沉井适用于地下水位较高的细、粉砂类土及黏性土层,不适用于卵石、砾石、硬黏土及风化层等地层中。空气幕沉井的优点是:施工设备简单,经济效果好;下沉速度快,下沉中要停要沉容易控制;可以在水下施工,不受水深限制;井壁摩擦力较泥浆套法容易恢复,是一种先进的施工方法。

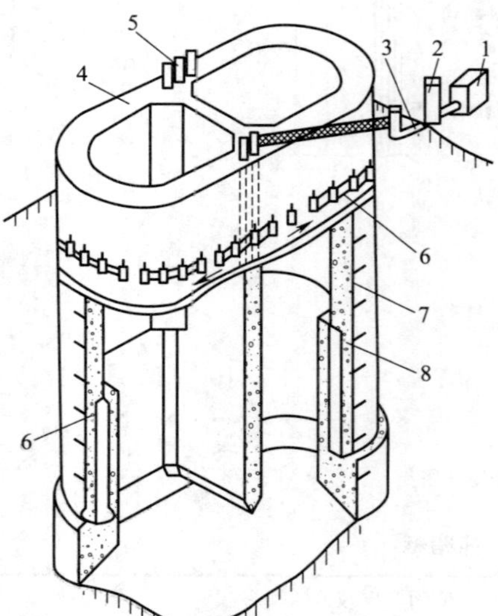

图 6-14　空气幕沉井压气系统

1—压缩空气机;2—贮气筒;3—输气管路;4—沉井;5—井壁竖直气管;6—井壁环形水平气管;7—气龛;8—气龛中的喷气孔

空气幕沉井在构造上增加了一套压气系统。压气系统决定着空气幕的效果,它由气龛、井壁中的气管、压缩空气机、贮气筒以及输气管路等组成,如图 6-14 所示。

空气幕是通过预埋在井壁中管路上的小孔(气龛)向外喷射高压空气,气流沿沉井外壁上升带动砂粒翻滚形成液化,黏土则形成泥浆,从而减小土对沉井外壁摩阻力。据工程实践初步统计,采用空气幕下沉沉井与普通沉井相比,可节省 30%~50%的圬工量,可提高下沉速度 20%~60%。

2. 空气幕系统

空气幕沉井与普通沉井相比，仅在构造上增加了一套空气幕系统，这套系统是由气龛、井壁中预埋管、压风机、风包及地面管路等几部分组成。

(1)气龛。气龛包括预筑在沉井外壁上的凹槽及里面的喷气孔，其构造如图 6-15 所示。

凹槽的作用大致有三点：保护喷气孔不受土的直接磨损；便于气体的扩散，使喷出的高压气束经扩散空间较均匀地附壁上升，以形成气幕；尺寸较大的气龛，压气时凹槽内充满气体，像一个气囊，起着减小摩擦面积的作用，早期的空气幕沉井多用这类气龛。

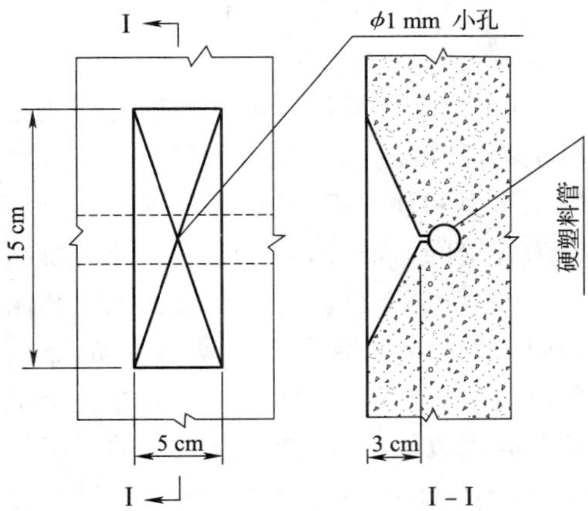

图 6-15　气龛构造图

(2)井壁预埋管。井壁预埋管的布置有两种方式，一种是同时设环形管和竖管，环形管视沉井的大小及纠偏的需要而定，可按半周或 1/4 周设一根。喷气孔即钻在环形管上，由竖管连接引出井顶。压气时，气体由竖管进入环形管，然后从各气龛喷出。还有一种方式是只设竖管，喷气孔即设在竖管上，此法好处在于管路顺直，气压损耗少。下端可设贮砂筒，贮存由气龛渗进的砂子，防止喷气孔堵塞。但由于这种方式用料多，每灌注一节沉井接长管路的工作量大，故只有采用特殊气龛时，才考虑采用。

(3)压风机。压风机是提供高压气体的设备。压力的大小视沉井下沉深度而定。当下沉较深，普通压风机不能满足需要时，还需配有中压或高压压风机。

(4)风包。风包的作用是贮存高压气体，压气时防止压力骤然降低，影响压气效果，起到稳定风压的作用。

(5)地面管路。它是用来连接压风机、风包和井顶的风管所组成的压气通路。另外出于操作和测量的需要，还安装有各种阀门及仪表等。

3. 空气幕沉井的施工

(1)气龛制作。气龛制作的工序较多，可分为以下几步。

1)管材加工。按设计尺寸，将预埋在井壁内的环形管和竖管下料，短管的接长和端头的封闭采用专门的塑料焊枪和塑料焊条焊接。此外，还配有小压风机(风量为 0.6 m^3/min)及可调变压器各一台，以供应焊枪的压缩空气及调节焊枪的温度。丝扣连接的部位，用管子钳来加工，并事先作试装检查。环形管的圆弧部分，因塑料管本身有弹性不需预弯，钢管则放在弯管机上加工。

2)安装预埋管。立好模板后，即可安装预埋管。首先在模板内放线，钉气龛木模，再将环形管对气龛木模中心安设，并用 U 型扒钉固定在模板上。最后安装竖管，竖管与环形管的连接是采用塑料三通，便于安装。

3)钻喷气孔。拆模后，先在气龛内找出外露的环形管，然后用电钻在上面钻一个直径为 1 mm 的小孔。钻孔时应注意钻通，并将周边的毛刺清理干净，不然容易堵塞。

4)检查气龛。为了保证气龛的通畅，每节沉井在下沉之前，必须对新制气龛进行压气检查。发现气龛不通，应采用措施进行补救。

气龛的制作工序可如图 6-16 所示。

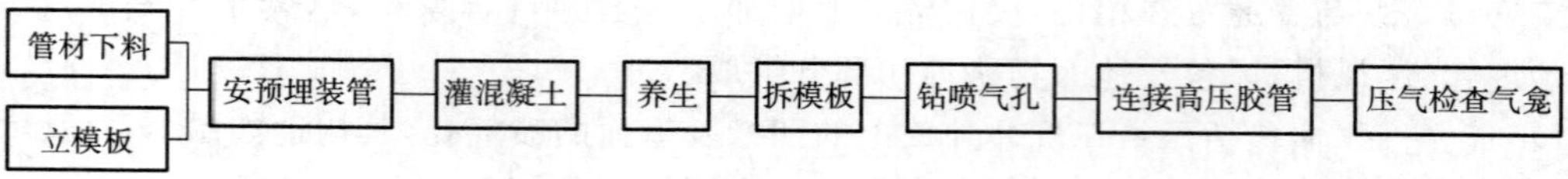

图 6-16　气龛制作工序

(2)混凝土灌注。沉井混凝土灌注施工时，为防止模板内的预埋管被损坏，应严格控制混凝土的灌注高度。一般，每节沉井按每次灌注高度控制在 3～4 m，分多次灌注。为便于安装气龛木模和预埋管，模板都采用木制；也可采用预制混凝土管作内模，混凝土灌注后不取出，即作为井壁的一部分，减少了一部分内模制作拆装的工作量。

(3)压气下沉。与一般重型沉井和泥浆套沉井不同，重型沉井和泥浆套沉井下沉中，当正面阻力消除到一定程度后就会自动下沉，而空气幕沉井侧面阻力的减少是有时间性的，即在压气时减少，停气时又恢复。因此在整个空气幕沉井下沉过程中，当吸泥清除正面阻力后，还必须及时辅以压气，才能收到良好的下沉效果。如果连续不断吸泥，锅底过深或井内外水位差太大时，不仅沉井不能顺利下沉，还可能造成翻砂。而吸泥太少，正面阻力消除得不够，压气效果也不会好，只有认识到两者之间的关系，施工中注意互相配合，才能更好地发挥空气幕的作用。因此，吸泥过程中应加强对泥面的测量，随时掌握泥面深度的变化，并注意配合压气，就能充分发挥空气幕的作用，使沉井顺利下沉。

实践证明，在粉细砂层中，吸泥的深度不可太深(沿井壁内测量)，一般不宜超过刃脚下 0.7～1.0 m，并在控制井孔内水位的情况下进行压气，这样效果较好，再深则容易造成翻砂。空气幕沉井压气下沉施工中，吸泥、压气、测试，基本上是按图 6-17 中所示程序循环进行的。

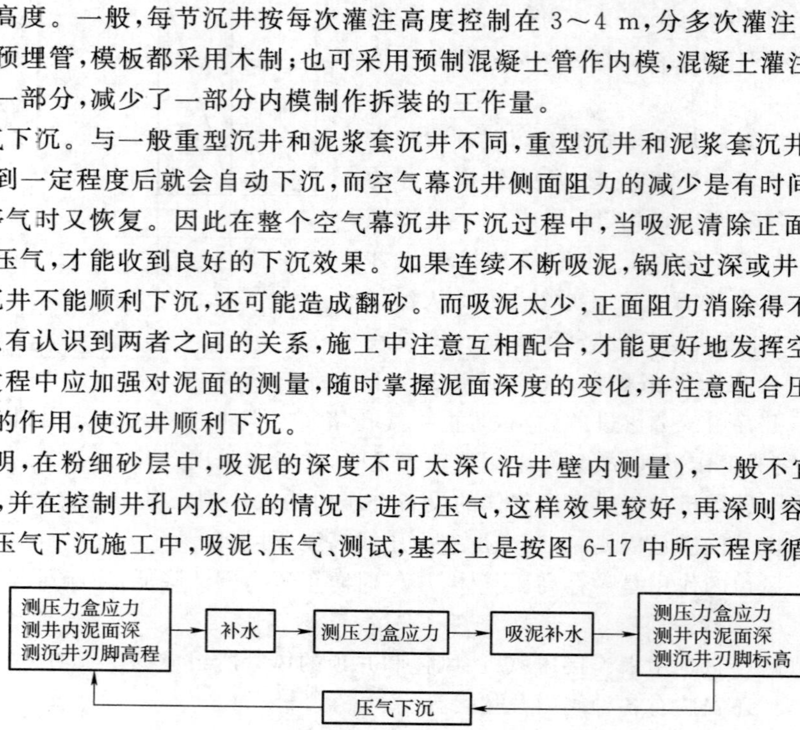

图 6-17　空气幕沉井压气下沉的循环工序

采用空气幕下沉沉井的施工要点是：压气时，必须从上层气龛逐次向下进行，绝对不可由下而上，以免造成气流向下经刃脚由井孔内逸出，出现翻砂；在整个下沉过程中，当吸泥使正面阻力消除后，还必须及时辅以压气，防止沉井侧面阻力恢复；下沉时应做到均匀除土，勤压气，不得过分除土而不压气；在一般情况下，除土面低于刃脚 0.5～1.0 m 时，即应压气下沉；压气时间不宜过长，可在 10 min 左右。

6.2.5　SS 沉井工法下沉沉井

SS 沉井工法，是一种刃脚改形、卵砾填缝的自沉沉井工法。其基本构造如图 6-18 所示。沉井刃脚钢靴刃尖呈八字形，因此井筒下沉时，沉井外壁面与地层之间会出现缝隙，卵砾自动地落入该缝隙中，致使井筒外壁与地层间的摩擦，由原来的滑动面摩擦变为球体滚动摩擦(井筒外壁与卵砾之间的摩擦，地层与卵砾间的摩擦，卵砾群内部卵砾石间的相互摩擦均为滚动摩擦)，故井筒下沉时的摩阻力大幅度下降，形成仅靠井筒自重即可顺利下沉的局面。摩阻力与卵砾粒径的大小、均匀程度有关，而与地层土质及下沉深度的关系不大。在粒径 40 mm 近似球形河卵石的状况下，该摩阻力为 7 kPa 左右。另外，因缝隙中填充了卵砾，使井筒与地层之间保持有一定的距离，所以井筒位置稳定(即倾斜小)，调整刃尖下方土体的阻力，可以及时地修正沉降过程中出现的倾斜。下沉施工完结后，向充满卵砾地缝隙中注入固结浆液，使井筒和地层固结在一起。

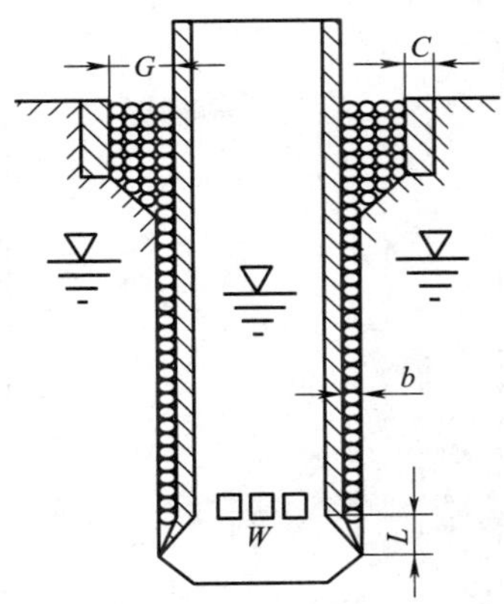

图 6-18　SS 沉井工法

L—刃脚钢靴(八字形)高度；b—缝隙宽度(20 cm)，填充卵砾；G—井筒外壁到导墙间的距离(填充卵砾)；C—导向墙厚度；W—射水窗口

SS 沉井工法主要由导向墙、刃脚钢靴、卵砾、循环水和注浆设备等组成。导向墙是观测沉井下沉状态的定位墙，同时还兼作卵砾贮藏槽的保护墙，导向墙与沉井外壁之间的间隔，因地层与井筒外壁间的缝隙的大小和卵砾贮藏量的不同而不同，一般为 0.7～1.0 m。

刃脚钢靴在构筑井筒时是底座，在井筒下沉时是贯入地层的贯入头。刃尖的作用是剪切地层，所以应为刃形。另外，刃脚钢靴的刃尖，应向外撇成八字形，使井壁与地层之间形成15～20 cm的缝隙。内侧钢板的角度为 60°。钢板厚度为 6～9 mm。在刃脚钢靴的中部离钢靴上顶 1.5～2.0 m 的部位开设窗口，以沟通井筒内外的地下水，防止刃脚下方的土砂上涌。必要时该窗口还可把井壁与地层间的缝隙中的卵砾排放到沉井内侧，以此纠正沉井的倾斜。

该工法已在多项工程中得到成功的应用。今后可望在桥梁基础等地下建筑物施工中得到推广应用。

6.2.6　深水浮式沉井

在深水中，当人工筑岛有困难时，常采用浮式沉井。它是把沉井做成空体结构，或采用其他措施，使能在水中漂浮；可以在岸边做成后，滑入水中，拖运到设计墩位上，也可以在驳船上做成后，连同驳船一起拖运到墩位上，再吊起放入水中。沉井就位后，在悬浮状态下，逐步用混凝土或水灌入空体中，使其徐徐下沉，直达河底。当沉井较高时，则需分段制造，在悬浮状态下逐节提高，直至沉入河底。当沉井刃脚切入河底一定深度后，即可按一般沉井的下沉方法施工。

浮式沉井的类型很多，如钢丝网水泥薄壁浮运沉井、双壁钢壳底节浮式沉井、带钢气筒的浮式沉井、钢筋混凝土薄壁浮式沉井和临时井底浮式沉井等。

1. 钢丝网水泥薄壁浮运沉井

钢丝网水泥由钢筋网、钢丝网和水泥砂浆组成。通常是将若干层钢丝网均匀地铺设在钢筋网的两侧，外面抹以不低于 M40 的水泥砂浆，使之充满钢筋网和钢丝网之间的空隙，且以 1～3 mm厚作为保护层。当钢丝网和钢筋网达到一定含量时，钢丝网水泥就具有一种匀质材料的力学性能，它具有很大的弹性和抗裂性。

由于钢丝网水泥具有上述特性，用来制造薄壁浮运沉井非常适宜，而且制作简单，无需模板和其他特殊设备，可节约钢材和木材。钢丝网水泥浮运沉井的基本构造如图 6-19 所示。

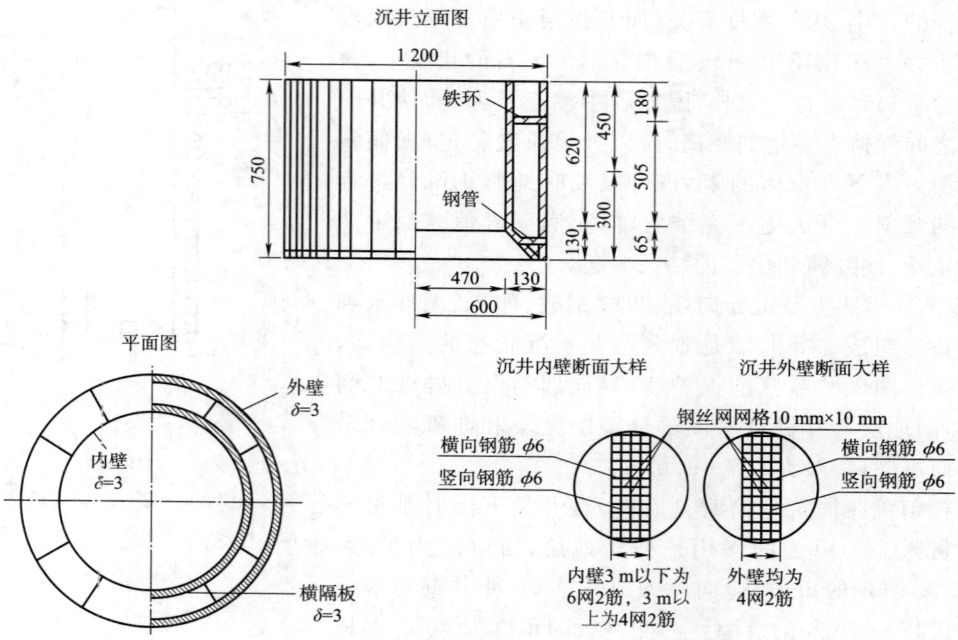

图 6-19　钢丝网水泥浮运沉井构造(单位:cm)

2. 双壁钢壳底节浮式沉井

双壁钢壳底节浮式沉井,是近年来桥梁工程中广泛应用的沉井基础,特别是在深水流急的河段。它可在工厂分段制作,现场拼装成型,下水浮运到位下沉。

双壁钢壳底节浮式沉井可做成圆形、方形和圆端形。其基本构造如图 6-20 所示。沉井是用型钢构成骨架,用薄钢板(厚度为5～6 mm)做成内外壳,经焊制成的沉井底节钢模板。

钢壳沉井壁划分成若干隔仓。隔仓是独立的,互相间不得漏水。在沉井注入水落床后,按中心对称的程序,分仓抽水浇筑混凝土,待凝固后再按程序下沉。

当沉井入水较深,直径较大时,宜用双壁钢沉井。虽耗钢料较多,但比较安全,制造不困难,施工方便,而且封底混凝土以上部分,在墩身出水后,可由潜水工在水下烧割回收,重复使用。

3. 带钢气筒的浮式沉井

当河水很深,沉井较大时,沉井逐节接

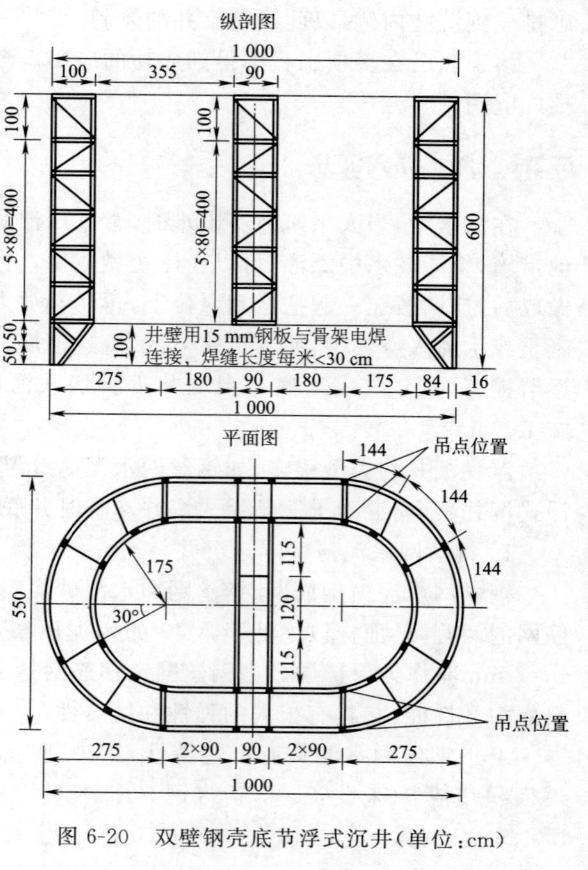

图 6-20　双壁钢壳底节浮式沉井(单位:cm)

高落床前，为使沉井能在水上漂浮，也可在沉井井孔位置上装置若干个钢气筒，向气筒内充压缩空气来浮托沉井。当沉井着床后，切除气筒即为取土井孔。以后的施工步骤就与一般沉井同。

带气筒的圆形钢沉井在构造上可分为三部分：双壁沉井底节（能自浮），单壁钢壳，钢气筒，如图 6-21 所示。

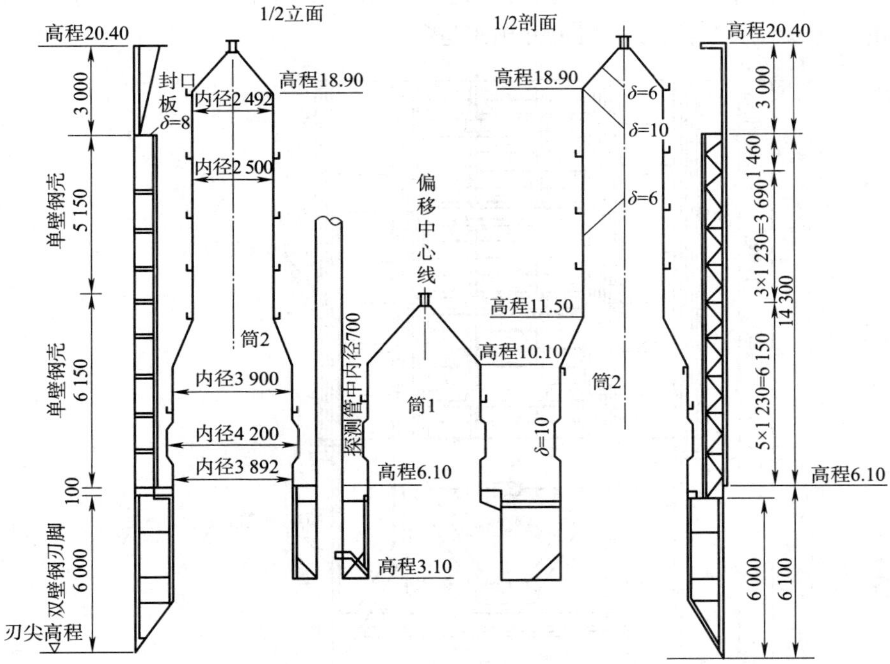

图 6-21　带气筒的浮式钢沉井（单位：高程，m；其他，mm）

(1)双壁沉井底节。双壁沉井底节是在钢气筒打气前可自浮于水中的浮体。其结构强度，不仅考虑入水自浮时的受力状态，还应满足沉井下沉过程中，在填充混凝土前所承受的水压和气压。双壁沉井底节的外径即为沉井底部的外径，根据沉井基础承载力的要求确定。底节的高度在接高第一层单壁钢壳和全部钢气筒后，其顶面应高出水面 1.5 m 以上。

在沉井的井壁和隔墙中部布置直径 700 mm 探测管，除供探测泥面高程外，还可放入小型空气吸泥机吸除隔墙下的泥土。

(2)单壁钢壳。单壁钢壳是沉井底节以上接高部分的外壁，它是防水结构，又是接高时灌注沉井外圈混凝土模板的一部分。其高度一般大于沉井落床时的水深。

(3)钢气筒。钢气筒的作用是依靠压缩空气排除气筒内的水，提供沉井在接高过程中所需要的浮力。

气筒的高度应使其顶盖高于空气中切割该顶盖时的水面高度，它的容积应满足放气落入河床时的容量。为考虑顶盖所需高度及气筒容积，气筒上部内径较下部为小，以节省钢料。中央气筒因对调节沉井倾斜的作用不大，而且其他气筒的容积已满足放气落入河床时的需要，故筒身较矮。

4. 带临时性井底的浮式沉井

若在取土井底部装上临时性井底,使之能在水中自浮,便可组成浮式沉井。临时性井底及其支撑,应充分考虑在水中拆除方便,并有良好的水密性。一般多采用木料制作。

图 6-22 为带临时性井底的浮式沉井。沉井采用薄壁的钢筋混凝土空心井壳,上接防水木模板。临时性木井底用八字形斜撑,支在井孔内侧特制的台阶上。

沉井浮运定位后,向井孔内灌水,同时接筑井壁,使沉井逐渐下沉。当到达河底后,即可打开临时性井底。以后下沉,可按一般沉井施工进行。

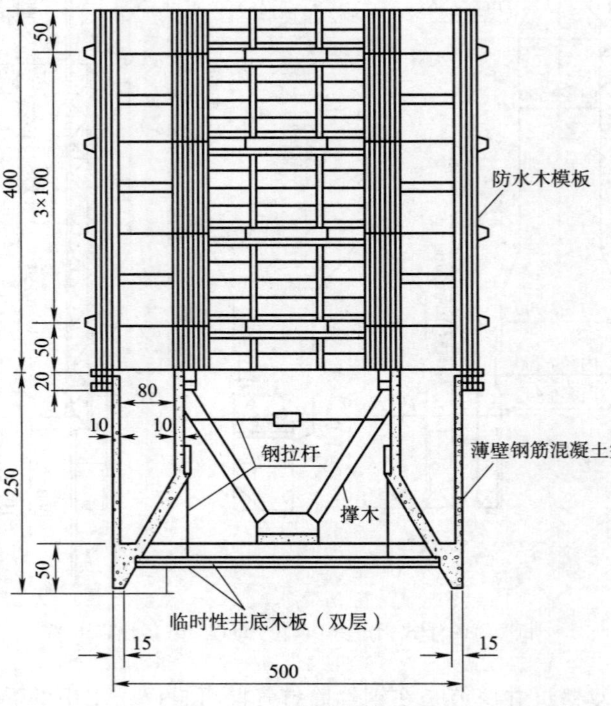

图 6-22 带临时性井底的浮式沉井(单位:cm)

5. 浮式沉井施工要点

浮式沉井底节应做水压试验,其余各节应经水密检查,气筒应按受压容器有关规定进行检查。沉井的底节可采用滑道、起重机具、沉船等方式入水;沉井底节入水后宜设在墩位上游适当位置,以考虑浮运状态下接高、下沉和河床冲淤的变化。我国特大桥施工中,采用了落床前定位在墩位上游 10～30 m;沉井接高必须均匀对称,沉井顶面宜高出水面 1.5 m;当沉井刃脚下沉接近河床时,即将沉井从上游溜放至设计位置,然后沉落于河床上。落底位置一般宜偏设计中心下游 10～30 cm,以考虑上下游淤积面高差,沉井由于土压力差向上游移动。

6.2.7 高低刃脚沉井基础施工

1. 结构特点

当沉井基础需建于倾斜较大的基岩上,若采用一般的平刃脚沉井,则对清岩工作带来很大的困难。这时可采用高低刃脚沉井基础,如图 6-23 所示。

沉井刃脚的高低是随岩面高低的变化而变化的，这就需要在沉井周边的基岩上，进行较多的钻孔，较准确地探明基岩面高低变化情况，并绘出墩位处岩面等高线及岩面圆周展开图，以便确定刃脚高低的变化，因此，地质钻探对高低刃脚沉井的设计和施工十分重要。

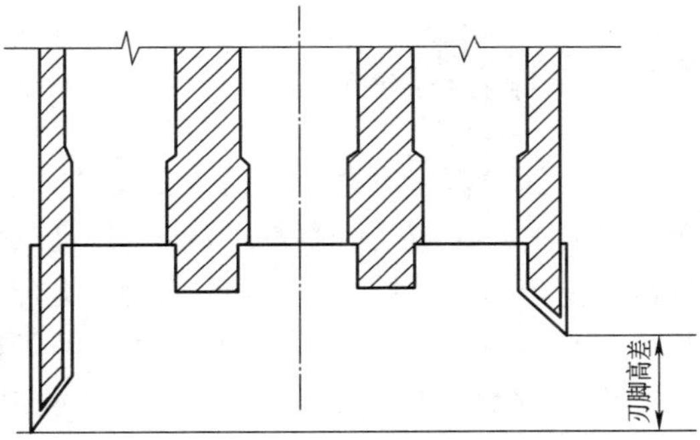

图 6-23　高低刃脚高差示意图

为使沉井刃脚制作方便，其刃脚尖可设计成台阶状，而外井壁板可随岩面变化，做成吻合状。在施工中若外井壁板有局部卷边现象，不利于沉井下沉。设计时，应适当将此板加厚，并设置加强肋板。卷边严重时，可由潜水员在水下切除。

2. 调平

(1)起吊时的调平。为了使吊点设置简单，受力一致，并使刃脚起吊后保持平衡，可通过计算，在短刃脚一侧压重。当沉井刃脚入水后，重的长刃脚边的吊点应先拆除，轻的短刃脚边暂时不拆，然后在长刃脚的一边某一两个隔舱内灌注混凝土，再将轻的一边吊点拆除，此时沉井就可完全平稳地自浮于水中。其原因是由于刃脚尖的高低不在同一平面，但放入水中后，又要求井顶平面是平的，因此长刃脚边入水要深，短刃脚边入水要浅。此时，虽然整个沉井重心偏于长刃脚侧，但长刃脚入水深，所受的浮力要比短刃脚侧大得多，因此为保持沉井顶面水平，必须先在长刃脚边灌注混凝土压重平衡。

由于高低刃脚沉井需要用分块灌注混凝土的方法来调平沉井，所以刃脚内各隔仓必须互不相通。

(2)在悬浮状态下的调平。沉井在水中下沉时，为保持沉井顶面水平，除了采用分块灌注混凝土的措施外，还可采取调整气筒气压的办法调平。

(3)落底时的调平。高低刃脚沉井落底时，当遇到河床面比较平缓，或虽有倾斜但正好刃脚短的一边河床面较低时，就会出现长刃脚一侧已接触河床，而短的一侧尚悬在水中，此时沉井容易倾斜。为此，应根据水位、河床等情况采取相应的措施进行处理。

(4)下沉中的调平。沉井进入覆盖层后，由于刃脚长短不一，其入土部分侧面积不一样，因此所受的土压力和侧面摩阻力也不一样，刃脚长的一边大，短的一边小。如不采取措施，则易倾斜。故在整个吸泥下沉过程中，应使沉井中的泥面为一侧斜面，此面应和刃脚的斜面一致。为此应在刃脚长的一边井孔内多吸，以减少长刃脚边的土压力和侧面摩阻力，同时，应控制好沉井并孔内的泥面高程，使沉井平稳下沉。

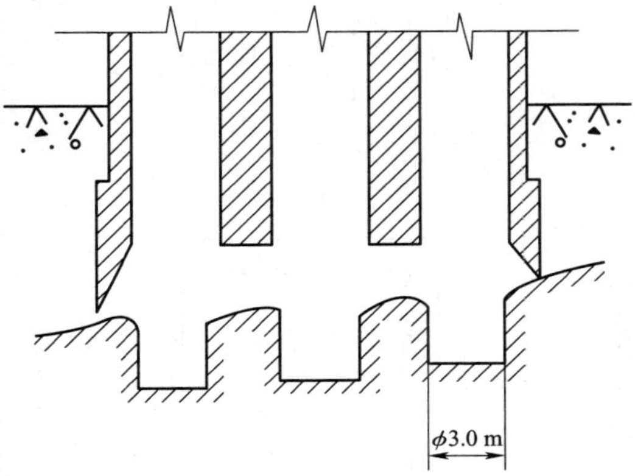

图 6-24　沉井与基岩的锚固示意

3. 沉井与基岩的锚固

由于高低刃脚沉井是放在高差较大的岩面上，故有从高向低滑动的可能，因此须在沉井井孔内对岩石钻孔，并根据基础的受力方式放置钢筋笼，然后灌注水下混凝土，以形成锚固桩防止滑动，如图 6-24 所示。锚固桩的深度和直径应根据岩面高差、岩石强度和基础受力方式通过计算确定。

6.3 组合基础

在水深很深且有非常厚的覆盖层或地质条件很复杂的情况下,而施工能力又有限,无法将单一型式基础下沉达到预期的深度时,可以采用两种不同型式的基础,以接力的方法来修筑桥梁深水基础,通常称这种型式的基础为组合基础。此处所说的组合,仅指具有在外型结构上的组合,而不是指两种基础作用与性质上的组合。比如,沉井加管柱组合基础,曾在南京长江大桥 2 号、3 号墩上用过;再如沉井加钻孔桩组合基础,曾在广东省广州市江村南北大桥的南桥各墩台和北桥南台的基础中采用。

很明显,组合基础在施工中,因先、后要作两种型式基础如沉井、管柱或钻孔桩的施工,设备繁多、工艺复杂,而且要严格防止两种不同基础体系之间的沉降差与相对倾斜差。但实践证明,采用组合基础不仅是可行的,也是成功的。不仅建成了符合设计要求的大型桥梁深水基础,而且也积累了在深水及地质条件复杂情况下采用组合基础设计、施工的经验。下面,就沉井加管柱、沉井加钻孔桩两种型式的组合基础作简单介绍。

6.3.1 沉井加管柱组合基础

南京长江大桥正桥 2 号、3 号墩要通过约 30 m 深水、约 40 m 厚的覆盖层,按当时的技术条件修建单一的管柱基础或沉井基础,在设计上和施工上都缺少经验,存在困难。因此,经多方研究和论证,最后采用了钢沉井加管柱的组合基础,其结构如图 6-25 所示。由图中可看出,采用组合基础的好处是:用浮式钢沉井代替管桩基础中常用的钢板桩围堰,以解决围堰过高钢板桩太长、抽水太深和管柱长细比不当、桥墩位移超限等问题;用管柱代替部分沉井,嵌进岩层,减小沉井高度,以解决缺乏深沉井手段,难以纠正偏斜位移,不易保证岩面与井底密贴等问题。这种组合基础的最大优点,就是能充分发挥沉井和管柱的各自特点。

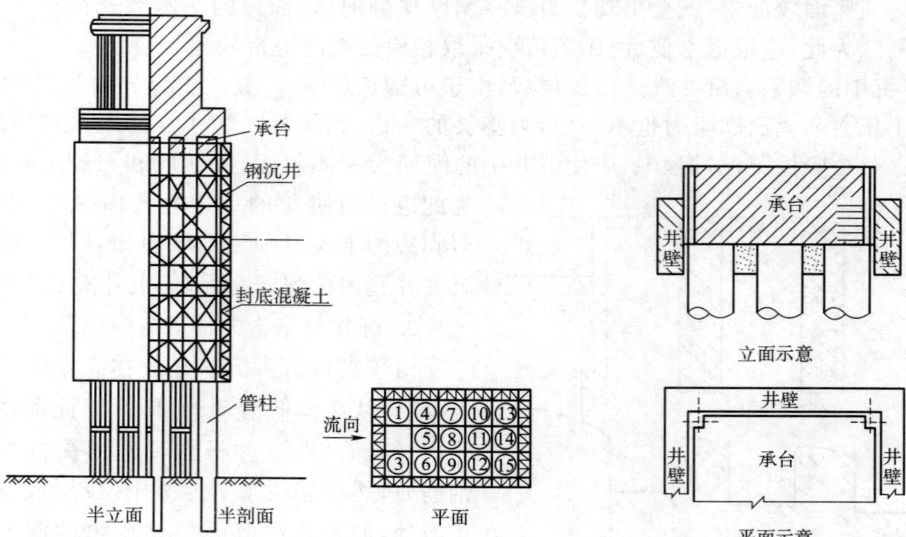

(a) 钢沉井加管柱组合基础结构　　(b) 承台与沉井井壁水平铰链示意

图 6-25　南京长江大桥正桥 2 号、3 号墩沉井加管柱组合基础结构示意

在南京长江大桥 2 号、3 号墩的钢沉井加管柱组合基础中，其沉井的设计与施工与前述沉井基础相似，而其管柱的设计与施工也与前面管柱基础相近，此处不再重复。

6.3.2　沉井加钻孔桩组合基础

以广东省广州市江村南北大桥为例，该桥位于衡广复线南段，在广州北郊跨越流溪河。南桥全长 236.3 m，跨径组成为 32 m＋128 m＋32 m＋40 m；北桥全长 152.65 m，跨径组成为 20 m＋128 m；其中跨度 128 m 为钢桁梁，32 m 和 40 m 为预应力钢筋混凝土梁，20 m 为钢筋混凝土梁。墩台基础除北桥 0 号台和 1 号墩为桩基以外，其余均为沉井加钻孔桩组合基础。

两座大桥位于溶岩特别发育地带，覆盖层不稳定，一定深度的溶岩亦不稳定。按各方面的综合考虑，桥址也难于避开溶岩地层，最后采用沉井加钻孔桩组合基础，克服了这种复杂地层给基础施工带来的各种困难。

第7章　桥墩与桥台施工

桥墩与桥台的施工是桥梁建造中的一个重要部分。目前修建公路铁路桥梁墩台的常用材料有石料、混凝土、钢筋混凝土、预应力混凝土等。此外，还有加筋土桥台等。随着我国桥梁技术的进步，有时跨谷的桥墩很高，如内(江)昆(明)铁路花土坡特大桥工程中，采用了高度110 m的钢筋混凝土超高桥墩。它表明我国桥梁墩台施工技术上了一个新台阶。

桥梁墩台施工方法通常分为两大类：一类是现场就地浇筑或砌筑；一类是拼装预制的混凝土砌块、钢筋混凝土或预应力混凝土构件。第一种方法是墩台施工中的主要方法，优点是工序简便，机具较少，技术操作难度较小；但是施工期限较长，需耗费较多的劳力与物力。第二种方法是预制装配法，近年来交通建设迅速发展，施工机械(起重机械、混凝土泵送机械及运输机械)也随之有了很大进步，使得采用预制装配构件建造桥梁墩台的方法有了新的进展。这种方法既可确保施工质量、减轻工人劳动强度，又可加快工程进度、提高工程效益。采用预制装配法建造墩台对施工场地狭窄，尤其对缺少石料地区或干旱缺水地区更有重要意义。

桥梁墩台施工过程主要包括模板工程、混凝土工程、砌体工程等几个方面。模板工程在施工过程中是非常重要的，它是保证桥梁墩台施工精度的基础，同时在施工过程中模板受力复杂多变，必须保证模板具有足够的强度和刚度。

7.1　墩台施工的有关规定

7.1.1　基本规定

(1)墩台施工流程：清理基础顶面→测量放样→绑扎墩台身钢筋→立墩台身模板→浇筑墩台身混凝土→养护→拆模。

(2)墩台身施工前，应将基础顶面浮浆凿除，冲洗干净，整修连接钢筋，并在基础顶面测定中线、高程，标出墩台底面位置。

(3)位于隧道口或路堑处的桥台，宜尽早安排施工，严禁自一侧倾倒弃土，造成墩台偏压，并不得堵塞流水断面。墩台为大体积混凝土时，施工前应进行专项施工设计，必要时要进行温度监控。当工地昼夜平均气温连续3 d低于5℃或最低气温低于－3℃时，混凝土应按冬期施工的规定办理。当工地昼夜平均气温高于30℃时，应采取夏期施工措施。混凝土冬、夏期施工应根据工程结构、尺寸、施工条件、预计环境温度等制订专项施工方案和技术措施，并对有关人员进行技术交底和培训。混凝土冬、夏期施工除应符合现行施工技术指南规定外，尚应符合现行铁路混凝土施工有关标准的规定。

(4)墩台施工完毕，应对全桥中线、高程及跨度进行贯通测量，并标出各墩台的纵横向中心线、支座十字线、梁端线及锚栓孔位置。暂不架梁的锚栓孔或其他预留孔，应排除孔内积水并将孔口封闭。

(5)支承垫石施工前应复核桥梁跨度和支承垫石高程,施工中应确保支承垫石钢筋网和锚栓孔位置、尺寸正确。垫石顶面应平整,高程符合设计要求。

(6)当墩台位于纵横坡较陡、开挖边坡较高的场地时,应按设计要求及时施工回填线以上的边坡支护及坡脚排水沟工程。

(7)墩台的混凝土施工质量应符合现行铁路混凝土工程质量验收标准的有关规定。

7.1.2　墩台身模板

(1)墩台身常用模板有固定式模板、拼装式模板、整体吊装模板、组合式定型模板。墩台身模板及支架应有足够的强度、刚度与稳定性,能可靠地承受施工过程中可能产生的各项荷载,保证结构物各部形状、尺寸准确。模板宜采用大块钢模板,模板板面应平整,接缝严密不漏浆,拆装容易,施工操作方便,保证安全。

(2)墩台施工前,应根据结构形式进行模板设计,在计算荷载作用下按受力程序分别检算其强度、刚度和稳定性,并制定模板的安装、使用、拆卸及保养等有关技术安全措施和注意事项。墩、台模板的荷载主要有新浇混凝土对侧面模板的压力和倾倒混凝土时产生的水平荷载。新浇混凝土对模板侧面的计算可采用下列方法:

1)采用内部振捣器,当混凝土的浇筑速度在 6 m/h 以下时,新浇筑的普通混凝土作用于模板的最大侧压力可按式(7-1)计算。

$$P_{max}=k\gamma h \tag{7-1}$$

式中　P_{max}——新浇混凝土对模板的最大侧压力(kPa);

h——有效压头高度(m),当 $v/t<0.035$ 时,$h=0.22+24.9v/t$;当 $v/t>0.035$ 时,$h=1.53+3.8v/t$;其中 v 为混凝土的浇筑速度(m/h),t 为混凝土入模时的温度(℃);

γ——混凝土的容重(kN/m^3);

k——外加剂影响修正系数,不掺加外加剂时取 1.0,掺缓凝剂时取 1.2。

2)采用泵送混凝土浇筑,混凝土入模温度在 10℃以上时,模板的侧压力可采用式(7-2)计算。

$$P_{max}=4.6v^{\frac{1}{4}} \tag{7-2}$$

3)采用外部振捣时,模板侧压力可采用式(7-3)、式(7-4)计算:

$$P_{max}=kH \quad (v<4.5\ m/h, H\leqslant 2R) \tag{7-3}$$

$$P_{max}=\gamma(0.27v+0.78)k_1k_2 \quad (v\geqslant 4.5\ m/h, H\leqslant 2R) \tag{7-4}$$

式中　H——对模板产生压力的混凝土浇筑层高度(m);

R——外部振捣器作用半径(m),$R=1$ m;

k_1——混凝土拌和物的稠度影响系数,坍落度 0～2 cm 时为 0.8,4～6 cm 时为 1.0,6～8 cm 时为 1.2;

k_2——混凝土拌和物的温度影响系数,温度 5～7℃时为 1.15,12～17℃时为 1.0,28～32℃时为 0.85。

(3)倾倒混凝土冲击产生的水平荷载可按表 7-1 采用。

表 7-1 倾倒混凝土时产生的水平荷载

序号	向模板中供料方法	水平荷载(MPa)
1	用溜槽、串筒或导管输出	20
2	用容量小于等于 0.2 m^3的运输器具倾倒	20
3	用容量 0.2～0.8 m^3的运输器具倾倒	40
4	用容量大于 0.8 m^3的运输器具倾倒	60

(4)验算模板刚度时，其变形值不宜超过下列规定。

1)结构表面外露的模板挠度为模板构件跨度的 1/400。

2)结构表面隐蔽的模板挠度为模板构件跨度的 1/250。

3)墩、台支架模板的弹性挠度为相应自由跨度的 1/400。

4)钢模板的面板变形为 1.5 mm。

5)钢模板的角棱、柱箍变形为 3.0 mm。

(5)模板宜采用工厂加工，安装前应进行试拼，试拼质量达到设计及规范要求，对其进行编号后再进行模板安装。墩台身模板采用整体吊装时，其吊装高度视吊装能力并结合墩台施工分段而定，一般宜为 2～4 m，并应有足够的整体性与刚度。

(6)滑动模板施工应符合下列规定。

1)滑动模板施工流程：清理基础顶面→测量放线→绑扎第一节墩身钢筋→滑模组装→浇筑混凝土→提升与收坡→接长顶杆、绑扎钢筋→进入下一循环施工。

2)滑模适用于较高的墩和吊桥、斜拉桥的索塔施工。滑模可由模板、围圈、支承杆(亦称爬杆、顶杆)、千斤顶、顶架、操作平台和吊架等组成。

3)模板高度宜为 1.0～1.2 m，并应有 0.5%～1.0%的锥度，支承杆和提升设备应按墩身截面形状及滑动模板和施工临时荷载的全部重量布置。模板在组装完毕经检验合格后才能浇筑混凝土。

4)采用滑动模板浇筑的混凝土，坍落度宜为 1～3 cm。混凝土应分层对称浇筑。

5)当底层混凝土强度达到 0.2～0.3 MPa 时，可继续提升。

6)浇筑混凝土面距模板顶面距离应保持不少于 10 cm。

7)混凝土应使用插入式振捣器捣固，振捣时不得提升模板，并避免接触模板、钢筋。

8)墩身底节垂直钢筋的焊接及支承杆件的安装，应按规定将接头互相错开。

9)滑动模板操作平台的荷载应均衡，不得超载，严禁混凝土吊斗碰撞平台。

10)模板提升过程中，应检查中线、水平情况，发现问题及时纠正。顶架横梁或液压千斤顶座间的水平允许高差为 20 mm，位移允许偏差为 30 mm，扭转允许偏差为 2°。模板纠偏应先调整平台水平，再纠正位移和扭转。每滑升 1 m 纠正位移值不得大于 10 mm。

11)滑模到达预定高度停止浇筑后，每隔 1 h 左右，应将模板提升 5～10 cm，提升 3～4 次，防止混凝土与模板粘结。

12)混凝土应连续浇筑。当因故停歇后继续提升模板时，应符合上述间中的规定，但提升后模板与混凝土必须保持不少于 30 cm 的搭接高度。接续浇筑时应使上下层混凝土结合良好。

13)混凝土达到拆模强度后，应及时拆除模板，拔出支承顶杆，以砂浆封孔。

14)手动或电动丝杠千斤顶的丝扣旋转方向应分左右对称安装。

15)墩身混凝土脱模部分，应立即将表面修整抹平，并应及时覆盖保湿养护。

16)滑动模板不宜冬期施工。

(7)爬升模板施工应符合下列规定。

1)爬升模板施工流程：清理基础顶面→测量放样→绑扎第一节墩身钢筋→安装爬模两节→浇筑第一节模板混凝土→养生(约 10 h)→爬升架爬升就位→拆除下部一节模板并移装在上节模板上→绑扎钢筋→浇筑混凝土→混凝土养生→进入下一循环爬模施工。

2)爬模适用于空心高桥墩的施工。主要由网架工作平台、中心塔吊、L 形支架、内外套架、内爬支脚机构、液压顶升机构和模板体系等部分组成。

3)爬模的结构除应满足强度、刚度及稳定性的要求外，尚应符合下列规定：

①应由 2～3 组相同规格的钢模板及构、配件组合成一套爬模，每套爬模应设置脚手平台、接料平台、吊挂脚手及安全网。

②宜采用缆索吊机或其他提升设备提升。

③宜采用大块模板施工，模板两侧和下部应设置板翼。

④模板在组装完毕经检验合格后方可浇筑混凝土。

4)每次浇筑混凝土面距模板顶面不应少于 5 cm。

5)浇筑混凝土时，应使用插入式振捣器捣固，并应避免接触模板、对拉螺栓、钢筋或空心支撑。

6)混凝土浇筑后，强度达 2.5 MPa 以上方可拆模翻倒。

7)每一节模板安装前均应清除表面灰浆污垢，整修变形部位并涂刷脱模剂。

8)模板沿墩身周边方向应始终保持顺向搭接。

9)爬模施工过程中，应经常检查中线、水平，发现问题及时纠正。

10)混凝土可采用覆盖保湿养生，当桥墩过高供水困难时，可采用混凝土养生液养生。

11)墩身混凝土脱模部分应及时用水泥砂浆堵塞对拉螺栓孔及修补表面缺陷。

12)爬模的接料平台、脚手平台、拆模吊篮的荷载应均匀，不得超载，严禁混凝土吊斗碰撞爬模系统。

(8)滑升翻模施工应符合下列规定。

1)滑升翻模施工流程：清理基础顶面→测量放样→绑扎一、二节钢筋→安装一、二节模板→浇筑两节混凝土→安装桁架及起重设备→用起重设备安装第三节模板→浇筑第三节混凝土→安装提升桁架→拆除第一节模板(作为第四节模板)→用扒杆起吊安装第四节模板→进行下一循环翻模施工。

2)翻模适用于高桥墩的施工。主要由竖向桁架的爬升轨道、水平桁架摇头扒杆、作业平台、三组同样规格的模板组成。

3)桁架由万能杆件组拼，竖向桁架作为起重扒杆的中心立柱，与摇头扒杆共同受力。

4)翻模由结构规格相同的上、中、下三节模板组成，循环倒用，每块模板质量不超过 1.5 t，以适应扒杆起重量。

5)浇筑混凝土要分层对称进行，一般每层厚度不超过 30 cm。

6)混凝土达到 1.2 MPa 时进行接灌面凿毛，绑扎或焊接钢筋。

7)利用吊挂垂球方法检查控制桥墩中心和方位时，应专人负责，跟踪观测，发现偏差及时纠正。

8)每浇筑5～10节墩身混凝土,应用经纬仪、水准仪对中心和高程进行核对一次。

9)利用减少内外模板的块数和相邻模板的搭接长度,实现桥墩的收坡和曲率变化。

10)模板搭接时,应沿桥墩周围向一个方向搭接。

11)作业平台应铺设牢固,安全网布设严密。

(9)浇筑墩台混凝土时,脚手架、工作平台等不得与模板、支架连接。支撑应支于可靠的地基上。

(10)混凝土拆模时的强度应符合设计要求,当设计无要求时应符合下列规定。

1)非承重模板应在混凝土强度达到不小于2.5 MPa,且能保证其表面及棱角不因拆模而受损时拆除。

2)承重模板应在混凝土达到设计要求强度且能安全地承受其结构自重和外加施工荷载时拆除。

(11)当模板使用对拉筋时,应采取措施保证拆模后将对拉筋抽出或拉筋端头的保护层厚度满足设计要求,并对孔洞进行堵塞处理。

7.1.3 墩台身混凝土

墩台身钢筋的加工安装、混凝土的施工、养护和拆模等须符合有关规定。同一结构物应使用同一厂家、同强度等级的水泥和同产地的骨料,确保混凝土的外观质量。浇筑混凝土时,应经常检查模板、钢筋、沉降观测点及预埋部件的位置和保护层的尺寸,确保其位置正确不发生变形。墩台身混凝土浇筑至墩、台帽下30～50 cm处时应停止浇筑,剩余部分应待墩、台帽模板支立后一次浇筑。

混凝土的配制、输送及浇筑速度应符合下列规定:

$$v=\frac{Ah}{t} \tag{7-5}$$

式中 v——混凝土配制、输送和浇筑的容许最小速度(m^3/h);

A——浇筑的面积(m^2);

h——浇筑层的厚度(m);

t——所用水泥的初凝时间(h)。

墩台身混凝土的浇筑应在整个截面内按一定的厚度、顺序和方向分层浇筑,应在下层混凝土初凝或能重塑前浇筑完上层混凝土。分层应保持水平,分层厚度可按表7-2选用。

表7-2 混凝土分层浇筑厚度

<table>
<tr><th colspan="2">振捣方法</th><th>浇筑层厚度(cm)</th></tr>
<tr><td colspan="2">用插入式振捣器</td><td>30</td></tr>
<tr><td colspan="2">用附着式振捣器</td><td>30</td></tr>
<tr><td rowspan="2">用表面振捣器</td><td>无筋或少筋</td><td>25</td></tr>
<tr><td>配筋较密</td><td>15</td></tr>
<tr><td rowspan="2">人工振捣</td><td>无筋或少筋</td><td>20</td></tr>
<tr><td>配筋较密</td><td>15</td></tr>
</table>

(1)混凝土应采用机械振捣，机械振捣时应符合下列规定。

1)使用插入式振捣器时，移动间距不应超过振捣器作用半径的1.5倍，与侧模应保持5～10 cm的距离，插入下层混凝土5～10 cm，每一层振捣完毕后应边振动边徐徐提出振捣棒，应避免振捣棒碰撞模板、钢筋及其他预埋件。

2)表面振捣器的移位间距，应以振捣器平板能覆盖已振实部分10 cm为宜。

3)附着式振捣器的布置间距，应根据构造形状及振捣器性能等情况通过试验确定。

4)对每一振捣部位，必须振捣到该部位混凝土密实为止。密实的标志是混凝土停止下沉、不再冒出气泡、表面呈平坦、泛浆。

5)墩台身混凝土终凝前不得泡水。

(2)浇筑大体积混凝土结构可采取下列方法控制混凝土水化温度。

1)采用改善骨料材质和级配，降低水胶比、掺入掺合料、外加剂等方法减少水泥的用量。

2)宜采用水化热低的掺合料水泥。

3)减小浇筑层厚度，加快混凝土散热速度。

4)降低混凝土原材料的初始温度。

5)混凝土内部埋设散热管。

(3)混凝土浇筑完成后，应及时进行养护。混凝土养护应符合下列规定：

1)混凝土浇筑完成后，应在收浆后尽快覆盖和洒水养护。

2)当气温低于5℃时，应覆盖保温，不得向混凝土面上洒水。

3)混凝土养护用水的要求与拌和用水相同。

4)混凝土洒水养护时间一般为7 d，可根据气温、湿度、水泥品种、掺入外加剂情况，适当延长或缩短。

5)当结构物与流动性地表水接触时，应采取防水措施，使混凝土在浇筑后7 d内不受水的冲刷作用。

6)混凝土强度达到2.5 MPa前，不得承受各种外加荷载。

7)必要时混凝土可采用薄膜包裹保湿养护。

(4)混凝土冬期施工应符合下列规定。

1)冬期施工配制混凝土应优先选用硅酸盐水泥和普通硅酸盐水泥，并宜选用较小的水胶比和坍落度。

2)混凝土宜掺加引气型减水剂等外加剂，以提高混凝土的抗冻性能。

3)蓄热法施工对原材料采取预热措施时，水和骨料预热温度应通过热工计算和试拌确定。水加热温度不宜大于80℃，当骨料不加热时水可加热至80℃以上，但应先与骨料搅拌均匀后再投入水泥拌和。骨料加热温度不应大于60℃，水泥、矿物掺合料和外加剂不得直接加热。拌制和运输设备应采取保温措施，应保证混凝土的入模温度不低于5℃。

4)冬期施工期间，应防止新浇筑混凝土在达到抗冻强度前受冻。混凝土抗压强度未达到5 MPa前不得受冻。对于使用硅酸盐水泥或普通硅酸盐水泥配制的混凝土，抗压强度达到设计强度的30%前也不得受冻。浸水冻融条件下混凝土抗压强度达到设计强度的75%前不得受冻。

5)在已硬化的混凝土上续浇混凝土时，接缝面处理应符合有关规定。混凝土需加(蓄)热养护时，已硬化混凝土的接合面温度不应低于2℃，新浇混凝土开始养护的温度不得低于5℃，细薄截面结构不宜低于10℃且新旧混凝土间温差应不大于15℃。防寒保温应按施工方案施作,使新浇混凝土继续保持正温,直到达到规定的抗冻强度。

6)混凝土养护宜优先选用蓄热法。当气温较低、结构表面系数较大,蓄热法不能满足强度增长要求时,可根据具体情况采用蒸汽加热法、暖棚加热或电加热等方法。

(5)混凝土夏期施工应符合下列规定。

1)混凝土配制宜选用水化热较低的水泥,可根据施工气温掺用缓凝型减水剂以适当增加坍落度。混凝土配合比设计应考虑高温导致坍落度损失。

2)应对原材料采用降温措施,保证混凝土的入模温度满足设计要求,设计无要求时,混凝土的入模温度不宜高于30℃。

3)混凝土浇筑应选在一天气温较低的时间进行,浇筑完成后表面应及时覆盖保湿,保湿状态不应少于7 d。保湿养护应不间断,不得形成干湿循环。

(6)桥墩破冰体在切削棱缘处设置角钢或钢板时,应符合下列规定。

1)棱缘角钢或钢板应用整根制作,当破冰体端部为圆弧时,应用钢板加工成型。

2)加工完成的角钢或钢板与牵钉应垂直焊接牢固。

3)浇筑混凝土前,应先将角钢或钢板准确定位,并与模板密贴牢固。

4)角钢或钢板外露面,应按设计要求进行防锈处理。

7.2 混凝土墩(台)钢模板一次灌注法施工

大型钢模板一次灌注墩台身就是利用大型组合或非定型钢模板,在灌注现场拼装成为整体模板来灌注墩台身混凝土。墩、台高15 m以下,平面尺寸较大的桥墩、台通常采用大型钢模板一次灌注法施工。

大型钢摸板一次灌注法墩台身混凝土施工的主要作业内容有:施工准备、模板设计、测量放样、模板吊装、模板安装后测量检查、钢筋绑扎、混凝土灌注、养护、模板拆除、缺陷修补、质量检查等。

7.2.1 施工机械及工艺装备

1. 墩台模板

模板是使钢筋混凝土墩台按施工图所要求的尺寸成型的模型板。一般用木材或钢材制成。木模板质量轻,便于加工成墩台所需的尺寸和形状,但较易损坏,使用次数少;钢模板造价较高,装拆方便,且重复使用次数多。

(1)拼装式模板:是由各种尺寸的标准模板并利用销钉连接,与拉杆和加劲构件等组成墩台所需形状的模板,可适应于各种形式墩台需要。

(2)整体吊装模板:是将墩台模板水平分成若干段,每段模板组成一个整体,在地面拼装后吊装就位。本工艺采用该类型模板。

2. 组合式定型钢模板

组合式定型钢模板能节约大量钢材,组装拆卸方便,通用性好,可多次周转使用,具有较好的经济效益,是桥梁工程中常用的模板之一。其构造主要由钢模板、连接件、支承件组成。钢模板选型,可参见表7-3～表7-5。

表 7-3　钢模板组成部件表

序号	部件名称	规格尺寸(mm)	使用部位
1	平面模板	面板厚 2.3 或 2.5;宽 100～300,按 50 进级;长 1 500、1 200、900、750、600、450 六种。肋条高 55,厚 2.3、2.5、2.8 三种	墩、台平面位置
2	转角模板	阴角模板:横断面高×宽,150×150、100×100,长度同平面模板 阳角模板:横断面高×宽,100×100、50×50,长度同平面模板 连接角模:横断面高×宽,50×50,长度同平面模板	墩、台转角部位
3	倒棱模板	角棱模板:宽 17 及 45 两种 圆棱模板:半径 20 及 35 两种 长度均同平面模板	墩、台倒棱部位
4	加翼模板	横断面高×宽:50×150、50×100,长度同平面模板	墩、台有加翼的部位
5	柔性模板	宽度 100,长度同平面模板	墩、台圆形曲面的部位
6	可调模板	宽 80,长度同平面模板,断面形状为 L 形,仅一边没肋条	用于拼装模板面尺寸小于 50 mm 的补齐部位
7	嵌补模板	长:300、200、150、100 四种 宽:平面嵌板有 200、150、100 三种 阴角嵌板:100×150 阳角嵌板:150×100 连接角板:50×50	用于墩、台的接头部位,形状同平面模板及转角模板

注:表中各种模板的肋条高度均为 55 mm;各种模板制作所用材料为 A3 钢板。

表 7-4　组合式定型钢模板连接件表

序号	名称	规格、尺寸(mm)及安装要点	功能
1	U 开卡	用直径 12 的 A3 圆钢制作,安装间距一般不超过 300,即每隔一孔插卡一个	使相邻钢模板夹紧不发生错位,并使接缝紧密
2	L 形插销	用直径 12 的 A3 圆钢制作,插入钢模板端部横肋插销孔	增强钢模板纵向刚度,使接头处板面平整
3	钩头螺栓	用直径 12 的 A3 圆钢制作,安装间距一般不大于是 600,长度应与钢楞尺寸相适应	使钢模板与内外钢楞之间的连接固定
4	紧固螺栓	用直径 12 的 A3 圆钢制作,长度应与钢楞尺寸相适应	用于紧固内,外钢楞以增强拼装模板的整体刚度
5	扣件	用直径 12 的 A3 圆钢制作,有大小两种,小扣件用于钩头螺栓,大扣件用于紧固螺栓;其形状有蝶形和弓形两种,前者用于矩形钢楞,扣件长宽高有 145×74×30 和 122×60×20 两种;后者用于圆管钢楞,规格有 175×40×32 和 120×25×22 两种	用于钢楞与钢模板或钢楞之间扣紧,与其他配件共同将钢模板拼成整体
6	模板拉杆	可以在下列三种之中选用: (1)圆杆工拉杆。 (2)螺母式拉杆:将两个螺母分别焊在两根钢筋的两端作为内拉杆,用两端带螺纹的螺栓作为外拉杆,用木块作为顶帽,以防拉杆露在混凝土的表面;混凝土浇完后,钢筋拉杆即留在混凝土中。 (3)板条式拉杆:用厚度为 6 的扁钢做拉杆,其两端开有矩形孔,钢模上也开有同样大小的矩形孔,拼装时将扁钢穿过钢模板上的孔,用楔块插入扁钢矩形孔,即可使拉杆与钢模板连接	用于连接墩、台两侧钢模板,使之保持准确间距,并使钢模板有足够的刚度和强度,以承受混凝土侧压力引起的压力

表 7-5 组合式定型钢模板支承件表

序号	名称	规格、尺寸(mm)及安装要点	功能
1	钢楞(又名连杆、龙骨)	有圆钢管、矩形钢管和内卷边槽钢等	用以支承钢模板并加强其整体刚度
2	柱箍	用 A3 扁钢、角钢或槽钢制作	用于直接支承柱模板块,既是抗弯构件,又可夹紧模板起受拉作用
3	梁卡具(梁托架)	用 A3 扁钢、角钢或槽钢制作,由两侧的三角架和底座组成,高度和宽度可调	用于梁的钢模板夹紧固定,可用于高度 500～800 mm、宽度 600 mm 以内的梁
4	钢管架	由顶板、底板、套管、插管、调节螺管、转盘和插销组成,使用长度调节距离,调节距离大时用插销,微调用螺管,常用型号为 CH 及 YJ 型	用于大梁、次梁、水平模板的垂直支撑
5	四管支柱	主要由管柱、螺栓、千斤顶和托盘组成	用于大梁、平台等水平模板荷载较大的垂直支撑
6	钢管脚手架	由钢管、扣件、底座和调节杯组成	用于层高较大的梁、板、框架结构和拱模板支架、井架栈桥等
7	平面可调钢桁架	上弦用角钢,下弦用角钢或扁钢,腹杆用钢筋焊接成数个三角形而成,使用时用两根桁架相互拼接	用以支撑水平模板,可省去模板的竖向支架,扩大施工空间,一个桁架可承载 2 050 kN,跨度可调范围为 2 100～5 700 mm
8	曲面可变钢桁架	由桁架、连接件、垫板、连接板、方垫块组成,桁架用扁钢和圆钢焊接制成,内弦与腹焊接固定,外弦可伸缩,曲面弧度可以调节,半径不小于 3 000 mm	用于沉井,圆形基础、桥墩、曲面挡墙等

3. 施工机具设备

吊车、翻斗车、钢筋弧焊机、插入式振捣器、搅拌机、发电机等。

7.2.2 主要工艺步序说明

1. 施工准备

(1)参考以往模板设计资料,拟定墩台身模板结构草图;确定模板施工设计荷载,进行模板结构强度、刚度和稳定性检算。

(2)绘制出模板结构设计图。

(3)制定出墩身模板拼装和混凝土灌注施工工艺;编制施工组织设计、施工工艺设计和工序质量控制设计;编制作业指导书和操作规程;制订安全、质量保证及防治措施;组织技术交底和技术培训。

(4)平整施工场地,测量模板控制点高程,做好模板施工放样工作。

2. 模板设计

大型钢模板工程一般使用定型或非定型钢模板组合拼装,组合钢模板施工设计内容包括配板设计、支承系统设计、异型模板大样图、结构受力验算等。钢模板的配板设计主要使用平面模板。组合钢模板的面板和肋条强度、挠度一般不必计算,只需计算其支承件和连接件的强度和挠度。容许挠度见表 7-6。

表 7-6 钢模板及配件的容许挠度

部件名称	容许挠度[f](mm)	部件名称	容许挠度[f](mm)
钢模板的面板	1.5	钢楞、柱箍	3.0
单块钢模板	1.5	钢结构体系	$L/1\,000$

注:L 为钢结构体系的计算跨度。

模板用量估算，一般每 1 m^3 混凝土结构的展开面积模板用量 U 的基本表达式为：

$$U=\frac{A}{V} \tag{7-6}$$

式中　A——模板的展开面积（m^2）；

　　V——混凝土的体积（m^3）。

若墩身截面为矩形，边长为 $a\times b$ 时。每立方米混凝土模板用量 $U=\frac{2(a+b)}{ab}$。

对于墩台身模板的计算荷载主要是模板与支承件自重、施工人员与施工设备荷载、振捣混凝土时产生荷载、新灌注混凝土对模板侧面的压力以及倾倒混凝土时产生的荷载等。

3. 模板拼装与吊装

为便于吊装，模板需分节制造，每节高度控制在 4 m 左右。圆形墩按两个半圆设计模板，模板竖向及水平接头均采用槽钢或扁钢加强对接，托盘顶帽模板应根据施工图要求分为四部分或六部分，模板缝用钢板胶粘接，并打磨平整，整套模板除托盘外尽量不使用对拉筋。

组合钢模板通常在施工点现场吊装。吊装前应确定拼装顺序，自下而上逐节安装，上下两层竖向接缝应错开。每节模板安装后都应认真检查，合格后，方可继续安装下一节。安装过程中模板的位置要准确，接缝要平齐，相邻模板安装后，要及时安装 U 形卡或 L 形插销，再用钩头螺栓或对拉螺栓等和钢楞连为一个整体。要保证接缝严密，防止漏浆。为便于拆除，模板内拉条宜套上硬质塑料管或钢管，模板与混凝土接触面应刷脱模剂。模板拼好后要进行全面测量检查。

模板吊装注意事项：

(1)墩身模板拼装前应打磨，使其接缝隙处平整光滑，模板内表面无锈。

(2)在地面上把模板分层连接，接缝处应用钢板胶粘接、打磨。

(3)在高空连接模板时，应使模板缝搭接良好，连接好后对内表面进行整体性修整打磨。

(4)托盘与顶帽、牛腿应在地面上拼装好后整体吊装。

(5)牛腿处应搭设脚手架，以加强支撑，以防牛腿处应力集中而变形。

(6)搭设卸料平台，并根据墩身高度决定下料桶长度。

模板拼装允许偏差：模板平整度不大于 2.0 mm，用 2 m 靠尺检查；相邻模板接缝缝隙不大于 1.0 mm，湿润时闭合；模板轴线偏差为±3.0 mm，测量检查。

4. 钢筋绑扎

根据受压区和受拉区以及钢筋级别不同，钢筋绑扎最小搭接长度为(25～35)d，d 为钢筋直径。钢筋与模板之间应设置垫块，以保证钢筋骨架的保护层，保护层厚度一般为 15～35 mm。非焊接钢筋骨架的多层钢筋之间应用短钢筋支垫，以保证位置准确。

5. 混凝土灌注及养护

混凝土灌注过程中应随时观察模板的变形，出现不正常的变形时，应及时处理。

混凝土拌制物自高处倾卸时，其自由下落高度不超过 2 m；当超过 2 m 时，应采用串筒、溜管或振动漏管等设施；倾落高度超过 6 m 时，除设串筒、溜管等设施外，还应设减速装置；串筒、溜筒等距出斜口下面的拌制物下落高度不宜超过 1 m。

灌注混凝土的厚度超过振捣器作用深度时，应分层灌注和振捣，以保证混凝土密实度。一次灌注厚度不超过插入式振捣器作用长度的 1.25 倍。分层灌注时，为保证上下层之间连为一体,应在下一灌注层混凝土初凝前完成上层灌注。上下层同时灌注时,上下层前后距离应大于1.5 m。采用斜向分层灌注时,可按如图7-1所示灌注顺序进行。在斜面上灌注混凝土时,应以低处向高处方向进行灌注,并保证水平分层。

10	14			
6	9	13		
3	5	8	12	
1	2	4	7	11

图7-1 混凝土斜向分层灌注顺序

在一般气温情况下,混凝土养护在灌注后10～12 h内开始进行。在平均气温高于5℃的条件下,可以采用自然养护法,在一定时间内保持混凝土湿润状态。可采用清洁草帘、麻袋、湿砂等材料覆盖其外露面,使混凝土经常保持潮湿状态,直到规定养护时间。对采用硅酸盐水泥、普通硅酸盐水泥或矿渣硅酸盐水泥拌制的混凝土,养护不得小于7 d;对掺用缓凝型外加剂或抗渗性要求的混凝土,养护不得少于14 d。

6. 模板拆除

非承重侧模板应在混凝土强度能保证其表面及棱角不致因拆模而受损坏时方可拆除,一般应在混凝土抗压强度达到2.5 MPa时方可拆除侧模板。

一般先拆除不承重的模板,后拆除承重模板,并依先上后下的原则进行拆除。拆模时,大块模板应先加临时支承支顶,防止突然坠落。拆除钢模板时必须站在安全的地方操作,先拆钩头螺栓和内外钢楞,然后拆下U形卡、L形插销,再用钢钎轻轻撬动钢模板。使用撬棍时,为了不伤混凝土面,可在撬棍下垫木垫块。拆下的模板要及时清理,去除板面上残余的混凝土,刷油,存放好,对损坏的模板进行修复。

拆卸模板注意事项:

(1)拆模时应先将模板整体放松,拆除墩身模板垫块,然后从模板顶帽托盘开始拆卸。

(2)拆除模板时应专人指挥,以防模板碰撞而损伤桥墩。

(3)牛腿模板的拆除应比较晚,以确保牛腿处混凝土有充分的强度,不影响桥墩质量。

7.3 高桥墩施工

铁路桥梁跨越深沟宽谷或大型水库时采用高桥墩,能使桥梁更为经济合理,不仅可以缩短线路,节省造价,而且可以提高营运效益,减少日常维护工作。我国内昆铁路贵州威宁境内花土坡特大桥桥墩身高达110 m。高桥墩可分为实体墩、空心墩与刚架墩。自20世纪70年代以后,较高的桥墩一般均采用空心墩。

高桥墩的特点是墩高、圬工数量多而工作面积小,施工条件差,因此需要有独特的高墩施工工艺。

7.3.1 滑升模板法施工

滑升模板法是用一套模板,连同工作脚手架以整体形式安装在基础顶面,依靠自身的支承和提升系统,在灌注混凝土的同时,模板随之慢慢向上滑升,实现连续不断地灌注混凝土。滑模法适用于墩高15 m以上的高空心墩身施工。

滑升模板法施工的主要优点是施工进度快,在一般气温下,平均进度可达2～4 m/d;混凝土质量好,采用干硬混凝土,机械振捣,连续作业,有资料统计表明,可节省劳动力30%,节约材料70%。滑升模板可用于直坡墩身,也可用于斜坡墩身,模板本身附带有内外吊篮、平台与拉杆等。以墩身为支架，墩身混凝土的浇筑随模板缓缓滑升连续不断地进行，故安全可靠。

墩身滑模法施工的主要内容为：准备工作，墩身定位放样，施工塔架拼装，滑模的拼装，滑模的检查，砂浆铺底与绑扎钢筋，墩身底层混凝土的灌注，试升滑模，滑模位置检查，接长顶杆和再绑扎钢筋，灌注下节墩身混凝土，再提升与收坡滑模，再灌注下一节墩身混凝土直至预计高度，检查墩身顶高程，拆除模板，拔除支承顶杆，砂浆封孔，墩身顶帽施工等。

滑升模板常见的有液压滑升模板、人工提升滑升模板和电动滑升模板三种，都是由模板、围圈、支承杆（亦称爬杆、顶杆）、千斤顶、顶架、操作平台和吊架等组成，如图 7-2 所示。

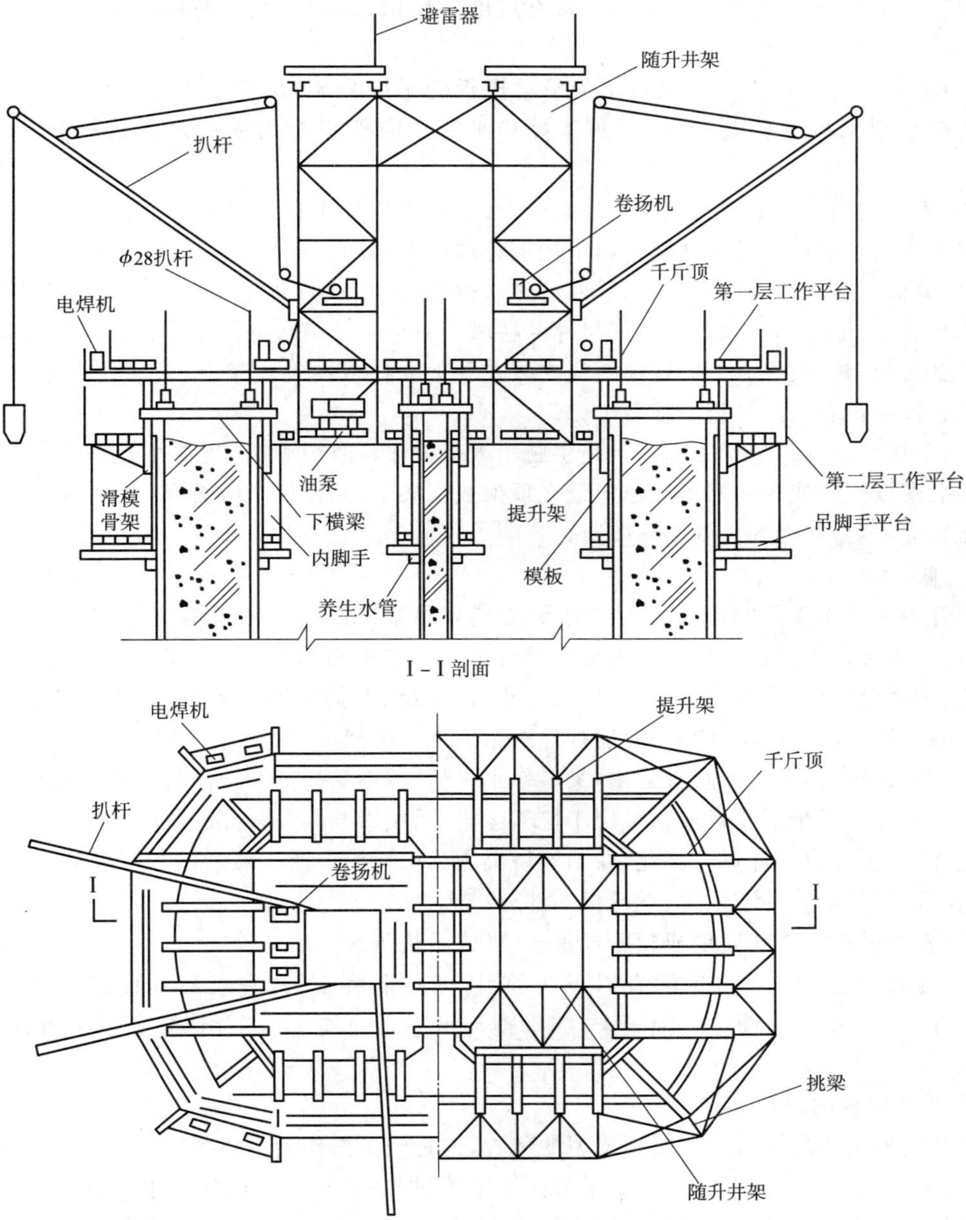

图 7-2　典型滑模法施工示意

1. 滑升模板构造

模板挂在工作平台的围圈上,沿着所施工的混凝土结构截面的周边组拼装配,并随着混凝土的浇筑由千斤顶带动向上滑升。滑升模板的构造,由于桥墩和提升工具的类型不同,模板构造也稍有差异,但其主要部件与功能则大致相同。一般可分为顶架、辐射梁、内外围圈、内外支架、模板、工作平台及吊篮等。

(1)顶架。顶架的作用是将模板重量及施工临时荷载传递到千斤顶上,并用以固定内外模板。顶架由上下横梁及立柱组成,轮廓尺寸应按墩壁厚度、坡度、提升千斤顶类型等因素决定。千斤顶一般多固定在下横梁上。带有坡度的桥墩,顶架应设计成能在辐射梁上滑动的结构。

(2)辐射梁与内外围圈。辐射梁为滑动模板的平面骨架,从滑模中心向四周辐射,与顶架或支架合起来承受荷载,又作为施工操作平台。内外围圈用来固定辐射梁两端的相对位置。

(3)内外支架。支架一般固定在辐射梁上,用调模螺栓来移动模板,模板上端则吊在辐射梁上移动。支架也可设计为在辐射梁上用调径螺栓来移动。

(4)模板。滑动模板用2～3 mm厚的钢板制作,高度一般为1.1～1.5 m,每块内模宽约0.5 m,外模宽约0.6 m,以适应不同尺寸的桥墩。收坡桥墩模板分固定模板与活动模板,活动模板又有边板与心板之分。固定模板应支装在顶架立柱或内外支架上,而活动模板则依靠上下横带悬挂在左右固定模板的横带上。

(5)工作平台及吊篮。工作平台是供施工人员操作、存放小工具及混凝土分配盘用。即在辐射梁上安设钢制或木制盖板。吊篮设在顶架或支架下面,供调节收坡螺纹杆、修补混凝土表面及养生等需要,宽度约为0.6～0.8 m。

2. 输送设备

配合滑模施工常用的输送设备有钢塔架、缆索吊车、吊车及混凝土输送泵(车)。

(1)钢塔架。主要解决材料和人员的垂直运输。它由角钢制成的杆件和节点板组成的井形构架,用螺栓连接,并配有扒杆、混凝土吊斗、滑车组、卷扬机等起重机具。施工现场常用的有厂制的混凝土输送塔架和利用万能杆件拼组的提升塔架。

(2)缆索吊车。既可作垂直运输,又可作水平运输,不受桥高和地形的限制,一套装置可以承担几个墩身甚至全桥的运输。可用于挖基运土、吊装模板、吊运混凝土及其他材料等,具有使用方便、节省劳力等优点。因此,在山区桥梁施工中运用广泛。缆索吊车由塔架、承重索、牵引索、起重小车、地笼及缆风绳、卷扬机等部分组成。

(3)各种吊机。各式履带或轮胎式吊车、塔式吊机等。

(4)混凝土输送泵。常见的有以下两种:移动式混凝土泵(一般只垂直运送混凝土,运送高度在50 m左右),固定式混凝土泵(垂直与水平方向均可运送,其运送距离可在200 m以上)。

3. 滑升模板的设计要点

滑升模板整体结构既是混凝土成型的装置,也是施工操作的主要场地,必须具有足够的整体刚度、稳定性和合理的安全度。为了保证施工质量与安全,滑升模板各组成部件,必须按强度和刚度要求进行设计与验算。

滑升模板设计荷载及模板结构设计,与普通模板的设计思路相同,根据滑升模板提升时全部静荷载和垂直活荷载，通过计算确定支承顶杆和千斤顶的数量。提升过程中支承顶杆实际受力情况比较复杂，其容许承载能力根据工程实践经验选用。经计算确定的支承杆数量，还应根据结构物的平面和局部构造加以适当的调整。

支承顶杆和千斤顶的布置方案一般有均匀布置、分组集中布置以及分组集中与均匀布置相结合等几种。在筒壁结构中多采用均匀布置方案，在平面较为复杂的结构中则宜采用分组集中与均匀布置相结合的方案。千斤顶布置应使各千斤顶所承受的荷载大致相同，以利同步提升。当平台上荷载分布不均匀时，荷载较大的区域和摩阻力较大的区段，千斤顶布置的数量要多些。考虑到平台荷载内重外轻，在数量上内侧应较外侧布置多些，以避免顶升架提升时向内倾斜。

4. 滑模浇筑混凝土施工要点

(1)滑模组装。在墩位上就地进行组装时，组装步骤为：

1)在基础顶面搭枕木垛，定出桥墩中心线。

2)在枕木垛上先安装内钢环并准确定位，在依次安装辐射梁、外钢环、立柱、顶杆、千斤顶、模板、输油管路等。

3)待模板提升 2 m 后，再安装内外吊架和安全网。

4)提升整个装置，撤去枕木垛，再将模板落下就位，随后安装余下的设施。待模板滑升至适当高度后，及时安装内外吊架。组装完毕后，必须按设定要求及组装质量标准进全面检查，并及时纠正偏差。

(2)浇筑混凝土。滑模施工要求混凝土早强，所以滑模宜浇筑低流动度或半干硬性混凝土，浇筑时应分层、分段对称地进行，分层厚度 20～30 cm 为宜，浇筑后混凝土表面距模板上缘宜有不小于 10～15 cm 的距离。脱模时，混凝土应达到拆模强度，为缩短脱模时间，可根据气温掺加速凝剂，以便使混凝土早强。脱模后，立即对混凝土表面的缺陷进行修饰。脱模后 8 h 左右开始养生，用吊在下吊架上的环绕墩身的带小孔的水管来进行。养生水管一般设在距模板下缘 1.8～2.0 m 处效果较好。

(3)提升与收坡。整个桥墩浇筑过程可分为初次滑升、正常滑升和最后滑升三个阶段。从开始浇筑混凝土到模板首次试升为初次滑升阶段。初浇混凝土的高度一般为 60～70 cm，分三次浇筑，在底层混凝土强度达到 0.2～0.4 MPa 时即可试升。将所有千斤顶同时缓慢起升 5 cm，以观察底层混凝土的凝固情况。现场鉴定可用手指按刚脱模的混凝土表面，基本按不动，但留有指痕，砂浆不沾手，用指甲划过有痕，滑升时能耳闻“沙沙”摩擦声。这些表面混凝土已具有必要的脱模强度，可以开始再缓慢提升 20 cm 左右。初升后，经全面检查设备，即可进入正常滑升阶段。即每浇筑一层混凝土，滑模提升一次，使每次浇筑的厚度与每次提升的高度基本一致。在正常气温条件下，提升时间不宜超过 1 h。最后滑升阶段是混凝土已经浇筑到需要高度，不再继续浇筑，但模板尚需继续滑升的阶段。浇完最后一层混凝土后，每隔 1～2 h 将模板提升 5～10 cm，滑升 2～3 次后即可避免混凝土与模板粘合。滑模提升时应做到垂直、均衡一致，顶架间高差不大 20 mm，顶架横梁水平高差不大于 5 mm。

随着模板提升，应转动收坡丝杆，调整墩壁曲面的半径，使之符合设计要求的收坡坡度。

(4)接长顶杆、绑扎钢筋。模板每提升至一定高度后，就需要穿插进行接长顶杆、绑扎钢筋等工作。为不影响提升后的进度，钢筋接头均应事先配好，并注意将接头错开。对预埋件及预埋的接头钢筋，滑模抽离后，要及时清理，不得头使接头外露。

(5)混凝土停工后的处理。在滑模施工中，由于工序的改变，或发生意外事故，使混凝土灌注工作停止较长时间，在此情况下，要注意进行停工处理。例如，遇到设备故障等原因停工，应每隔 30 min 提升模板一次，一般提升 3～4 次即可，以免模板与混凝土粘结。同时在混凝土表面插入短钢筋，以加强新老混凝土的连接，复工时要将混凝土表面凿毛并清理干净。

7.3.2 翻板式模板施工

翻板式模板施工的特点是一般配置多节模板(两节或三节)组成一个基本单元，每节为 1.5～3 m。当浇筑完上节模板的混凝土后，将最下节模板拆除翻上来，拼装成即将浇筑部分混凝土的模板，以此类推，循环施工。翻板式模板施工根据模板翻升的工艺不同又可分为滑升翻模、爬升翻模。

1. 滑升翻模

滑升翻模近年来在一些高桥墩和斜拉桥、悬索桥的索塔施工使用较多。此种模板保留了滑升模板和大模板施工的优点，又克服了滑模的不足。主要用于不变坡的方形高墩和索塔。

滑升翻模是在塔柱的一个大面模板的背面上设置竖向轨道，作为竖向桁架的爬升轨道。竖向桁架滑升带动水平桁架摇头扒杆及作业平台整体上升。桁架由万能杆件组拼，竖向桁架作为起重扒杆的中心立柱，与摇头扒杆共同受力。

一个配三节模板的滑升翻模的施工程序为：

(1)浇筑完两节混凝土并安装桁架及起重设备。

(2)用起重设备安装第三节模板并浇筑混凝土。

(3)混凝土强度达到 10～15 MPa 后，安装提升桁架设备，并将桁架及起重设备滑升 1 层高度(2.5 m)。

(4)把竖向桁架固定在第二、第三节模板背面的竖向轨道上，锁定后即可拆除第一节模板。

(5)用扒杆起吊安装第四节模板。

至此，便完成了一个滑升翻模的施工循环。

滑升翻模兼有滑升模板施工与普通模板施工的优点，即像滑升模板那样有提升平台和模板提升系统，又像普通模板那样分节分段进行安装定位，可根据模板的安装能力制定模板的分块尺寸。

2. 提升翻模

因支承滑升架的需要，滑升翻模更适宜采用大板式翻模，所以主要用于不变坡的方形塔柱施工，对于变坡或者弧形截面的塔墩，采用提升翻模更为方便。

提升翻模的特点是模板没有滑升架，模板也可由大板改成小块模板，以适应墩身变坡和随着墩高变化而引起的直径曲率变化。模板和物料的提升依靠其他起重运输机械协同工作。

典型翻模法桥墩施工示意图如图 7-3 所示。

京沪高速铁路南京大胜关长江大桥主桥墩身巨大，采用翻模法施工，科学合理控制模板倒用周期。为确保墩身外表面平整度和接缝的完美性，模板进行专业设计和制造，其中 0～6 号墩身模板使用 ZL-CB-240 悬臂木模，由平面模板系统、支架系统、工作平台系统和锚固系统组成。整节模板采用大块段组拼，拆装快捷方便，刚度大变形小。施工工效大大提高，缩短工期，降低成本。

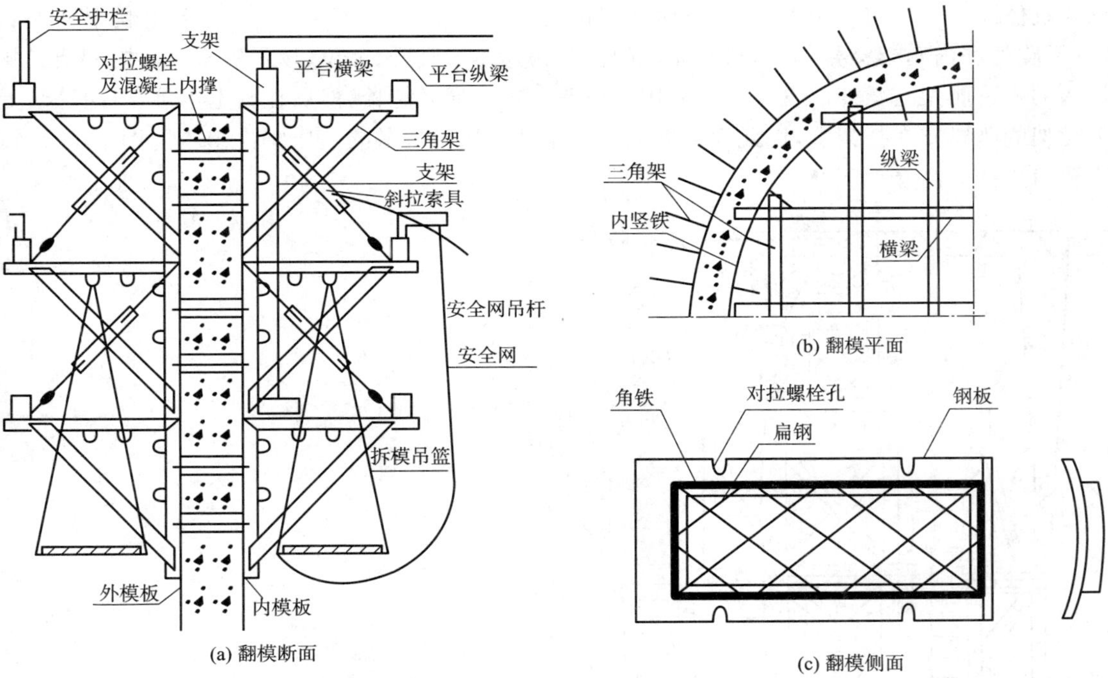

图 7-3　典型翻模法桥墩施工示意图

7.3.3　爬升模板(爬模)施工

1. 方法概述

滑升模板存在一定的局限性,如墩、台上必须昼夜进行,需要劳动力较多。混凝土表面及内部质均不稳定,支承杆件用钢量大,滑升高度受到限制,施工精度较低。20 世纪 70 年代初出现了一种新型模板体系——爬升模板,特别适宜于空心高桥墩的施工。

爬模法是以凝结的钢筋混凝土墩壁作为承力结构,由内外套架导向,以套架上的液压油缸作动力,使模板上升。铁路桥梁高墩施工中较多采用内爬外挂双臂塔吊式爬模。它克服了滑模的一些缺点,具有施工速度快,施工质量好,安全可靠,操作简便,劳动强度低,适用性强的特点。适用于 30 m 以上各种截面形状的空心高墩施工,可用于单、双线桥墩。

爬模主要由网架工作平台、双悬臂双吊钩塔吊、内外套架、内爬支架结构、外挂 L 形支架、液压顶升及控制系统、模板及支撑系统及配电设备等组成。如图 7-4 所示为内爬外挂整体液压自升式爬模。

爬模法墩身施工主要作业内容:施工准备、定位放样、爬模组装、绑扎钢筋、灌注混凝土和养护、爬架爬升就位、拆除第一节模板、在第二节模板上立下一节模板和绑扎钢筋、灌注混凝土和养护、检查顶模板设计高程、墩帽施工、拆卸爬模等。

2. 工艺原理

爬升原理是以空心桥墩已凝结而具备一定强度的混凝土墩壁为承力主体,内爬支腿机构的上下爬架及液压顶升油缸为爬升设备主体,油缸的活塞杆与下爬架铰接,缸体与上爬架铰接,上爬架与外套架连接而外套架又与网架工作平台连接,支撑整个爬模结构。通过油缸活塞杆与缸体间一个固定一个上升,上下爬架间也是一个固定,一个相对运动,达到上爬架和外套架、下爬架和内套架交替爬升,从而完成爬模结构整体的爬升、就位、校正等工序。内爬架支腿机构的上下爬架与墩壁的支点方式采用在墩壁上预埋穿墙螺栓,然后在其上连接支撑托架,上下爬架的爬靴支在托架上,以此为支撑点向上爬升。用于桥墩的液压爬模结构如图 7-5 所示。主要组成部分简介如下。

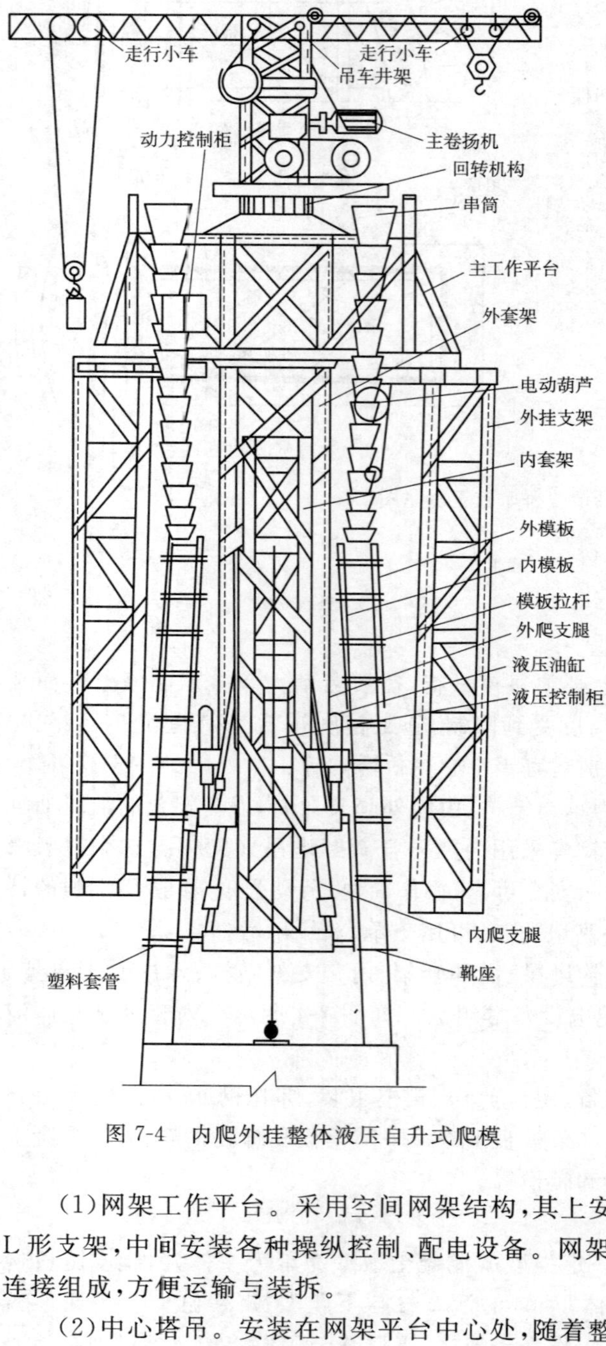

图 7-4 内爬外挂整体液压自升式爬模

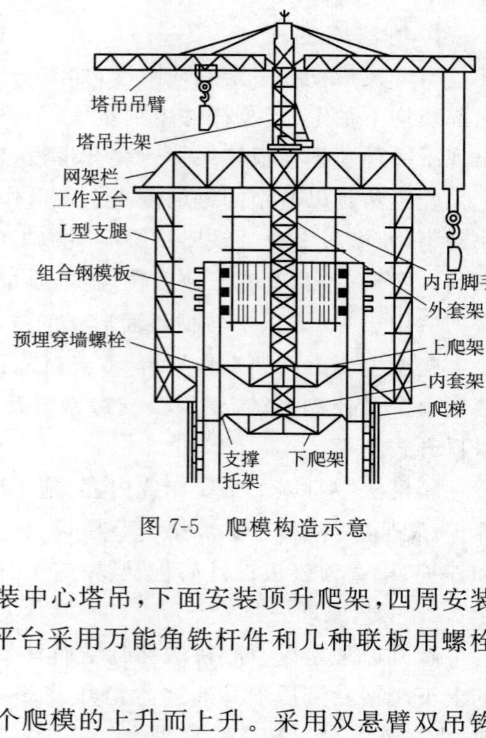

图 7-5 爬模构造示意

(1)网架工作平台。采用空间网架结构,其上安装中心塔吊,下面安装顶升爬架,四周安装 L 形支架,中间安装各种操纵控制、配电设备。网架平台采用万能角铁杆件和几种联板用螺栓连接组成,方便运输与装拆。

(2)中心塔吊。安装在网架平台中心处,随着整个爬模的上升而上升。采用双悬臂双吊钩形式以减少配重，可双向上料并能旋转。

(3)L 形支架。上部连接于网架平台四周，下部与已凝固的墩壁混凝土连接，以增加整体爬模的稳定性，并可作为墩身施工过程的脚手架。采用型钢杆件和连接板拼接而成。

(4)内外套架。内外套架为顶升传力机构，靠内外套架相对运动而使爬模不断爬升。为保持升降平稳，在内外套架间设有导向轮。

(5)内爬支架机构(上下爬架)。上下爬架是整体爬模设备的爬升机构，依靠上下爬架的交替上升，从而达到爬模的升高。爬架可用箱型结构。

(6)液压顶升机构。此部分为爬升模板的动力设备，采用单泵、双油缸并联的定量系统。既可完成提升作业，又可将整个内外套架、内爬腿沿壁逐级爬下，以便在墩底拆卸。

(7)模板体系。一般采用专用的大模板，以加快支拆速度，提高墩身混凝土表面质量。也可采用组合钢板。

3. 爬模工艺步序

(1)爬模组装。可以在地面拼装成几组大件，利用辅助起重设备在基础上进行组拼，也可将单构件在基础上拼装。爬模组装流程为：墩身基础段长 6 m 的施工→上爬梁、两节内井架→上爬梁、第一节外套架→顶升油缸→油箱、液压泵站→第二节外套架→网架工作平台→塔吊底座、井架、顶架→吊臂→外挂 L 形支架→内外吊脚手架→电气控制柜→脚手板→安全网及其他附属装置→环链电葫芦→模板及支撑系统。

爬模模板配置为两层 1.5 m 的钢模，按一循环灌注一节模板的混凝土施工，当上一节模板内混凝土灌注完毕，经过养护达到设计要求的强度后，爬架开始爬升，就位后，拆下面一节模板，同时进行待灌注一节的钢筋绑扎，并把拆下的模板立在上节模板之上，再进行混凝土灌注、养护、爬架爬升等工序，往复循环，两节模板连续倒用，直至完成整个墩身的混凝土灌注。

(2)焊接和绑扎钢筋。按设计要求布置墩身护壁钢筋，钢筋接长在前次混凝土顶面 1.6 m 范围内进行，大于 1.6 m 的钢筋暂不接长，每次接长 3 m 左右，在竖直钢筋的接长和绑扎过程中不得损坏内外模板，并注意避开预埋穿墙螺栓和套筒位置。

(3)拆立模板。在绑扎钢筋的同时，进行第二节模板的拆除和倒用，拆模时注意不能硬撬。拆模后要及时进行检查整修，清除模板表面的灰浆污垢并涂刷脱模剂。在安装新一节模板前，应将模板分成 3～4 块大模板按照事先根据墩身直径和坡度的变化列出的模板收分表分别予以调整收分。

(4)灌注混凝土。在爬模施工中，墩身通过穿墙螺栓承受全部施工荷载，所以一定要保证混凝土的质量。灌注前，要先对模板的各部位特别是预埋穿墙螺栓的位置进行认真检查，混凝土应严格执行对称分层灌注、分层振捣、均匀浇圈的制度。混凝土入模时要均匀倒入模板内，注意不要冲击模板和平台杆件。

(5)爬升。先将上爬架的 4 个支腿(爬靴)部分收缩，然后操纵液压控制两顶升油缸活塞杆支撑在下爬架上，两缸体同时向上顶升，并通过上爬架、外套架带动整个爬模结构向上爬升，待行程达 1.5 m 时，停止爬升，调节专门丝杆，伸出 4 个支腿，爬靴就位，支在爬升支架上(此处混凝土是在 3～4 d 前灌注的)，然后再操纵液压控制台使活塞杆收回，带动爬架、内套架上升就位，并把下爬架支腿支撑好。在爬升工序里还包括接长外挂梯、放钢丝绳、拆穿墙螺栓及其倒用等。

(6)墩帽施工。当爬模网架主工作平台下面高于墩顶设计高程 30 cm 时，停止爬升，墩身混凝土灌注到空心段顶部高程时停止,并在墩壁的适当位置预埋连接螺栓。将墩壁内模拆除,并把L形外挂支架顶部杆件连接在预埋螺栓上,以此搭设墩帽外模板。利用空心墩顶端内爬架以及墩壁顶预埋螺栓支设实心段底模,利用爬模本身的塔吊完成墩顶实心段及墩帽的施工。

(7)爬模拆卸。分两部分拆卸,第一部分为位于墩身内部的内爬升机构,包括内外套架、上下爬架、油缸等;第二部分包括网架工作平台、吊车机构、外挂架等所有外部结构。拆卸过程中必须设置安全保护措施,并按照拆卸顺序和高空作业安全规则进行,各部分的拆除必须严格对称,边拆除边外运。外部机构可利用爬模的塔吊拆除,此时应保证吊车井架底部与墩顶的连接必须牢固可靠。对拆除后的爬模零部件应进行检查、维修,妥善保管,分类存放,以备再用。

7.4 装配式预应力混凝土墩(台)施工

7.4.1 方法概述

装配式预应力混凝土墩台适用于山谷架桥、跨越平缓无漂流物的河沟、河滩等桥梁,特别是在工地干扰多、施工场地狭窄,缺水与砂石供应困难地区,其效果更为显著。装配式桥墩主要采用拼装法施工,它适用于预应力混凝土、钢筋混凝土薄壁空心墩或轻型桥墩。

装配式预应力钢筋混凝土墩分为基础、实体墩身和装配墩身三大部分。装配墩身由基本构件、隔板、顶板及顶帽四种不同形状的构件组成,用高强钢栓穿入预留的上下贯通的孔道内,张拉锚固而成。实体墩身是装配墩身与基础的连接段,其作用是锚固预应力钢筋,调节装配墩身高度及抵御洪水时漂流物的冲击等。

装配式预应力混凝土空心墩施工的主要作业内容有:现场灌注桥墩基础、就地灌注实体墩台身(包括预埋锚固件和连接件)、墩台身预制构件分块、墩台身构件模板制作及安装、制孔、墩台身预制块件灌注、运输、搭设施工平台、吊装墩台身预制构件、施加预应力、孔道压浆、封锚等。

装配式墩台的优点是结构形式轻便,建桥速度快,圬工节省,对环境影响小,预制构件质量有保证等。但在构件吊装过程中,应安排安全员检查监视安全情况。

7.4.2 施工机械及工艺装备

预应力混凝土的张拉设备主要是适用于各类预应力锚具的千斤顶以及相应配套的油泵。常用的预应力锚夹具的配套千斤顶型号有YCW系列、YC系列和YZ系列等。YCW系列穿心式千斤顶是OVM锚固体系锚具的配套千斤顶,该千斤顶的操作简单、性能可靠,也可通用于其他群锚体系及镦头锚等。YZ85型千斤顶是预应力钢筋混凝土结构的专用设备。

钢丝束镦头锚夹具是利用钢丝的镦粗头来锚固预应力钢丝的一种支承式锚具。这种锚具的加工简单、张拉方便、锚固可靠,但对钢丝等长下料的要求严格。张拉端镦头锚具可分为锚杯型、锚环型与锚板型三种锚具,锚杯型由锚杯与螺母组成,锚环型由锚环与螺母组成,锚板型由带外螺纹的锚板和半圆环垫片组成。固定端镦头锚具有镦头锚板、带锚芯的镦头锚板和半粘结锚具三种。镦头锚板最简单、最常用。带锚芯的镦头锚板又称活动锚板,将锚板分为锚芯与螺母两部分,以便镦头穿束。钢丝束的接长,可采用联结器。联结器是一个带内螺纹的套筒或外螺纹的连杆。

墩台顶帽是用以支承桥跨结构的。其位置、高程及垫石表面平整度等，均应符合设计要求，以避免桥跨结构安装困难，或使顶帽、垫石等出现碎裂而影响墩台的正常使用功能与耐久性。下面简单介绍一下墩台顶帽施工需注意的主要问题。

1. 墩台帽放样

墩台混凝土(或砌石)浇筑至离墩、台帽底下约 30～50 cm 高度时，即需测出墩台纵横中心轴线并开始竖立墩台帽模板，安装锚栓孔或安装预埋支座垫板，绑扎钢筋等。台帽放样时，应注意不要以基础中心线作为台帽背墙线。模板立好后，墩台帽浇筑前均应复测核实，以确保墩台帽中心、支座、垫石等位置方向与高程等不出差错。

2. 墩台帽模板

墩台帽系支承上部结构的重要部分，对其尺寸位置和高程的准确度要求较严，墩台身混凝土浇筑至墩台帽下约 30～50 cm 处应停止浇筑。以上部分待墩台帽模板立好后一次浇筑。以保证墩台帽底有足够厚度的密实混凝土。台帽背墙模板应特别注意纵向支撑或拉杆的刚度，防止浇筑混凝土时发生鼓肚，侵占梁端空隙。

7.4.3 工艺步序

1. 施工准备

(1)施工用房的建立：材料工棚、木工工棚、钢筋工棚、张拉设备工棚、绑扎钢丝束工棚、水泥仓库、发(配)电房等的建立。

(2)平整施工场地、修理工地运输道。

(3)基本施工材料和机具到场。

2. 实体墩身混凝土灌注

灌注时要按装配构件孔道的相对位置，预留张拉孔道及工作孔。

3. 预制墩身构件的拼装

安装构件的操作要领是：平、稳、准、实、通五个关键点，即起吊平、构件顶面平、内外壁砂浆接缝要抹平；起吊、降落、松钩要稳；构件尺寸准、孔道位置准、中线准及预埋配件位置准；接缝砂浆要密实；构件孔道要畅通。

墩台身构件装配的水平拼装缝采用水泥砂浆，砂浆厚度为 15 mm 或按施工图要求，便于调整构件水平高程，不使误差积累。

4. 预应力筋张拉

张拉预应力筋，采用一次张拉工艺。从墩台轴线位置开始对称张拉。张拉位置可以在顶帽上张拉，亦可在实体墩下张拉，一般多在顶帽张拉。

5. 孔道压浆

孔道压浆前先用高压水冲洗。采用纯水泥浆时，为了减少水泥浆的收缩及泌水性能，可掺入一定量的铝粉。压浆最好由下而上压注。压浆分初压与复压，初压后，约停 1 h，待砂浆初凝即进行复压，复压压力可取为 0.8～1.0 MPa，初压力可小一点。压浆至构件上的砂浆接缝全部湿润，说明接缝砂浆空隙中压入了水泥浆，起到了密实接缝的作用。

6. 封锚

顶帽上的封锚采用钢筋网罩焊在垫板上，单个或多个连在一起，然后用微膨胀混凝土封锚。

7.5 墩台顶帽及支座施工

墩台顶帽、支座施工的主要作业内容有:准备工作、墩台测量放样、工作平台搭设、墩台身混凝土灌注、顶帽测量放样、顶帽模板支立、钢筋绑扎、支座垫板预埋或预留锚栓孔、顶帽混凝土灌注、模板拆除等。

1. 墩台帽放样

具体内容参见7.4.2节。

2. 墩台帽模板

具体内容参见7.4.2节。

3. 预埋件和支座垫板的安设

墩台的预埋件一般有支座预埋件(支座锚栓和支座垫板),防振锚栓,供运营阶段使用的扶手、检查平台、栏杆和防振挡块的预埋钢筋等。

墩台帽支座垫板的安设一般采用预埋支座垫板和预留锚栓孔的方法。前者需在绑扎墩台帽和支座垫钢筋时,将焊有锚固钢筋的钢垫板安设在支座的准确位置上,即将锚固钢筋和墩台帽骨架钢筋焊接固定,同时采取措施将钢垫板固定在墩台帽模板上,此法在施工时垫板位置不易准确,应经常检查与校正。后者需在安装墩台帽模板时,安装好预留孔模板,在绑扎钢筋时注意将预留孔位置留出。此法安装支座施工方便,支座垫板位置准确。

预埋件安装时应注意以下几点:

(1)为保证预理件的位置准确,应对预埋件采取固定措施,以免振捣混凝土时预埋件发生移动。

(2)预埋件下面及附近的混凝土要注意振捣密实。

(3)预埋件在墩台帽上的外露部分要有明显标识。

7.6 桥台填土及锥体护坡施工

7.6.1 桥台锥体坡度规定及边坡放样拉线方法

桥台后及锥体填土必须待桥台混凝土达到设计强度后方可进行。填料的种类及填筑要求应符合设计规定。桥台锥体坡度应按设计文件规定办理。无设计规定一般护坡高度≤12 m时,其锥体填土坡度规定如图7-6所示。锥体边坡放样拉线方法如图7-7所示。

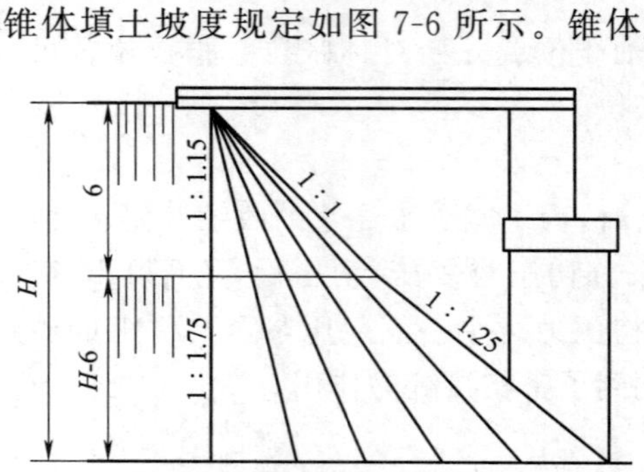

图7-6 锥体填土坡度(H≤12 m)

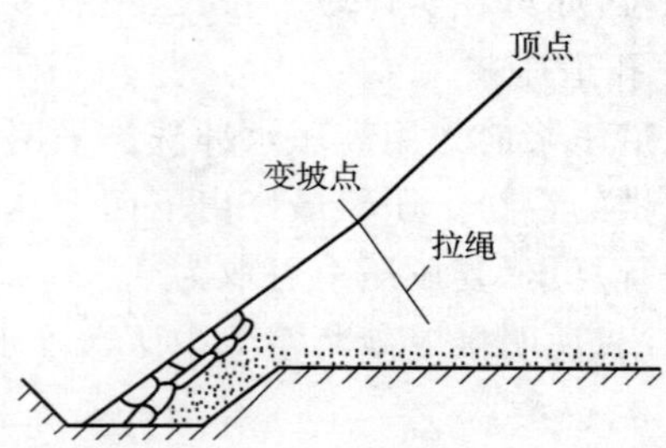

图7-7 锥体边坡放样拉线方法

7.6.2　锥体护坡放样方法

1. 双点双距图解法

根据护坡的高度按纵坡及横坡的规定，算出坡脚椭圆曲线长轴 a 及短轴 b，在方格纸上按一定的比例尺(1∶50 或 1∶100)画出椭圆，并求出椭圆曲线上若干点的定位距离(双距)，如图7-8所示。放样时应注意所放各点均应在护坡底同一水平面上。

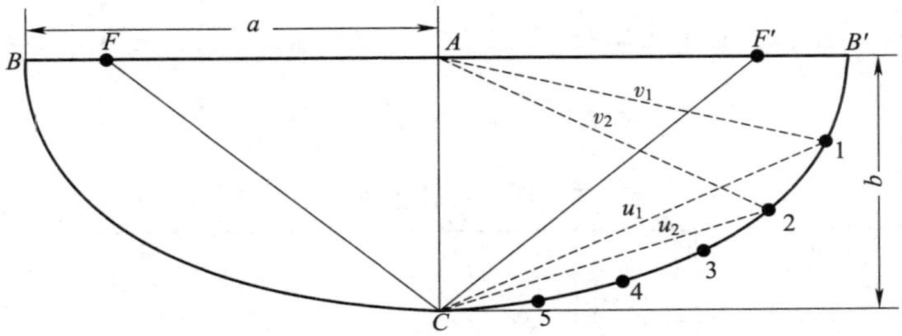

图 7-8　双点双距图解

2. 纵横等分图解法

根据锥体护坡的椭圆曲线的长短轴 a 及 b，在方格纸上按一定比例尺画出长方形，并将 a、b 轴各分成相同的等分与相应的点连结便可得出椭圆曲线上的各点，如图7-9所示。

3. 双圆垂直投影图解法

用椭圆曲线的长短轴 a 及 b 作半径在坐标轴上画出四分之一圆。将圆周分成等分点由等分点连至坐标原点得到各径向线，从各条径向线与两个圆周的交点互作垂直线交于Ⅰ、Ⅱ、Ⅲ、Ⅳ、Ⅴ各点，既为椭圆曲线上的点，如图7-10所示。

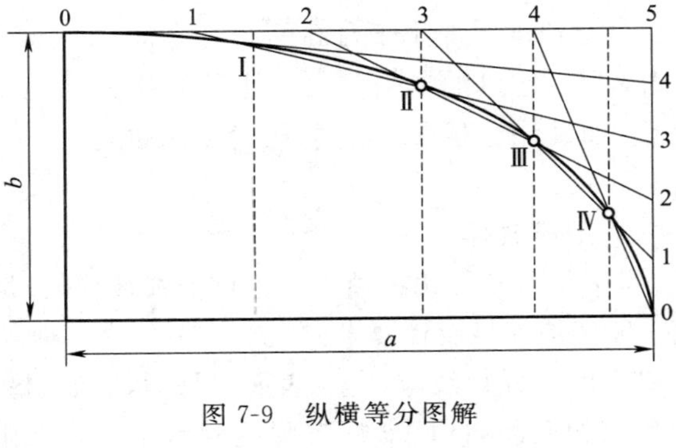

图 7-9　纵横等分图解

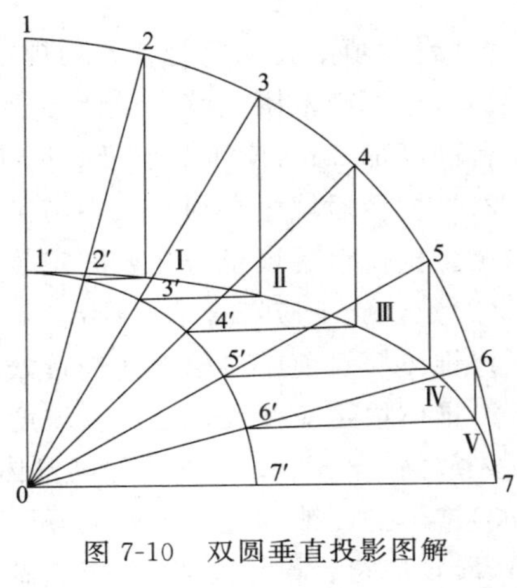

图 7-10　双圆垂直投影图解

4. 支距法

将椭圆曲线的短轴分为8等分，即 $L=b/8$。当坡高 $H\leqslant6$ m时，则 $b=H$。如 $H=6\sim12$ m时，$b=1.25H-1.5$；其原理如图7-6所示。配合图7-11，支距数值见表7-7。

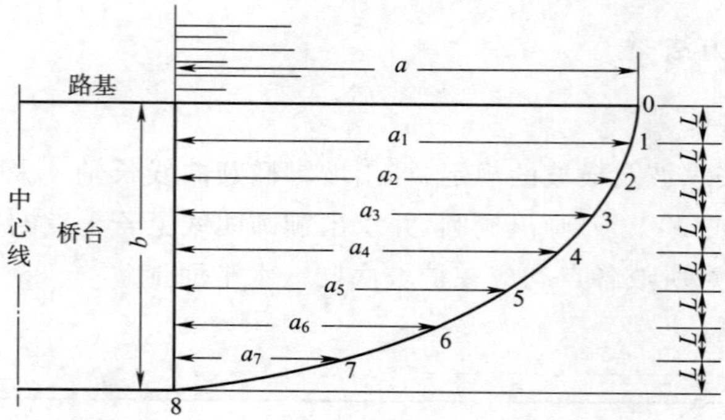

图 7-11 锥体护坡支距放样

表 7-7 锥体护坡放线支距表

支距(m) \ 护坡高度 H(m)	$H\leqslant 6$	$H=6\sim 12$
a	$1.5H$	$1.75H-1.5$
a_1	$1.49H$	$1.73H-1.5$
a_2	$1.45H$	$1.69H-1.45$
a_3	$1.39H$	$1.62H-1.4$
a_4	$1.30H$	$1.51H-1.3$
a_5	$1.17H$	$1.37H-1.2$
a_6	$0.99H$	$1.16H-1.0$
a_7	$0.73H$	$0.85H-0.75$

7.6.3 护坡施工要点

(1)台后填土施工应符合下列规定。

1)台后填土范围应符合设计要求。设计无要求时,顺线路方向长度应自台身起,底面不小于桥台高度加 2 m,顶面不小于 2 m,拱桥台后填土长度不应小于台高的 3~4 倍。

2)拱桥台后填土必须与拱圈施工的程序相配合,使拱的推力与台后土的侧压力保持一定的平衡。拱桥台后填土可在拱圈安装以前完成,如设计有要求时,应按设计要求进行。

(2)锥体施工应符合下列规定。

1)锥体填筑前应对原地面进行处理、压实,并准确放样。

2)锥体填土应按设计范围及坡度一次填足,不得边砌石边补填土。锥坡拉线放样时,坡顶应预先放高 2~3 cm,使锥坡随同锥体沉降后,坡度仍满足设计要求。

3)锥体护面铺砌应自下而上分段进行。砌石时放样拉线应拉紧,表面应平顺,反滤(垫)层规格、质量应符合设计要求,并应边做反滤(垫)层边砌筑,同时做好沉降缝和泄水孔。干砌片石护坡勾缝宜待锥体稳定后进行。

4)锥体护面的品种、规格、质量和表面坡度应符合设计要求。

5)在大孔隙土地区,应检查锥坡基底及其附近有无陷穴。发现陷穴应进行彻底处理。

锥体与桥台填土应同步施工。施工中应采用机械分层填筑压实,严格控制分层厚度和压实密度。邻近桥台边缘不能碾压处应采用内燃冲击夯等小型机具夯实，达到密实度要求。

锥体和台后路基填土，应在设计边坡之外适当加宽，待整修边坡时再把多余土刷去。

7.6.4　台后填土

填土应分层夯实，每层松土厚 20～30 cm，一般应夯 2～3 遍，夯实后的厚度 15～20 cm，密实度达到 85%～90%，并做密实度测定。锥体填土碾压困难，可用小型机具夯实。与路基搭接处宜挖成台阶形。台后填筑应与过渡段施工方向结合，一次完成。

如遇软土地基，为增大土抗力，台后适当长度内的填土可采用石灰土(掺 5%石灰)。

石砌圬工桥台台背与土接触面应涂抹两道热沥青或用石灰三合土、水泥砂浆胶泥做不透水层作为台后防水处理。

梁式桥的轻型桥台台后填土，应在桥面完成后，在两侧平衡地进行。

7.7　桥台排水及防护结构施工

7.7.1　台后泄水盲沟施工

如桥台在挖方内，横向无法排水时，台后泄水盲沟在平面上可在下游方向的锥体填土内折向桥台前端排水，在平面上呈 L 形。

地下水较大时，盲沟的一般构造由渗水管基座、渗水管、粒径 2～3 cm 卵石、粒径小于 2 cm 卵石、粗砂层等组成。

盲沟施工时应注意：盲沟所用各种填料应洁净、无杂质，含泥量应小于 2%；各层的填料要求层次分明，填筑密实；盲沟应分段施工，当日下管填料应一次完成。

盲沟滤管一般采用无砂混凝土管或有孔混凝土管，也可用短节混凝土管，但应在接头处留 1～2 cm 间隙，供地下水渗入。

盲沟滤管基底用混凝土灌注，并与滤管密贴，纵坡应均匀，无反向坡；管节应逐节检查，不合格者不得使用。管道安装完毕后，应将管内砂浆残渣、杂物清除干净。

7.7.2　预埋泄水管施工

桥台采用预埋泄水管向台外排水时，应符合下列规定：

(1)铸铁管或钢管内外面均应清除铁锈污斑，并按设计要求进行防锈处理，管身排水坡度不得小于 3%。

(2)进水口应设有孔铁板或铁篦子，两面均应按设计要求进行防锈处理。

(3)泻水管口伸出桥台侧面或底面长度不应小于设计要求长度。

(4)道砟槽防水层与泄水管进水口必须衔接良好。

7.7.3　其他防排水结构施工

桥台道砟槽顶面应按设计要求做好防水层、保护层，其表面排水坡度应符合设计要求，并应平顺无凹坑。

桥台背后及两侧防水层应按设计要求设置，两侧防水层不应高出锥体护面。桥头导流建

筑物应与路基、桥梁工程综合考虑施工,并应符合下列要求:

(1)不得在设计导流范围内取土、弃土。

(2)砌筑用料应符合设计要求。

(3)导流建筑物的填土密实度应达到设计要求。

(4)混凝土护面板砌缝为1~2 cm,除设计另有规定外应用沥青麻筋填塞。

(5)抛石防护宜在冬期枯水时施工。石块规格应符合设计要求,应按大小不同规格掺杂抛投,但底部及迎水面宜用较大石块。水下边坡不宜陡于1:1.5,顶面可预留10%~20%的沉落量。

(6)石笼防护应按设计要求施工,基底应铺设垫层,石笼外层用较大石块填充,内层可用较小石块码砌密实,装满石块后用钢丝封口,石笼间应用钢丝连成整体。

在水中安放石笼可用脚手架或船只顺序投放。桥台后设置钢筋混凝土搭板时,搭板施工范围内的路基应提前施工,并应待其稳定后进行搭板施工。搭板所用原材料的品种、规格和质量应符合设计要求,搭板与路基接触面应设置具有防渗、保湿和隔离性能的隔离层。

参 考 文 献

[1] 谭康荣.武广铁路客运专线东平水道桥三主桁钢桁拱架设的技术创新[J].铁道建筑,2010(1):71-74.

[2] 刘自明.桥梁深水基础[M].北京:人民交通出版社,2003.

[3] 中华人民共和国铁道部.TB/T 3040—2005 预制后张法预应力混凝土铁路桥简支T梁技术条件[S].北京:中国铁道出版社,2005.

[4] 中华人民共和国铁道部.TB/T 2484—2005 预制先张法预应力混凝土铁路桥简支T梁技术条件[S].北京:中国铁道出版社,2005.

[5] 铁道部经济规划研究院.TZ 321—2009 铁路后张法混凝土梁预制场建设技术指南[S].北京:中国铁道出版社,2009.

[6] 铁道部经济规划研究院.TZ 324—2010 铁路预应力混凝土连续梁(刚构)悬臂浇筑施工技术指南[S].北京:中国铁道出版社,2011.

[7] 铁道部工程管理中心.客运专线铁路后张法预应力混凝土简支箱梁预制施工技术要点手册[M].北京:中国铁道出版社,2009.

[8] 孙树礼.高速铁路桥梁设计与实践[M].北京:中国铁道出版社,2011.

[9] 杨玉衡,邵传忠,耿小川.市政桥梁工程[M].北京:中国建筑工业出版社,2007.

[10] 中华人民共和国铁道部.TB 10110—2011 铁路混凝土梁支架法现浇施工技术规程[S].北京:中国铁道出版社,2011.

[11] 王武勤.大跨度桥梁施工技术[M].北京:人民交通出版社,2007.

[12] 王玉银,惠中华.钢管混凝土拱桥施工全过程与关键技术[M].北京:机械工业出版社,2010.

[13] 陈天本.桁式组合拱桥[M].北京:人民交通出版社,2001.

[14] 中华人民共和国铁道部.TB 10303—2009 铁路桥涵工程施工安全技术规程[S].北京:中国铁道出版社,2009.

[15] 中华人民共和国铁道部.TB 10218—2008 铁路工程基桩检测技术规程[S].北京:中国铁道出版社,2008.

[16] 罗书学.铁路桥梁基础工程[M].北京:中国铁道出版社,2010.

[17] 杜永昌.高速与客运专线铁路施工工艺手册[M].北京:科学技术文献出版社,2006.

[18] 季文玉.铁路桥梁施工[M].北京:中国铁道出版社,2012.

[19] 铁道部经济规划研究院.TZ 203—2008 客货共线铁路桥涵工程施工技术指南[S].北京:中国铁道出版社,2008.

[20] 李进,廖立勋,张弼超.客运专线大跨度连续梁跨既有线球铰法转体施工[J].青海交通科技,2010(增刊):137-142.

[21] 高振峰.土木工程施工机械实用手册[M].济南:山东科学技术出版社,2005.